ESG
비즈니스
가이드북

ESG
비즈니스
가이드북

글로벌 비즈니스 성공을 위한 전략, 프로세스, 성공사례

데이비드 그레이슨 · 크리스 콜터 · 마크 리 지음 | 유명훈 옮김

다·블북

추천사

◇◇◇◇◇◇◇◇

『ESG 비즈니스 가이드북』에 대한 찬사

글로벌 브랜드로서 맥도널드는 야심 찬 비즈니스 목표를 달성하기 위한 과정 속에 지속가능성을 통합하고 실천하는 노력을 기울이고 있다. 특히, 지속가능한 비즈니스를 향한 여정에서 전 세계 공급업체의 공감과 참여에 크게 의존하고 있다. 이 책은 우리는 물론 수많은 공급업체와 다양한 기업들이 더 지속가능한 사업을 할 수 있도록 도와주는 매우 실용적인 매뉴얼이다.

프란체스카 데비어스 Francesca DeBiase

맥도날드 McDonald 최고 글로벌 공급망 담당 임원 겸 부사장

이 책은 사회적 책임을 다하는 사업에 대한 관심을 가시적인 행동으로 바꾸고 싶은 사람들을 위한 책이다. 이 책은 실무적인 조언과 검증된 사례 연구가 많이 제시되어 책임감 있는 비즈니스 리더를 위한 다양한 방법을 구체적으로 안내해 주고 있다.

벤 플레쳐 Ben Fletcher

더 베리 그룹 The Very Group 의 최고 재무 담당 임원 CFO

가족 경영은 강한 책임감과 함께 세상에 좋은 영향력을 미치고자 하는 열망을 담고 있다. 젊거나 이제 막 사회적 영향을 의식적으로 깨닫기 시작한 가족 경영 기업들을 위해, 이 책은 기업이 그러한 열망을 행동으로 옮기는 데 도움을 줄 수 있는 매우 실용적인 안내서이자 쉽게 따라할 수 있도록 만들어진 가이드북이다.

제임스 웨이츠 경 Sir James Wates CBE

웨이츠그룹 Wates Group 의 회장 겸 가족 경영 연구소 The Institute of Family Business 의장

이 책은 오늘날 비즈니스가 직면한 가장 중요한 문제 중 하나인 지속가능성과 ESG를 더 잘 이해하고 대응하고자 하는 경영진에게 필수이다.

시드하스 샤르마 Siddharth Sharma

타타 Tata Sons, India 그룹 최고 지속가능경영 임원

이 책에서 제시한 내용들은 그동안 수많은 기업들이 시급히 필요로 했던 지속가능성과 ESG의 실질적인 '실천 방법 How to'이다. 저자들은 수년간의 실질적이고 실제적인 경험을 바탕으로 지속가능성을 고려한 비즈니스의 개념을 설명하고 구체적인 행동 지침을 제공한다. 이 책은 지속가능성의 '방법'을 찾고 있는 중소기업의 리더들에게 좋은 소식이 될 것이다. 명확하고 단순하며 무엇보다도 비즈니스에 초점을 맞춘 접근 방식으로 저자들은 이 책을 통해 보다 지속가능하고 유연하게 수익성이 높은 미래를 가능하게 하는 데 절실히 필요한 도구들을 제공하고 있다.

롭 카메론 Rob Cameron

네슬레 SA의 글로벌 홍보 책임자

이 실용서는 미래 당신의 비즈니스를 보호하고 지속가능하게 운영하는 방법에 대한 지침서이다.

스티브 하워드 Steve Howard

싱가포르 테마섹 인터네셔널 Temasek International 및

위 민 비즈니스 We Mean Business 연합 공동의장, 지속가능성 최고 책임자

우리 모두는 2050년까지 무엇을 달성해야 하는지 알고 있다. 바로 탄소 중립 Net Zero 경제이다. 바람직한 면이 있다면, 우리 모두가 그 목표를 달성하기 원한다는 것이다. 결국, 죽은 행성에서 우리의 가족을 양육하고 사업을 영위하는 것은 불가능할 것이다. 하지만 항상 그렇듯이, 우리 대부분은 이러한 위기의 순간에 어떻게 우리가 원하고 바라는 곳에 도달할 것인지를 알아내기 위해 고군분투할 것이다. 이것이 데이비드 Davi, 크리스 Chris, 마크 Mark 가 하는 일이다. 이 책에서, 그들은 도전 과제를 해결하고 보다 지속가능한 조직이 되는 방법에 대한 명확한 통찰력을 제공한다.

피터 폴 반 데 위즈 Peter Paul van de Wijs

GRI의 대외 담당 책임자

기후, 자연, 불평등 위기를 해결하려면 모든 규모의 기업이 지속가능성과 ESG를 적극적으로 고려해야 한다. 이것이 『ESG 비즈니스 가이드북』이 전 세계 경영진에게 시기적절한 선물인 이유이다. 직접적이고 실

용적인 이 솔루션은 기업의 지속가능성 여정을 시작하거나 지속하기 위한 프레임워크를 제시한다.

안드레아 피구레도 알레즈 Andrea Figueiredo Teixeira Alvares ,
브라질 나투라 앤 코 Natura & Co , 마케팅, 혁신 및 지속가능성 최고 책임자

가장 시의적절한 책이다. 지속가능성에 대한 여행을 막 시작했거나 비즈니스 전략, 조직 운영 및 문화에 지속가능성을 담고 유지하기 위해 고군분투하고 있는 기업이 있다면 이 책이 현실적인 가이드가 될 것이다. 매력적이고 통찰력 있는 이 책은 수십 명의 혁신가와 얼리어답터의 모범 사례와 조언을 종합하고, 비즈니스의 지속가능성을 포함하여 장기적으로 비즈니스를 보다 성공적이고 수익성 있고 탄력적으로 만드는데 도움이 되는 명확하고 실용적인 단계를 제공한다.

아미타 초더리 Amita Chaudhury
싱가포르 AIA의 지속가능성/ESG 그룹 책임자

지속가능한 변화를 현실화하는 데 필요한 조치를 하고 변화를 실현하기 위한 선의의 약속들을 연결하는 다리를 놓는 것이 중요하다. 효과적인 전략과 실행 프로세스 드리고 실제 사례에 초점을 맞춘 이와 같은 실용적인 가이드북은 비즈니스의 힘을 선한 영향력으로 활용하고자 하는 사람들에게 소중한 자료가 될 것이다.

차미안 러브 Charmian Love , 비랩 영국 B Lab UK 공동 설립자

3개 대륙에서 일하는 전문가 세 명이 지은 이 책은 너무 익숙하지만 또 잘 이해되지 않는 지속가능성이라는 주제에 대해 실용적이고 국제적인 접근 방식을 채택하고 있다. 그것은 기업이 자신과 지구의 생존을 보장하는데 필요한 조치를 취하는 과정에서 발생할 수 있는 모든 장애물을 해결하는데 도움을 준다. 이는 기업의 목적 선하고 가치 있는 존재 목적에서 시작된다. 즉, 기업이 비즈니스에 종사하는 이유와 누구를 위해 제품과 서비스를 제공하고 어떤 이해관계자와 함께 하는가에 대한 것이다. 이것을 깊이 파악하고 시작하면 항해가 수월하다.

케이티 힐 Katie Hill

비랩 유럽 B Lab Europe 의 최고 경영자

　　지속가능성과 가치 있는 목표의 추구가 기업 성과 창출의 핵심적인 장치가 되었음에도 불구하고 여전히, 기후 변화, 자연의 손실, 불평등 증가는 오늘날 기업이 직면한 가장 큰 위기이다. 그렇기 때문에 이러한 문제를 효과적으로 해결하는 것이 비즈니스 성공의 주요 결정 요인이 되었다. 그러나 어디서부터 시작해야 할지 아는 기업은 거의 없다. 어떻게 원칙과 가치를 실천에 옮길 것인가? 이 포괄적인 단계별 가이드에는 이 시대의 중요한 질문을 통해 비즈니스를 능숙하게 탐색할 수 있는 해답이 나와 있다.

앨런 조프 Alan Jope

유니레버 Unilever plc , CEO

이 책의 저자인 데이비드, 크리스, 그리고 마크는 독자들로 하여금 이 책의 두 번째 에디션을 기대하게 만든다. 아프리카 전역의 역동적인 기업들이 이 안내서를 활용함으로써 두 번째 판에서는 아프리카의 더 많은 지속가능 비즈니스 사례를 볼 수 있기를 희망한다.

은디디 놀리 에도지엔 Ndidi Nnoli-Edozien 박사
CEIP 순환 경제 혁신 파트너십 아프리카 의장 및 아프리카이로스 AfriKairos 의장

지속가능성은 돈 있는 기업만 하는 것이 아니라 모든 기업이 필수적으로 고려해야 할 요소이다. 대기업들은 변화하고 있고 작은 기업들은 생존하고 성장하기 위해 빠르게 따라잡아야 한다. 『ESG 비즈니스 가이드북』의 출간은 매우 시의적절하다고 생각한다.

궈페이위안 박사 Dr. Guo Peiyuan
베이징 신타오 유한회사 SynTao Co., Ltd 의 공동 설립자이자 총책임자

비즈니스 리더들은 이해관계자 경영부터 ESG 통합에 이르기까지 전례 없는 기대와 변화 요구에 직면하고 있다. 이 책은 모든 규모의 기업과 모든 지역의 기업이 이러한 기대에 부응하고 지속가능성 통합과 ESG 실천을 통해 더 나은 비즈니스가 될 수 있는 실질적인 방법을 제공한다.

마크 커티파니 Mark Cutifani
앵글로 아메리칸 Englo American , CEO

지속가능성은 모든 비즈니스를 위한 중요한 가치 동인이다. 아직 지속가능성을 수용하지 않은 기업을 운영하는 경영진에게 이 책은 귀사가 이 중요한 비즈니스 필수 사항에 대한 대응 속도를 높일 수 있도록 도와주는 실천적 입문서이기 때문에 이 책을 읽는 것을 강력히 추천한다.

프랭크 라븐달 Frank Ravndal

하비 HAVI , CEO

지속가능성을 조직에 적용하고 실행해야 하는 업무를 담당하는 기업 관리자를 위해 본 이 가이드북은 ESG 중대성 평가에서 지속가능한 조직문화 구축에 이르기까지 모든 것에 대한 유용한 조언을 제공한다. 지속가능성 전략을 실행해온 저자의 경험은 ESG 리스크를 관리하고 관련 비즈니스 기회를 탐색할 수 있는 기업으로 포지셔닝하는 매우 실용적인 방법을 독자에게 제공한다.

텐시 웰란 Tensie Welan

미국 뉴욕대 지속가능한 비즈니스 센터 NYU Stern Center for Sustainable Business ,

비즈니스 및 사회 임상 교수 겸 이사

지속가능한 여정을 시작해야 하는 기업이 전 세계적으로 증가하고 있으며, 이 책은 이를 효과적으로 수행하는 데 도움을 주는 중요한 도구이다.

페로즈 쿠어 Feroz Koor

남아프리카 울워스 Woolworths 그룹 지속가능성 책임자 지속가능성은 이제 매우 중대한 기업의 미션이다. 세 명의 저자는 조직이 생각과 의도에서 시작하여 실행으로 옮길 수 있도록 시의적절하고 실용적인 가이드를 제공한다. 우리는 지속가능성 의제를 가속화하고 이해관계자 자본주의의 새로운 시대를 여는 이 로드맵을 환영한다.

사라 킬러웨이 Sarah Galloway

레셀 레이놀즈 협회 Russell Reynolds Associates 글로벌 지속가능성 부문 공동 리더

2030년까지 유엔 지속가능발전목표 SDGs 를 달성하려면 앞으로 몇 년 동안 더 많은 기업이 지속가능경영 노력을 강화해야 한다는 것은 분명한 사실이다. 이 책은 지속가능한 비즈니스의 여정을 시작하는 기업을 위해 완벽한 시기와 깊은 성찰을 담은 로드맵을 제공한다.

마크 왓슨 Dr Mark Watson

홍콩 존 스와이어앤 선즈 John Swire & Sons H.K. Ltd 그룹 지속가능성 책임자

이 책은 지속가능한 비즈니스를 어떻게 할 것인가에 대한 방법을 다룬 최고의 책이다. 이 책은 왜 기업들이 지속가능성을 통한 기회를 반드시 잡아야만 하는지에 대한 근거를 제공함과 동시에 조직에서 적용하는 실질적인 방법과 지침을 제공하기도 한다.

아만다 맥킨지 Amanda MacKenzie

CEO, 비즈니스 인 더 커뮤니티 Business in the Community

더 프린스 리스판서블 비즈니스 네트워크 The Prince's Responsible Business Network , 영국

차례

PART 1

시작하기

51

1. 목적: 기업의 존재 목적 또는 목적의식 설정하기

2. 중대성 평가와 중대 지속가능성 이슈 도출

3. 비즈니스 사례

PART 3

확장하기

311

그림과 표 목록

◇◇◇◇◇◇◇◇◇◇◇◇◇◇◇◇

그림 목록

표 목록

저자 소개

◇◇◇◇◇◇◇◇◇◇

　데이비드 그레이슨David Grayson은 크랜필드 경영대학원의 기업 책임 명예 교수이다. 2007년부터 2017년까지 크랜필드 대학의 기업 책임을 위한 도티 센터Doughty Centre for Corporate Responsibility의 교수 겸 이사였다. 경영 윤리 연구소Institute of Business Ethics의 회장이며 전 세계 기업 및 책임 경영 협회들과 함께 일해 왔고, 영국 런던과 세필드에 기반을 두고 있다.

www.DavidGrayson.net

　크리스 콜터Chris Coulter는 브랜드의 존재 목적, 지속가능성 및 신뢰의 교차점에서 인사이트를 제공하는 국제적 자문 컨설팅 조직 글로브스캔GlobeScan의 CEO이며 캐나다 토론토를 기반으로 활동하고 있다. 또한 비랩의 다국적 표준 자문 위원회Multinational Standards Advisory Council 회원이며 CBSRCanadian Business for Social Responsibility의 의장이다.

www.GlobeScan.com

마크 리Mark Lee는 비즈니스에 대한 실행 가능한 통찰력을 개발하여 지속가능성 성과를 정의하고 가속화하며 확장하는 것을 목표로 하는 ERM 지속가능성연구소SustainAbility Institute by ERM의 소장이자 ERM 파트너이고, 캘리포니아 버클리에 거주하고 있다. 또한 캘리포니아 대학교 버클리UC Berkeley 하스 비즈니스 스쿨Haas Business School의 지속가능한 브랜드 자문 위원회Advisory Board of Sustainable Brands와 책임 경영 센터의 수석 자문 위원회Senior Advisory Board of the Center for Responsible Business 회원이다.

www.SustainAbility.com

서문

〰〰〰

우리가 직면한 가장 큰 환경적·사회적 문제들은 다양한 과학적 근거로 확인할 수 있으며 우리는 가능한 한 빨리 이러한 문제를 해결해야 한다. 이를 위해서는 기업을 중심으로 하는 민간 부문과 정책 입안자, NGO, 시민 사회, 학계를 막론한 유기적 파트너십을 구축해야 하고, 이를 통해 에코시스템에 대한 엄청난 노력과 협업이 필요하다. 이 책을 통해 더 많은 기업들이 이러한 활동에 참여하고 문제를 해결하는 데 기여할 수 있을 것이며, 성공 가능성도 높아질 것이다.

기업의 지속가능성은 지난 수십 년 동안, 특히 최근 몇 년 동안 매우 발전했다. 논의의 중심은 '왜Why'와 '무엇을What'에서 '어떻게 할 것인가How'로 옮겨갔다. 하지만 냉철하고 솔직하게 들여다본다면, 이 논의에 참여하는 사람이나 기업들이 너무 적다. 여전히 많은 사람들이 어떻게 시작해야 할지 또는 어떻게 더 큰 영향을 만들어낼지에 대한 현실적인 고민을 하지만 그 해법을 찾지 못하고 있는 상황이다. 이러한 상황 속에서 우리에게 큰 기회가 될 수 있는 하나는 기업을 '위험 최소화 사고방식'에서 '기회와 혁신 극대화 사고방식'으로 전환하는 방법이다.

이 책은 모든 분야의 대기업, 중소기업 등 시장의 모든 기업이 오늘날 비즈니스에서 가장 큰 기회 중 하나인 세계의 가장 시급한 경제적, 환경적, 사회적 과제를 해결함으로써 성공적인 비즈니스를 구축할 수 있도록 초대하고 있다. 또한 요즘과 같이 다양한 상황에 기민하게 발맞춰 나가야 하는 시기에 모든 사람과 모든 조직을 위한 명확한 방법을 제공하고 있다.

이 책은 기업의 지속가능성 성과를 개선하는 데 필수적인 주제를 담은 13개의 장으로 구성되어 있다. 이 안에는 기업이 어떻게 시작할 수 있는지, 어떻게 지속가능한 비즈니스를 구축할 수 있는지, 그리고 어떻게 그것을 세상에 가장 잘 적용할 수 있는지가 포함된다. 이 책은 비즈니스 의사결정자와 리더가 가야 할 지속가능성을 향한 모든 여정을 자세히 안내하며, 사람과 환경에 긍정적인 변화를 이끌어올 수 있는 진정성 담긴 내용으로 구성하였다.

이 책의 저자인 데이비드 그레이슨, 크리스 콜터, 마크 리는 2050년까지 탄소 중립 경제Net Zero Economy로의 효과적인 전환을 확실하게 하기 위해 가능한 한 보편적으로 신속하게 적용 가능하며 더 많은 기업을 참여시키기 위해 도움을 주는 미션을 수행하고 있다고 할 수 있다. 탄소 중립 경제로 전환하기 위한 명확한 방향을 정하기 위해서는 2050년까지의 장기적 목표 수립과 실천이 필수적이다. 그러나 2030년까지 이어지는 향후 몇 년 동안 '우리가 어떻게 하는가'야말로 더 많은 사람들이 번창할 수 있는 사회와 환경을 만들 기회가 있는지를 결정하게 될 것이다.

이 책은 스스로 또는 다른 사람들과 협력할 수 있는 장을 마련함으로써 이러한 목적을 더 잘 달성할 수 있도록 도움을 준다. 저자 자신의 상당한 경험과 모범 사례에 대한 연구 외에도, 각 장에서는 이미 이 주제를 수용한 다양한 기업의 예를 제시하여 실질적이고 적용 가능한 사례도 제시한다.

지난 25년간 기업 지속가능성 분야에서 근무한 경험을 바탕으로 지속가능한 비즈니스 성과를 성공적으로 구현하는 데에는 필수적인 '6A', 즉, 야망 Ambition, 책임 Accountability, 능력 Ability, 기관 Agency, 민첩성 Agility, 그리고 지지 Advocacy가 중요하다는 것을 알게 되었다. 이 책의 저자인 데이비드, 크리스, 마크는 다른 용어를 사용하고 있지만 본질적으로 우리와 동일한 핵심 성공 요인을 설명하고 있다.

기본적으로 회사는 자체적인 노하우, 제품, 가치의 사슬을 활용하여 인류가 직면한 가장 큰 도전에 긍정적으로 기여할 수 있는 방법을 명확히 해야 한다. 이를 위해서는 조직의 모든 분야에서 변화 관리와 용기 있는 리더십이 필요하다. 물론 복잡성과 어려움으로 가득하지만 지속가능성을 성공적으로 적용해낸 미래에는 성공적인 비즈니스 경쟁력을 포함한 풍부한 보상이 따라오게 될 것이다.

지속가능한 비즈니스 체계를 구축하는 것은 ESG(환경 Environmental, 사회 Social, 거버넌스 Governance)에 대한 주주들의 기대, 목적을 가진 기업에 대한 직원들의 기대, 사람이나 지구에 피해를 주지 않는 제품과 서비스에 대한 고객의 기대, 책임 경영에 대한 사회적 기대를 충족시키는 순간이다.

이 책을 통해 보다 지속가능한 사업으로 멋진 여정에 당신이 함께 하기를 기원한다. 당신은 이 항해를 시작하거나 계속하기로 한 결정을 후회하지 않게 될 것이다.

우리가 언제나 기억해야 할 것은 바로 이것이다!

당신이 하지 않는다면, 누가 하겠는가? 그리고 지금이 아니라면, 과연 언제인가?

피아 헤이든마크 쿡 Pia Heidenmark Cook

이케아 IKEA, Ingka Group의 선임 고문 및 전 최고 지속가능성 책임자/임원

역자 서문
◇◇◇◇◇◇◇◇◇◇

"ESG는 더 이상 할 것이냐 말 것이냐의 문제가 아니라 어떻게 잘 할 것인가의 문제입니다. 이 책은 지속가능한 비즈니스의 미래를 보여주고 올바른 ESG 실무 추진 방법을 제시하는 실용서입니다."

저는 국내 최초의 지속가능경영 컨설턴트이자 ESG 전문가로 20년이 넘는 시간 동안 수많은 기업과 기관들에게 컨설팅을 제공하고 매년 100여 건에 달하는 강의를 진행하고 있습니다. 지난 20년간 제가 가장 중점을 두고 노력했던 것 중의 하나는 ESG 실천과 지속가능한 비즈니스 모델 구축에 대한 국제적으로 공인된 업무 추진 가이드라인과 실질적 사례들을 꾸준히 소개하는 것이었습니다. 그 과정에서 발견한 이 책은 그동안의 목마름을 날려줄 만한 내용을 담고 있으며 이 책의 저자들은 여전히 지속가능경영의 최전선에서 기업들과 기관들을 위해 일하고 있다는 점에서 더욱 신뢰를 줍니다. 이 책은 제가 그동안 한국 기업들을 위해 지속가능성과 ESG를 제대로 인식시키고 효과적으로 추진할 수 있도록 도움을 주는 과정에서 활용해 왔던 저만의 방법론과 전략들이 틀리지 않았다는 것을 확인하게 된 책이라 더 반가웠습니다.

최근 제가 가장 많이 받는 질문 중의 하나는 "ESG를 잘 하려면 어떻게 해야 합니까?"입니다. 기대했던 것보다는 조금 더디지만 'ESG의 배경과 필요성 그리고 규제 동향 파악' 중심에서 이제는 서서히 '어떻게 해야 하는가?' 즉, 실천과 실행 방안의 이해와 적용으로 그 무게 중심이 옮겨가고 있다는 생각이 듭니다. 그리고 지속가능성이라는 용어가 이제는 보편적으로 사용되고 있으며 ESG에 관심을 가지고 실천하려는 사람들 또한 아주 다양해지고 있습니다. 한마디로 ESG와 지속가능성은 이 시대를 관통하는 상식이자 새로운 삶의 방식 즉, '뉴노멀'이 된 것입니다.

오늘날 기업의 생존과 성장은 더 이상 이윤 추구만으로 설명될 수 없습니다. 글로벌 시장에서의 경쟁은 단순한 재무적 성과를 넘어 환경Environmental, 사회Social, 지배구조Governance 라는 3가지 요소로 구성된 ESG의 준수를 통한 지속가능한 비즈니스 체계 구축이 필수적인 시대에 접어들었습니다. 기업이 성공하려면 부정적 환경 임팩트를 줄이고 다양한 이해관계자와 신뢰와 상생의 관계를 구축하고, 지속가능성을 필수적으로 고려하는 원칙과 기준을 만들어 실천하는 것이 무엇보다 중요해진 것입니다.

그러나 ESG나 지속가능한 비즈니스라는 개념은 여전히 많은 기업, 특히 중견·중소기업에게 여전히 낯설고, 어떻게 도입하고 실행해야 하는지에 대한 명확한 프로세스와 구체적 업무 가이드라인이 부족한 상황입니다. ESG 경영은 단순한 일회성 프로젝트가 아니라 기업의 장기적 전략과 비즈니스 및 일상적 운영에 깊이 뿌리내려야 하므로, 이를 체계적으로 접근하고 전략적으로 실행할 수 있는 지침이 필요합니다.

ESG를 제대로 실천하고 정착시켜 지속가능한 비즈니스 체계를 구축하기 위해서는 제도와 평가 체계는 물론이고, 어떻게 실행하고 활용할 것인지를 담은 기술 체계와 왜 ESG가 나, 조직 그리고 우리 사회에 중요하고 필요한지를 알려주는 의미와 가치 체계를 현실적으로 제시할 수 있어야 지속가능한 방식으로의 체질 개선이 이루어질 수 있습니다.

이 책은 ESG를 성공적인 경영의 필수 과제로 인식하고 적절한 실천 방안을 찾고자 하는 기업들을 돕기 위해 기획되었습니다. 지속가능성의 이론적 개념을 넘어, 실제 현장에서 적용 가능한 구체적이고 실용적인 가이드라인을 제공하며, 특히 ESG를 처음 접하는 기업인들이나 현업에서 실무를 담당하는 관리자들이 쉽게 이해하고 적용할 수 있도록 다양한 사례와 실행 방안을 담고 있습니다.

이 책의 목적

이 책의 목적은 명확합니다. 기업이 ESG 경영을 단순한 '트렌드'로 여기지 않고, 장기적이고 지속가능한 성장의 핵심 전략으로 받아들이고 실천할 수 있도록 돕는 것입니다. 이 책의 구체적 목표는 다음과 같습니다.

1. 지속가능한 비즈니스와 ESG의 구체적 의미와 중요성을 명확히 설명하고, 이를 경영에 어떻게 통합할 수 있는지 이해할 수 있도록 도와줍니다.

2. 실질적인 ESG 추진 전략과 단계별 실행 방법을 제시하여, 기업들이 초기 단계부터 효과적으로 ESG 경영을 실행할 수 있도록 구체적인 로드맵과 가이드라인을 제공합니다.
3. 다양한 기업의 성공 사례를 통해, ESG 경영이 단순히 이론적 개념이 아니라 실제로 지속가능한 비즈니스 성과에 긍정적인 영향을 미치는지 보여줍니다.
4. 중견·중소기업도 참고하고 따라할 수 있는 효과적인 ESG 접근 방안을 제안하여, 자원과 예산이 제한된 기업들도 ESG 경영을 통해 지속가능한 성장 경쟁력을 강화할 수 있도록 지원합니다.

이 책에서 다루는 내용

◆ ESG의 이해와 중요성: ESG가 단순한 윤리적 또는 환경적 책임이 아닌, 기업의 지속가능한 비즈니스 전략과 장기적 생존에 직결된다는 점을 강조합니다. 글로벌 트렌드와 법적 규제의 변화, 투자자와 소비자의 기대가 기업에 어떤 영향을 미치는지 구체적으로 분석합니다.

◆ 실질적 실행 방안: ESG 경영을 도입하고 지속가능한 비즈니스 체계를 구축하는 과정에서 필요한 구체적인 실행 전략과 방법론을 제시합니다. 예를 들어 기업의 존재목적 정의, 중대성 평가, 전략수립, 추진체계 구축, 이행 프로그램 기획, 지배구조 구축, 이해관계자 소통과 보고서 발간, 지속가능한 비즈니스 모델 구축 등을 단계별로 설명하며, 각 단계별 특성에 맞

춘 맞춤형 해결책과 업무 가이드라인을 제안합니다.

◆ 글로벌 성공 사례: 각 추진 단계별 성공적으로 ESG 경영을 도입하고 추진한 다양한 기업들의 사례를 분석합니다. ESG를 통해 성과를 달성한 기업들의 구체적인 전략과 실행 방법을 살펴봄으로써 독자들이 자신의 기업에 적용할 수 있는 아이디어를 얻을 수 있도록 돕습니다. 특히 실질적으로 기업이 자주 겪는 이슈와 문제들을 제시하고 이를 혁신적으로 개선해 나간 사례를 중점적으로 다룹니다.

◆ ESG 경영의 장기적 효과: ESG 경영을 도입함으로써 기업이 얻게 되는 장기적 이익을 분석합니다. 단기적으로는 브랜드 신뢰도 향상과 투자자 유치, 중장기적으로는 지속가능한 비즈니스 모델 구축을 통한 수익성 증대와 리스크 관리 그리고 이해관계자 상생과 신뢰 관계 구축 등 ESG가 경영에 미치는 긍정적 영향을 다양한 데이터와 사례를 통해 설명합니다.

이 책의 활용법

이 책은 경영자, 임원, 실무 담당자를 비롯하여 ESG와 지속가능한 비즈니스를 실천하고자 하는 모든 사람들이 활용할 수 있는 ESG 실용 지침서입니다. 다른 ESG 관련 서적들과 달리, 이 책은 기업의 특성에 맞춰 유연하게 실무에 바로 적용할 수 있는 구체적인 방법론과 다양한 성공 사례를 중심으로 구성되어 있어서 ESG와 지속가능한 비즈니스에 대한 이해도를 높일 수 있습니다.

목차 순서에 따라 제시된 장별 업무 가이드라인에 맞춰 구체적인 실행 방안을 수립하고 조직이나 개별 업무에 적용하다 보면 ESG 성과를 창출하고 지속가능한 비즈니스 체계를 구축하는 데 필요한 실질적인 도움을 받을 수 있을 것입니다. 또한 ESG 경영을 처음 시작하는 기업이나 실행 중인 기업 모두에게 유익하며, 특히 대기업은 물론 중견·중소기업에도 적합한 구체적이고 현실적인 ESG 추진 방안을 찾는 데 많은 도움이 될 것입니다.

ESG는 이제 선택이 아니라 필수입니다. 대내외적으로 기업에 대한 기대는 점점 더 높아지고 있으며, ESG 요소를 잘 반영한 경영 전략은 단기적으로는 리스크 관리와 브랜드 신뢰도를 높이고, 장기적으로는 지속가능한 성장을 이끄는 열쇠가 될 것입니다. 이 책이 독자들이 미래를 대비하는 데 있어 중요한 동반자가 되기를 진심으로 바랍니다. ESG 경영의 여정을 함께 시작하며, 지속가능한 미래를 만들어가는 데 기여할 수 있기를 기대합니다.

2025년 1월

유명훈

감사의 글

◇◇◇◇◇◇◇◇◇

어떤 대화는 우리 기억에 오래 남게 된다. 이전에 『올인: 비즈니스 리더십의 미래』All in : The Future of Business Leadership 를 출간하기 위해 전 세계의 많은 비즈니스 리더와 지속가능성 전문가와 50여 건의 인터뷰를 진행한 적이 있다. 그중에서 특히 마이크 배리Mike Barry 와 함께 나눈 대화가 계속 뇌리에 남는다. 마이크는 당시 영국 소매업체 막스 앤 스펜서Marks & Spencer 의 지속가능성 책임자였다. 그는 현재 앞서가고 있는 일부 기업의 지속가능성 리더금메달리스트들을 조금 더 나아갈 수 있도록 개선하는 데는 별로 관심이 없다고 말했다. 하지만 그는 수만 명의 '은메달리스트와 동메달리스트'를 만드는 데 큰 관심을 보였다. 다시 말해, 마이크는 더 많은 기업들이 지속가능성을 보다 빠르고 진지하게 고려하고 적극적으로 추진하는 모습을 보고 싶어 했다.

우리도 마찬가지였다. 이는 출판사에서 이러한 방향의 책을 만들어보자고 연락이 왔을 때, 우리는 설득이 거의 필요하지 않았던 이유이다. 이 책을 출간해 준 코간페이지Kogan Page 는 시장을 잘 이해하고 있는 출판사로 명성이 자자하며, 바쁜 관리자들과 실무자들이 빠르게 선택해서 참고하고 사용할 수 있는 실용적인 책에 대한 필요성을 간파했다. 저자로서, 우리는 에이미 민슐Amy Minshull과 라이언 노먼Ryan Norman, 그리고 다른 편집자들이 말해준 건설적인 도전과 제안에 감사의 말을 전한다. 또한 비즈니스에 지속가능성을 통합함으로써 창출할 수 있는 긍정성과 새로운 가치를 암시하는 책 표지를 만들었으면 좋겠다는 우리의 제안을 아주 잘 구현해 준 디자인 팀의 노고에 감사드린다.

우리는 친구들과 동료들에게 우리를 도와달라고 계속 요청했고, 종종 그들에게 한 장 또는 두 장의 원고를 읽고 피드백을 주거나 아주 짧은 시간에 특정 질문에 대답해 달라고 부탁했다. 많은 사람들의 격려와 지원에 대해 진심으로 감사드린다. 많은 사람들이 '지금 정말로 필요한 내용을 담은 책을 만들고 있다'며 격려해주셨다. 이 책이 이 시기에 정말로 필요한 책이기를 바라며, 모든 사람의 현명한 제안이 모두 반영되었기를 바란다.

알바로 알메이다Alvaro Almeida, 라파엘 벰포라드Raphael Bemporad, 댄 베나Dan Bena, 루스 벤더Ruth Bender, 마리안 보글Marianne Bogle, 페린 부하나Perrine Bouhana, 사울리우스 부이비스Saulius Buivys, 레이니 챔버스Lainey Chambers, 마크 챔버스Mark Chambers, 개러스 칙Gareth Chick, 레스터 커플랜드Lester Coupland, 샐리 데이비스Sally Davis, 크리스틴 디아멘테Christine Diamente, 손솔레 디아즈 카스타노Sonsoles Diaz Castano, 수 제라드Sue Garrard, 크리스 구엔더Chris Guenther, 리차드 해밀턴Richard Hamilton, 사라 핸슨Sarah Hansen, 피아 헤이든마크 쿡Pia Heidenmark-Cook, 에드리안 호지Adrian Hodges, 아니타 호프만Anita Hoffmann, 스티브 하워

드Steve Howard, 앤드류 카카바드Andrew Kakabadse, 케빈 키스Kevin Keith, 게일 클린트워스Gail Klintworth, 마이클 코보리Michael Kobori, 술라 키리아쿠Soulla Kyriacou, 데이비드 리어David Lear, 게릿 루츠Gerrit Loots, 아만다 매켄지Amanda Mackenzie, 모모 마하다브Momo Mahadav, 닥 맥케르Doc McKerr, 제임스 모리스James Morris, 마고 모셔Margo Mosher, 캐시 멀바니Kathy Mulvany, 제인 넬슨Jane Nelson, 얀 노테르뎀Jan Noterdaeme, 존 오브라이언John O'Brien, 이안 올슨Ian Olson, 마크 스피어Mark Spears, 베르난도 디네즈Bernando Teixera-Dinez, 피터 트루스데일Peter Truesdale, 마이크 터프리Mike Tuffrey, 피터 폴 반 데 베이즈Peter Paul van de Wijs, 사라 폴크먼Sarah Volkman, 로지나 왓슨Rosina Watson, 로버트 위글리Robert Wigley, 찰스 우키Charles Wookey 님께 감사의 인사를 드린다.

또한 급하게 요청했음에도 불구하고 믿을 수 없을 정도로 빠르게 응답해 준 본 책에 소개된 다양한 기업과 조직의 담당자들인 에스더 안Esther An, 롭 캐머런Rob Cameron, 크리스티아노 리젠데 데 올리베이라Cristiano Resende De Oliveira, 수잔 팔렌더Suzanne Fallender, 팀 페이버Tim Favori, 이디트 얀켈로비우스Idit Jankelovicius, 아니크 미쇼Anik Michaud, 미겔 페스타나Miguel Pestana, 아만다 포터Amanda Porter, 싯다스 샤르마Siddharth Sharma, 만줄라 스리람Manjula Sriram, 빈센트 스탠리Vincent Stanley, 펜드라곤 스튜어트Pendragon Stuart, 아네트 스터브Annette Stubbe, 마크 왓슨Mark Watson에게 감사의 말을 전한다.

또한 기업의 실행 사례 등 '실무 자료'를 작성하는 데 도움을 준 헤일리 컨스터블Hayley Constable, 앤케 그레이링Anneke Greyling, 아누프 구루부가리Anup Guruvugari, 캐롤라인 홈Caroline Holme, 헤니 켄세리Heni Kenserii, 사라 숄Sarah Schoorl 등의 동료들에게 감사드린다. 그리고 본 책의 시각 자료를 개발하는 데 도움을 준 프랜시스 코완Francis Cowan, 테리 뉴먼Terri Newman, 알렉산드라 스티븐슨Alexandra Stevenson 등의 동료들에게도 감사드린다.

마지막으로 이번 책을 출간하는 프로젝트를 통해 우리를 지지해 준 사랑하는 사람들에게 감사를 표한다.

데이비드David – 수Sue 와 제인Jane과 파웰Pawel에게 감사를 표한다. 파웰도 훌륭한 책을 집필하고 있다.

크리스Chris – 모든 지원을 아끼지 않은 멋진 아내 매기Maggie 와 훌륭한 딸 클레어Clare에게 감사의 뜻을 표하며, 그들을 얼마나 사랑하고 있는지 전하고 싶다.

마크Mark – 무한한 인내심과 보살핌을 보여준 아내 발레리Valerie 와 세 자녀 노라Norah, 코맥Cormac, 그리고 이몬Eamon에게 감사의 뜻을 표한다. 또한 독자 여러분께 최고의 사랑과 감사를 전한다.

　유니파트 그룹Unipart Group, UG은 영국에 본사를 둔 기업으로 디지털, 제조, 물류, 컨설팅을 일련의 제품과 서비스에 통합하여 고객을 위한 창의적인 솔루션을 제공하고 있다.

　UG의 비즈니스는 자동차 산업을 위한 제조업에 기반을 두고 있지만, 시장 변화로 인해 경쟁력을 유지하기 위해 지난 40년 동안 여러 차례 비즈니스 조정을 통해 성장해왔다. 오늘날 UG는 재규어 랜드로버 Land Rover, 스카이 Sky, 보다폰 Vodafone과 같은 세계에서 가장 큰 회사들과 영국 철도 산업, 영국 국립 보건 기구에 서비스를 제공하고 있다.

　최근 UG의 한 고객은 UG의 제품 운송에 사용되는 일회용 플라스틱과 포장에 대한 우려를 제기했다. UG는 추가 비용 없이 보다 지속가능한 솔루션을 찾고자 했다. 이에 UG 직원들은 비용 효율적인 해결책과 보다 지속가능한 팔레트 및 패키징 솔루션을 찾기 위해 집중적으로 조사와 실험을 했다. 그 결과 이 솔루션은 서비스 계약 조건에 따라 UG가 고객과 공유하는 상당한 비용을 절감했다.

1974년에 설립된 하비 HAVI는 창립 초기에 시카고의 맥도날드 McDonald 식당에만 제품과 서비스를 제공했다. 그러나 오늘날 하비는 100개 이상의 국가에서 맥도날드, 쉘 Shell, 코카콜라 Coca-Cola를 포함한 다양한 식품 서비스, 하이케어 브랜드와 파트너 관계를 맺고 있으며 각 브랜드는 하비에 의존하여 높은 품질과 지속가능성을 약속하고 있다. 2021년 9월, 하비는 혁신을 통해 보다 지속가능한 해피밀 장난감을 만들기 위해 맥도날드와 새로운 파트너십을 발표했다. 2025년까지 맥도날드의 목표는 모든 해피밀 장난감을 재생 가능하며, 재활용 소재나 바이오 기반의 식물 유래 성분으로 만드는 것이다. 이렇게 되면 2018년 기준으로 해피밀 경품에 사용되는 화석 연료 기반 플라스틱을 약 90% 줄일 수 있게 된다. 하비는 맥도날드가 이러한 전환을 시작하는 데 도움을 주었고, 이 목표를 실행 가능하게 하는 데 핵심적인 역할을 할 것이다.

1987년에 설립된 마스 MAS는 의류, 섬유, 신발 산업에서 디자인부터 생산, 공급에 이르기까지 모든 서비스를 제공하는(디자인 투 딜리버리 Design to delivery) 공급업체이다. 이 그룹은 스리랑카에 본사를 두고 있으며 17개국에 52개의 제조 공장이 있다. 마스는 갭 Gap, H&M, 캘빈 클라인 Calvin Klein, 파타고니아 Patagonia를 포함한 세계 최대 의류 및 섬유 브랜드와 파트너 관계를 맺고 있다. 고객이 마스에 강조한 한 가지 우려 사항은 삼림파괴이다. 마스는 자사가 소유하고 운영하는 토지가 이 문제에 관련되어 있다는 것을 인식하고 있다. 그래서 이 그룹은 2025년까지 마스가 소유하고 운영하는 공간의 100배에 해당하는 25,000에이커의 서식지와 생물다양성을 보존하는 것을 목표로 하고 있다.

다음의 몇 가지 현상과 일화는 이 『ESG 비즈니스 가이드북』이 강조하는 사항들을 제시한다.

◆ 유니파트, 하비, 마스와 같은 기업에 대한 압력과 압박은 그들이 거래하는 큰 고객사가 야심 찬 지속가능경영 전략과 목표를 수립하고 추진하기로 약속하는 과정에서 자주 발생하며, 이러한 압력은 지속적으로 증가하고 있다. 이를 실현하기 위해 글로벌 가치사슬 공급망과 협력 파트너십이 반드시 필요하다.

◆ 지속가능성을 향상시키기 위해서는 속도와 규모의 혁신이 필요하다.

◆ 독창성과 창의성을 더함으로써 지속가능성은 돈을 들이지 않더라도 강력한 영향력을 만들 수 있다. 오히려 지속가능성은 기업이 돈을 절약하거나 더 잘 벌 수 있도록 도와줄 수 있다.

◆ 솔선수범하여 사회와 환경, 그리고 사업을 위해 훌륭한 해결책을 찾으려는 직원들이 많이 있다. 이것은 제로섬 게임이 아니다. 바로 윈-윈Win-win이다!

이 책은 지속가능성과 연계된 위험과 기회를 수용하고 해결함으로써 기업이 더 성공할 수 있도록 돕는 것을 목표로 하고 있다.

왜 이 가이드북인가?

오늘날 점점 더 많은 기업들이 지속가능성을 진지하게 받아들이고 큰 발전을 이루고 있다. 그러나 여전히 많은 기업들이 어디서부터 시작해야 할지 모르고 있으며, 이 여정을 시작한 일부 기업들은 더욱 발전하기 위해 필요한 기술과 자원을 보유하고 있지 않다.

이에 대응하여 장기적으로 비즈니스를 보다 성공적이고 수익성 있고 탄력적으로 만드는 수단으로 비즈니스에 지속가능성을 통합하고 구현하는 방법에 대한 최고의 조언과 지식을 수집, 정리 및 요약하기 위해 노력해왔다.

고전적인 혁신 채택 곡선을 적용하여 혁신가와 얼리어답터 Earlyadopter의 학습 결과를 녹여내 다른 사람들이 편하게 액세스하고 사용할 수 있도록 노력했다. 우리의 목표는 이미 지속가능성을 추구하고 있는 리더들이 더 잘할 수 있도록 도와주는 것을 넘어서 지속가능성을 비즈니스 필수 요소로 받아들일 준비가 된 다른 사람들과 조직들이 지속가능성을 위한 경쟁에 참여하고 경쟁력을 갖추도록 돕는 것이다. 수십 년 동안 지속가능성에 대해 전 세계적으로 연구해 온 우리의 집단적 경험은 이것이 마라톤이지 단거리 경주가 아니라는 것을 알려준다. 지속가능성이 사업적 측면을 포함한 모든 시스템의 중심이 되어가는 세상에서 기업들이 경쟁력을 갖추고 지속적으로 번영하기 위해서는 지속가능성 관리에 있어서도 최고의 상태를 구축할 수 있어야 한다.

코로나19의 세계적 유행 이후

이 책에 대한 작업을 하던 코로나19COVID-19 대유행 기간 동안, 우리는 새로운 시대적 상황과 현실을 반영하여 모든 저자 회의와 인터뷰를 온라인 비대면으로 진행했다.

코로나19로 인해 새롭게 만들어진 다양한 삶의 방식 중에 어떤 측면이 지속될지는 불분명하다. 어떤 사람들은 평소처럼 사업에 복귀할 것이라고 예측한다. 유럽 연합과 미국 행정부를 포함한 다른 국가들은 전염병 복구 노력이 더 지속가능한 경제의 발전을 가속화하도록 확실하게 지원함으로써 '더 나은 재건'을 열망한다.

우리는 후자의 방향에 확실히 동의하고 있다. 예를 들어 직장은 유행병 이전의 형태로 돌아가지 않을 것이고, 다시는 돌아오지 않을 것이라고 믿는다. 더 많은 원격 근무나 하이브리드 Hybrid 근무 형태와 작업장이 표준이 될 것이다. 이를 통해 통근 상황과 사무실 환경에 미치는 영향을 줄여(예: 장애가 있는 직원들이 더 일하기 쉽도록 도와주고 육아를 해야 하거나 노인을 돌보아야 하는 직원들이나 장애가 있는 가족을 돌보아야 하는 직원들을 더 잘 수용) 보다 유연하고 포괄적이며 환영받는 인력 체계를 구축할 수 있는 기회를 창출할 수 있다. 재설계된 근무 환경과 인력은 새로운 리더십에 대한 숙제를 부여하기도 한다. 공유된 비전과 문화를 구축하고 원하는 행동과 운영 방식을 주입하려면 모든 수준의 고용주와 관리자로부터 새로운 접근 방식과 새로운 기술이 필요하다.

전염병은 우리의 삶을 위협했다. 또한 대규모 변화와 혁신이 얼마나 빨리 일어날 수 있는지도 보여주었다. 거의 반세기 동안 책임 경영과 지속가능성을 지지해온 영국의 웨일즈 공 His Royal Highness The Prince of Wales 은 2021년 6월 콘월에서 열린 G7 정상회의에서 지도자들에게 다음과 같이 말했다.

"이 끔찍한 전염병을 이겨내기 위해서는 정치적 의지, 사업적 독창성 및 대중의 참여가 함께 이루어졌을 때 국제 사회가 위기를 극복할 수 있는 규모와 속도를 확실하게 낼 수 있습니다. 우리는 코로나19의 세계적 유행을 막기 위해 이러한 노력을 하고 있습니다. 또한 우리는 지구를 위해서도 이러한 노력을 기울여야 합니다."

코로나19는 기업들이 지속가능성을 심각하게 고려하고 더 적극적으로 실천하도록 압력을 강화하는 요소 중의 하나가 되었다. 이는 글로벌 컨설팅업체 액센츄어Accenture가 유엔 글로벌 콤팩트UN Global Compact와 손잡고 2021년 기업 최고경영자CEO들을 대상으로 실시한 설문 조사 결과에서 여실히 드러난다. 최고경영자의 79%가 코로나19의 세계적 유행이 보다 지속가능한 비즈니스 모델로 전환할 필요성을 강화했다고 생각하는 것으로 나타났다. 또한 최고경영자의 62%는 지속가능성에 대한 압력이 지난 3년간 크게 증가했다고 답했으며, 73%는 지속가능성에 대한 압력이 향후 3년간 크게 증가할 것으로 예상한다고 답했다.[1] 코로나19는 예상치 못했지만, 그 영향으로 인해 시장과 사회가 재편되는 지속가능성 트랜드가 가속화되었다.

이 책의 저자 두 명이 이끌고 있는 조직인 글로브스캔GlobeScan과 ERM 지속가능성연구소SustainAbility Institute by ERM가 2021년 7월에 실시한 지속가능성 전문가를 대상으로 한 설문 조사에서 우리가 해결해야 할 시급한 글로벌 이슈에 대한 우선순위를 확인해 볼 수 있다 (그림 0.1 참조).

그림 0.1 지속가능한 개발 과제의 시급성 증가

기후변화	93
생물다양성 손실	90 ↑ 4점 상승
물부족	90
빈곤	84 ↑ 5점 상승
수질오염	84 ↑ 5점 상승
의약품 및 의료서비스 접근성	81 ↑ 5점 상승
양질의 교육을 받을 수 있는 기회	81 ↑ 5점 상승
경제적 불평등	81 ↑ 3점 상승
식량안보	81 ↑ 6점 상승
플라스틱 폐기물	80 ↑ 3점 상승
쓰레기	80 ↑ 5점 상승
대기오염	79 ↑ 4점 상승
다양성/차별	70 ↑ 6점 상승
뇌물/부패	68 ↑ 4점 상승
공급망 노동 조건	66 ↑ 5점 상승
에너지 접근성	65 ↑ 8점 상승
감염병	63
대량사육과 고기섭취량 증가	55
온라인 데이터 및 정보보안	51 ↑ 5점 상승
비전염성 질환	49

2020년 대비변화율

글로벌스캔과 ERM 지속가능성연구소의 허가를 받아 자료를 사용함[2]

기후 위기

전 세계적으로 산불, 심각한 홍수, 기록적인 폭염을 일으키는 극
단적인 날씨가 잦아지고 과학자들이 북극과 같은 지역에서 돌이킬

수 없는 변화의 위험성을 강조하면서 기후 비상사태의 현실은 점점 더 분명해지고 있다. 코로나19를 해결하기 위해 취한 속도와 조치의 범위는 결정적이고 신속하게 탄소중립 미래를 향해 나아가는 것에 반대하는 일부 주장을 상당히 약화시켰다. 코로나19의 세계적 유행이라는 극심한 전 세계적 비상사태를 극복해 나가기 위해서 공공 및 민간 부문이 급진적이고 빠른 속도로 움직이는 것이 가능하다는 것을 보여주었다. 이를 통해 많은 사람들은 기후 위기도 해결할 수 있을 것으로 기대하고 있다.

극도의 글로벌 불평등

코로나19의 세계적 유행은 또한 건강, 교육, 소득 등과 관련된 국가 간, 그리고 국가 내의 극심한 불평등도 노출시켰다. 우리는 전 세계적으로 극심한 빈곤이 크게 증가하는 것을 보았다. 이로 인해 기업들은 생활임금과 같은 문제를 더 깊이 들여다봐야 한다는 압박을 받고 있다. 예를 들어 중국에서는 시진핑 주석이 '공동부유 Common Prosperity'를 강조하며 '고소득층과 기업이 사회에 더 많이 환원하도록 장려'하고 있다.[3]

휴대전화 카메라에 포착된 미국 조지 플로이드 George Floyd 의 잔혹한 살해 사건이 세계 언론의 관심을 끌면서 전 세계적으로 분노를 불러일으켰다. 그가 저지른 잔혹한 살인은 새로운 가치를 세우고 퍼트리는 계기가 되었다. 플로이드의 살인은 '블랙 라이브스 매터 #BlackLivesMatter, BLM' 운동(아프리카계 미국인에 대한 경찰의 과잉 진압 등 인권 침해에 대항하는 운동으로, '흑인들의 삶도 중요하다'

라는 의미를 담고 있음)에 새로운 에너지를 주었고 스포츠 스타들을 포함한 많은 사람들이 '테이크 더 니Take the Knee'(인종 차별에 반대하는 상징적인 행동으로, 스포츠 이벤트 등 큰 행사에서 사람들의 주목을 끌기 위해서 한쪽 무릎을 꿇는 행위) 활동에 참여하도록 이끄는 계기가 되었다. 이로 인해 체계적인 방식으로 인종 차별을 해결해야 한다는 목소리가 더욱 커졌고, 비즈니스 리더들도 성별, 장애, 나이, 성적 지향과 인종 차별 및 기타 불평등에 대처하는 데 도움을 주어야 한다는 것을 인식하는 계기가 되었다. 이 모든 것은 기업과 사회 전반의 프로그램뿐만 아니라 다양성, 형평성, 포용성DE&I 전략의 중요성에 대한 인식을 높이는 데 도움이 되었다. 기후변화 및 기후위기와 마찬가지로 코로나19 대유행으로 인해, 지속가능성은 우리의 일과 삶에서 매우 중요하고 영구적인 아젠다Agenda가 되었으며 우리는 지속가능성에 더욱 깊은 관심을 가지고 앞으로 나아가야 한다.

세계화와 그에 대한 문제와 불만의 급증

코로나19 대유행은 세계화의 과정, 특히 그것이 가져온 변화로 인해 잃었거나 뒤처졌을 수 있는 사람들이 직면한 상황에 대한 논쟁도 심화시켰다. 기업들은 '시의적절하게도' 공급망 관리 접근 방식을 재고하고 있으며, '만일의 경우를 대비'하기 위해 리스크 예방과 관리 등 회복탄력성을 더욱 강화하는 노력을 기울이고 있다. 이와 동시에, 정치인들은 이민, 불평등, 정체성에 의해 발현되는 포퓰리즘의 급증도 관리해야 한다. 포퓰리즘에 강경하고, 또 포퓰리즘의 원인에 대해서 강경하게 대응하기 위해 고군분투하는 정치인들은 종종 기후 변화에 대처하는 것과 결합하여 '빌드 백 베터#BuildBackBetter, BBB'('더 나은 재건 법안'으로, 조 바이든 정부가 추진한 주요 경제 정책)나 '빌드 포워드 투게더#BuildForwardTogether'('함께 앞으로 나아가자')와 같은 아이디어를 개발해 왔다. 이러한 정치적 흐름은 비즈니스에 새로운 요구 사항을 제시하는 동시에 새로운 비즈니스 기회를 창출할 것이다.

투자자의 각성

2007년에 골드만 삭스는 'ESG'라는 용어를 만들었다. 앞에서 말한 모든 동향은 지속가능성이나 ESG 성과에 대한 투자자들의 관심을 폭발시키는 데 기여했다. 이러한 관심은 지난 10년 이상 꾸준히 증가해왔지만, 이제는 임계점에 도달했다고 할 수 있다. ESG가 빠르게 성장하고 유행하고 있는 현상을 아주 잘 표현하고 있는 만화 하나가 2021년 초 소셜 미디어에서 유행한 적이 있다. 치타에서 비행기에 이르기까지 지구상에서 가장 빠른 것들의 순위를 보여주는 만화였는데, 그 1위가 'ESG 전문가 증가율'이 차지했다는 내용이다. 바로 ESG에 대한 폭발적인 관심의 증가를 풍자적으로 표현한 것이다.

전반적으로 ESG는 글로벌 기업들이 지속가능성을 자체적으로 통합하고 추진을 강화하도록 하며 공급업체와의 계약에 더 많은 ESG 요구사항을 포함하도록 압박함과 동시에 해당 공급업체가 또 다른 공급망에 ESG를 요구할 수 있도록 선순환 고리를 만드는 데 초점이 맞춰져 있다.

기후변화, 불평등, 세계화를 포함하는 다양한 문제들을 해결하는 것은 기업과 비즈니스만의 도전 과제는 아닐 것이다. 그러나 늘 그렇듯 기업들은 문제 해결의 최전선에 설 것이고, 그 과정에서 진정성을 가지고 긍정적 영향력과 경쟁력을 강화한 승자들은 지속가능성에 앞장선 사람들로 인정될 것이다. 간단히 말해서, 지속가능성을 곧 사라질 유행 정도로 생각하고 있는 사람이 있다면 다시 생각해 볼 필요가 있다.

이 책을 활용하는 방법

비즈니스의 지속가능성을 높이는 데 한 번에 모든 것을 만족시키는 쉬운 접근 방식은 있을 수 없다. 따라서 다양한 자료를 최대한 논리적인 흐름으로 제시하여 지속가능성 대중화에 이바지하고자 한다.

이 책은 처음부터 끝까지 순서대로 읽을 수도 있고, 필요에 따라 각 장을 별도로 선택해서 자유롭게 참고할 수도 있도록 구성되어 있다.

이 책의 제1부 '시작하기'에서는 목적, 즉 기업이 무엇을 위해 존재하는지와 목적의식을 정의하는 방법(제1장), 중대성 평가: 기업이 직면한 우선적인 지속가능성 문제 도출(제2장), 그리고 지속가능성을 고려하는 비즈니스 모델 구축과 사례(제3장)를 탐구한다.

제2부인 '구축 및 실행하기'에서는 포괄적인 지속가능성 전략 개발 방법(제4장), 비즈니스 전반에 걸친 지속가능성 전략 운영 방안

(제5장), 지속가능한 문화 구축 방안(제6장)에 대해 알아본다. 또한 비즈니스의 모든 수준에서 리더십을 개발하는 방법(제7장), 보고 방법(제8장), 지속가능성에 대한 기업의 약속을 효과적으로 관리하는 방법(제9장)에 대해 다룬다.

제3부 '확장하기'에서는 이해관계자 참여(제10장), 의사소통과 스토리텔링(제11장), 파트너 관계 구축 강화 방안(제12장), 지속가능성 옹호(제13장)에 대해 살펴본다.

각 장에서는 정해진 주제를 정의한 다음, 해당 주제가 중요한 이유와 그 실행 방법을 설명한다. 그리고 모범이 될 만한 기업 프로필과 사례, 장의 내용 요약과 실행을 위한 체크리스트가 있으며, 추가 리소스Resorce 목록으로 각 장이 마무리된다. 전문 용어는 가능한 한 사용하지 않으며 사용할 경우에는 용어집에 정의하였다.

이 책을 읽은 후 독자가 생각하고 느끼며 실행했으면 하는 것들

이 책을 다 읽은 후에는 다음 사항을 실행하거나 적용해 보는 것을 권장한다.

◆ 지속가능성이 비즈니스에 필수 요소임을 확신한다.
◆ 시작하는 것에 대해 자신감을 가지고 비즈니스의 지속가능성을 높이기 위한 전략적 접근 방식을 시작해본다.
◆ 반드시 해야 하는 주요 업무와 이슈들을 명확하게 도출하고 설명해본다.
◆ 현재 사용 가능한 도움말과 전문 지식의 범위와 깊이를 더 확

대해본다.

◆ 현재 몸담고 있는 조직과 사업에 최적화된 지속가능성 적용 방법과 접근 방식에 대한 아이디어를 도출해본다.

용어 설명

우리는 '지속가능한 비즈니스Sustainable Business'를 부정적인 영향은 최소화하고 사회 및 전 세계적 과제를 해결하는 데 도움이 되는 비즈니스로 정의한다. 오늘날 많은 사람들, 특히 투자자나 투자와 관련 있는 사람들이 이를 ESG라고 부른다.

일부 사람들은 지속가능성과 ESG를 구분하지만, 이 책에서는 지속가능성과 ESG를 서로 일맥상통하는 개념으로 인식하고 교차 사용할 예정이다. 그 이유는 지속가능성이 비즈니스를 무한한 미래로 이어가려는 열망을 담고 있다고 믿기 때문이다. 오늘날에는 지속가능성을 말할 때 기업이 사회적, 환경적, 경제적 영향과 관련된 리스크와 기회를 관리하는 것을 의미하며, 이것을 가능하게 하기 위해서는 ESG에서 강조하듯이 우수한 거버넌스와 리더십이 모든 조직에서 필수적으로 요구된다.

지속가능성은 매우 광범위한 이슈와 문제를 포함한다. 최근 몇 년간 생물 다양성, 법인세 전략, 직원 건강 및 웰빙, 인공지능, 성차별과 젠더 갈등, 민족성 및 장애 급여 비율, 건강한 식단 및 비만, 생활 임금, 정신 건강, 자동화로 인한 대량 해고에 대한 책임, 일회용 플라스틱과 같은 문제들이 이미 강력한 지속가능성 의제로 추가되었다. 지속가능성 관련 주요 의제에 대한 예시 목록은 그림 0.2의 위들Wordle(단어퍼즐)을 참조할 수 있다.

그림 0.2 지속가능성 관련 주제의 예시 목록 단어

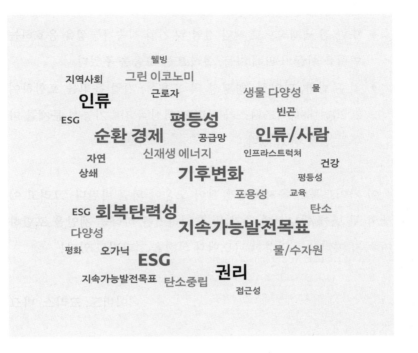

저자의 전문가로서의 자격 증명

이 책의 세 저자가 이 분야에서 일해 온 시간을 합하면 거의 100년에 이른다.

◆ 저자는 상호 간, 그리고 저자들이 운영하거나 관련된 조직의 동료가 전 세계 기업에서 리더 역할을 하는 사람들과 끊임없

이 이야기를 나누고 있다.

◆ 저자 각자가 운영하는 각 조직은 전 세계의 기업 및 사업가에
게 자문을 제공하거나 함께 일하기도 하고 교육을 제공하기도
한다.

◆ 또한 전 세계적으로 책임 경영 및 기업 지속가능성을 옹호하는
연합을 이끌기 위해 자문, 협력 또는 도움을 주었다.

◆ 기후 변화, 다양성, 형평성 및 포용성, 기업 윤리를 포함하여
2020년대에 비즈니스가 직면한 핵심적 지속가능성 문제를 다
루는 일을 하고 있다.

이 가이드북이 독자들에게 많이 도움이 되길 바란다. 그리고 이
책의 두 번째 에디션에 추가 및 수정하기를 바라는 제안을 포함하
여 독자 여러분의 다양한 피드백과 의견을 기다리고 있다!

데이비드, 크리스, 마크

미주/참고 문헌

1   UN Global Compact (2021) Accenture Strategy CEOs survey 2021,
    press release 13 June 2021, www.globenewswire.com/en/news-
    release/2021/06/13/2246179/0/en/Business-leaders-and-companies-
    meeting-at-this-week-s-UN-Global-Compact-Leaders-Summit-report-
    growing-pressure-to-act-on-sustainability.html (archived at https://perma.cc/
    BM77-86EQ)
2   The 2021 GlobeScan/SustainAbility Leaders Survey by GlobeScan and the
    SustainAbility Institute by ERM
3   Kynge, J (2021) Xi Jinping takes aim at the gross inequalities of China's 'gilded
    age', The Financial Times, 20 August

PART 1

시작하기

제 1 장

목적:
기업의 존재 목적 또는 목적의식 설정하기

개념의 이해

불과 몇 년 사이에 기업의 선한 존재 목적 또는 가치 지향적 목적의식이 세계 최대 투자자와 미국 최대 기업협회는 물론 전 세계 수천 개 기업과 영향력 있는 사람들이 모이는 연례 행사에서도 아주 큰 반향을 불러일으켰다.

2018년, 블랙록BlackRock의 CEO 래리 핑크Larry Fink는 그들이 투자하고 있는 기업과 조직의 CEO들에게 '목적의식Sense of Purpose'이라는 제목의 연례 서신을 보냈다. 이 서신에서 세계 최대 기관투자자의 설립자이자 리더인 래리 핑크는 기업들에게 단순히 이익을 내는 것을 넘어서 더 큰 장기적 전략을 수립하고 실천하는 것의 중요성을 인식하고 수용할 것을 요청했다.[1]

2019년, 워싱턴에 기반을 둔 비즈니스 로비 단체인 비즈니스 라운드테이블Business Roundtable, BR은 뜻을 같이하는 CEO들의 서명을 통해 고객, 직원, 공급망, 지역사회 및 주주를 포함한 '모든 이해관계자에 대한 기본 약속'과 상생을 골자로 하는 새로운 '기업의 존재 목적에 관한 성명서 Statement on the Purpose of a Corporation '를 채택했다. 이를 두고 많은 사람들은 이해관계자 자본주의 Stakeholder Capitalism[2]의 개념에 대한 강력한 지지로 해석했다. 어떠한 거부 의사나 논란 없이, 거의 200여개에 달하는 미국 최대 기업들이 이 개정된 기업의 존재 목적 성명서에 서명했다. 물론 일부 사람들은 그동안의 기업 활동이 지속가능성에 대한 고려와는 거리가 멀다고 비판하며 비즈니스 라운드테이블에서 선언한 미사여구들에 대해서 이미지 세탁 의혹을 제기하기도 했다.[3]

2020년, 세계경제포럼 World Economic Forum, WEF 은 다보스 선언 The Davos Manifesto 을 발표했다. 이는 4차 산업혁명 시대 기업의 보편적인 목적을 선언한 것으로 '기업의 존재 목적은 지속가능한 가치를 창출하고 공유하는 데 있어 모든 이해관계자를 참여시키고 상생하는 것'이라는 내용을 담고 있다.[4]

조직의 존재 목적과 목적의식을 정의하는 것은 지속가능성 여정을 시작하기에 좋은 출발점이다. 기업의 존재 목적을 구체화하는 것은 우리 기업이 존재하는 이유를 명확히 하는 과정이다. 즉, 비즈니스 성공을 통해 세상을 더 나은 곳으로 만드는 방법에 대한 진정성 있고 실천적인 고민과 노력에 대한 표현방식이라고 할 수 있다 (그림 1.1 참조).

옥스퍼드대학교 University of Oxford 의 사이드 경영대학원 Saïd Business School 의 콜린 마이어 Colin Mayer 는 기업의 존재 목적을 '사람(사회)과 지구(환경)의 문제에 대한 수익성 있는 해결책을 창출하는 것이자 사람이나 지구에 부정적 문제를 만들면서 수익을 창출하지 않는

그림 1.1 기업 존재 목적의 시각화

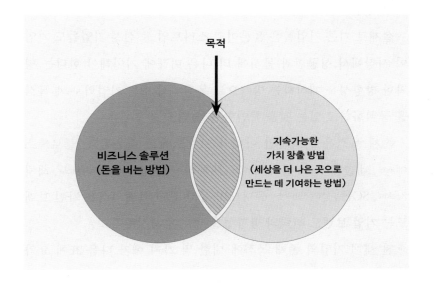

목적

비즈니스 솔루션
(돈을 버는 방법)

지속가능한
가치 창출 방법
(세상을 더 나은 곳으로
만드는 데 기여하는 방법)

것'으로 정의한다.[5]

    비즈니스의 핵심 요소로서의 기업의 존재 목적과 목적의식의 설
정은 새로운 기법이나 방법은 아니다. 기업의 존재 목적은 수십 년,
심지어 어떤 경우에는 수세기 동안 많은 기업 문화의 일부였다. 예
를 들어 로드 레버Lord Lever는 1885년에 '위생의 일상화에 기여'라
는 사회적 목적으로 유니레버Unilever를 설립했다. 그때와 지금이
다른 점은 기업의 존재 목적이 지속가능성과 명확하게 연결되면서
사회와 환경에 대한 기업의 헌신을 표현하는 데 도움이 되었다는
것이다. 오늘날 많은 주요 기업들이 이를 반영하기 위해 회사의 존
재 목적을 업데이트하거나 새로운 선언문을 작성했다. 유니레버의
사례를 다시 들어본다면, 2010년에 유니레버는 창업자인 로드 레
버의 원래 사업 목적과 설립 정신에 시대적 요구와 변화를 반영하

여 '지속가능한 생활을 일상화하는 데 기여'로 회사의 존재 목적을
개선했다.

실제로 기존 기업들은 물론이고 스타트업 등 신생 기업들도 기업
이 시장에서 성공함과 동시에 더 나은 미래에 기여해야 한다는 명
확한 방향성을 제시하는 방식으로 목적의식 또는 기업의 존재 목적
을 공식화하고 있는 것을 확인할 수 있다.

존재 목적은 기업뿐만 아니라 브랜드에도 적용된다. 클로록스
Clorox, 네슬레Nestlé, 펩시PepsiCo, 프록터 앤 갬블Procter & Gamble, 레킷
Reckitt, SC존슨SC Johnson, 유니레버 등과 같이 목적의식을 가진 브랜
드는 기업 브랜드 전략의 방향성을 새로이 제시했다.

전 세계 기업의 존재 목적에 대한 몇 가지 예가 다음 표에 요약
되어 있다.

표 1.1 기업 존재 목적의 예시

에이아이에이(AIA)	수백만 명의 사람들이 더 건강하고, 더 오래, 더 나은 삶을 살 수 있도록 지원
글락소스미스클라인 (Glaxo SmithKline)	사람들이 더 많은 활동을 하고 더 활기차고 더 오래 살 수 있도록 하여 인간의 삶의 질 향상
이케아(IKEA)	많은 사람들의 더 나은 일상 창조
마힌드라(Mahindra)	Rise(성장과 발전)를 향한 인류의 선천적인 열망을 원동력으로 삼아, 보수적인 사고에 도전하고, 자원을 혁신적으로 사용하여 전 세계 이해관계자와 지역사회의 삶에 긍정적인 변화를 이끌어내며, 그들이 성장과 발전할 수 있도록 지원
메이플 리프 푸드 (Maple Leaf Foods)	식품의 가치 향상

나투라 앤 코 (Natura &Co)	더 나은 삶의 방식과 사업을 위해 아름다움과 관계를 육성
네슬레(Nestlé)	좋은 식품의 영향력과 가치를 극대화하여 모든 사람은 물론 미래 세대의 삶의 질을 높이는 데 기여
나이키(Nike)	전 세계 모든 운동선수에게 영감과 혁신을 선사
올드 뮤추얼 (Old Mutual)	고객이 이루고자 하는 평생의 재무 목표를 달성할 수 있도록 지원하는 동시에 고객, 가족, 지역사회, 그리고 보다 더 넓은 사회를 위한 긍정적인 미래를 만드는 방식으로 자금을 투자하여 고객의 번영 지원
파타고니아(Patagonia)	지구를 구하기 위해 사업 운영
스자노(Suzano)	나무에서 영감을 받아 생명을 새롭게 함
테슬라(Tesla)	세계가 지속가능한 에너지로 전환하는 것을 가속화하는 데 기여
타이거 브랜드 (Tiger Brands)	매일 더 많은 생명에 영양을 공급 및 육성
유니레버(Unilever)	지속가능한 생활방식을 일상화하는 데 기여
월마트(Walmart)	사람들이 돈을 절약하고 더 잘 살 수 있도록 지원

목적이 중요한 이유

목적(기업 존재 목적)은 항상 기업에게 중요한 자산이었으며, 지속가능성이 비즈니스의 가치 동인으로 인식되면서 더욱 중요해졌다. 목적은 기업의 행동과 지속가능성에 대한 접근 방식의 프레임워크를 제공한다. 가장 효과적인 목적은 기업의 지속가능성에 대한 약속을 단순하고 확실하게 정의하는 것이고, 가장 효과적인 지속가능성 전략은 기업의 존재 목적을 실천하고 구현하는 것이다.

목적은 아래와 같이 여러 가지 근본적인 이유와 방식으로 비즈니스에 중요하게 작용한다.

- ◆ 기업의 비즈니스 초점을 명확히 하고 통합적인 방식으로 행동을 조정한다.
- ◆ 지속가능성과 윤리를 기업의 의사결정과 추진 활동에 통합하는 데 도움이 된다.
- ◆ 우수한 직원을 유치하고 유지하는 명확한 방향성을 만든다.
- ◆ 직원들이 일상 업무에서 더 큰 의미를 부여할 수 있도록 영감을 준다.
- ◆ 고객, 투자자, 정부, 시민 사회, 공급업체 및 커뮤니티가 회사의 성공과 목적 달성에 의해 예상되는 사람과 지구에 대한 긍정적인 영향을 지원하고 기여하도록 영감을 주고 동기를 부여한다.
- ◆ 기능을 넘어 인류와 지구에 대한 관심을 표현하는 진정한 서사를 통해 기업이 시장에서 차별화할 수 있도록 유도함으로써 스토리텔링과 참여를 위한 플랫폼을 제공한다.
- ◆ 기업 전체의 의사결정 방향성을 제시함으로써 다양한 행동, 선택 및 약속에서 지속가능성을 고려할 수 있도록 지원한다.

실행 및 추진 방법

목적주도형 비즈니스와 운영 프로세스를 만들어가기 위한 6단계가 있다.

1단계 - 회사의 자산 및 역사에 대한 면밀한 검토

회사의 사명, 비전, 가치를 포함한 기존의 기업 자산으로부터 많은 영감과 통찰력을 얻을 수 있다.

◆ 미션Mission : 궁극적으로 회사의 사람들을 움직이는 것으로, 회사가 목적을 가지고 달성하고자 하는 것이다.

◆ 비전Vision : 기업이 비즈니스와 전 세계에서 보고 싶어 하는 변화의 유형으로, 목적을 구체적으로 보여주고 전달하는 데 도움이 된다.

◆ 핵심가치Value : 회사 문화를 설명하고 회사가 어떻게 행동하는지에 대한 핵심 원칙을 형성한다. 이러한 지침은 이를 지원하는 데 필요한 목적과 행동을 안내한다.

조직이 가지고 있는 기존 자산에 대한 면밀한 검토는 기업의 존재 목적과 목적의식을 수립하기 위해 활용 가능한 테마를 식별하고 회사의 목적에 맞는 다양한 구성 요소들을 형성하는 데 도움이 될 수 있다.

예를 들어 월마트Walmart의 현재 존재 목적인 '사람들의 돈을 절약하고 그들이 더 잘 살 수 있도록 돕는 것'은 '고객이 어떠한 쇼핑을 원하든 돈을 절약할 수 있는 최종 목적지가 되는 것'이라는 회사의 비전과 고객에 대한 서비스, 개인에 대한 존중, 탁월함을 추구하고 윤리적이며 성실하게 행동하자는 회사의 핵심가치에서 직접적인 영감을 받아 만들어진 것이다.

월마트의 존재 목적도 회사의 설립자인 샘 월튼Sam Walton과 회사를 시작한 그의 원래 목적의식을 진정으로 반영한 것이다. 월마트의 CEO인 덕 맥밀론Doug McMillon은 "우리의 다중 이해관계자 접근 방식은 샘 월튼이 거의 30년 전에 세상에 더 나은 삶을 사는 것이 어떤 것인지 볼 수 있는 기회를 제공한다고 말했을 때 그가 언급한 월마트의 존재 목적, 즉 '모두를 위한 더 나은 삶A better life for all'에 뿌리를 두고 있다"[6]라고 말한다.

2단계 - 이해관계자 소통과 참여 유도

내부 및 외부 이해관계자들과 소통하고 참여를 유도하는 것은 영감을 불러일으키고 강력한 영향력을 발휘할 만한 조직의 존재 목적 선언문purpose statement을 개발하는 데 있어 핵심적인 부분이다. 중요한 아이디어는 비즈니스 안팎에서 영향을 주고 받는 이해관계자들의 의견을 경청하는 데서 나온다.

설문 조사, 포커스 그룹 인터뷰, 타운홀 미팅 등과 같은 임직원 소통과 참여 기회를 통해 회사의 존재 목적을 위한 다양한 아이디어를 발견하고 회사에 대한 주인의식을 강화하는 것은 무엇보다 중요하다. 이러한 상향식 접근 방식은 존재 목적에 진정성을 담을 수 있고 회사 내 모든 사람들에게 진실함이 느껴지도록 하는 데 확실한 도움이 된다.

고객, 투자자, 시민 사회, 정부, 지역사회 등 외부 이해관계자와 소통하고 참여시키는 것도 목적 개발에 필수적이다. 이러한 고객과의 인터뷰나 설문 조사를 통해 회사의 존재 이유를 파악할 수 있으며 회사가 사회적으로 혜택을 제공하고 더 나은 세상을 만들 수 있는 방법을 찾는 데 도움을 주기도 한다.

이해관계자 소통과 참여를 위해 가능한 질문의 예는 다음과 같다.

- ◆ 우리가 목적의식이 가장 강했고 목표를 최대한 달성했을 때는 언제인가?
- ◆ 당신이 우리를 위해 일하거나 우리와 파트너가 된 동기는 무엇인가?
- ◆ 오늘날 기업이 직면한 가장 큰 문제는 무엇인가?
- ◆ ESG가 기업과 사업에 미치는 가장 중요한 영향은 무엇이며, 조직은 이를 어떻게 강화할 수 있는가?
- ◆ 비즈니스를 통해 지속가능성에 가장 큰 기여를 할 수 있는 방법은 무엇인가?
- ◆ 인간과 지구에 가장 큰 긍정적인 영향을 미칠 수 있는 새로운 제품이나 서비스는 무엇인가?
- ◆ 우리가 누구보다 잘할 수 있는 것은 무엇인가?

3단계 - 목적 선언문 작성

효과적인 목적 선언문은 기업이 존재하는 이유와 우리의 기업 활동이 세상에 의미 있는 영향을 미칠 수 있는 방법을 설명한다. 위의 1단계와 2단계에서 설명한 검토 및 참여 단계를 수행한 후에는 목적 선언문을 구성하고 작성하기 위한 다양한 요소들을 확보할 수 있게 된다.

때로는 여러 가지 잠재적인 목적 선언문을 작성해 보는 것이 유용하다. 옴니콤 Omnicom 의 원 헌드레드 에이전시 그룹 One Hundred Agency Group 에서 EMEA(Europe, the Middle East and Africa, 유럽/중동/아프리카 지역) 관리 파트너로 일하고 있는 존 오브라이언 John O'Brien 은 고객과 함께 사용하는 목적 선언문 개발 프로세스를 다음과 같이 설명하고 있다. "시각적으로나 서사적으로 다양한 창의적인 흐름이 워크숍과 연구조사 과정에서 나타나지만 모두 같은 방향으로 나아가고 결국에는 함께 흘러 강력한 전체적 접근 방식을 형성하는 경향이 있다."[7]

각 잠재적 목적 선언문 초안들이 내부 및 외부 이해관계자의 관점과 의미를 충분히 담고 있는지 검토하고 의견을 수렴할 수 있다. 이러한 이해관계자들의 피드백은 목적 세탁, 즉 목적 선언서가 실제 성과보다 더 크게 포장될 수 있음을 방지하는 장치로 활용할 수 있다. 추가적으로, 아래에 제시한 내용과 같이 성공적인 목적 선언문 작성을 위한 평가 기준 항목들과 비교하여 작성해 둔 목적 선언문 초안들의 적합성을 확인해 볼 수 있다.

- ◆ 명확하고 이해하기 쉬운가?
- ◆ 현재와 미래의 직원들에게 영감을 주고 동기를 부여할 수 있는가?
- ◆ 외부 이해관계자가 조직과 협력하거나 지원하도록 영감을 주는가?
- ◆ 목적 선언문이 비즈니스 및 조직 운영 방향과 연계되어 있고

구체적인 방향성을 안내하고 있는가?

◆ 목적 선언문이 실용적이고 의사결정을 용이하게 하는 데 도움
이 되는가?

◆ 회사의 핵심가치, 조직문화, 브랜드에 대한 진정성이 있는가?

◆ 조직 내부와 외부에서 신뢰를 구축하는 데 도움을 주는가?

◆ 선언문이 회사를 차별화하는가?

마지막으로 최종 목적 선언문은 사용된 언어를 최적화하기 위해
회사 내부나 외부의 커뮤니케이션 전문가와 협력하여 수정 및 보완
되는 과정을 거쳐야 한다.

4단계 - 핵심 비즈니스 전략이 조직의 존재 목적에 부합하는지 확인

목적에 맞는 용어 등을 올바르게 사용하여 표현하는 것도 중요하
지만, 목적의 진정한 가치는 비즈니스 수행 방식을 개선하거나 변
경하는 데 있다. 목적을 실현하기 위한 한 가지 접근 방식은 회사의
주요 기능 부서와 사업부를 각각 참여시키고 회사의 존재 목적을
달성하기 위해 앞으로 무엇을 다르게 할 것인지를 탐색하게 하는
것이다. 이는 각 기능 부서나 사업부가 조직의 존재 목적에 부합하
기 위해서 달성해야 할 목표와 개선 방향을 개발하는 워크숍을 통
해 수행될 수 있다. 이와 더불어 조직의 존재 목적이 비즈니스의 다
양한 부분에 걸쳐 수행되는 연간 계획 수립, 검토, 예산 책정 프로
세스의 일부가 되도록 보장함으로써 수행될 수 있다.

조직의 존재 목적을 실현하는 가장 중요한 방법 중 하나는 목적

선언문에서 약속한 사항들을 사람(사회)과 지구(환경)에 긍정적인 영향으로 확실하게 구현시킬 수 있는 야심 찬 지속가능성 전략을 통한 방법이다(제4장 참조).

5단계 - 목적의 사회적 전파와 소통

기업 존재 목적의 투자 수익률ROI은 기업 내부 및 외부 사람들, 즉 이해관계자들이 기업에 대해 알고 이해하며 수용함으로써 비즈니스의 성공을 좌우하는 모든 사람들과 진정으로 관계를 맺고 소통하는 것에 달려있다. 이를 위해서는 직원과 이사회를 시작으로 고객을 포함한 주요 이해관계자들과 사회적 관계를 구축하고 그 목적을 공유하기 위해 설계된 참여 계획이 필요하다.

모든 직원들에게 존재 목적을 공개하는 것은 사람들의 소통과 참여를 유도하는 효과적인 방법이다. 이것은 CEO와 이사회를 포함한 고위경영진이 이끄는 타운홀 미팅 등의 소통 행사를 통해 이루어지기도 한다. 목적이 어떻게 개발되었는지, 그 목적이 앞으로 회사에 어떠한 영향을 미치게 될 것인지에 대해 이야기하는 것은 직원들의 조직에 대한 관심과 흥미를 유발시키고 자신의 역할에 대해 다르게 생각하게 하는 효과적인 방법이다. 일부 기업은 이를 더욱 발전시켜 회사 전체 직원이 개인적인 목적을 개발하고 이것이 회사의 목적과 어떻게 연계되고 일치하는지 고려하도록 장려하기도 한다.

광범위한 직원 참여 외에도, 팀장을 포함한 모든 리더들이 조직과 팀에 조직의 존재 목적이 미치는 영향을 더 깊이 이해할 수 있도록 권한을 부여하는 것은 좋은 관행이다. 이는 회사에서 이미 실행하고 있는 교육과 개발 프로세스를 통해 이루어질 수 있다. 뿐만 아니라 새로운 목적으로 인해 특정 기능 부서나 사업부에서 어떻게 작업이 달라질 수 있는지 논의하는 워크숍을 통해서도 이루어질 수 있다.

어떤 회사들은 의도적으로 회사의 존재 목적을 외부에 전달하기도 하고, 또 다른 회사들은 대부분 내부 이해관계자들에게 초점을 맞추기도 한다. 외부적으로는 투자자(투자자에게 전화하거나 연례 총회 등을 통함), 고객(마케팅이나 브랜딩 채널 등을 통함), 공급업체(공급업체를 선별하는 데 사용되는 조달 평가, 설문지와 같은 직접 참여와 소통을 통함), 사회(보도 자료, 소셜 미디어, 광고 및 관련 파트너십을 통함)를 포함해 더 많은 이해관계자들에게 기업의 존재 목적을 전달할 수 있다. 이상적으로 기업은 제품을 만드는 방법부터 고객 서비스에 이르기까지, 그리고 그 사이에서 발생하는 모든 것을 통해 내부에든 외부에든 목적을 전달할 수 있다.

기업의 존재 목적을 사회화하고 의사소통하는 것은 목표, 목표 대상자, 콘텐츠 및 메시징, 채널 및 타이밍을 명확하게 맵핑mapping 하는 상세한 커뮤니케이션 계획을 기반으로 하는 것이 가장 좋다. 회사의 목적에 대해서 잘 계획하고 리소스를 충분히 활용한 커뮤니케이션은 투자 가치가 있다. 이는 더 나은 ROI를 제공하고 신뢰를 구축하며 회사를 차별화할 수 있기 때문이다(제11장 참조).

6단계 - 영향의 측정

균형이 잘 잡힌 기업 존재 목적의 수립 및 적용 전략의 마지막 측면은 결과와 영향을 모니터링하고 측정하는 것이다. 이러한 예로는 목적에 대한 이해 수준과 친화력을 평가하기 위한 연례 직원 설문조사나 이에 부응하는 기업 성과가 있다. 고객 만족도 조사나 평판조사를 통해 외부 이해관계자에게도 동일한 작업을 수행할 수 있으며, 물론 내부 및 외부 이해관계자 모두가 그룹 토의와 포커스 그룹 인터뷰에 직접 참여할 수 있다.

목적의 영향을 측정하는 것도 중요하다. 목적 달성 과정을 측정하기 위한 올바른 측정 기준을 파악하는 것은 매우 중요하다. 어떤 종류의 입력과 결과가 회사에 내재된 목적을 반영하고 이러한 입력과 결과가 지속가능성을 위한 광범위한 비즈니스 모델과 어떻게 연결되는가를 파악한다. [8]

올바른 기업 존재 목적의 수립과 적용은 여전히 많은 회사에서 진행 중이며 개선해 나가야 할 중요한 작업으로 인식되고 있다. 2021년 옥스포드-글로브스캔 기업 업무 설문 조사 Oxford-GlobeScan Corporate Affairs Survey 는 전 세계 228개 기업에서 각 조직의 존재 목적을 효과적으로 구현하고 그 영향을 측정하기 위해 얼마나 많은 추가 작업이 필요한지를 파악했다. 10명 중 4명 이상(42%)이 명확한 목적을 설정하는 데 성공했다고 보고했지만, 25%만이 목적에 따라 진행률을 제정하고 측정하는 데 필요한 지표를 파악하는 데 성공했다고 답했다. 그리고 심지어 더 적은 비율(12%)이 목적의 긍정적 영향을 수익화할 수 있음을 확신한다고 말했다. [9]

사례 분석

앵글로 아메리칸 Anglo American

앵글로 아메리칸은 직원 수가 95,000명이 넘는 세계 최대의 광산 기업 중 하나로, 15개국에서 사업장을 운영하고 있으며 2023년 매출은 약 300억 달러이다. 이 회사는 1917년에 설립되었으며 백금, 다이아몬드, 구리, 니켈, 철광석, 야금 석탄을 포함한 다양한 금속과 광물의 중요한 생산업체이다. 런던에 본사를 둔 이 회사는 수십 년 동안 지속가능한 개발에 전념해 왔으며 '지속가능한 광산 개발 계획'이라는 확고한 지속가능성 전략을 가지고 있다.

앵글로 아메리칸의 사업 및 존재 목적은 '사람들의 삶을 개선하기 위한 광업의 재구상'이다. 이는 상당한 구조조정을 포함하여 몇 년간 광산 산업 분야에 닥친 어려운 시간을 보낸 후 회사가 나아가야 할 방향과 사업의 의미를 재정립하기 위해 2018년에 수립되었다. 이 회사는 직원, 이해관계자, 이사회의 참여 등 장기간에 걸친 프로세스를 통해 이러한 목적을 개발했다.

수천 명의 직원들에게 그 목적을 알리고 비즈니스 내에서 그 목적을 실현하기 위해 노력했다. 마찬가지로 공급업체, 고객, 시민 사회, 정부, 투자자, 커뮤니티의 이해관계자 수백 명에 대한 심층적 의견 수렴, 대화, 설문 조사는 존재 목적 선언문을 개발하고 사람들의 삶을 규모에 맞게 개선하기 위한 정책, 약속, 접근 방식을 개발하는 데 핵심적인 역할을 한 중요한 프로세스였다. 이러한 포괄적인 접근 방식은 앵글로 아메리칸이 개발한 목적이 회사와 비즈니스에 매우 진정성이 있음을 보여주었다. 또한 이러한 노력은 임원진과 직원이 서로 주인의식을 공유하고, 이를 통해 이해관계자들이 기업에 대한 깊은 신뢰성을 갖도록 하는 데 중요한 역할을 하고 있다.

앵글로 아메리칸 그룹의 기업 홍보와 지속가능한 영향Corporate Relations & Sustainable Impact 담당 이사인 아닉 미샤우드Anik Michaud는 보다 목적성 있고 의미를 추구하는 기업이 되기 위한 의도의 시작을 다음과 같이 설명한다.

"우리의 존재 목적은 앵글로 아메리칸이 사회 속에서 우리 회사의 역할을 어떻게 바라보고 있는지, 그리고 주주, 직원, 지역사회, 정부, 시민 사회 등을 포함해 모든 이해관계자를 위해 우리가 어떠한 가치를 어떻게 창출할 수 있는지에 대한 깊은 고민에 기반을 두고 있습니다." [10]

앵글로 아메리칸은 이렇게 설정한 기업의 존재 목적을 전사적으로 완전히 받아들이고 있다. 정립된 회사의 목적은 다양한 이사회 내 위원회 회의, 활동의 목표, 주요 맥락을 설정하기 위해 거의 모든 이사회 관련 운영 규정을 포함한 문서를 구성하는 데 사용되고 있다.

이와 더불어, 이렇게 가치 지향적이며 명확한 조직의 목적은 최고의 인재를 유치하는 데 확실히 도움이 된다고 평가하고 있으며 회사의 장기적인 성장 방향성인 '미래 스마트 마이닝 혁신 프로그램FutureSmart Mining innovation programme'의 직접적인 근거가 되고 있다. 이에 대해 미샤우드는 다음과 같이 말한다.

"앵글로 아메리칸이 설정한 존재 목적에 따라 추진되는 '미래 스마트 마이닝 프로그램'은 우리가 차별화된 리더십과 방향성을 가진 기업으로 인식하게 할 것입니다. 이는 우리가 설정한 2030년 지속가능성 목표를 달성하는 데에도 도움이 될 것입니다. 더불어 이러한 목적은 우리 회사가 세계에 긍정적이고 의미 있는 영향을 미칠 뿐만 아니라 사업적으로도 지속가능한 성장과 성공을 이룰 수 있도록 해줄 것입니다." [11]

인텔 Intel

인텔은 1968년에 설립된 세계적인 기술 회사이다. 2023년 기준, 전 세계적으로 약 12만 명 이상의 직원이 근무하고 있고 매출은 약 550억 달러에 달하는 세계 최대 반도체 제조업체이다. 캘리포니아주 산타클라라에 본사를 둔 이 회사는 책임감, 투명성, 지속가능성 보고에 대한 오랜 역사를 가지고 있다.

2020년 인텔은 '우리는 지구상의 모든 사람들의 삶을 향상시키는 세상을 바꾸는 기술을 만든다'라는 새로운 기업의 존재 목적 선언문을 개발했다. 이 목적을 달성하기 위해 인텔은 새로운 지속가능성 비전과 전략을 동시에 설계하기로 결정했다. 이는 새로운 목적을 필수적인 요소로 인식하게 하여 조직과 비즈니스에 통합하기 위함과 동시에 실전에서도 목표와 구체적인 행동을 통해 목적을 실현하는 데 도움을 주기 위해서이다.

인텔의 새로운 글로벌 임팩트 전략인 RISE(책임 Responsible, 포용 Inclusive, 지속가능 Sustainable, 실현 Enable)는 지속가능성에 대한 야심 찬 비전을 명확히 함과 동시에 경영의 핵심 전략으로 추진하려는 회사의 존재 목적에서 영감을 받은 것이라고 할 수 있다.

인텔의 RISE 전략은 '우리 스스로의 기준을 높이고 기업의 사회적 책임 전략을 발전시켜 다른 사람들과의 업무 규모를 늘려나가는 우리의 기술과 집합적인 실행 노력을 통해 보다 책임감 있고 포용적이며 지속가능한 세상을 만드는 기업이 될 것'을 약속한다.[12]

인텔의 2030 목표는 회사의 ESG 성과 및 영향뿐만 아니라, 회사가 지속가능성 측면에서 업계를 발전시키고 모든 사람들에게 영향을 미치는 글로벌 과제를 해결할 수 있는 방법에 초점을 맞춘 혁신적인 접근 방식을 반영하고 있다.

2030 목표는 인텔의 발자국 즉, 에너지, 물, 폐기물, 공급망에서의 인권 및 노동권, 직원 다양성 및 포용성과 같은 중요한 이슈와 문제들을 해결하는 노력과 더불어, 인텔이 가진 기술, 전문성, 경험, 선도적인 제조업체로서 역할, 전 세계에 미칠 수 있는 긍정적인 영향을 배가하는데 도움이 되는 방식으로 협업과 소집 능력을 극대화하는 데 중점을 두고 있다.

인텔이 통제할 수 있는 중요한 문제들에 대해서 적절한 조치를 취하고 인텔이 전개하는 비즈니스가 가진 힘을 통해 변화를 주도하고 영감을 주겠다는 이러한 약속은 기업의 존재 목적을 실제 비즈니스 현장에서 행동으로 보여주는 '실천하는 존재 목적'의 아주 좋은 예가 된다.

인텔의 기업 책임 Corporate Responsibility 부문 글로벌 담당 이사인 수잔 폴렌더 Suzanne Fallender 는 다음과 같이 말한다.

"인텔의 새로운 2030 목표의 출범은 조직 전반에 걸쳐 더 많은 팀들과 기술진들을 통합하고 참여 수준 또한 더욱 높일 수 있었습니다. 또한 고객, 시민단체NGO, 그리고 정책 입안자들과 함께 새로운 협력적 영향 모델(임팩트 창출 사업과 프로그램 등)을 만들어 세계 최대의 도전 과제와 문제들을 해결하는데 도움이 되는 기술 적용을 가속화하는 원동력이 되었습니다."

요약

기업의 존재 목적을 통해 아주 강력한 영향을 만들어낸 사례나 성장을 이끌어낸 다양한 비즈니스 사례가 많이 있다. 존재 목적은 각 기업이 어디에 가치를 두고 있는지 그리고 지속가능성에 대해서 어떻게 이해하고 어떤 비전과 방향성을 가지고 있는지 그 수준을 보여주는 시그널이라고 할 수 있다. 또한 존재 목적은 회사의 전반적인 지속가능성 전략의 방향을 잡는 데 도움이 되며 인류와 지구에 미치는 회사의 전반적인 영향에 대해서 이해하고 영감을 주는데 도움이 되기도 한다.

마지막으로 존재 목적은 더 나은 기업과 사업을 만들어가기 위한 영감과 혁신을 제공한다. 가치를 담고 있는 잘 만들어진 존재 목적은 직원들에게 활력을 불어넣고 아침에 침대에서 일어나 출근할 수 있도록 도와준다. 외부적으로는 다양한 이해관계자들에게 참여와 동기부여를 유도하고 좀 더 깊이 있는 신뢰의 관계를 구축하는 데 도움이 되기도 한다.

실행을 위한 주요 점검 사항

1. 우리 회사의 역사, 사업, 유무형의 자산 등을 종합적으로 검토하고 점검하여 회사의 적절한 존재 목적과 추구하고자 하는 가치를 정립하기 위한 가능한 다양한 조각들을 찾아낸다.

2. 회사 내부 사람들과 외부 이해관계자를 참여시켜 우리 회사가 존재하는 이유를 탐구하고 그들이 회사의 고유한 가치를 어떻게 보는지 이해하고 정리한다.

3. 회사가 세상에 긍정적인 영향을 미칠 수 있는 방법을 잘 표현하고 영감을 주며 진정성 있고 방향성을 보여줄 수 있으며 설득력 있는 목적 선언문을 개발한다.

4. 회사가 하는 모든 일에 개발한 목적을 통합한다.

5. 주요 이해관계자들에게 목적을 알리고 소통하고 사회적으로 널리 알린다.

6. 내부 및 외부 이해관계자가 목적을 어떻게 이해하고 있는지를 파악하고 목적의 전반적인 영향을 측정한다.

더 알아보기

- Blueprint for Better Business (2021) Business as a force for good, www.blueprintforbusiness.org/
- Izzo, J (2018) The Purpose Revolution, Berrett-Koehler Publishers
- O'Brien, J and Cave, A (2017) The Power of Purpose, Pearson Business
- O'Brien, J and Gallagher, D (2021) Truth Be Told, Kogan Page
- Sinek, S (2011) Start With Why, Penguin
- The British Academy Future of the Corporation (2019) Principles for Purposeful Business, www.thebritishacademy.ac.uk/documents/224/future-of-the-corporation-principles-purposeful-business.pdf
- University of Cambridge Institute for Sustainability Leadership (CISL) (2020, November) University Leading With a Sustainable Purpose: Leaders' insights for the development, alignment and integration of a sustainable corporate purpose, University of Cambridge Institute for Sustainability Leadership

참고 문헌

1   Fink, L (2018) Larry Fink's 2018 letter to CEOs: A sense of purpose. BlackRock, 17 January. www.blackrock.com/corporate/investor-relations/2018-larry-fink-ceo-letter (archived at https://perma.cc/43Y7-TCM6)

2   Business Roundtable (2019) Business Roundtable redefines the purpose of a corporation to promote 'an economy that serves all Americans', Business Roundtable, 19 August, www.businessroundtable.org/business-roundtable-redefines-the-purpose-of-a-corporation-to-promote-an-economy-that-serves-all-americans (archived at https://perma.cc/8L65-4NLZ)

3   TCP and KKS Advisors (2020) COVID-19 and inequality: A test of corporate purpose, https://c6a26163-5098-4e74-89da-9f6c9cc2e20c.filesusr.com/ugd/f64551_63f016a989db4dfeaa636d5a659d691a.pdf (archived at https://perma.cc/4MYK-HH2G)

4   Schwab, K (2019) Davos Manifesto 2020: The universal purpose of a company in the fourth industrial revolution, World Economic Forum, 2 December, www.weforum.org/agenda/2019/12/davos-manifesto-2020-the-universal-purpose-of-a-company-in-the-fourth-industrial-revolution/ (archived at https://perma.cc/37S4-NLNS)

5   Mayer, C (2020) It's time to redefine the purpose of business. Here's a roadmap, World Economic Forum, 7 January, www.weforum.org/agenda/2020/01/its-time-for-a-radical-rethink-of-corporate-purpose/ (archived at https://perma.cc/EYH7-9HDF)

6   Walmart (2021) Environmental, Social and Governance FY2021 Summary, https://corporate.walmart.com/esgreport/media-library/document/walmart-2021-esg-annual-summary/_proxyDocument?id=0000017a-82c5-d7dc-ad7a-bac574130000 (archived at https://perma.cc/GKB8-E6UZ)

7   Authors' exchange with John O'Brien, September 2021

8   Barby, C et al. (2021) Measuring purpose: An integrated framework, SSRN, 23 January, https://papers.ssrn.com/sol3/papers.cfm?abstract_id=3771892 (archived at https://perma.cc/SH3R-FRUF)

9   University of Oxford and GlobeScan (2021) Oxford – GlobeScan global corporate affairs survey, https://globescan.com/wp-content/uploads/2021/07/Oxford-GlobeScan_Corporate_Affairs_Survey_Report_2021.pdf (archived at https://perma.cc/DZ8N-4FY7)

10 Coulter, C (2019) Recognizing leaders: Anik Michaud on Anglo American's purpose, GlobeScan, 18 June, globescan.com/recognizing-leaders-anik-michaud-anglo-american/ (archived at https://perma.cc/EX8M-F97G)

11 Coulter, C (2019) Recognizing Leaders: Anik Michaud on Anglo American's Purpose, GlobeScan, 18 June, globescan.com/2019/06/18/recognizing-leaders-anik-michaud-anglo-american/ (archived at https://perma.cc/AHN7-M3YK)

12 Intel (2021) Toward a new era of shared corporate responsibility, Intel, www.intel.com/content/www/us/en/corporate-responsibility/2030-goals.html (archived at https://perma.cc/AK86-B5HF)

제2장

중대성 평가와 중대 지속가능성 이슈 도출

개념의 이해

기업이 지속가능성 여정을 시작하면서 가장 먼저 해야 할 일 중 하나는 중대성 평가를 수행하는 것이다. 중대성이라는 용어는 회계 산업에서 유래한 것으로, 재무 중대성은 조직의 재무 가치에 중대한 결과를 초래할 수 있는 정보의 공개 또는 누락과 관련하여 확립된 개념이다.

지속가능성 맥락에서 조직과 사업에 중대한 영향을 미치는 지속가능성 또는 ESG 문제를 식별하고 정의하며 우선순위를 지정하는 프로세스이다.

중대성은 어떤 문제가 가장 중요한지 파악하여 비즈니스에 대한 위험을 줄이고 긍정적인 사회적, 환경적, 경제적 영향을 극대화하는 데 도움이 된다. 중대성은 가치 사슬 전체에서 어떤 지속가능성 문제에 집중해야 하는지 파악하는 데 도움이 된다. 이러한 우선순위 설정은 주의, 리소스, 공개, 정책, 주제별 전문지식을 안내하는 데 도움을 줄 수 있다. 그리고 궁극적으로는 강력한 지속가능성 전략을 구축하고 알리기 위해 매우 중요하다.

중대성 평가는 회사의 중대한 문제가 무엇인지는 알려주지만 그 문제에 대해 무엇을 해야 하는지, 문제를 관리하는 방법이나 목표를 어떻게 설정해야 하는지는 알려주지 않는다. 이것이 효과적인 지속가능성 전략을 구축하는 것이 필요한 이유이다(제4장 참조).

10,000개 이상의 기업이 이에 따라 보고서를 작성하는 세계에서 가장 일반적으로 사용되는 지속가능성 보고 표준인 GRI Global Reporting Initiative(글로벌 보고 이니셔티브)와 재무적으로 중요한 기업의 지속가능성 공시를 안내하는 표준 기구인 SASB Sustainability Accounting Standards Board는 2021년 발표한 보고서에서 중대성 평가를 다음과 같이 정의했다.

SASB의 중대한 주제는 '일반적인 기업의 재무 성과에 영향을 미칠 가능성이 상당히 높은' 문제, 즉 회사의 장기적 가치에 영향을 미치는 지속가능성 문제이다. … GRI 보고 프레임워크는 조직이 이해관계자의 의견을 수렴하여 경제적, 환경적, 사회적 영향을 고려한 가장 중대한 이슈를 선정할 수 있도록 안내한다. 여기서 중요하게 고려되는 이슈는 온실 가스 배출, 인권, 공급망 관리 관행과 같이 조직 외부의 이해관계자와 환경에 영향을 미치는 주제처럼 외부 지향적이어야 한다.[1]

중대성 평가와 그 결과 도출된 중대 이슈는 지속가능성 보고 기준을 충족하고자 하는 기업에게 자주 요구되는 필수 사항이다. 예를 들어 GRI는 중대성 평가 관련 내용을 지속가능성 보고 요건의 필수 요소로 규정하고 있다(제8장 참조).

투자자, 정부, 시민 사회를 포함한 다양한 이해관계자로부터 투명성과 정보 공개에 대한 기대가 증가한다는 사실을 고려해 볼 때, 중대성이 어떻게 진화하고 있는지에 대한 논쟁을 보는 것은 놀라운 일이 아니다. 예를 들어 2020년에는 이해관계자들 사이에서 EU 비재무 보고 지침EU Non-financial Reporting Directive[2]에서 처음 도입한 개념인 '이중 중대성 평가Double Materiality'를 채택하려는 움직임이 있었다. 이는 유럽 연합의 기업 지속가능성 보고 지침Corporate Sustainability Reporting Directive으로 인해 많은 유럽 기업에게 중요한 요구 사항이 되었다.[3] 아래에서 이중 중대성 평가에 대한 좀 더 자세한 내용을 다루고자 한다.

중대성 평가는 다양한 접근 방식이 있고, 앞으로 몇 년 동안 새로운 아이디어와 방법론이 쏟아져 나올 수 있다. 중대성 평가는 다양한 옵션이 있고 역동적으로 변화하는 분야이다. 이는 기업의 필요와 역량과 관리 범위에 최적화된 중대성 평가 방법과 솔루션을 찾을 수 있다는 의미이기 때문에 기업의 입장에서는 희소식이라고 할 수 있다.

중대성 평가가 중요한 이유

중대성이 지속가능성 여정의 중요한 부분이며 기업의 가치 창출 동인인 이유는 여러 가지가 있다.

첫째, 중대성 평가를 통해 비즈니스와 관련된 ESG 문제를 포괄적으로 파악하고 이해할 수 있다. 리스크와 기회 측면에서 가장 많은 영향을 미칠 수 있는 문제를 강조하고 자원의 투입도 우선순위가 높은 이슈에 선택과 집중함으로서 회사에 더 많은 가치를 창출할 수 있도록 지원한다. 리스크를 조기에 파악하면 예상치 못한 비용, 규제 대응 요구, 비즈니스 모델 전환 등으로부터 우리 사업을 보호할 수 있다. 중대성 평가를 잘 수행하면 당면 과제에 대한 솔루션을 만들거나 규제, 사회, 환경, 경제적 위험을 줄이는 방식으로 제품과 서비스를 혁신함으로써 새로운 성장 영역을 발견할 수도 있다.

둘째, 중대성 평가는 회사 내외의 이해관계자들을 참여시킬 수 있는 강력한 방법이다(제10장 참조). 우수한 중대성 평가는 내부 및 외부 이해관계자의 대화와 피드백을 핵심 부분으로 포함한다. ESG 영향에 대한 기대와 우려를 파악하는 이 프로세스는 이해관계자와 보다 강력한 상호 관계를 구축하는 중요한 방법이다. 이해관계자가 회사의 영향에 대해 어떻게 생각하고 어떤 지속가능성 이슈에 관심을 갖는지 이해하면 가장 중요한 이해관계자들을 보다 효과적으로 참여시킬 수 있는 방법에 대한 통찰력을 얻을 수 있다. 예를 들어 고객이 특정 문제에 대한 회사의 영향에 대해 높은 수준의 우려를 표명하는 경우, 이러한 우려 중 일부를 인정하고 해결함으로써 보다 강력한 사회적 신뢰를 구축하는 데 도움이 될 수 있다.

셋째, 효과적인 중대성 평가는 더 강력한 성과를 낼 수 있는 방식으로 회사를 조정하고 정렬하는 데 도움이 될 수 있다. 중대성 평가는 비즈니스 전반에 걸쳐 지속가능성이 회사에 어떤 의미를 갖는지를 교육하고 알려주며, 어떤 문제가 가장 시급하고 적절한지, 그리고 이러한 문제에 대한 위험을 줄이거나 가치를 창출하기 위해 혁신할 수 있는 방법을 파악하는 데 도움이 될 수 있다. 이는 회사를 조정하고 내부 협업을 촉진하는 데 도움이 된다. 이 두 가지는 모두 고성과 창출형 지속가능성 문화를 조성하는 데 중요한 요소이다(제6장 참조).

넷째, 중대성 평가는 보고와 공시를 개선할 수 있다(제8장 참조). 신뢰성과 투명성을 높여줄 수 있는 기술에 대한 기대와 요구가 증가함에 따라 기업이 지속가능성 성과에 대해 보고해야 할 필요성이 커질 것으로 보인다. 중대성 평가는 종종 고품질 보고를 위한 요구 사항이다(GRI, SASB, 기타 지침 참조). 심지어 가장 큰 규모의 회사들도 모든 것에 대해 보고하는 것이 매우 어렵고 비용이 많이 든다고 생각한다. ESG 문제의 우선순위를 지정하면 공개에 대한 훨씬 더 실용적이고 의미 있는 접근 방식을 사용할 수 있다. 중대성 평가는 기업이 노력을 집중해야 하는 각각의 이슈와 문제를 파악하고 메트릭스와 KPI(핵심 성과 지표)를 개발하는 데 있어 가장 중요한 요소를 식별하는 데 도움이 된다.

마지막으로, 중대성 평가는 지속가능성 전략 개발을 위한 귀중한 정보를 담고 있다(제4장 참조). 좋은 전략은 본질적으로 선택과 집중이 핵심이다. 중대성 평가는 회사의 지속가능성 전략을 알려주는 렌즈를 제공한다. 중대성 평가는 기업의 지속가능성 전략의 구성요소가 되어야 하는 ESG의 다양한 측면에서 가장 큰 위험과 가장 큰 기회를 식별하는 데 도움이 된다. 이 모든 것이 회사가 사회와 환경에 미치는 부정적인 영향을 줄이고 지속가능한 성과를 높이는 데 도움이 되며, 이는 궁극적으로 귀사를 더 성공적인 비즈니스로 만들 것이다.

실행 및 추진 방법

중대성 평가를 수행하는 방법에는 다양한 접근 방식이 있다. 범위는 크거나 작을 수 있고, 이해관계자 피드백이나 미디어 분석에 초점을 맞출 수도 있으며, 본질적으로 양적 또는 질적일 수도 있고, 이 모든 것이 될 수도 있다. 가장 중요한 것은 각 기업에 적합한 중대성 평가 방법을 설계하는 것이다.

따라서 조직의 문화를 염두에 두고 중대성 평가 방식을 설계해야 한다. 증거 기반의 데이터 중심 엔지니어링 유형 문화가 지배적인 기업이라면 양적 접근 방식이 더 큰 영향을 미칠 가능성이 높다. 반면 고도로 협의적인 문화의 기업이라면 질적으로 보다 높은 수준의 접근법을 설계하는 것이 중요할 것이다.

중대성 평가는 사내에서 자체적으로 수행하거나 외부 컨설턴트와 협력하여 수행할 수도 있다. 중대성 평가를 수행하는 방법에 관계없이 아래에 제시된 단계들은 중대성 평가 프로세스를 구축하고 추진하는 데 도움이 될 것이다.

1단계: 대내외 현황과 동향을 파악하여 정보 수집하기

ESG 환경에서 우선순위를 매길 문제를 파악하는 데 중요한 입력 사항 중 하나는 이 의제를 형성하고 있는 상황별 동향을 파악하는 것이다. 다양한 지속가능성 이슈들은 어떤 변화의 궤적을 보여주고 있는가? 정부는 ESG 관련 정책을 어떻게 변화시키고 있는가? 세계 경제 포럼의 연례 글로벌 리스크 보고서World Economic Forum's Annual

Global Risks Report[4]와 같은 중요한 보고서들은 해당 의제에 대해 무엇을 알려주고 있는가? 이러한 유형의 탐색 작업은 가능한 중대성 이슈를 식별하고 그 이슈의 실무자들에게 관련 정보를 제공하는 데 도움이 된다.

또한 많은 산업 부문에서 중대성 평가와 보고에 대한 좋은 지침을 제공한다(예: 국제 광업 및 금속협의회ICMM, 국제 석유산업환경보존협회IPIECA). 또한 동종업체가 해당 분야에서 수행하고 있는 다양한 활동들을 찾아보고 지속가능성 보고서 등을 통해 발표한 중대성 평가 방법과 결과를 검토하는 것은 중대성 평가에 포함해야 할 가능한 이슈들의 범위, 즉 이슈 풀Issue pool 을 식별하는 데 도움이 될 수 있다. 마찬가지로 B2B 회사의 경우 동종업체가 진행한 고객에 대한 중대성 평가 결과를 검토해 보면 사업상 발생할 수 있는 중요한 문제를 파악하는 데 도움이 될 수 있다.

주요 시장의 ESG 환경에 대한 규제 변화를 검토하는 것은 매우 중요하다. 물론 글로벌 규제 영향력이 있는 지역(예: 중국, EU, 미국)의 지침을 검토하는 것 또한 중요하다. 이를 통해 운영 환경의 변화에 대한 추가적인 상황별 통찰력을 얻을 수 있다. 내부적으로 이미 회사의 전사적 위험 관리ERM 기능의 일부일 수 있는 지속가능성 문제를 검토하는 것은 중대성 평가에도 도움이 될 수 있기 때문에 중요하다.

우선순위 이슈를 더 잘 파악하기 위해서 빅데이터를 활용한 중대성 평가 방식의 활용이 증가하고 있는 추세이다. 인공지능 사용을 전문으로 하는 기관도 많이 있는데, 이는 업계(또는 회사)와 관련된 문제와 이러한 주제가 작성, 논의, 평가되는 방식을 더 잘 시각화할 수 있고 온라인 정보를 결합하고 이해하는 데 도움이 될 수 있다.

마지막으로, 내부 및 외부 이해관계자와 자유로운 인터뷰를 수행하면 가능한 중요한 문제의 범위를 파악하는 데 도움이 될 수 있다. 대여섯 번의 인터뷰만으로도 이해관계자가 가장 우려하는 ESG 문제가 무엇인지 알 수 있다.

위에서 제시한 모든 프로세스는 가능성 있는 중대성 이슈들의 포괄적인 목록을 만들고 각 이슈에 대한 맥락과 근거를 제공하는 데 도움이 된다.

2단계: 이해관계자 소통과 참여

이해관계자와의 소통과 그들의 참여는 중대성 평가의 핵심이다. 귀사의 영향과 관련하여 이해관계자들이 가장 우려하는 것은 무엇인가? 주요 이슈에 대한 그들의 기대는 어떠한가? 이 피드백에 대응하여 이해관계자와 더 많은 신뢰를 쌓을 수 있는 방법을 어떻게 찾을 수 있는가?

이해관계자 소통과 참여는 처음에 어떤 대상 또는 이해관계자 그룹이 귀사에 가장 중요한지 결정하는 것을 수반한다. 여기에는 직원, 투자자, 고객/소비자, 공급업체, 비즈니스 파트너, 시민 사회, 정부, 학계, 지역사회, 노조가 포함될 수 있다. 이 모든 청중이 중요한가, 아니면 몇몇 특정 이해관계자들을 우선시하는가?

직원, 투자자, 고객을 넘어 더 많은 이해관계자(특히 NGO, 학계, 과학자와 같은 지속가능성의 최전선에 있는 사람들)의 목소리를 수렴하는 것은 바람직한 방향이라고 볼 수 있다. 이렇게 하면 새로운 문제에 놀라지 않고 조기에 해결할 수 있다. 특정 이해관계자의 경우 가장 중요한 이슈의 유형에 대한 고유한 편견이 존재한다는 점에 유의해야 한다. 예를 들어 동물 복지 NGO는 공급 사슬에서 동물들의 복지와 관련된 문제를 강조할 것이고, 노숙자 문제를 연구하는 지역사회 지도자는 주택 문제에 집중할 것이다.

주요 지속가능성 이슈의 중대성을 평가하기 위해 여러 가지 접근 방식을 사용하여 이해관계자와 소통하거나 참여시킬 수 있다. 설문조사를 통한 양적 의견 수렴도 가능하며 일대일 인터뷰, 원탁회의 또는 기타 계약을 통해 질적인 방식을 선택할 수도 있다. 정량적 방법론은 우선순위 지정을 위한 보다 강력하고 정확하며 추적 가능한 통찰력을 제공하는 데 도움이 될 수 있지만, 비용이 더 많이 들 수 있다. 정성적 방법론은 보다 풍부하고 심층적인 통찰력을 제공하면서 이해관계자의 견해를 보다 제한적으로 표현할 수 있다. 다양한 이해관계자 그룹에 대해 한두 가지의 접근법을 사용할 수 있다(표 2.1 및 2.2 참조).

3단계: 중대성 매트릭스의 차원 정의하기

기업은 이해관계자를 참여시키기 전에 중대성 평가를 어떻게 제시하고 싶은지 잘 생각해 보아야 한다. 문제의 우선순위를 표시하는 데는 여러 가지 방법이 있다. 회사에 가장 적합한 옵션을 결정하는 것은 이해관계자에게 묻는 질문에 영향을 미치기 때문에 중요하다.

지속가능성 문제의 우선순위는 종종 2×2 중대성 평가 매트릭스로 표현되며, 1차원(일반적으로 y축)은 각 이슈가 사회에 상대적으로 중요하다는 것을 보여준다. 다른 차원(종종 x축에 표시됨)은 비

표 2.1 이해관계자의 의견 수렴을 위한 정성적 질문 예시

외부 이해관계자	내부 이해관계자
○○○ 기업이 직면할 수 있는 모든 환경, 사회 및 지배구조 문제를 고려할 때, ○○○ 기업이 향후 5년 동안 집중해야 할 가장 중요한 문제는 무엇입니까?	
○○○ 기업이 환경에 미치는 가장 중요한 영향은 무엇이라고 생각하십니까? 그리고 그 이유는 무엇입니까?	○○○ 기업의 비즈니스에 가장 중대한 영향을 미칠 수 있는 환경 관련 문제는 무엇이라고 생각하십니까? (재무적, 평판적, 운영적 측면을 고려해서 응답해 주세요.)
○○○ 기업이 사회적 또는 경제적으로 미치는 가장 중요한 영향은 무엇이라고 생각하십니까? 그리고 그 이유는 무엇입니까?	○○○ 기업의 비즈니스에 가장 중대한 영향을 미칠 수 있는 사회 또는 경제적 관련 문제는 무엇이라고 생각하십니까? (재무적, 평판적, 운영적 측면을 고려해서 응답해 주세요.)
○○○ 기업이 해결해야 할 가장 중요한 거버넌스 문제는 무엇이라고 생각하십니까? 그리고 그 이유는 무엇입니까?	○○○ 기업의 비즈니스에 가장 중대한 영향을 미칠 수 있는 거버넌스 관련 문제는 무엇이라고 생각하십니까? (재무적, 평판적, 운영적 측면을 고려해서 응답해 주세요.)
○○○ 기업이 긍정적인 환경 및 사회 변화를 주도할 수 있는 가장 큰 기회는 무엇이라고 생각하십니까?	○○○ 기업이 환경 또는 사회 문제를 해결함으로서 비즈니스 성장을 주도할 수 있는 가장 큰 기회는 무엇이라고 생각하십니까? (재무적, 평판적, 운영적 측면을 고려해서 응답해 주세요.)

표 2.2 이해관계자의 의견 수렴을 위한 정량적 질문 예시

비즈니스 영향	비즈니스 영향
Q. ○○○ 기업이 향후 5년간 해결해야 할 다음 각 문제의 중요성을 평가해 주시기 바랍니다. *** 문제의 중요도는 어느 정도입니까? 1 – 약간 중요 2 – 적당히 중요 3 – 매우 중요 4 – 가장 중요	Q1. 다음 각 문제가 ○○○ 기업의 사업 또는 재무적 성공에 미칠 수 있는 영향성을 평가해 주시기 바랍니다. *** 문제의 영향은 어느 정도입니까? 1 – 경미한 영향 2 – 중간 정도의 영향 3 – 중대한 영향 4 – 가장 중대한 영향
답변을 요청함에 있어 이 모든 문제가 중요하다는 것을 알고 있습니다. 단, 우리는 어떤 문제가 다른 문제보다 상대적으로 더 중요한지에 대한 귀하의 의견을 구하고 있습니다.	답변을 요청함에 있어 이 모든 문제가 중요하다는 것을 알고 있습니다. 단, 우리는 어떤 문제가 다른 문제보다 상대적으로 더 큰 영향을 미치는지에 대한 귀하의 의견을 구하고 있습니다.

즈니스의 중요성과 관련이 있다. 때때로 기업은 세 번째 차원(z축)을 포함하여 비즈니스가 각 특정 문제에 미치는 영향을 포착한다. 그러나 이러한 유형의 행렬을 사용하는 것이 필수는 아니다. 일부 기업은 다른 차원에 따라 우선순위를 매기는 문제 목록을 선택하기도 한다. 가장 효과적인 방법은 회사마다 다르다.

x축을 비즈니스에 대한 각 이슈의 중대성뿐만 아니라 재정적 영향에 더욱 중점을 두고 평가해야 한다는 논의가 증가하고 있다. 이러한 이중 중대성 평가는 이해관계자에게 가장 중요한 관점에서 가능한 ESG 문제의 우선순위를 지정할 뿐만 아니라 이러한 문제가 잠재적으로 회사의 재무적 성공에 어떤 영향을 미칠 수 있는지 강조함으로써 기존의 접근 방식과는 차별화된다. 따라서 이중 중대성 평가는 전통적인 중요성(즉, 사회에 미치는 영향)과 유사한 y축을 가지고 있지만, x축은 비즈니스에 미치는 광범위하거나 일반적인 영향보다는 기업의 재무 가치에 미치는 영향에 초점을 맞추고 있다 (그림 2.1 참조).

어떤 차원을 선택할지에 대한 유연성은 존재한다. 내부 팀 및 외부 컨설턴트와 짧은 토론을 통해 어떤 차원이 귀사에 가장 유용한지 생각해 보는 것이 좋다. 회사가 이중 중대성 평가 방식을 추구한다면, 이는 투자자와 조직 내외의 다른 재정적인 이해관계자의 관점이 이 과정에서 훨씬 더 중요하다는 것을 보장해야 한다는 것을 의미한다.

4단계: 문제의 우선순위 지정 및 플롯

중대성 평가의 가장 중요한 목표는 비즈니스가 직면한 가장 중요

그림 2.1 이중 중대성 평가의 시각화

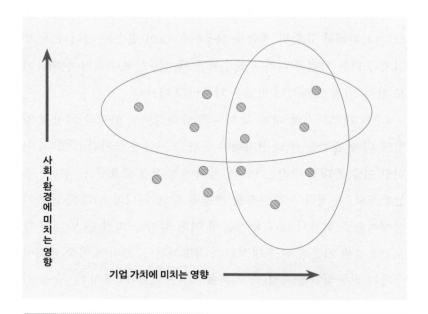

사회와 환경에 미치는 영향

◆ 회사의 외부적 영향성 고려
◆ GRI 정의: '인권에 대한 영향을 포함하여 경제, 환경 및 사람과 사회에 대한 가장 중요한 영향을 반영하는 주제' (초안)
◆ 지속가능성 보고서에 제시됨
◆ 여러 이해관계자를 위한 것임

기업 가치(사업적-재무적)에 미치는 영향

◆ 회사에 미치는 영향을 고려
◆ SASB 정의: '사용자가 단기, 중기 및 장기 재무 성과 및 기업 가치에 대한 평가에 기초하여 결정하는 투자 또는 대출 결정에 영향을 미칠 것으로 예상됨' (초안)
◆ 연례 보고서 annual report 에 제시됨
◆ 투자자, 대출 기관, 기타 채권자를 위한 것임

BSR의 허가를 받아 재작성함[5]

한 지속가능성 문제를 파악한 다음 우선순위를 정하는 것이다. 이전 단계의 모든 작업을 통해 문제를 평가할 수 있다. 맥락을 검토하고 이해관계자로부터 문제의 중요성에 대한 피드백을 받는 과정을 통해 문제에 대한 점수를 매기거나 가중치를 부여할 수 있다.

우선순위에 대한 평가는 문자 그대로 정량적 조사로 수행될 수 있다. 이는 각 문제를 5점 또는 10점 척도로 평가하거나 최대 미분 또는 결합 분석과 같은 보다 정교한 수학적 기법을 사용하여 수행될 수 있다. 다수의 변수보다 선택과 선호의 우선순위를 정하는 데 도움이 되는 조사 연구에서 일반적인 통계 분석 또는 구조화된 평가(예: 기준이 여러 차원에 걸쳐 개발되어 각 문제에 대한 종합 집계 점수가 도출되는 경우)를 통해 보다 주관적인 접근법을 적용할 수도 있다.

이 등급의 중요한 측면은 평가하는 시간 척도를 명확히 하는 것이다. 지금 우리에게 중요한 문제를 평가하고 있는가? 아니면 앞으로 가장 중요한 문제가 무엇인지 이해하려고 노력하고 있는가? 사람들에게 미래를 예측하라고 요구하는 것은 어렵지만, 3~5년 기간을 기준으로 문제의 우선순위를 정하도록 하는 것이 합리적이고 현명하다.

어떤 접근 방식을 선택하든 방법론을 문서화하여 내부 공유하고 보고할 때 해당 접근 방식을 공개하고 향후 몇 년 동안 이를 복제할 수 있도록 하는 것이 중요하다. 이는 시간 경과에 따른 비교 가능성을 위해 중요하다. 특히, 대표적인 산업에 종사하고 있거나 비즈니스에 큰 영향을 미치는 중요한 이해관계자의 관심이 상당한 경우에 더욱 그렇다.

점수를 매기고 순위를 매긴 다음 단계는 우선순위를 시각화하는 것이다. 여기에는 두 개 또는 세 개의 축을 따라 문제를 표시하는 작업이 포함된다. 각 문제의 점수를 기준으로 각 축의 척도를 결정해야 한다. 모든 문제가 2x2 매트릭스로 렌더링되면 문제를 계층화하는 것이 유용하다(그림 2.2 참조). x축(비즈니스에 미치는 영향)과 y축(사회에 미치는 영향) 모두에서 가장 높은 문제는 계층 1 중요 문제이며, 계층 2 문제와 계층 3 문제로 대한 우선순위 그룹이 분류된다(그림 2.2 참조).

그림 2.2 중대성 평가 매트릭스의 예시

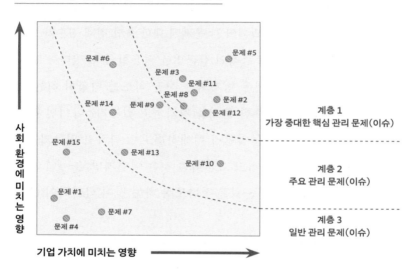

모든 문제는 이해관계자에 따라 또는 시기에 따라 매우 중요할 수 있으므로 하위 계층의 문제가 중요하지 않은 것은 아니다. 단지 특정 시점의 계층 1 및 계층 2 문제보다 상대적으로 덜 중요할 뿐이다. 또한 계층 1, 2, 3 문제가 모두 중요하다. 중대성 평가 및 매트릭스에 포함된 문제인 경우, 그 문제들은 중요하며 회사는 어떤 형태로든 이를 관리할 의무가 있다.

5단계: 사회화 및 중대성 평가 검증

중대성 평가를 통해 지속가능성 우선순위를 도출했다면, 이제는 비즈니스 참여를 통해 정보를 제공하고 궁극적으로 지속가능성 노력을 안내하는 방향으로 전환해야 할 때이다. 프레젠테이션, 워크숍 또는 일대일 대화를 통해 중대성 평가 결과를 사회화할 수 있는 적절한 매체를 찾는 것은 중요한 다음 단계이다. 이러한 브리핑에는 중대성 평가의 목표와 가치, 방법론(프로세스의 엄격함과 포괄성을 보여주는 것), 결과가 포함되어야 한다.

내부적으로 중대성 평가 결과는 회사가 최고의 위험과 기회에 적절히 대응할 수 있도록 조정하고, 가장 중요한 문제에 대한 비즈니스의 영향을 개선하기 위한 새롭고 더 나은 다양한 접근 방식에 대한 긍정적인 논의로 이어져야 한다. 이상적으로는 이사회에 중대성 평가 결과를 제시하여 주요 이슈에 대한 가시성을 확보하고 기업이 이러한 이슈를 회사의 리스크를 줄이는 방식으로 관리할 계획을 수립해야 한다. 이사회가 지속가능성 전략을 이해하고 판단하고 승인하려면 이는 매우 중요하다.

중대성 평가는 기업 지속가능성 보고의 핵심이다. 이러한 중요한 이슈에 대한 성과와 향후 약속을 이해관계자가 볼 수 있도록 구조와 결과를 다음의 다른 보고서 앞부분에 제시할 수 있다. 또는 더 광범위한 지속가능성 전략을 수립하기 위해 내부적으로 사용할 수도 있다.

마지막으로, 중대성 평가는 정적인 것이 아니라는 사실을 기억하는 것이 유용하다. 상황, 이벤트, 기대 및 기타 사항은 모두 유동적이며, 이는 우선순위가 변경될 수 있음을 의미한다. 따라서 2~3년마다 중대성 평가를 실시할 계획을 세우는 것이 좋다.

사례 분석

네슬레 Nestlé

네슬레는 직원 수 27만 명, 2,000개 이상의 브랜드 및 2023년 연매출액이 1,000억 달러 이상인 세계 최대의 식음료 회사이다. 스위스 브베Vevey에 본사를 둔 이 회사는 1866년에 설립되어 현재 전 세계 186개국에서 운영되고 있다.

이 회사는 기업의 지속가능성 노력의 오랜 역사를 가지고 있다. 네슬레는 10년 넘게 2년마다 중대성 평가를 해왔고, 그 기간 동안 지속가능성 보고서에 중대성 평가 프로세스와 결과를 발표했다.

네슬레는 지속가능성 보고에 대한 문제를 파악하고 내부적으로 리소스 할당에 집중하고 진화하는 이해관계자의 기대에 부응할 수 있도록 중대성 평가를 수행한다. 2020년에 네슬레는 이를 회사의 엔터프라이즈 리스크 관리 프로세스와 더욱 완벽하게 통합하기 위해 접근 방식을 발전시켰다.

이 회사는 독립적인 제3자를 통해 중대성 평가를 수행하고 이해관계자와 공정하고 투명한 관계를 보장한다. 네슬레의 2020년 중대성 평가에는 총 72명의 내부 및 외부 이해관계자가 참여했다.

그림 2.3 네슬레 중대성 평가 매트릭스

범례: ○ 사람과 애완동물 □ 지역사회/커뮤니티 ◇ 지구/생태 □ 장기적 기업가치 극대화

- ○ 기후변화 대응과 탄소중립
- ○ 고객 행동 변화
- □ 제품 포장과 플라스틱
- □ 혁신적인 비즈니스 모델
- □ 디지털화 및 기술 혁신
- □ 경쟁력과 생산성
- ◇ 제품포트폴리오의 영양적 가치
- □ 제품 품질과 안전
- □ 우수 인재의 유치와 유지
- □ 책임있는 구매
- □ 인권
- ◇ 생수와 물관리 책무
- □ 소매업체 관계 관리
- □ 지정학적, 경제적 맥락
- □ 제품 구성과 과세
- □ 책임있는 마케팅과 브랜드 커뮤니케이션
- □ 윤리경영
- □ 지역사회 공헌 활동
- ◇ 생물다양성
- □ 정보보안
- □ 인수와 투자
- □ 폐기물 최소화
- □ 다양성과 포용성 관리
- □ 영양과 식품에 대한 접근가능성
- □ 동물복지
- ○ 개인정보보호
- □ 연금 운용관리

가로축(네슬레 성과에 미치는 영향도 - 내부 이해관계자): 매우 중대 / 중요 / 보통/중간 / 낮음

세로축(이해관계자에 대한 중요성): 좀 더 중대 / 중요 / 보통/중간 / 낮음

네슬레의 허가를 받아 재작성함(2021)[6]

그림2.3의 네슬레 중대성 평가 매트릭스를 보면 기후변화 대응과 탄소중립이 이해관계자에 대한 중요성과 네슬레의 성공에 대한 영향이라는 두 축 모두에서 가장 중요한 이슈 중 하나로 도출되었다는 것을 알 수 있다.

네슬레의 롭 카메론Rob Cameron 글로벌 홍보 및 ESG 인게이지먼트Engagement 담당 부사장에 따르면, '중대성 평가와 엔터프라이즈 리스크 관리 프로세스를 통합함으로써 회사 내 입지가 크게 강화되었다. 결과적으로 회사의 중대성 평가는 우리의 사업 및 운영 계획과 의사결정에 가장 높은 수준으로 영향을 미치고 있다.'

서비스나우 ServiceNow

서비스나우는 업무 현장에 초점을 맞춘 기술 회사이다. 이 회사의 클라우드 기반 플랫폼 솔루션은 직원과 기업의 생산성을 향상시키는 디지털 워크플로우를 제공한다. 그 회사는 2004년에 설립되었다. 2023년에 직원이 약 22,000명 이상이었으며 매출은 약 80억 달러 이상이었다.

이 회사는 과거 ESG 중대성 평가를 수행한 적이 있지만, 특히 2020년 중대성 평가는 서비스나우의 지속가능성 전략 또는 글로벌 임팩트Global Impact 라고 하는 회사의 발전 방향 수립을 위한 명확한 목적으로 수행되었다.

중대성 평가를 통해 서비스 나우는 지속가능성 전략 개발의 기반이 되는 일련의 최상위 문제들을 식별했다.

이러한 계층 1 문제에는 데이터 보안 및 개인 정보 보호에서 다

그림 2.4 서비스나우의 중대성 평가 분석 결과

ESG 중대성 문제	
계층 1 문제 (이해관계자에 대한 중요도가 높고 비즈니스 성공에 대한 영향도가 높은 문제)	정보 보안 및 개인 정보 보호 다양성, 포용성, 소속감 일하는 방식의 미래 기업 지배구조 및 경영윤리 비즈니스 연속성 리스크 관리 기후변화 대응과 에너지 디지털 디바이드 인재 유치와 유지 기술 혁신과 윤리성
계층 2 문제 (이해관계자에 대한 중요도가 높거나 비즈니스 성공에 대한 영향도가 높은 문제)	공정 혁신과 업무 개선 직원 건강 및 작업장 안전 지역사회 참여와 공헌
계층 3 문제 (이해관계자에 대한 중요도는 중간 정도이고 비즈니스 성공에 대한 영향도는 중간 정도인 문제)	지속가능한 조달과 구매 폐기물 최소화 물관리

서비스나우의 허가를 받아 재작성함(2021)[7]

양성, 기후, 에너지에 이르기까지 광범위하며, 회사는 이 문제들이 비즈니스 및 사회에 더 많은 가치를 창출할 수 있는 가장 큰 기회가 존재하는 영역으로 간주한다.

서비스나우의 글로벌 임팩트 책임자인 캐시 멀바니Kathy Mulvany에 따르면, 이 회사의 2020년 중대성 평가는 글로벌 임팩트 비전에 상당한 영향을 미쳤다. 그녀는 다음과 같이 설명한다.

"더 나은 세상을 만들기 위한 글로벌 임팩트 비전에 따라, 우리는 지구 환경을 보호하고, 공평한 기회를 만들고, 진실성을 가지고 행동함으로써 영향력을 창출하고, 세상이 일하는 방식을 바꾸기 위해 최선을 다하고 있습니다. 외부 지속가능성 어드바이저인 BSR과 함께 수행한 2020년 ESG 중대성 평가 결과는 직원과 커뮤니티에 권한을 부여하고 장기적으로 비즈니스 및 이해관계자에게 가치를 창출할 수 있는 가장 큰 잠재력을 가진 분야에 이니셔티브와 투자를 집중하는 것은 물론 성과를 향상시키기 위한 전략과 기준선을 수립하는 데 기초가 되었습니다."

요약

중대성 평가는 기업의 지속가능성 여정의 기본적인 부분이다. 더불어 회사의 가장 큰 지속가능성 영향을 알리는 데 도움이 된다. 중대성 평가의 프로세스는 주로 변화하는 운영 상황과 이해관계자 참여를 이해하는 것에 기반을 두고 있으며, 기업이 지속가능성 위험과 기회를 더 잘 이해하고 대응할 수 있도록 지원하는 데 매우 중요하다.

중대성 평가는 기업이 사회와 환경 및 경제에 미치는 가장 중요한 영향을 해결하는 방식으로 자원을 집중하고, 그렇게 함으로써 기업이 훨씬 미래에 적합할 수 있도록 지원하기 때문에 성공적인 지속가능성 전략의 초석 중 하나이다.

실행을 위한 주요 점검 사항

1. 사회 및 규제 동향을 포함한 외부 운영 상황을 검토한다.
2. 동종 업체를 살펴보고 해당 업체가 귀사의 섹터 또는 가치 사

슬에서 중요한 이슈를 어떻게 정의하는지 확인한다.

3. 귀사의 기업 문화에 맞는 중대성 평가에 대한 접근 방식을 선택한다.

4. 우선순위 지정을 위해 가능한 지속가능성 문제 목록인 이슈 풀을 개발한다.

5. 비즈니스에 가장 중요한 문제를 평가하고 우선순위를 매길 수 있도록 이해관계자를 참여시킨다.

6. 중대성 평가 결과를 분석하고, 우선순위를 정하거나 순위를 매겨 중대성 평가 매트릭스 또는 기타 방법으로 시각화하여 결과를 제시한다.

7. 중대성 평가 결과를 기업 전체의 고위 임원 및 동료와 공유하고, 이를 사용하여 보고 및 정보 공개를 포함한 보다 광범위한 지속가능성 전략을 알리는 데 활용한다.

◆ Datamaran (2021) Materiality definition: The ultimate guide, www.datamaran.com/materiality-definition/

◆ Datamaran (2021) The non-financial reporting directive: What you need to know, www.datamaran.com/non-financial-reporting-directive/

◆ Eccles, R (2020) Dynamic materiality and core materiality: A primer for companies and investors, Forbes, www.forbes.com/sites/bobeccles/2020/01/17/dynamic-materiality-and-core-materiality-a-primer-for-companies-and-investors/?sh=11772b6e2e6a

◆ European Commission (2021) Corporate sustainability reporting, ec.europa.eu/info/business-economy-euro/company-reporting-and-auditing/company-reporting/corporate-sustainability-reporting_en

◆ Harrison, D and Bancilhon, C (2021) Double and dynamic: How to enhance the value of your materiality assessment, BSR, www.bsr.org/en/our-insights/blog-view/double-and-dynamic-how-to-enhance-the-value-of-your-materiality-assessment

◆ TCFD Knowledge Hub (2018) Materiality and the TCFD, www.tcfdhub.org/resource/materiality-and-the-tcfd/

◆ The online SASB Materiality Map® is an interactive tool that identifies and compares disclosure topics across different industries and sectors, www.sasb.org/standards/materiality-map/

◆ The SASB Foundation and the Global Reporting Initiative (GRI) (2021) A practical guide to sustainability reporting using GRI and SASB standards, www.globalreporting.org/about-gri/news-center/gri-and-sasb-reporting-complement-each-other/

◆ WBCSD (2021) The reality of materiality: Insights from real-world applications of ESG materiality assessments, www.wbcsd.org/Programs/Redefining-Value/Redesigning-capital-market-engagement/Resources/The-reality-of-materiality-insights-from-real-world-applications-of-ESG-materiality-assessments

참고 문헌

1   The SASB Foundation and the Global Reporting Initiative (GRI) (2021) A practical guide to sustainability reporting using GRI and SASB standards, www.globalreporting.org/media/mlkjpn1i/gri-sasb-joint-publication-april-2021.pdf (archived at https://perma.cc/ZYB8-88J6)

2   Dombrovskis, V (2020) Letter to Jean-Paul Gauzès, 25 June, www.efrag.org/Assets/Download?assetUrl=%2Fsites%2Fwebpublishing%2FSiteAssets%2FLetter%2520EVP%2520annexNFRD%2520%2520technical%2520mandate%25202020.pdf&AspxAutoDetectCookieSupport=1 (archived at https://perma.cc/EB8E-SUEG)

3   European Commission (2021) Corporate sustainability reporting, ec.europa.eu/info/business-economy-euro/company-reporting-and-auditing/company-reporting/corporate-sustainability-reporting_en (archived at https://perma.cc/5442-UGRA)

4   The World Economic Forum (2021) The Global Risks Report 2021, www.weforum.org/reports/the-global-risks-report-2021 (archived at https://perma.cc/M4L7-UE2T)

5   Bancilhon, C (2021) Why companies should assess double materiality [blog], BSR, 9 February, www.bsr.org/en/our-insights/blog-view/why-companies-should-assess-double-materiality (archived at https://perma.cc/3BHB-JA4P)

6   SOURCE: www.nestle.com/csv/what-is-csv/materiality (archived at https://perma.cc/Y6J7-DX38)

7   SOURCE: www.servicenow.com/content/dam/servicenow-assets/public/en-us/doc-type/other-document/servicenow-global-impact-report-2021.pdf (archived at https://perma.cc/3UTG-P4UE)

제3장

비즈니스 사례

개념의 이해

비즈니스 사례란 일반적으로 '예상되는 상업적 이익을 근거로 제 안하는 프로젝트나 사업이 얼마나 타당한지 보여주는 것'[1] 또는 '과 업 또는 프로젝트를 시작한 사유를 포함하는 서면 문서 또는 구두 프레젠테이션'[2]으로 정의할 수 있다.

자속가능성이나 ESG를 고려한 비즈니스 사례는 이러한 사업을 수행하는 데 있어 더 크고 복잡한 내용을 담게 된다. 예상되는 상업 적 이익이 여전히 필수 요소이지만, 지속가능성을 고려한 비즈니스 사례는 재무적 또는 경제적 측면을 넘어 사회적, 환경적 결과도 고 려한다. 샬테거 Schaltegger 와 그의 동료들은 이것을 '환경 및 사회 관 련 이슈들에 대한 성과를 창출하는 것이 경제적 성공에도 긍정적 영향을 미치는 상황의 증가'[3]라고 설명하기도 한다.

지속가능성을 고려한 비즈니스 사례는 기업 활동에 따른 해악은 최소화하고 사회적, 환경적, 경제적 가치를 극대화하는 방식으로 단기적 및 장기적으로 다양한 리스크를 예방하거나 줄이면서 시장에서의 기회는 확대하는 것이라고 해석된다.

각각의 조직은 지속가능성을 고려한 비즈니스 모델을 만드는 데 있어 무엇을 담아야 할지 그 내용을 결정해야 한다. 일반적으로 포함하는 공통 요소를 살펴보면 아래와 같다.

- 회사의 중대성 평가 프로세스(제2장 참조)에 의해서 식별된 우순순위 문제: 이들 중대 문제는 조직의 가장 큰 영향을 결정하고 어떤 조치를 취해야 하는지에 대한 선택을 안내함으로써 기업 활동의 경계를 설정하는 데 도움을 줄 수 있다.
- 지속가능성과 ESG 측면에서 발생 가능한 특정 리스크와 기회: 이러한 구체적인 리스크와 기회 요인은 시간 계획을 수립하거나 자원을 적절하게 할당하는 데 도움을 줄 수 있다.
- 회사의 목적(제1장 참조), 조직문화(제6장 참조) 그리고 성장 목표 수준: 조직의 존재 목적과 조직문화 그리고 성장 목표 수준 등을 통해 설정한 목표들의 유형을 결정하고, 성과를 평가하는 데 사용하는 지표(매트릭스)를 설정할 수 있으며 결과를 전달하고 소통하는 방식 등을 결정하게 된다(제8장과 제11장 참조).

이러한 구성 요소 이외에도 지속가능성을 고려한 비즈니스 모델이 회사의 전체 전략과 일치하는지 확인하는 것이 중요하다.

웰런Whelan과 핑크Fink는 하버드 비즈니스 리뷰Harvard Business Review에 실린 기사에서 지속가능성 실천을 위한 비즈니스 사례에 대해서 다음과 같이 정의하였다.

1) 최소한 사람이나 지구에 해를 끼치지 않고 이해관계자를 위한 가치를 창출해야 하며, 2) 회사 또는 브랜드가 환경적 또는 사회적으로 중대한 영향을 미치는 영역(예: 조직 운영, 가치 사슬, 고객 등)에서 환경, 사회, 지배구조 성과를 개선하는 데 중점을 두어야 한다.

여기에서는 지역사회를 위해 직원들의 자원봉사 활동을 전개하는 등의 전통적인 CSRCorporate Social Responsibility(기업의 사회적 책임) 프로그램만을 운영하는 회사를 제외한다. 사회공헌 활동은 그 자체로 지속가능성이라고 보지 않기 때문이다.[4]

구성 요소에 관계없이, 지속가능성을 고려한 비즈니스 사례를 정의하는 것은 기업은 물론 사회를 위해 가능한 최대의 가치를 창출하는 것이라 할 수 있다. 비즈니스 관점에서 볼 때도 이는 비용을 절감하거나 최소화하고 사회적 가치를 제공함과 동시에 수익을 증대시킨다. 또한 다양한 리스크를 최소화하고 기회들을 극대화하며 신뢰를 구축하고 평판을 개선하는 등의 긍정적 조합들을 가능하게 할 것이다.[5]

이렇게 지속가능한 비즈니스 모델은 구체화하기가 복잡하고 실행하기 어렵지만 그 자체로 노력할 만한 가치가 있다.

예를 들어 다양성 Diversity, 형평성 Equity, 포용성 Inclusion(예: 이사회의 성별 다양성 등), 기후 변화에 대한 준비(기업이 기후 변화에 따른 전환 및 물리적 위험을 모두 회피하고 조직의 비용 절감과 같은 직접적인 이점을 제공하는 데 도움이 될 수 있음)와 같은 문제에 대한 강력한 ESG 성과가 실질적인 지배구조를 개선하고 비용을 절감하며 평판을 높이고 우수한 직원을 유치하거나 유지하는 데 도움이 된다는 증거들이 지속적으로 늘어나고 있다. 지속가능성을 강도 있게 고려하는 비즈니스 사례는 그린워싱 Greenwashing 을 회피하고, 구체적인 증거와 과학에 기반을 둔 실질적 사실 정보를 제공함과 동시에 조직의 성장 비전에 따른 성과에 대해서 보고하고 소통하는 데 있어 더 신뢰 받을 수 있는 준비가 가능하도록 도움을 주기도 한다.

지속가능성을 고려한 비즈니스 사례가 모든 조직에 어떻게 반영하고 적용되는지 보여주기 위해서 다음 페이지에서 좀 더 다양한 사례로 확장하여 제시하고자 한다.

지속가능성을 고려한 비즈니스 사례가 중요한 이유

지난 몇 년 동안 지속가능성에 대한 강력한 성과는 종종 좋은 경영 활동의 대명사로 여겨졌다. 오늘날의 경영 환경에서 어떤 회사도 사업 계획 및 운영의 일부로 지속가능성을 다루지 않고는 경영을 잘 할 수 없다.

지속가능성을 고려한 비즈니스 모델이나 주요 지속가능성 이슈에 대한 성과의 창출이 무엇보다 중요하게 여겨지고 성장한 데에는 ESG 의제의 확산과 강조가 중요한 역할을 했다고 할 수 있다. 이해관계자의 요구와 압력은 항상 중요한 요인 중의 하나였지만, 최근 ESG 성과에 대한 투자자와 정부의 관심이 급증하고 있으며, 고용주 또는 잠재적 고용주의 지속가능성 성과에 대한 직원의 관심은 물론 구매 제품 및 서비스의 지속가능성에 대한 소비자의 관심이 높아짐에 따라 ESG 문제에 대한 이해와 성과를 입증하기 위한 기업들의 수요도 증가했다. 이러한 수요는 기업의 ESG 성과에 대한 맞춤형 투자자 분석, ESG 등급의 확산과 광범위한 사용, 정치적 압력, 점점 더 많은 규제 표준에 따라 요구되는 ESG 성과 및 공시 등과 같은 형태로 나타나고 있다. 이 책에서 '지속가능성'과 'ESG'를 동의어로 사용하는 것은 ESG 활동의 확산으로 그 영향력이 커지고 있기 때문이기도 하다.

2018년 앤드류 윈스톤Andrew Winston은 MIT 슬로안 메니지먼트 리뷰지MIT Sloan Management Review에 기고한 글에서 지속가능성을 고려한 비즈니스 모델에 대해서 이렇게 얘기하고 있다.

"기업들이 지속가능성에 관심을 갖도록 하기 위해서 치열하게 싸워왔던 노력의 시간은 거의 끝이 났다고 할 수 있다. 이제 그 어떤 대기업도 환경과 사회 문제가 회사의 수익에 긍정적 영향을 미치는지 또는 그렇지 않은지에 대해서 심각하게 논쟁하지 않는다. 최소한 경영진은 고객, 직원과 같은 주요 이해관계자들이 환경, 사회 문제 등 지속가능성 이슈에 관심을 갖는다는 것을 알고 있다. 따라서 지속가능성은 전략적 의제로 인식되어야 한다."[6]

윈스톤의 말에 일리가 있지만, 심지어 몇 년이 지난 지금까지도 많은 기업가들이 여전히 지속가능성을 고려한 비즈니스 모델에 대해서 의구심을 가지고 있는 것이 사실이다. 그리고 아마도 그들은 어디서부터 시작해야 할지 모를 것이다. 그 첫 단계는 지속가능성을 고려한 비즈니스 사례가 가져다 줄 수 있는 이득을 제대로 이해하는 것이다.

감사하게도 여러분이 지속가능성을 고려한 건전한 비즈니스 모델을 개발하는 데 시간과 노력을 기울여야만 하는 셀 수 없이 많은 이유가 있다. 이러한 노력과 시도가 각 조직의 특성과 상황을 고려하여 맞춤형으로 이루어질 수 있다면 훨씬 더 좋은 결과를 만들어 낼 수 있을 것이다.

지속가능성을 고려한 우수한 비즈니스 모델의 구축은 다음과 같은 결과와 변화를 만들어낼 수 있다.

◆ 지속가능성을 조직에 통합하거나 지속가능성을 위한 투자를 결정함에 있어 경영진 및 고위 관리자를 포함한 내부적 우려나 의구심 또는 다양한 질문들에 대해서 설명하고 극복하는 데 도움이 된다.

◆ 수익 창출에서 명성 관리, 비용 절감에서 신뢰 구축, 비즈니스 경쟁력과 회복탄력성 강화에 이르기까지 지속가능성을 고려한 비즈니스 모델 구축을 통한 다양한 유형의 이익과 장점을 구체화하고 추진할 수 있도록 함으로써 ESG의 이점을 전달하고 소통할 수 있게 된다.

◆ 리스크를 줄이고 가치를 창출하는 역량을 강화해 나갈 수 있으며 이를 바탕으로 지속가능성 또는 ESG 성과 창출을 위한 구체적인 프레임워크를 설정함으로써 전략 개발을 지원할 수 있다.

◆ 중대성평가를 통해 우선순위가 높은 중요 지속가능성 이슈들을 도출 하고 환경적, 사회적, 경제적으로 가장 큰 가치가 어

디로부터 창출될 있는지 명확히 함으로써 어떠한 이슈에 어떻게 투자하는 것이 좋을지에 대한 가이드를 제공할 수 있다.

- 이와 같은 중대한 지속가능성 이슈에 대한 이해를 강화함으로써, 회사의 존재 목적, 전략 방향 그리고 운영 프로세스에 연결 및 통합하고 ESG 공시 및 커뮤니케이션을 강화하는 데 도움이 된다.

- 지속가능성에 대한 야망(성장 목표와 비전)이 실행 가능한 운영 체계로 전환될 수 있다는 증거를 제시할 수 있으며 이를 통해 직원, 투자자, 고객, 규제 기관, NGO, 기타 이해관계자의 기대를 충족할 수 있다.

- 지속가능성을 고려한 비즈니스 모델을 구현하기 위한 핵심 요소가 경영진을 포함한 고위 관리자와 직원의 지식과 기술을 필요로 한다는 점에서 개발 요구를 강조한다.

- 어떤 팀(예: 전략, 지속가능성, 제품 개발 및 마케팅)이 협력하여 특정 개선 목표(예: 저탄소 제품 설계 및 출시에 사용할 새로운 재료 선택)를 달성해야 하는지 명확히 함으로써 내부 협업을 촉진하고 외부 협업이 필요한 시점을 명확히 한다.

- 직원 유치 및 유지, 고객 충성도, 경쟁력을 통해 투자자 수익에서 지역사회 관계에 이르기까지 모든 것을 향상시키는 데 도움을 줌으로써 회사의 지속가능성 전략과 성과가 회사와 이해관계자 모두에게 어떻게 도움이 되는지 보여준다.

- 모든 참가자에게 사회적, 환경적, 경제적 이익을 극대화하면서 투자와 결과 우선순위를 명확히 하고 가치 사슬 파트너십을 피해를 최소화하는 데 집중함으로써 공급망을 강화한다.

- 기업은 자체적인 지속가능성 성과와 자격 증명을 입증할 수 있는 증거를 가지고 있기 때문에 옹호 입장을 형성하고 강화하며 공공 정책 참여를 향상시킨다.
- 장기적인 비즈니스 탄력성을 높이는 다양한 미래 시나리오에 대비하여 조직을 준비한다.

위의 장점 목록은 꽤 길지만 더 나열이 가능할 정도로 지속가능성을 고려한 비즈니스 모델의 가치는 충분하다. 일반적으로 기업은 지속가능성을 위해 강력한 비즈니스 사례를 개발하고 실행해야 하는 이유가 더 많으며, 시간이 지남에 따라 개별 조직은 산업적 특성과 조직의 현 상황에 가장 적합한 요인뿐만 아니라 가장 동기부여가 되고 보람 있는 요인을 찾게 될 것이다.

전반적으로 지속가능성 또는 ESG 비즈니스 사례는 단순히 피해를 최소화하고 가치를 극대화하는 방식으로 장단기 위험과 기회를 다루는 데 그치지 않고, 올바른 방향으로 지속가능성을 '중요한' 영역이나 '하기 좋은' 영역 정도로 이해하는 것에서 벗어나 지속가능성 없이 진행하는 것을 선택할 수 없도록 만든다.

실행 및 추진 방법

지속가능성을 고려한 비즈니스 모델을 개발하는 것이 반드시 필요하고 옳은 방향이라는 데에는 의심의 여지가 없지만, 그렇다고 해서 그것이 간단하거나 쉬운 일은 아니다.

지속가능성이 재무적 또는 비재무적 가치 창출에 기여할 수 있는 다양한 방법들을 살펴보는 과정을 통해 지속가능성의 가치를 포착하고 정량화함으로써 장기적인 측면에서의 비즈니스 회복탄력성을 높일 수 있으며 조직이 현재는 물론 미래에 더 번창할 수 있는 가장 좋은 기회를 창출할 수 있다. 미래 비즈니스의 성장 여부는 지속가능성 성과와 함께 내부 및 외부 이해관계자가 이를 이해하고 받아들이는 정도에 따라 크게 영향을 받게 될 것이다.

다음은 지속가능성을 고려한 비즈니스 모델을 개발함에 있어 한 번에 하나씩 또는 한꺼번에 모두 고려해야만 하는 단계별 주요 내용을 제시하고 있다.

1단계: 기존의 내부 및 외부 외부 데이터와 자료 또는 사례의 참고와 적용

지속가능성을 고려한 비즈니스 모델은 모든 조직과 산업의 특성 등을 고려하여 각각 맞춤형으로 개발되는 것이 맞지만, 각 조직이 가지고 있는 기존의 데이터와 자료 그리고 이미 구축해 놓은 플랫폼을 기반으로 구축하는 것이 바람직하다. 즉, 지속가능성을 고려한 비즈니스 모델의 구축은 새로운 구조와 시스템을 발명하는 것이 아니라 각 조직의 특성과 현재 상황에 맞춰 가장 적합한 비즈니스 모델을 만들어가기 위해 필요한 모든 사항을 결정하고 수행하는 것이다.

다행히 지속가능성을 고려한 비즈니스 모델을 만들어가는 데 있어 모든 조직에서 기본적으로 도움을 받을 수 있는 유용한 지침, 표준, 프레임워크가 많이 있다. 예를 들면 GRI, SBTiScience Based Targets

Initiative(과학 기반 목표 이니셔티브), SASBSustainability Accounting Standards Board(지속가능성 회계 표준 위원회), TCFDTask Force on Climate-related Financial Disclosures(기후 관련 재무 정보 공개 테스크포스), UNGCUnited Nations Global Compact(UN 글로벌 콤팩트), UN SDGsUnited Nations Sustainable Development Goals(UN 지속가능발전목표) 등이 있다. 이렇게 모든 조직에 공통으로 적용되는 지침이나 프레임워크가 있는 반면 좀 더 특정 이슈 및 산업 등에 특화된 세부적인 가이드라인이나 지침도 많이 있다. 예를 들면 우선 방대하고 빠르게 성장하고 있는 ESG 평가 지표와 등급 체계 등이 있다. 이와 더불어, IPIECA(국제 석유산업환경보존협회)에서 개발한 중대성 평가, 보고, 공시 가이드라인과 같이 특정 산업군의 지속가능성 강화를 위해 개발한 산업 분야별, 즉 부문 중심의 지표나 프레임워크도 있다.[7]

마찬가지로, 모든 조직은 분야 및 산업 별 우수 기업이나 기관, 산업 협회, 표준 제공 기관 등을 포함한 다른 기업이나 기관의 선례나 작업들을 통해서 많은 것을 배울 수 있다. 이러한 기업이나 기관들의 상당수는 엄청난 양의 귀중한 지침과 가이드라인 그리고 실행 사례와 성과 등의 자료를 공개하고 있으며 다른 사람들이 자유롭게 참고하고 교육할 수 있도록 제공하고 있는 것을 확인해 볼 수 있다. 온실가스 의정서Greenhouse Gas Protocol, SBTi, 시나리오 플래닝 Scenarios Planning, 시스템 씽킹 System Thinking, TCFD와 같이 다른 사람들이 개발한 도구, 프레임워크, 지침, 접근 방식을 여러분의 조직과 목적에 맞게 활용할 수 있다.

1단계 업무를 통해서 여러분들은 다음과 같은 예시들을 포함한 구체적인 사항들을 확인해 볼 수 있다.

- SDGs에 따라 기업들이 어떻게 전략을 제시하고 있는지 볼 수 있다.

- UNGC에 가입한 회원 조직들이 지속가능성 보고 의무에 어떻게 대응하는지 그리고 주제별로 어떻게 보고하는지 볼 수 있다.

- CDP(Carbon Disclosure Project, 탄소정보공개 프로젝트) 기후 및 물 관련 등급에 참여함으로써 기후 변화 대응과 온실가스 감축 그리고 물 관련 성과를 적극적으로 개선하기 위해 어떠한 활동을 하는지 확인할 수 있다.

- 탄소중립 목표를 달성하기 위해 SBTi, 즉 과학 기반 목표 이니셔티브를 어떻게 활용하고 적용하고 있는지 확인해 볼 수 있다.

- GRI, SASB, TCFD 등에 부합하는 방식으로 어떻게 지속가능성 보고를 하고 공시를 하는지 살펴볼 수 있다.

- 동종의 다른 업체들과의 비교를 통해 ESG 성과를 평가하거나 수준을 판단해 볼 수 있다.

- MSCI 글로벌 지속가능성 지수MSCI Global Sustainability Indexes 나 블룸버그 ESG 평가 데이터Bloomberg Terminal ESG Data 등이 어떠한 지표로 구성되어 있으며 기업들이 어떻게 이러한 지표에 대응하여 높은 순위를 받고 있는지 등을 파악해 볼 수 있다.

위에 나열한 예시들은 매우 복잡한 것처럼 보이지만 이와 같은 접근 방식들은 점점 더 보편적인 형태가 되어가고 있으며 실제로는 보이는 것만큼 실행하고 관리하기 어렵지는 않다. 예를 들어 UN SDGs는 지속가능한 발전을 위한 글로벌 프레임워크를 제공하고,

SDGs를 적용하는 기업들은 17개 글로벌 목표에서 다루는 문제 중에서 어떤 것이 조직과 사업에 가장 관련성이 높은지 도출하고 이를 고려하여 각 기업만의 자체 전략을 수립하고 알리는 데 활용할 수 있다. 이처럼 이미 존재하는 지표나 프레임워크 등을 참고하고 활용하는 것은 지속가능성을 좀 더 보편적으로 수용하는 데 도움을 줄 수 있다. 또한 SBTi에 따라 구축된 과학 기반의 목표는 기업들이 온실가스 배출량을 줄이기 위한 좀 더 구체적이고 과학적 사실에 근간을 둔 실행 가능한 목표를 수립하고 달성하는 데 도움을 줄 수 있다.

그럼에도 불구하고 우리는 위의 예시와 같은 광범위하고 혼합된 접근 방식은 좀 더 크고 더 글로벌한 기업이나 경험이 많은 지속가능경영 실무자들에게 주로 권장하는 바이다. 위와 같이 복합적이고 광범위한 접근이 자체적으로 어려운 조직들은 BSR, CSR Europe, UNGC 또는 WBCSD(세계 지속가능 발전 기업 위원회)와 같은 조직에 회원으로 가입할 수 있으며, 이러한 조직들에서는 회원사에게 지속가능성에 대한 모범 사례를 공유하고 실무 관리 및 평가 지표와 지침 등을 제공할 수 있다.

예를 들어 비콥B Corp. 인증은 기업이 '근로자, 고객, 공급업체, 지역사회, 환경에 대한 의사결정의 영향성을 고려'하도록 요구하고 있으며, 인증 프로세스를 통해서는 지속가능성 성과 및 개선 방법과 관련된 구체적 점수와 피드백을 제공한다.[8]

2단계: 조직의 세부 현황 조사와 동종 업계 벤치마킹

조직의 수익성 창출을 위한 핵심 동인(미션, 비전, 핵심가치와 비즈니스 모델 등)과 핵심적인 중대 관리 이슈들을 포함한 현재의 비즈니스 모델을 면밀히 검토하고 고려하는 것은 매우 중요하다. 이를 통해 현 비즈니스 모델이 얼마나 지속가능한지 평가하고 향후 다양한 리스크나 피해를 최소화하고 동시에 환경적, 사회적, 경제적 가치를 극대화하기 위해 비즈니스 모델을 발전시키는 방법을 수립하는 것에도 도움이 될 수 있다. 이는 내연 기관을 전기 자동차로 전환하려는 노력과 같이 자동차 산업에서 일어나고 있는 파괴적 혁신을 조직 전체에 적용시키는 것과 같은 의미이다. 또한 조직의 비즈니스 모델 검토와 분석이 중대성 평가 결과와 연결될 수 있기를 기대할 것이다. 왜냐하면 지속가능성을 고려한 비즈니스 모델을 수립하기 위해서는 조직이 직면한 우선순위가 높은 중대한 지속가능성 주제들과 이러한 이슈들에 대한 성과 및 커뮤니케이션을 포함한 이해관계자들의 기대와 요구를 반드시 고려하고 다루어야 하기 때문이다.

회사의 비즈니스 모델을 개발하고 구축하는 과정에서는 사용 가능한 모든 데이터와 정보 및 자료를 활용할 수 있어야 한다. ESG 투자 성장률, 지속가능성 성과에 대한 현재의 직원이나 미래의 잠재 직원의 관심도, 지속가능성과 관련이 높은 시나리오 및 리스크 예방과 관리 계획의 증가, ESG가 회복탄력성을 높이는 방식, 보다 지속가능한 제품 및 서비스에 대한 고객 수요, 경쟁력에 직접적인 영향을 미치는 ESG 연계 구매 및 조달 관련 평가 지표 등 현재 시장에는 지속가능성 주제에 대한 정보가 질적으로 보나 양적으로 보나 넘쳐나고 있다.

여러분의 비즈니스와 관련성이 가장 높은 정보나 지표 또는 프레임워크를 선정하고 핵심 이해관계자들을 위해 최적화 된 형태로 만들어 나가야 한다. 예를 들어 보험 관련 산업은 기후변화로 인한 위험도가 높은 산업이며 산불 및 홍수와 같은 극단적인 기상 이변의 빈도나 심각성에 따른 영향을 특히나 많이 받는 산업 중 하나이다. 따라서 일부 주요 보험사(특히 재보험사)는 기후 리스크 예방 및 대응 모델을 점점 더 정교하게 개발해나가고 있으며 이를 전반적인 전사 리스크 관리 프레임워크에 통합하고 있는 것은 놀라운 일이 아니다.

또한 동종 업계와 경쟁 업체를 벤치마킹하여 그들이 중요한 지속가능성 문제와 이슈들을 어떻게 정의하고 있는지를 파악하고 그들의 지속가능성 비전과 발전 목표 그리고 그것을 위한 투자 규모 등을 살펴보는 것도 유용할 것이다. 그들이 어떠한 문제에 집중하는지 그리고 어떻게 진행하고 있는지 이해하는 것은 자신의 목표를 얼마나 공격적으로 세우고 이를 실현하기 위해 어떤 종류의 리소스를 투자해야 하는지 결정하는 데 도움이 될 수 있다.

여러분들이 찾은 데이터 및 자료들과 지속가능성 전략을 담은 비즈니스 모델의 설계 사례들을 통해 지속가능성 및 ESG 계획 및 조치가 비즈니스에 어떠한 이점을 제공할 수 있는지 명확하게 설명할 수 있을 것이다. 비즈니스 모델이 핵심 전략 요소들을 뒷받침할 수 있도록 구조화하는 것은 필수 사항이다.

지속가능성 관련 전략을 달성하는 것이 조직에 어떤 도움이 되는

지 잘 설명하고 있는 회사 중 하나는 이케아IKEA이다. 이케아가 내세우고 있는 사람과 지구에 대한 긍정적 전략은 '건강하고 지속가능한 삶', '순환적이고 긍정적인 기후 환경을 만들어가는 삶', '공정하고 평등한 관계의 구축(이케아의 가치 사슬에 속한 모든 사람과 지역사회를 위한 인권 보호와 형평성을 의미함)'의 3가지 핵심 요소로 구성되어 있으며, 각 전략에는 분명한 비즈니스적 측면의 이점 또한 극대화될 수 있도록 설계하고 있다.[9]

3단계: 각각의 다양한 이해관계자들의 기대와 요구에 부합하는 지속 가능한 비즈니스 모델을 제공하기 위한 복합적 실행 체계의 구축

지속가능성을 고려한 비즈니스 모델을 구축하고 실현한다는 것은 다양한 이해관계자의 기대와 요구 사항을 충족하기 위해 비즈니스 모델과 프로세스를 다듬거나 통합하거나 다시 구축하는 것을 말한다. 지속가능경영 전담 부서부터 전략, 리스크 관리, 투자자 관계 관리, 브랜드, 커뮤니케이션, 정부 및 대외 협력 업무, 제품 및 서비스 개발, 마케팅에 이르는 다양한 기능 부서들과 담당자를 종합적으로 연계하여 실행 구조를 만들고 각 팀의 다양한 기술을 결합한 다음 조직 외부로 확장하고 외부 이해관계자 및 파트너와 적절한 협업 체계를 구축하면 지속가능성을 고려한 비즈니스 모델 개발에 도움이 될 것이다.

지속가능한 비즈니스 모델을 만드는 데 필요한 다양한 요소들을 각 이해관계자에 맞게 맞춤형으로 조정하는 것은 가치가 있다. 모든 이해관계자 그룹은 서로 다른 성과에 대해서 서로 다른 가치를 부여한다. 예를 들어 CFO(최고 재무 담당 임원)는 직접적인 재무적 이익에 가장 관심이 있는 반면, 회사 내부의 리스크 관리 부서는 평판에 미치는 영향에 더 관심이 많으며, 구직자 또는 다음 세대는 회사의 기후변화 관련 성과 및 다양성, 형평성 및 포용성과 관련된 정책을 가장 면밀히 살펴보게 될 것이다. 지속가능성 전략의 실행이 각 이해관계자 그룹에게 어떠한 이점을 줄 것인지에 대한 정보를 얻도록 함으로써 지속가능경영을 통해 창출된 성과의 가치는 각 팀의 개별 활동의 합보다 더 클 수 있다.

지속가능성을 고려한 비즈니스 모델을 구축함에 있어 가능한 모든 것을 정량화하는 것이 좋다. 예를 들어 시간이 경과함에 따라 신재생 에너지에 투자하는 비용의 절감액이나 이사회의 다양성 증진을 통해 회사가 실질적으로 얻을 수 있는 플러스 알파의 혜택을 가시화하는 것처럼 말이다. 더불어, 신뢰 및 평판 가치와 같은 정성적인 영향 또한 잘 측정하여 직원, 공급업체(협력회사) 및 소비자 설문 조사 등의 방법을 활용하여 활동 전과 후 시간 경과에 따른 변화를 측정하고 추적할 수도 있다.

지속가능성을 고려한 비즈니스 모델을 구축하고 명확히 하는 것은 한 번의 노력을 통해 완료되는 것이 아니라 계속해서 추진하고 관리해야 할 지속적인 작업이다. 항상 녹색의 잔디를 유지하기 위해 지속적인 관리가 이루어지는 것 같이 지속가능성을 고려한 비즈니스 모델의 구축은 지속적인 개선이 요구되어지는 일이라는 것을 인식하는 것이 중요하다.

세계적으로도 가장 인정받는 지속가능성 리더 중 하나인 유니레버조차도 2021년 봄에 회사의 새로운 지속가능경영 전략인 '유니레버 콤파스Unilever Compass'를 발표하기 위해 개최된 웨비나에서 '지속가능성을 고려한 비즈니스 모델과 그 영향을 완전히 입증하지 못했으며 더욱 확실하게 조명하고 정량화하고 결정적으로 증명하기 위해 계속 노력하기로 결정했다'고 말했다. 현재는 물론이고 미래에도 각광 받을 최고의 비즈니스 모델은 비용을 절감하고, 돈을 벌어주기도 하며 새로운 비즈니스 기회들을 창출하는 방식으로 ESG 과제를 해결하는 데 도움을 주는 비즈니스 모델이 될 것이다. 이러한 방식은 기존의 비즈니스 모델에 더욱 통합될 예정이고 더욱 확산될 것이다.

사례 분석

유니레버 Unilever

유니레버는 2024년에 약 127,000명의 직원 수와 2023년 기준 연간 매출 약 700억 달러를 기록한 세계 최대의 소비재 기업 중 하나이다.[10] 1871년에 설립된 유니레버는 런던에 본사를 두고 있으며 전 세계에서 사업을 운영하고 있다.[11]

유니레버는 미용 및 퍼스널 케어, 식품 및 다과, 홈 케어를 포함한 다양한 부분에 걸쳐 400개 이상의 브랜드 포트폴리오를 보유하고 있다. '지속가능한 생활방식을 일상화하는 데 기여'한다는 유니레버의 존재 목적은 지속가능한 비즈니스의 글로벌 리더가 되겠다는 비전과 함께 통합된 전략으로 운영되고 있다.

유니레버의 궁극적인 목표이자 비전은 '가치 지향적이고 미래 지향적인 비즈니스 모델'이 어떻게 우수한 성과를 이끌어내는지, 그리고 동시에 업계 내에서 '지속적으로 재무적 성과 또한 창출'할 수 있는지 입증하는 것이다.[12]

2010년, 유니레버는 기업의 지속가능성 전략 및 성과에 대한 벤치마크가 된 프레임워크인 지속가능한 생활 계획Unilever Sustainable Living Plan, USLP을 발표했다. USLP는 UN 지속가능발전목표와 연계된 다양한 주제를 다루었다. 이 주제들은 10억 명 이상의 건강과 웰빙 개선, 회사가 미치는 환경 영향의 절반 감소, 수백만 개인의 생계 개선이라는 3가지 핵심 방향에 따라 그룹화되었다. USLP에 따라 10년 동안 실행에 옮긴 후, 유니레버는 지속가능성에 대한 비전과 목표를 재구상하여 2021년에 '유니레버 콤파스'를 발표했다. 유니레버 콤파스는 새롭게 업데이트된 지속가능한 비즈니스 전략인데, 이는 모두 USLP에 따라 그동안 추진되고 달성된 모든 것을 기반으로 하고 있다.[13]

유니레버 콤파스는 '목적(신념)과 혁신에 의해 구동되는 선한 영향력을 가진 브랜드로 승리하는 것'을 포함하여 5가지의 전략적 원칙과 행동의 우선순위를 설정하고 있다.

이러한 목표를 달성해 나가기 위해 유니레버는 기후행동에서 다음 세대를 위한 미래의 직업에 이르기까지 다양한 주제를 포괄하는 35개의 목표를 수립했으며, '인권'은 다른 모든 주제와 문제의 기반이 되는 형태로 체계를 구축하였다.

유니레버는 혁신과 목적이 지속가능한 비즈니스 성장의 열쇠라는 신념을 가지고 있다. 또한 유니레버는 거버넌스의 중요성을 이해하고 지속가능한 거버넌스의 구축에 중점을 두고 있다. 다양하고 폭넓은 의사결정 및 상호 보완적 지배구조 구축을 통해, 유니레버는 비즈니스 전략이 철저하고 적절한 감독 및 책임 하에 전개되고 있다는 것을 확실히 하고 보여주고자 한다. 유니레버 콤파스 프레임워크는 지속가능하고 장기적인 재무적 성장에 대한 기업의 책임에 대해서 중요성을 강조하는 한편, 유니레버 콤파스 프레임워크에서 강조하고 있는 핵심 주제와 문제가 달성될 수 있도록 보장하고 지속가능성을 고려한 비즈니스 모델과 이를 실행 가능하도록 만드는 방법에 대한 유니레버의 이해를 강조하고 있는데, 이것이 기업 지배구조에 대한 유니레버의 접근 방식이다.[14]

2020년 온라인으로 진행된 유니레버 지속가능한 생활 계획USLP의 10주년 기념 글로벌 행사에서 유니레버의 최고 지속가능성 책임자Chief Sustainability Officer인 레베카 마못Rebecca Marmot은 다음과 같이 말했다.

"지난 10년 동안 많은 성과가 있었습니다. 도브Dove, 헬만스hellmann's, 도메스토스Domestos와 같은 브랜드를 포함하는 유니레버의 지속가능한 생활 브랜드Sustainable Living Brands는 2014년 이 지표가 도입된 이래 전체 비즈니스 포트폴리오의 나머지 평균 성장률을 지속적으로 상회하는 성과를 내고 있습니다.

우리는 공장의 물과 에너지 효율성을 개선하고 원재료 사용량과 폐기물 발생을 줄임으로써 10억 유로 이상의 비용을 절감했고, USLP는 최고의 인재를 유치하는 결정적인 요소가 되었습니다. NGO, 정부 기관 및 기타 기업과 강력한 파트너십을 구축하는 데 중요한 역할을 하기도 했습니다."[15]

메이플 리프 Maple Leaf

메이플 리프 푸드는 13,500명 이상의 직원과 2020년 기준 연간 매출 34억 달러를 기록한 캐나다의 식품 기업이다.[16] 미시소거에 본사를 둔 이 조직은 1991년에 설립되었으며 현재 캐나다, 미국 및 아시아 전역에서 운영되고 있다.[17]

메이플 리프는 캐나다 최초의 가공육 및 가금류 생산업체로, 조리용 육류 식품, 즉석 요리 및 즉석 식품, 신선한 돼지고기, 가금류 및 식물성 단백질 제품 등의 포트폴리오를 구축하고 있다. 회사의 비전은 지구상에서 가장 지속가능한 단백질 공급업체가 되는 것이며, 다음 세대를 위해 더 나은 방식의 농업과 식품 사업이 생존하고 번영할 수 있도록 이 세상의 식품 사업 시스템을 혁신하기 위해 적극적으로 노력하고 있다.

이러한 메이플 리프의 비전 체계는 회사의 4대 지속가능성 핵심 추진 방향이자 기본 축인 더 나은 식품, 더 나은 관리, 더 나은 지역 사회, 더 나은 지구를 정하고 강력하게 추진할 수 있도록 도움을 주고 있다. 메이플 리프는 현재, 지속가능한 식품 생산에 중점을 두고 있으며 해당 부문의 중대한 환경 및 사회적 발자국을 줄임으로서 보다 지속가능한 육류 가공 및 단백질 공급 산업을 만들어가는 데 많은 기여를 하고 있다. 지금까지 해 온 노력의 결과 중 하나는 현재 메이플 리프가 RWA(Raised Without Antibiotics, 무항생제) 돼지고기 분야 북미 선두주가 되었다는 점이다.

메이플 리프는 지속가능한 육류 제품 라인에 집중하면서 더 많은 식물성 단백질을 제공하기 위해서 비단백질 포트폴리오는 서서히 정리해 나가고 있다. 이 회사는 새로운 자회사인 그린리프 푸드 Greenleaf Foods 를 설립했으며, 라이트타임 Lightlife 및 필드로스트 Field Roast 와 같은 브랜드 인수에 힘입어 의식 있는 식품 부문에서 메이플 리프의 입지와 영향력 확장을 가속화하고 있다. 이러한 변화와 발전은 지속가능성을 고려한 비즈니스 모델에 대한 명확한 이해의 결과이며 회사가 스스로 설정한 발전 목표 및 야심 찬 비전과 비즈니스 모델의 통합을 만들어내고 있다. 메이플 리프가 지속가능한 비즈니스 모델을 만들어가는 데 얼마나 집중하고 있는지 보여주는 사례가 하나 있다. 천연 제품이나 더 건강한 대안을 찾길 원하는 소비자에게 어필할 수 있도록 간단하고 좀 더 쉽게 인식할 수 있는 성분에 중점을 둔 라이트라이프 Lightlife 브랜드를 다시 론칭하기 전에 미국의 식물성 단백질 분야에서 유래가 없는 가장 광범위한 소비자 조사와 연구를 수행했다는 사실이다.

2019년에 메이플 리프사는 탄소 중립을 달성한 세계 최초의 대형 식품 기업이자 과학 기반의 목표를 채택-적용한 최초의 캐나다 식품 회사가 되었다. 더불어, 회사의 지속가능성 비전이 어떻게 실천되고 모든 사업에 통합되어 적용되는지 소비자를 포함한 다양한 이해관계자들에게 강력한 메시지를 전달하기도 했다.

메이플 리프의 CEO인 마이클 맥케인 Michael McCain 은 자사의 지속가능성 보고서를 통해 다음과 같은 메시지를 전달하였다.

"우리의 지속가능한 식품 생산과 공급은 좋은 영양이 요구되는 이 시기에 더 깊은 의미를 갖습니다. 뿐만 아니라 우리는 그리고 사람들이 쉽게 이해할 수 있는 간단한 재료로 만든 고품질의 단백질을 제공해왔습니다. 2020년에는 '탄소 중립 기업이 만든 탄소 배출 제로 상품Carbon Zero - Made by a Carbon Neutral Company' 로고가 있는 제품을 소비자가 구매하고 사용할 수 있게 되었는데, 이는 소비자가 자신의 가치를 반영하는 제품을 선택할 수 있게 되었다는 의미이기도 합니다." [18]

요약

지속가능성을 고려한 좋은 비즈니스 모델은 단기적이면서도 동시에 장기적이어야 하며, 전술적이면서도 전략적이어야 한다.

지속가능성을 고려한 비즈니스 모델이 중요한 이유는 다음과 같다.

◆ 지속가능한 기업은 새로운 표준과 규정을 포함하여 새로운 위험과 기회를 더 잘 예측하고, 우선순위를 지정하고, 문제를 관리하거나 해결하며, 깊은 신뢰를 바탕으로 공급업체, 고객, 파트너에게 더 매력적으로 다가가 경쟁력을 향상시킬 수 있다.

◆ 강력한 이해관계자 관계구축은 더 깊은 참여, 정보에 대한 더 나은 접근, 사회적 기대에 대한 이해 향상으로 이어지며 더 나은 전략을 수립할 수 있도록 지원하고 연구 개발, 혁신, 성장을 가속화한다.

◆ 낭비를 줄이고 효율성을 높이면 비용을 절감할 수 있다. 이렇게 돈은 아낄 수 있는 반면 더 나은 제품, 더 큰 고객 만족, 향상된 시장 지위 및 더 쉬운 투자유치로 수익 또한 증가시킬 수 있다.

◆ 구직자들이 내가 일할 직장을 선택하는 데 있어 각 조직의 지

속가능성 성과와 철학 등을 점점 더 많이 고려하게 된다. 지속
가능성을 고려한 비즈니스 모델의 구축은 선호하는 고용주로
서의 지위를 강화할 수 있고 이를 통해 더 우수한 직원을 유치
및 유지하는 역량을 향상시킬 수 있다.

◆ 비재무적 리스크를 포함하는 전반적인 위험과 기회의 인식은
공급망 위험 관리를 포함한 조직의 리스크 관리 역량을 개선
하고 시장 차별화를 높여 평판은 물론 브랜드 자산 가치도 높
일 수 있다.

실행을 위한 주요 점검 사항

1. 조직의 가장 시급하고 중대한 지속가능성 문제와 고민거리를
확인하여 정의하고, 이러한 문제가 성과와 수익에 어떻게 영
향을 미치는지 정확히 확인하고 검토해야 한다

2. 이러한 과정을 통해 얻은 통찰력과 문제를 비즈니스의 다른
부분과 사업 활동 그 자체에 적극적으로 적용하고 구체적 활
동으로 변환해 나가야 한다.

3. 이러한 문제들이 현재 비즈니스에 어떻게 위험과 기회를 창출
하는지 그리고 이러한 위험과 기회가 미래에는 어떻게 진화할
수 있는지 구체적으로 정의할 수 있어야 한다.

4. 어떤 이해관계자가 어떤 이슈에 가장 큰 관심을 가지고 있는
지 그리고 그 문제에 대해서 어떠한 조취를 취하기를 기대하
는지, 특히 직원, 투자자, 규제 기관 등의 요구사항을 적극적
으로 파악해야 한다.

5. 가장 시급한 지속가능성 문제를 해결하여 위험을 줄이고 비즈니스 기회를 늘이고, 비즈니스 요구 사항을 충족하고, 가치/수익/이익을 늘리고, 장기적인 비즈니스 회복탄력성을 높이는 방법을 찾아야 한다. 여기에는 에너지 또는 원재료 사용 절감과 같은 선택이나 조치에 따른 비용 절감 및 비용 회피 등을 포함한다.

6. 지속가능성과 지속가능성을 고려한 비즈니스 모델이 오늘날 기업이 직면한 변동성, 불확실성, 복잡성, 모호성을 단순화하고 줄이는 데 어떻게 도움이 되는지 지속적으로 알아보아야 한다.

7. 귀사의 비즈니스 모델을 지속가능성을 고려한 경쟁사와 업계 리더의 비즈니스 모델과 비교하면서 개선해야 할 점을 적극적으로 찾아야 한다.

더 알아보기

- Further resources Cote, C (2021) Making the business case for sustainability, Harvard Business Review
- KPMG (2021) Valuing your impacts on society: How KPMG true value can help measure and manage your impacts, www.kpmg.com/sustainability
- Li, S (2020) The business case for ESGs: Why companies adopt environmental values beyond social responsibility, Forbes, www.forbes. com/sites/stevenli1/2020/04/06/esg-environmental-values-business-case/?sh=663a8b2e708f
- Whelan, T (2020) Making a better business case for ESG, Stanford Social Innovation Review
- Willard, R (2012) The New Sustainability Advantage, 10th anniversary edition, New Society Publishers

참고 문헌

1　'Business case', Oxford English Dictionary, Oxford University Press
2　Market Business News (2021) Business case – definition and meaning, Market Business News, marketbusinessnews.com/financial-glossary/business-case/ (archived at https://perma.cc/GX3H-77QS)
3　Schaltegger, S, Lüdeke-Freund, F and Hansen, E G (2012) Business Cases for Sustainability: The role of business model innovation for corporate sustainability, International Journal of Innovation and Sustainable Development, Vol. 6, No. 2, pp. 95–119
4　Whelan, T and Fink, C (2016) The comprehensive business case for sustainability, Harvard Business Review, everestenergy.nl/new/wp-content/uploads/HBR-Article-The-comprehensive-business-case-for-sustainability.pdf (archived at https://perma.cc/6DNG-LUHJ)
5　A formulation articulated by Sue Garrard, chair of Blueprint for Better Business in presentations at Cranfield School of Management, 2019
6　Winston, A (2018) Explaining the business case for sustainability again··· and again··· and again, MIT Sloan Management Review,
7　August, sloanreview.mit.edu/article/explaining-the-business-case-for-sustainability-again-and-again-and-again/ (archived at https://perma.cc/

X4YV-NMMB) 7 IPIECA, API and IOGP (2020) Sustainability Reporting Guidance for the Oil and Gas Industry, 4th edition, www.ipieca.org/media/5115/ipieca_sustainability-guide-2020.pdf (archived at https://perma.cc/6RYA-RNL6)

8   B Lab (2021) A global community of leaders, https://bcorporation.net/ (archived at https://perma.cc/8WLF-RY7X)

9   IKEA (2020) IKEA Sustainability Report FY20, gbl-sc9u2-prd-cdn.azureedge.net/-/media/aboutikea/pdfs/ikea-sustainability-reports/ikea_sustainability-report_fy20_.pdf?rev=51556c50bb594d1391e8a56f5ca05bed&hash=DFE0FADC2F7827888B421CACD310BB44 (archived at https://perma.cc/HGB5-WYL5)

10 Unilever (2020) Unilever Annual Report and Accounts 2020, www.unilever.com/Images/annual-report-and-accounts-2020_tcm244-559824_en.pdf (archived at https://perma.cc/BL9C-JHVA)

11 Unilever (2021) Unilever at a glance, www.unilever.com/our-company/at-a-glance/ (archived at https://perma.cc/MX6X-LT7B)

12 Unilever (2021) The Unilever Compass, assets.unilever.com/files/92ui5egz/production/ebc4f41bd9e39901ea4ae5bec7519d1b606adf8b.pdf/Compass-Strategy.pdf (archived at https://perma.cc/Z9MC-TPH8)

13 Unilever (2021) Unilever sustainable living plan 2010 to 2020: Summary of 10 years' progress, assets.unilever.com/files/92ui5egz/production/16cb778e4d31b81509dc5937001559f1f5c863ab.pdf/USLP-summary-of-10-years-progress.pdf (archived at https://perma.cc/TS7L-D6DK)

14 Unilever (2021) The Unilever Compass, assets.unilever.com/files/92ui5egz/production/ebc4f41bd9e39901ea4ae5bec7519d1b606adf8b.pdf/Compass-Strategy.pdf (archived at https://perma.cc/D98U-Z8US)

15 Unilever (2020) Unilever celebrates 10 years of the Sustainable Living Plan, Unilever, 5 June, www.unilever.com/news/press-releases/2020/unilever-celebrates-10-years-of-the-sustainable-living-plan.html (archived at https://perma.cc/YB2V-7RJJ)

16 Sourced from www.mapleleaffoods.com/wp-content/uploads/2021/05/MLF_WHO_WE_ARE_FACTSHEET_APRIL_29_2021_EN.pdf (archived at https://perma.cc/6YV8-DCN4)

17 Maple Leaf Foods (2021) Maple Leaf Foods at a glance, www.mapleleaffoods.com/wp-content/uploads/2021/05/MLF_WHO_WE_ARE_FACTSHEET_

APRIL_29_2021_EN.pdf (archived at https://perma.cc/6YV8-DCN4)

18 McCain, Michael (2021) A message from our CEO, Michael McCain, www.
mapleleaffoods.com/sustainability/our-approach/ceo-message/ (archived at
https://perma.cc/U9L8-837U)

PART 2

구축 및
실행하기

제 4 장

지속가능성 전략 수립

개념의 이해

경영 컨설팅 조직인 EY는 지속가능성을 위해서는 '중장기적인 가치 창출을 지원하기 위해 시장과 사회의 변화, 요구, 기대에 부응하는 전략과 운영 프로세스의 재설계와 재정의'가 필요하다고 주장한다.[1]

지속가능성 전략이란, 조직 운영과 사업 추진에 따른 부정적인 영향을 최소화하고 긍정적인 영향을 극대화하여 비즈니스는 물론이고 사회적 가치를 균형 있게 창출하고 최적화하는 노력이다. 이를 위해 사회적, 환경적, 경제적 또는 ESG 영향을 관리하도록 설계되고 우선순위가 지정된 일련의 조치와 약속을 의미한다.

지속가능성 전략은 기업이 투자에 집중하고 성과를 촉진하며 내부 및 외부 이해관계자를 참여시키고 안내하는 데 활용할 수 있는 합의된 프레임워크를 제공한다.[2] 제10장에서 논의한 바와 같이, 이해관계자는 지속가능성 전략을 수립하고 또 그 전략들을 실행하는 데 있어 핵심적인 역할을 하게 된다(제5장). 이는 제7장에서 더 자세히 설명했듯이 점점 더 리더십의 핵심 요소가 되고 있다. 지속가능성 전략에는 효과적인 거버넌스(제9장)의 구축과 효과적인 성과 측정 및 보고 체계(제8장)가 필요하다.

우리가 이전에 쓴 책인『올인: 비즈니스 리더십의 미래』에서 지속가능한 비즈니스 모델과 체계를 구축하기 위한 필수 5가지 요소의 상호 연결 속성을 설명한 바 있다. 5가지 필수 요소는 목표, 계획, 문화, 협업, 지지로 구성되어 있다. 5가지 속성 모두 중요하며, 각 속성은 다른 속성들을 지지하고 강화한다. 다시 말해, 각각의 속성은 다른 속성들이 완전하게 작동할 수 있도록 만들어 주는 역할을 한다. 이들 속성을 모두 함께 통합하고 활용하게 되면 효과적인 지속가능성 리더십을 구축하고 발휘할 수 있다. 예를 들어 지속가능성을 위한 좋은 전략은 적절한 조직 존재 목적에 의해서 지지 받고 협업을 이끌어내고 조직문화로 뿌리내릴 수 있다. 조직 문화는 전략이 얼마나 잘 수용되고 구현되는지, 그리고 직원 및 기타 이해관계자가 실제로 전략을 지지하는지 여부를 결정한다. 또한 강력한 지속가능성 전략에는 다양한 파트너와의 광범위한 협력이 필요하며 옹호를 통해 다른 사람들이 지속가능성 문제를 수용하고 해결하도록 설득하는 것이 포함된다.

지속가능성 전략이 중요한 이유

야심 차고 신뢰할 만하며 포괄적인 지속가능성 전략은 아래의 내용을 포함한다.

◆ 기업이 무엇을 하려고 하는지, 무엇을 하고 있는지 알 수 있도록 한다.
◆ 어떠한 지속가능성 문제(이슈)에 집중하고 있는지 우선순위를 제공한다.
◆ 투자 및 자본 배분, 인적 자원, 재무적 자원 등에 대한 근거와 기초를 확립한다.
◆ 장기적인 가치 창출을 지지한다.
◆ 명성을 강화한다.
◆ 사업 운영 면허를 유지하도록 한다.
◆ 모든 수준에서 직원의 참여를 끌어올린다.
◆ 비즈니스의 다양한 부분에서의 노력과 활동을 안내하고 포용을 촉진한다.
◆ 외부 이해관계자 참여를 강화하고 신뢰 관계를 구축한다.
◆ 잠재적인 기회를 평가하고 해당 기회가 범위 내에 있는지 여부를 결정하는 데 도움이 된다.

실행 및 추진 방법

지속가능성 전략의 개발을 위해서 아래와 같이 3단계로 나누어 생각하는 것이 바람직하다.

◆ 아이디어 구상
◆ 우선순위 결정 및 세분화
◆ 촉진

그림 4.1 지속가능성 전략 개발

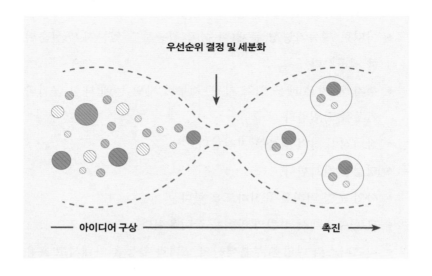

우선순위 결정 및 세분화

아이디어 구상   촉진 →

1단계: 아이디어 구상

STEP 1: 조직의 기존 자산 조사 - 조직이 이미 하고 있는 사업과 활동 평가

지속가능성 전략은 조직에서 이미 하고 있는 다양한 활동을 기반으로 만들거나 체계화할 수 있다. 기업은 명시적인 지속가능성 전략을 가지고 있지 않을 수 있지만, 대부분의 기업은 폐기물 저감, 안전, 건강 및 웰빙 프로그램, 다양성 확립과 촉진을 위해 보다 다양한 직원을 유치하기 위해 고안된 정책과 제도 같은 다양한 프로젝트나 활동들을 추진하고 있을 것이다. 이를 체계적인 전략적 프레임워크로 전환하면 조직의 지속가능성에 대한 진지한 접근과 의도를 더 잘 알릴 수 있고, 차별점이나 약점을 식별할 수 있으며 어떤 지속가능성 지표나 이슈에 초점을 맞추고 있는지 보여줄 수 있고 자원의 적절한 할당을 위한 가이드를 제공할 수 있으며 더 폭넓은 관심과 지지를 이끌어낼 수 있다. 아마도 십중팔구는 좀 더 야심 찬 지속가능성 전략을 수립하는 데 있어 내부에서 아이디어를 찾기에 부족함은 없을 것이다. 우수한 지속가능성 전략은 검토, 이슈와 대안의 식별, 설명, 우선순위 결정 및 세분화, 현장 적용 및 추가 적응 과정을 통해 이해관계자를 집중적으로 참여시킴으로써(제10장 참조) 다양한 이점을 창출할 수 있게 된다.

경험이 풍부한 지속가능경영 전문가들은 조직의 지속가능성 전략 수립 초기 단계에서 고위 관리자 및 경영진을 참여시킬 것을 권장하고 있다. 여기에는 고위 관리자나 경영진이 현재 세계에서 어떤 일이 벌어지고 있는지, 메가 트랜드는 무엇인지 그리고 국제 정세 변화의 핵심은 무엇인지 등에 대해서 편안하고 솔직한 대화를 나누거나 정보를 제공하는 활동들도 포함될 수 있다. 그리고 각 고위 관리자 및 경영진에게 자사의 지속가능경영에 대한 확신, 역량, 약속의 수준을 1부터 10점까지의 척도로 평가하도록 요청할 수도 있다. 이러한 과정은 일반적으로 조직의 지속가능성 중대성 평가 프로세스로 이어지거나 중대성 평가를 보완하는 역할을 하기도 한다. 경험이 많은 지속가능경영 전문가나 컨설턴트들은 합리적인 프로세스로 정확한 중대성 평가 매트릭스를 매우 빠르게 도출해 낼 수 있지만, 중요한 것은 이 과정에 내부 및 외부 이해관계자를 포함하여 비즈니스에 영향을 미치는 다양한 사람들을 참여시키고 의견을 수렴하는 것이다. 시간을 들여 이러한 프로세스를 수행하게 되면 지속가능성에 대한 인식과 이해를 공고히 할 수 있으며 앞으로 더 많은 노력을 기울이고 실행력을 강화해 나가야 한다는 필요성을 공론화하는 데 도움이 될 것이다.

STEP 2: 실태 점검 - 현재 상태와 지속가능성 전략 간의 차이 분석

우수한 지속가능성 전략은 조직의 비전과 존재 목적에 부합함과 동시에 조직의 가치를 더 잘 부각시켜 주기도 한다. 조직의 존재 목적 없이도 지속가능성 전략을 수립하는 것은 분명 가능하지만, 조직의 목적과 지속가능성 전략은 서로를 강화할 수 있는 시너지가 작용한다. 효과적인 지속가능성 전략은 중대성 평가 프로세스를 통해 식별된 주요 이슈나 문제들을 중점적으로 다루게 된다. 비즈니스를 추진함에 있어 사업 전략을 반드시 고려하듯이 지속가능성 전략 또한 중대한 이슈를 우선적으로 고려해야만 한다. 적당히 중간에 머물고 싶은가? 아니면 리더가 되고 싶은가? 리더가 되고 싶다면, 지속가능성에 대한 전반적이고 종합적인 측면에서 리더가 되고 싶은가? 아니면 다양성, 형평성, 포용성 또는 공급망의 환경 및 노동 조건 등과 같이 특정 지표나 이슈 측면에서 리더가 되고 싶은가?

다수의 경영 학자나 지속가능경영 전문가들은 이사회나 최고 경영진이 조직의 지속가능성 목표를 명확히 하는 데 도움을 주기 위해서 기업의 책임이나 지속가능성 성숙도 평가 및 성과 평가 모델을 개발했다(표 4.1 참조).[3] 이러한 기업의 책임 및 지속가능성 성숙도 평가 모델을 활용함으로써 최고경영진과 리더들의 관심을 유도하고 실질적 변화를 위한 논의를 이끌어낼 수 있다. 그리고 아래의 질문에 대한 해답을 찾는 데 도움이 될 수 있다.

◆ 기업 책임 및 지속가능성 측면에서 우리 조직은 어느 위치와

수준에 있는가?

◆ 우리 조직은 어디에 있기를 원하는가? 지속가능성 측면에서
조직의 발전 목표는 어디인가?

◆ 언제까지 그 목표에 도달하기를 원하는가?

표 4.1 지속가능성 성숙 단계 모델

	대응 단계	경쟁력 창출 단계 (기회 극대화를 위한 리스크 완화기)	성과 창출 단계
존재 목적과 조직 문화	이윤 창출을 넘어서는 기업의 책임에 대해 저항함. 경제적 가치를 창출하는 기업은 그 존재 자체가 사회적 기여라고 생각함	기존 비즈니스 모델은 지속가능성을 위한 비즈니스 케이스가 필요	지속가능성을 고려하지 못한 잘못된 사업 방식을 개선하고 사회와 환경 문제에 대한 수익성 있는 해결책을 찾음. 모든 글로벌 문제와 사회 문제가 비즈니스 기회라고 인식
전략	ESG를 반대하는 것보다 더 무지한 상태로 이윤 극대화와 성장을 위한 수단으로서 모든 자원을 활용함	보다 적극적인 환경 및 사회 정책을 도입하여 위험을 줄임	지속가능성을 전략에 통합함. 환경 및 사회적 비용을 기본 적용함

조직에 지속가능경영 전담 부서가 있고 또 전략 부서가 모두 있는 경우에 지속가능성 전략을 수립하기 위해서 두 기능 부서가 협력 및 협업하는 것이 가장 이상적이다. 그렇지 않을 경우 지속가능

성 전략이 조직 전체의 비즈니스 목적이나 사업 전략 전체에 통합되어 추진되기보다는 각각의 지속가능성 이슈 관리 및 개선 프로그램 운영에 집중될 위험이 있다는 것을 인식할 필요가 있다. 지속가능성 전략을 비즈니스 전략 및 목표와 결합시키는 것은 무엇보다 중요하다. 그렇지 않으면 지속가능성은 영원히 비즈니스 뒷전으로 밀려나고 완전히 통합되지 못할 것이다. 고위 관리자와 경영진의 참여를 보장할 수 있다면 지속가능성 전략과 전체 비즈니스 방향 간의 불일치 위험을 최소화할 수 있을 것이다. 딜로이트 호주Deloitte Australia에서 발간한 2020년 보고서에서 저자는 다음과 같이 말했다.

지속가능성 목표와 성과를 높인다는 것은 경영진과 이사회 모두 지속가능성을 진지하게 받아들이고 전략적 논의에 통합되어야 한다는 것을 의미한다. 사업 전략에 내재된 지속가능성 목표를 평가하고 사업 계획 및 조직 운영에 통합되어 지속적으로 추진될 수 있도록 하는 것은 조직의 리더가 취할 수 있는 가장 실질적인 조치이다.[4]

목표는 지속가능성과 기업 전략을 동의로 만들거나 최소한 동기화하는 것이어야 한다. 그러나 처음부터 기업 비전과 존재 목적에 지속가능성을 반영한 신생 기업이 아니라면 이를 달성하는 데 시간이 걸리게 된다. 이미 전사 위험 관리 체계Enterprise Risk Management를 도입하여 운영하고 있는 조직은 이를 확장하여 전략과 지속가능성을 통합하는 데 활용할 수 있다.

지속가능성 컨설팅 회사인 코퍼레이트 시티즌십 컴퍼니Corporate Citizenship Company는 지속가능성 전략을 개발하는 방법에 대한 보고서에서 다음과 같이 언급하였다.

기존의 지속가능성 관련 활동들을 종합하고 짜깁기하여 전략이라
고 부르는 것만으로는 충분하지 않다. 좋은 전략이라면 어떤 활동은
계속하고, 어떤 활동은 축소 또는 중단하고, 새로운 활동을 시작하
는 등 강력한 의사결정 과정을 필요로 한다. 즉, 좋은 전략이라면 우
선순위에 따른 위계와 중요한 이슈에 대한 선택과 집중이 있어야 한
다. 조직과 사업 그리고 지속가능성에 가장 중대한 영향을 미치는 주
요 이슈와 문제를 도출하고 거기에 초점을 맞추는 노력이 필요하다.
올바른 중대성 평가 프로세스에 따라 우선순위를 도출한 조직은 중
요한 핵심 영역에 투자를 집중할 수 있어야 한다. 효과적인 지속가능
경영 프레임워크는 다양한 이슈와 지표들을 모두 포괄할 수 있어야
하며 동시에 각각의 중대한 이슈에 대해서 어떻게 개선해 나갈 계획
인지 설명할 수 있어야 한다. 이러한 노력은 실행력을 강화하고 자원
분배에 대한 계획을 명확히 하는 데 도움이 될 뿐만 아니라 지속가능
성 전략을 이해관계자에게 훨씬 효과적으로 소통하고 참여를 강화
하는 데에도 도움이 된다.[5]

2단계: 우선순위의 결정 및 세분화

STEP 3: 벤치마크 - 업계 선도 기업과 그들의 지속가능성 프레임워크를 뛰어넘는 새로운 전략 수립

특히, 지속가능성 전략을 처음 수립할 때 업계 리더의 활동 및 입
증된 지속가능성 프레임워크를 참조하여 포괄성을 확인하는 것은

매우 중요하다. 상당히 많은 지속가능성 리딩 기업들은 그들의 지속가능성 전략과 목표, 중대한 이슈와 주제 그리고 주요 목표와 성과 등에 대한 상당히 구체적인 정보를 웹사이트, 공개적으로 사용 가능한 지속가능성 보고서 또는 지속가능성 관련 공시 자료 그리고 전통적인 기업 재무 성과 보고서인 연례 보고서와 지속가능성 보고서가 결합된 통합 보고서 등을 통해서 공개하고 있다. 이는 각 선두 기업의 지속가능성 관련 접근 방식과 전략을 벤치마킹하기 위한 풍부한 자료와 정보를 제공해 준다. 어떤 기업이 지속가능성 리더로 간주될 수 있는지에 대한 자세한 내용은 아래의 예시를 통해 확인할 수 있다.

◆ 국제 지속가능경영 전문가를 대상으로 매년 진행하는 글로브 스캔 지속가능성 리더 설문 조사 결과를 참고할 수 있다.

◆ 다우존스 지속가능성 지수The Dow Jones Sustainability™ World Index 는 S&P 글로벌이 선정한 글로벌 지속가능성 리더들로 구성되어 있다(S&P 글로벌의 상위 2,500개 기업 중 상위 10%에 해당하며, 장기적인 측면에서의 경제적, 환경적, 사회적 성과 지표를 기반으로 평가한다).[6]

◆ 코퍼레이트 나이츠Corporate Knights가 매년 발표하는 세계에서 가장 지속가능한 글로벌 100대 기업 지수를 참고할 수 있다.[7]

추가적으로 이 책에서도 살펴볼 가치가 있다고 생각되는 기업들의 사례를 정리하였으니 참고해 볼 수 있다.

참고할 만한 외부의 프레임워크를 활용하여 지속가능성 전략을 수립함에 있어 지난 20년 동안 유용하다고 여겼던 가장 간단한 방법 중 하나는 아래의 4가지 광범위한 영역에서 부정적인 영향은 최소화하고 긍정적인 영향은 극대화하기 위한 전략과 실행 방법을 살펴보고 밴치마킹하는 것이다.

- 직장
- 시장
- 환경
- 사회

퓨처핏 비즈니스 벤치마크Future-Fit Business Benchmark의 창업자인 제프 켄달Geoff Kendall 박사는 하버드 경영대학원의 마이클 포터Michael Porter 교수의 5가지 힘 프레임워크Five Forces Framework를 확장하는 것에 대해 이야기한다. 이 분석은 다음과 같은 5가지 핵심 영역을 중점적으로 살펴보게 된다. (1) 새로운 시장 진입자의 위협, (2) 구매자의 힘, (3) 공급업체(공급망)의 힘, (4) 대체품의 위협, (5) 라이벌과의 경쟁.

캔달은 이 5가지 힘을 8가지로 확장하여 사회적, 환경적, 기술적 힘을 추가할 것을 제안하고 있다.[8] 퓨처핏 벤치마크는 포괄적이고 매우 운영 중심의 체크리스트로, 23개의 '손익분기적 목표'Break-even goals 각각에 대한 매우 상세한 지침이 포함되어 있다. 더바디샵The Body Shop과 노보 노르디스크Novo Nordisk와 같은 대기업은 퓨처핏 벤치마크를 활용하고 있다. 다른 프레임워크에는 영국 산업 연맹Confederation of British Industry과 노동 조합 의회Trade Union Congress가 승인한 영국의 이니셔티브인 굿 비즈니스 차터(Good Business Charter, 좋은 사업을 위한 헌장)가 포함된다.[9] 굿 비즈니스 차터는 조직이 아래의 내용들을 수행하고 관리할 것을 요구한다.

- 실질 생활 임금
- 더 공정한 근로 시간 준수와 계약
- 직원 복지와 웰빙
- 직원 대표
- 다양성과 포용성
- 환경적 책임
- 공정한 세금 납부
- 고객에 대한 약속과 책임
- 윤리적 구매와 공급망 관리
- 공급망에 대한 즉각적이고 신속한 현금성 지급

영국의 중소기업 연맹 Federation of Small Businesses 과 협력하여 개발한 중소기업을 위한 헌장도 있다.[10]

세계적으로 광범위하게 사용되는 또 다른 지속가능성 프레임워크는 비콥 국제 인증 제도이다.[11] 비콥의 사회적, 환경적 성과 인증은 주로 영리 기업을 대상으로 하는 민간 인증 제도이다. 비콥 인증 기업들은 목적과 이익의 균형을 맞추려고 노력하는 조직이라고 할 수 있다. 비콥 인증을 취득하기 위해서 기업은 자사의 결정과 사업 활동이 직원, 고객, 공급업체, 지역사회 및 환경에 미치는 영향을 고려하고 관리해야 한다. 대표적인 비콥 인증 기업들에는 벤 앤 제리스Ben and Jerry's, 더바디샵, 다논Danone, 나투라 앤 코Nature & Co 그리고 파타고니아Patagonia 같은 기업들이 있다. 비콥 인증 기업들은 스스로를 '비즈니스를 선한 영향력으로 활용하고자 하는 글로벌 무브먼트를 주도하는 리더들의 커뮤니티'로 보고 있다.[12]

비콥 인증은 300개의 질문에 답변하고 증거를 제공하는 것을 포함하며 일반적으로 완료하는 데 몇 달이 걸린다. 그것은 매우 포괄적인 과정이다. 크리스 콜터(이 책의 저자 중 한 명)의 회사인 글로브스캔은 인증된 비콥이다. 일부 사업체들은 2015년에 채택된 유엔 지속가능개발목표SDGs를 중심으로 2016년부터 2030년까지의 기간 동안 지속가능성 전략을 수립한다. 선도적인 지속가능성 사상가인 존 엘킹턴은 SDGs를 '미래로부터의 구매 주문'과 같다고 묘사한다. 다시 말해서, SDGs는 세기 중반까지 90억에서 100억 명의 사람들이 제한된 이 행성 안에서 적어도 적당히 잘 살 수 있는 더 지속가능한 미래에 대한 청사진을 나타낸다.[13]

SDGs를 중심으로 전체 전략을 수립하지 않는 기업이라 하더라고 그들의 비전을 달성하기 위해 지속가능성 전략을 사용한다. 놀랄 것도 없이, UN 글로벌 콤팩트는 기업과 서명국들이 글로벌 목표를 이행하도록 돕는 것을 중심으로 전략을 설계하여, 어떻게 해야 하는지 지침을 제공한다.[14]

회계사 그랜트 소른톤Grant Thornton의 연구에 따르면 신흥 시장의 중견기업(일반적으로 50~500명의 직원)은 선진국에 비해 지속가능성 문제를 덜 우선시하고 있지만 이러한 기업은 지속가능성을 사업에 통합함으로써 더 큰 긍정적인 재정적 영향을 기대하고 있다.[15]

지속가능성 프레임워크는 각각(퓨처핏, 굿 비즈니스 차터, 비콥 인증 등)은 주인공과 챔피언을 가지고 있다. 어떤 프레임워크를 사용하든 성공적으로 활용한 유관 분야의 기업과 대화하는 것이 좋다. 핵심은 이러한 프레임워크가 지속가능성 전략을 개선하고 비즈니스가 실제로 얼마나 잘 수행되고 있는지 독립적으로 확인할 수 있는 구조와 프로세스를 제공할 수 있다는 것이다

STEP 4: 테스트 - 제안된 지속가능성 전략이 미래의 충격에 대한 회복탄력성이 있는지 확인

조직 맥락에서 회복탄력성은 '조직이 생존과 번영을 위해 변화와 갑작스러운 혼란을 예측, 준비, 대응 및 적응할 수 있는 능력'을 말한다.[16]

이는 리스크 관리를 넘어 비즈니스 건전성과 성공에 대한 보다 총체적인 관점까지 도달한다. 너무나 많은 조직들이 회복탄력성 계획의 부족으로 인해 자신들에게 어떤 일이 발생할 수 있는지에 대한 치명적인 시나리오 구축의 실패에 직면해 있다. 코로나19 이후, 보다 많은 조직들이 회복탄력성 전담 직원을 임명하고 회복탄력성 계획을 시작하거나 업그레이드하는 것으로 보인다.

크랜필드 대학교Cranfield University는 영국의 국가 준비 위원회UK's National Preparedness Commission 및 딜로이트Deloitte와 협력하여 조직 회복탄력성을 위한 핸드북Resilience Reimagined Handbook을 개발했다.[17] 이 핸드북에는 조직이 순차적으로 활용함으로써 복원력을 향상시키기 위해 선택할 수 있는 일련의 도구와 방법이 제시되어 있다. 여기에는 다음이 포함된다.

- 미래의 잠재적인 실패를 미리 예측하고 논의한다.
- 자연자본, 인간자본, 사회자본, 건설자본, 금융자본의 '5대 자본' 렌즈를 통한 연관 효과를 고려한다.
- 프로젝트의 본질적인 결과를 이해하고 잠재적인 취약점을 도출한다. 필요한 경우 대안적인 결과를 제공하는 방법을 식별하는 데 도움이 될 수 있다.
- 영향 임계값을 정의한 후 심각하지만 그럴듯한 시나리오하에서 이에 대한 스트레스를 점검한다.[18]

회복탄력성에 대한 더 큰 집중은 지속가능성에 대한 더 깊은 집중과 결합되어 2가지 모두의 이점을 얻을 수 있다. 조직 회복탄력성을 위한 핸드북의 저자 중 한 명인 크랜필드 대학의 데이비드 데니어 교수는 다음과 같이 설명한다.

"나는 지속가능성이 원인을 해결하는 것으로 보고, 회복탄력성은 증상을 완화하는 것으로 본다. 예를 들어 적용을 통해 기후 변화를 해결할 수 없다면, 우리는 완화를 통해 기상 이변과 같은 혼란에 대처하는 능력을 향상시켜야 한다. 물론, 사회는 기후 변화와 같은 문제의 근원을 중단하는 데 더 집중해야 한다. 그러면 우리는 덜 파괴적인 사건을 겪게 될 것이다."[19]

STEP 5: 스트레치 - 비즈니스가 협력할 수 있는 야심 찬 지속가능성 목표 설정
전략을 수립하는 데 도움이 되는 프레임워크와 기타 도구가 무엇이든 간에 전략은 명확하고 측정 가능한 목표를 포함하는 것이 중요하다. 선도적인 기업들은 점점 더 과학 기반 목표 이니셔티브Science Based Targets Initiative [20]와 같은 증거 또는 과학 기반 목표를 사용하고 있으며 일부 기업들은 탄소중립을 달성하기 위해 전념하고 있다. [21]

그러한 약속은 신뢰할 수 있는 행동 계획에 의해 뒷받침되어야 한다. 건전한 계획에 의해 뒷받침되는 대담하고 대외적인 약속은 회사에 활력을 불어넣고 다른 사람들이 이를 따르도록 격려할 수 있다. 예를 들어 2019년 온라인 소매업체 아마존Amazon은 파리 협약 목표보다 10년 앞선 2040년까지 탄소중립을 달성하겠다는 약속인 기후 서약The Climate Pledge을 공동 설립했다. 작성 당시 200개 이상의 다른 기업과 기관이 서약에 서명했다. [22]

극소수의 회사들은 여기서 더 나아가 탄소 네거티브를 달성하겠다고 약속했다. 예를 들어 마이크로소프트는 1975년 설립된 이래 2030년까지 탄소 네거티브를 달성할 것이며 2050년까지 회사가 직접적으로 또는 전기 소비를 통해 배출한 모든 탄소와 동일한 양을 환경에서 제거하겠다고 약속했다. [23]

이는 각 기업이 탄소중립 노력을 처음 시작했을 때 그들이 어떻게 성취할지 완전히 알지 못할 극적이고, 판도를 바꿀 약속들이고, 의도된 것이다. 그들은 그러한 대담한 약속을 하는 바로 그 사실이 혁신을 촉진할 것이라고 믿고 있다. 이해관계자들은 기업들이 이러한 목표를 달성하기 위해 최선을 다하겠다고 정직하게 약속한다고 믿는가가 중요해진다.

많은 기업들은 그러한 대담함을 추구할 만한 의지와 역량을 가지고 있지 않을 것이다. 하지만 여전히 회사의 가장 중요한 문제를 파악하고, S.M.A.R.T 목표, 즉 구체적이고, 측정 가능하고, 달성 가능하며, 관련성이 있고, 시의적절한 목표를 개발하는 것은 가능하다.

예를 들어 이것은 장애인 직원의 수를 급격하게 증가시키거나 모든 직원에게 생활임금을 지급하는 것을 의미할 수 있다. 조직에서 누가 그러한 목표를 달성하거나 최소한 목표에 기여하기 위한 구체적인 책임을 가지고 있는지 식별하고 주요 성과 지표, 평가, 승진, 보상, 인정 및 보너스가 모두 이러한 조직 전체의 목표와 일치하는지 확인하는 것이 중요하다.

더 나아가 조직은 전략 개발에서 전략 통합으로 전환하는 데 실패하지 않도록 약속을 이행하는 데 필요한 기능을 갖추고 있는지 또는 확보할 계획이 있는지 확인해야 한다.

3단계: 촉진

STEP 6: 소통 - 매력적인 스토리의 개발

기업은 기존 프로그램과 이니셔티브 및 중요성에서 얻은 수많은 정보와 데이터를 결합하여 현재 위치와 미래의 야망을 결정할 수 있다. 이것은 제3장에서 설명한 비즈니스 사례 기법을 기반으로 전략 개발에 대한 과학적 또는 좌뇌적 접근 방식이다.

영감을 주는 계획은 또한 더 직관적이고 감정적인 우뇌적인 요소를 필요로 한다. 특히 지속가능성을 수용하는 맥락에서 비즈니스를 위한 스토리텔링에 대한 관심이 증가하고 있는 것은 우연이 아니다.

공감과 참여를 이끌어내기 어렵다. 대부분의 사람들은 x톤의 쓰레기를 매립하는 것 또는 x톤의 이산화탄소를 대기로 방출하는 것을 막는 것의 중요성을 이해하기 어렵다. 그렇기 때문에 우리 대부분은 '그것은 축구공 네 개의 경기장과 맞먹는다'거나 '1년 동안 뉴욕을 밝히기에 충분하다'와 같이 실제 성과를 쉽게 이해할 수 있는 비유를 필요로 한다.

기업은 정신Mind 뿐만 아니라 마음Heart 도 얻을 필요가 있다. 성공적인 지속가능성 전략은 효과적인 판매직이 필요하다. 사업 성공의 중요한 요소는 진행 상황을 전달하는 것이고, 이는 조직이 더 넓은 목표를 향해 나아가고 있으며 발전하고 있음을 느낄 수 있도록 하는 것이다.

다른 성공적인 판매 캠페인과 마찬가지로 직원, 고객, 공급업체, 투자자 등이 다음과 같은 사항을 확인할 수 있도록 지속적으로 커뮤니케이션해야 한다.

◆ 메시지를 듣는다.
◆ 메시지를 이해한다.
◆ 메시지를 받아들인다.
◆ 메시지를 내부화한다.
◆ 메시지에 대해 행동한다.
◆ 다른 사용자가 메시지에 대한 작업을 수행할 수 있도록 한다.

선도적인 기업들은 종종 몇 가지 핵심 단어나 포괄적인 문구를 사용하여 지속가능성 전략을 실현한다.

◆ 넷플릭스, 넷제로+네이처 전략 언급[24]

144

◆ 환경 손익 회계를 개척한 명품그룹 케링Kering은 보다 지속 가능하고 책임감 있는 명품을 개발하기 위한 3가지 축으로 보호(지구 환경), 협업(사람 중심), 창조(지속가능한 혁신)에 대해 말한다.[25]

◆ 맥도날드 등 글로벌 기업의 주요 공급업체인 시카고 소재 물류사업체 하비는 '더 나은 미래를 위한 청사진'을 보유하고 있다.

◆ 미국 소매업체 타겟Target은 2021년에 '타겟 포워드Target Forward(우리가 나아갈 목표)'라는 새로운 지속가능성 전략을 채택했다. 이는 지속가능한 브랜드를 디자인하고 발전시키며, 낭비를 없애고 기회와 형평성을 가속화하기 위한 혁신을 목표로 한다.[26]

◆ 이케아는 지속가능성 전략을 '사람과 지구를 돌보는 것'으로 설명한다.[27]

위대한 지속가능성 전략은 단순히 방향을 설정하고 주요 성과 지표를 수립하는 것뿐만 아니라 영감을 주는 이야기를 들려준다. 최고의 기업 지속가능성 이야기꾼 중 한 명은 1970년대 미국 조지아에서 설립된 바닥재 기업 인터페이스의 설립자인 레이 앤더슨이다.

앤더슨은 인터페이스를 10억 달러 규모의 사업으로 확장한 후 1994년에 '중간 코스 수정'을 해야 한다는 것을 깨닫고 지속가능하게 인터페이스를 운영하기로 약속했다. 인터페이스 지속가능성 계획의 지속적인 반복은 미션 제로에 도달하기 위해 산을 오르는 은유를 사용하여 스토리텔링하고 있다.[28]

2016년, 인터페이스는 '만약 인류가 실수로 기후를 변화시켰다면… 우리는 의도적으로 기후를 변화시킬 수도 있다'라는 슬로건을 가지고 지구 온난화를 역전시키려는 시도인 '기후 변화 철회' 전략을 시작했다.[29]

기업은 지속가능성 전략 개발 단계에서 주요 이해관계자를 대상으로 다음과 같은 질문을 통해 전략을 점검하고 보완하는 것이 좋다.

◆ 전체적인 전략이 이해하기 쉽고 말이 되는가?
◆ 매력적이고 동기부여적인가?
◆ 가능한 한 명확하게 설명이 되어 있는가?

어떤 경우든, 지속가능성 전략의 의사소통은 이사회와 고위 경영진의 지지를 필요로 한다. 몇몇 회사들은 지속가능성 전략의 후원과 지지를 이끌어내기 위해 온라인 웹이나 또는 리더십 컨퍼런스를 통해 최초로 공개하거나 발표하는 것이 도움이 된다는 것을 인지하고 있다. 고위 지도자들은 화제를 일으키고 열정과 참여를 형성하기 위해 사업의 내부와 외부 모두에서 그 전략을 옹호해야 한다.

STEP 7: 적응과 적용 및 유지 - 중간 과정에서 수정을 할 수 있다는 필요성을 인지하고 전반적인 기업 전략에 부합하도록 하는 것에 명확히 집중

우리 세 저자는 모두 오랫동안 지속가능성에 관여해 왔다. 2021년 초가을에 이 글을 쓰면서, 우리 중 누구도 오늘날처럼 비즈니스와 지속가능성에 있어 빠르고 포괄적인 혁신과 발전의 시기가 온 것을 예측하지 못했다. 지속가능성 전략은 검토되고 지속적으로 업데이트되어 새로운 도전, 새로운 기회, 새로운 법적 요구 및 이해관계자의 기대를 고려해야 한다.

예를 들어 인공 지능, 머신 러닝 및 빅 데이터를 사용하여 지속가능성의 다양한 축에서 성과를 포착하고 측정하는 것과 같은 새로운 기술과 방식이 빠르게 등장하고 널리 이용 가능해지고 있다.

코로나19 팬데믹과 전 세계적인 제약의 충격 이후, 더 많은 기업들이 전략을 역동적이고 살아있는 문서로 보고 있으며, 정기적인 검토와 개선의 대상이 되고 있다. 이는 지도 기반의 내비게이션에서 실시간 증강현실 네비게이션으로의 이동에 비유되었는데, 이는 새로운 데이터와 통찰력에 대한 보다 민첩하고 빠른 해석을 의미한다.[30]

이것은 전반적인 기업 전략과 지속가능성 전략 사이에 주요한 불일치가 없어야 한다는 것을 더욱 강조한다. 마찬가지로 지속가능성 전략을 시행하기 전에 모든 답을 찾기 위해 기다리는 것은 더욱 불필요하다.

따라서 비즈니스를 조정하고 개선할 수 있도록 정기적인 리뷰가 전략에 포함되어 있어야 한다. 정기적인 리뷰에서 중요한 부분은 조직의 제품 또는 서비스 포트폴리오를 감독하는 것이다.

일반적으로 기업은 포트폴리오를 세분화하고 고위험 제품을 식별해야 하며, 이 제품을 재구성하거나 재배치할 수 없는 경우 퇴출해야 할 수도 있다. 마찬가지로, 회계사, 광고 대행사, 은행원, 변호사 및 경영 컨설턴트와 같은 전문 서비스 회사는 자신의 업무와 접근 방식이 윤리적이고 책임감 있게 사업을 수행하고 지속가능성에 전념하는 기업의 약속과 일치하는지 평가하기 위해 정기적인 조사가 필요하다.

일부 지속가능성 리더들은 주요 이해관계자 및 지속가능성에 많은 영향을 미치는 사람들과 정기적으로 '리포트백'을 개최하여 지속가능성 전략에 대한 세부사항을 공유하고, 어려움을 겪고 있는 모든 분야에 대해 설명하고, 피드백을 요청한다. 이러한 세션은 전략을 전달하기 위해 진행 상황을 정기적으로 점검하는 유용한 훈련이자 새로운 통찰력의 잠재적인 원천이다. 그들은 이사회와 함께 전략 대비 성과에 대한 정기적인 검토를 보완할 수 있다.

사례 분석

외르스테드 Ørsted

외르스테드 A/S는 2023년 기준으로 직원이 약 8,900명 이상이며 연간 매출이 80억 달러 이상인 다국적 전력 회사이다. 덴마크 프레데리키아에 본사를 둔 이 회사는 2006년에 설립되었으며 2017년에 외르스테드라는 이름을 쓰기 시작했다. 오늘날 이 회사는 주로 덴마크, 스웨덴, 영국, 독일 및 네덜란드에서 운영되며 미국에서는 제한적인 운영을 하고 있다.

외르스테드는 해상 및 육상 풍력발전단지, 태양광발전단지, 에너지저장시설 및 바이오에너지 플랜트 등을 개발, 시공, 운영하며 고객에게 에너지 서비스를 제공하고 있다. 전 세계적으로 용량 기준으로 가장 큰 재생에너지 기업 중 하나이며 해상풍력 선도기업이다.

이 회사는 '전적으로 녹색 에너지로 운영되는 세상을 만들기'라는 단순하지만 심오한 비전을 가지고 있다. 외르스테드는 코퍼레이트 나이츠Corporate Knights의 2021년 세계에서 가장 지속가능한 에너지 기업 100(3년 연속 이 자리를 차지함)에 올랐으며, 기후 행동에 대한 글로벌 리더를 인정하는 CDP 기후 변화 'A 리스트A List'에도 등재되어 있다.

2000년대 후반, 외르스테드는 유럽에서 가장 석탄을 많이 사용하는 발전사 중 하나였으며 석유와 가스 생산 사업을 확장했다. 그러나 전략적으로, 사업적으로 그리고 환경적으로 올바른 접근 방식이라고 확신하고, 회사는 녹색 에너지 회사가 되기로 결정했다. 친환경적으로 가는 것이 큰 경쟁력이자 차별화 요소라는 것을 깨달았다. 약 10년 만에 외르스테드는 유럽에서 가장 화석 연료를 많이 사용하는 유틸리티 회사 중 하나에서 세계에서 가장 지속가능한 에너지 회사로 전환했다. 이 충격적인 변화와 전략의 완전하고 전면적인 개편은 쉽지 않았지만, 회사는 무엇보다 환경을 우선시할 필요가 있다고 느꼈다.

이 변화를 추진하기 위해 회사는 재생 가능 에너지, 특히 해상 풍력에 크게 투자했다. 화석 연료 사업을 중단하고 전적으로 녹색 에너지에 의존하는 세상을 만들겠다는 비전을 수립했다. 외르스테드는 2023년 석탄 사용을 단계적으로 완전히 중단하였으며 2025년까지 거의 100%의 녹색 에너지를 생산할 것이다. 이 변화는 외르스테드의 재무 성과를 높이고 탄소 배출량을 86% 감소시켰다. 외르스테드는 2025년까지 에너지 발전 및 운영에서 탄소 중립을 목표로 하고 있으며 2032년까지 천연 가스 도매 및 판매와 공급망에서 탄소 배출량을 절반으로 줄이겠다고 약속하고 있다. 2040년까지 탄소 배출량을 넷 제로(0)로 달성하는 것이 목표이다.

새로운 전략과 녹색 에너지로의 전환에 대한 구상은 최고 경영진에 의해 전적으로 추진되었지만, 처음에는 이러한 조치가 사업적으로 위험하다고 생각하는 직원들을 포함하여 대내외적인 이해관계자들의 저항에 직면했다. 당시 CEO였던 앤더스 엘드럽은 그럼에도 불구하고 소신을 굽히지 않았고, 오늘날 그 결과는 스스로를 대변하며, 외르스테드는 녹색 에너지에 대한 세계적인 벤치마크 대상이자 넷 제로net zero 여단의 기수임을 증명했다.

현재 외르스테드의 CEO인 매즈 니퍼Mads Nipper는 "우리는 지속가능성과 재무 가치 창출 사이에 장기적인 상충 관계가 없다는 것을 계속해서 증명함으로써 더 친환경적인 사회로의 시스템 변화를 위한 진정한 촉매제 중 하나가 되기를 열망한다."라고 말했다.[31]

프리마크 Primark

프리마크는 2023년 기준 약 76,000명의 직원을 보유한 패스트 패션 소매업체로, 연간 매출액은 거의 100억 달러이다. 아일랜드 더블린Dublin에 본사를 둔 이 회사는 1969년에 설립되어 오늘날 11개국에서 330개 이상의 매장을 운영하고 있다.

패션 산업은 상당한 지속가능성 문제를 안고 있다. 프린스턴 대학의 연구원들에 따르면, '만약 이 산업이 지금의 형태를 유지한다면, 10년 이내에 온실가스 배출량이 50% 증가할 것으로 예상된다.'[32] 프리마크는 2013년에 방글라데시의 라나 플라자 비극 이후 다양한 환경, 사회 및 경제적 영향에 대응하기 위해 조용히 지속가능성 노력을 늘려오고 있다.

새로운 지속가능성 전략을 시작하기 위해, 프리마크의 고위 리더십 팀은 지속가능성에 대한 이해와 행동에 대한 그들의 비전과 방향을 탐구하기 위해 이틀간의 집중적인 워크숍에 참가했다. 그 다음에는 경험 많은 외부 컨설턴트인 수 개라드의 도움을 받아 사업체가 실시한 중대성 평가가 뒤따랐다. 이 과정에는 전체 고위 리더십 팀인 프리마크 이사회가 참여했고, 최종 계획은 프리마크의 소유주인 연합 브리티시 푸드Associated British Foods 의 이사회로 넘어갔다.

2021년 9월, 이 회사는 야심 찬 10년 지속가능 전략인 '프리마크 케어'를 시작했다. 3가지 축은 (1) 제품: 옷의 수명 연장(제품 내구성, 원형성, 재활용 섬유 사용 및 옷 재활용 강조), (2) 환경: 지구상의 생명 보호(오프셋 사용 없이 달성할 수 있다고 믿는 전체 가치 사슬에서 탄소 배출 감소, 폐기물 제거, 2027년까지 일회용 플라스틱 제거 및 생물 다양성 복원), 그리고 (3) 사람들: 사람들의 삶 개선(재정적 회복력에 중점을 두고 일과 건강 및 웰빙 기회 증대)이다. 프리마크 케어는 2030년까지 탄소 배출량을 절반으로 줄이고 공급망 전체에서 생활임금을 지불하기로 약속한다.

진전을 입증하고 소통하기 위해, 프리마크는 매년 생활임금 데이터를 발표할 것이고, 이는 생활임금 개선 전략을 지지할 의향이 있는 공급자들의 더 많은 참여와 지지를 유도할 것이다. 프리마크는 많은 국가들에서 생활임금을 개선하기 위한 기반시설과 그것을 위해 협상할 수 있는 단체 협상 능력이 구축되어야 한다는 것을 인식하고, 이를 위해 패션 산업 전반에 걸쳐 협력하기를 원하고 있다. 프리마크는 또한 업계의 높은 성별 임금 격차를 해결하기 위해 주

요 공급자들과 협력할 것이다.[33]

판도를 바꿀 또 다른 목표는 구매하는 모든 면화를 재생농업으로 전환하는 것이다. 프리마크는 이미 이러한 변화가 농부들의 수익 창출에도 더 좋을 것이라는 것을 보여주는 시범 프로젝트를 실시했다.

프리마크의 지속가능성 전략에 대한 초기 작업은 전략이사 Strategy Director에 의해 주도되었고, 프리마크 케어스Primark Cares의 이사가 임명되었을 때 중단되었다. 그 임명자는 경영진 출신이고, 사업 전반에 대해 알고 있으며, 우수한 내부 회사 네트워크를 가지고 있다. 프리마크는 그 후에 나이키에서 10년 이상 근무한 후 합류한 환경 지속가능성 책임자와 같은 특정 전문 지식을 가진 외부 인재들을 고용했다. 프리마크는 또한 조직의 학습 역량을 강화하기 위해 사업 전반에 걸쳐 사람들에게 특정한 지속가능성 과제를 주었다. 프리마크 케어를 시작하면서 회사는 또한 코튼 커넥트, 엘렌 맥아더 재단 및 랩WRAP과 같은 외부 파트너의 협업 범위를 확장했다.

프리마크의 CEO 폴 마천트Paul Marchant는 새로운 전략을 시작하면서 "우리의 야망은 고객들이 사랑하는 저렴한 가격을 제공하는 것이지만, 동시에 지구와 그것을 만드는 사람들을 위해 더 나은 방식으로 만들어진 제품을 고객들에게 제공하는 것이다."라고 말했다.[34]

요약

지속가능성 전략은 전반적인 비즈니스 회복탄력성에 매우 중요하다. 선도적인 기업은 더 이상 수익과 지속가능성 중에서 하나를 선택할 수 없다는 것을 알고 있으며, 지속가능성을 통해 더 나은 장기적 수익을 창출할 것인지 아니면 모든 면에서 지속 불가능한 열등한 수익을 낼 것인지를 선택해야 한다는 것을 인식하고 있다. 지속가능한 리더십을 계획하려면 지속가능성이 모든 기업 전략의 핵심이 되어야 한다. 중요한 것은 전략 개발의 필수 요소로서, 기업이 성과를 어떻게 측정할 것인지, 이에 누가 참여해야 하는지, 그리고 이것을 어떻게 실행할 것인지를 계획하는 것이다. 성과 측정은 사후 고려사항이 아니라 전략 수립의 필수적인 부분이어야 한다.

실행을 위한 주요 점검 사항

1. '스트레스 테스트' 전략은 글로벌 과제의 규모를 해결하고 영감을 주고 동기를 부여할 만큼 비전이 있는지 확인한다.
2. 중대성 매트릭스 우선순위가 포괄적이고 신뢰할 수 있는 범위인지 확인한다.
3. 전략이 실행 가능한지 확인한다.
4. 내부적으로 전체적인 기업 전략과 일관성이 있는지 확인하고, 그 반대의 경우도 마찬가지이다.
5. 목표가 대담하고 과학이나 증거에 기반하는지, 그리고 그것들을 측정하는 방법이 명확한지 고려한다.
6. 전략을 사업의 다른 부분의 사업계획으로 변환하고 관리자에 대한 인센티브와 일치시킨다.
7. 고객과 소비자의 참여를 위해 점진적으로 더 높은 기준이 요구되고 신뢰할 수 있는 시간적 지평이 요구되는 공급망을 통해 전략을 확장하는 방법을 살펴본다.

8. 지속 불가능한 원자재, 제품, 프로세스, 행동 및 활동에서 시간이 지남에 따라 전환할 수 있는 현실적인 로드맵을 수립한다.

9. 이사회와 고위 임원이 전략을 옹호하고 직원들이 적극적으로 참여하도록 한다.

10. 조기경보 시스템을 구축하여 전략 구현이 지연되고 있는 부분이나 장애가 발생하고 있는 부분을 신속하게 파악하여 시정조치를 합의할 수 있도록 한다.

더 알아보기

◆ SustainAbility (now part of ERM) (2015) Sustainability Incorporated: Integrating sustainability into business, SustainAbility (now part of ERM)

◆ The Corporate Citizenship Company (2016) Sustainability Strategy: Simplified, The Corporate Citizenship Company

◆ UN Global Compact (2021) How your company can advance each of the SDGs, www.unglobalcompact.org/sdgs/17-global-goals

참고 문헌

1   EY 2018, www.ey.com/en_es/assurance/how-an-integrated-sustainability-strategy-can-help-you-stand-out (archived at https://perma.cc/B9Q5-ZZ3S)

2   Modified from an original definition by The Corporate Citizenship Company

3   Ainsbury, R and Grayson, D (2014) Business Critical: Understanding a company's current and desired stages of corporate responsibility maturity, Cranfield University School of Management

4   Deloitte Australia (June 2020) Embedding sustainability into core strategy and business operations, www2.deloitte.com/content/dam/Deloitte/au/Documents/strategy/deloitte-au-con-embedding-sustainability-into-core-strategy-and-business-operations.pdf (archived at https://perma.cc/J59N-QX7T)

5   The Corporate Citizenship Company (2016) Sustainability Strategy: Simplified, The Corporate Citizenship Company

6   www.spglobal.com/spdji/en/indices/esg/dow-jones-sustainability-world-index/#overview (archived at https://perma.cc/DCY2-EL5Y)

7   www.corporateknights.com/rankings/global-100-rankings/2021-global-100-rankings/2021-global-100-ranking/ (archived at https://perma.cc/HUC7-UF7A)

8   futurefitbusiness.org/ (archived at https://perma.cc/Y4DL-LK9T)

9   www.goodbusinesscharter.com/ (archived at https://perma.cc/NT7M-FTZH)

10 www.goodbusinesscharter.com/streamlined-version-fsb/ (archived at https://perma.cc/NT7M-FTZH)

11 bcorporation.net/ (archived at https://perma.cc/ZZN9-542L)

12 bcorporation.net/ (archived at https://perma.cc/ZZN9-542L)

13 Definition of a sustainable future from the World Business Council for Sustainable

Development (WBCSD)

14 www.unglobalcompact.org/sdgs/17-global-goals (archived at https://perma.cc/JD2T-9EQ6)

15 The Grant Thornton International Business Report (IBR) is a survey of mid-market businesses. Launched in 1992, the IBR now provides insight into the views and expectations of more than 10,000 businesses across more than 30 economies, www.grantthornton.global/en/insights/articles/About-IBR/ (archived at https://perma.cc/F739-4HFY)

16 Adapted from British standard BS 65000, www.bsigroup.com/en-GB/our-services/Organizational-Resilience/ (archived at https://perma.cc/UWF2-WQFB)

17 National Preparedness Commission and Deloitte (2021) Resilience Reimagined Handbook, Cranfield University, National Preparedness Commission and Deloitte, nationalpreparednesscommission.uk/2021/03/resilience-reimagined-a-practical-guide-for-organisations/ (archived at https://perma.cc/X95J-HJDJ)

18 Ibid.

19 Exchange with author, 18 – 19 June 2021

20 sciencebasedtargets.org/ (archived at https://perma.cc/CME7-D8NP)

21 www.un.org/en/climatechange/net-zero-coalition (archived at https://perma.cc/4GUK-HPMS)

22 sustainability.aboutamazon.com/about/the-climate-pledge (archived at https://perma.cc/D9HS-8ABS)

23 blogs.microsoft.com/blog/2020/01/16/microsoft-will-be-carbon-negative-by-2030/ (archived at https://perma.cc/EEF5-SDC4)

24 Stewart E (2021) Net Zero + Nature: Our commitment to the environment, Netflix, 30 March 2021, about.netflix.com/en/news/net-zero-nature-our-climate-commitment (archived at https://perma.cc/C99X-5G66)

25 www.kering.com/en/sustainability/ (archived at https://perma.cc/3U5T-EQES)

26 corporate.target.com/corporate-responsibility/sustainability-strategy (archived at https://perma.cc/3J7D-BEWL)

27 about.ikea.com/en/sustainability (archived at https://perma.cc/96L3-LSW6)

28 www.interface.com/EU/en-GB/about/press-room/interface-mission-zero-success-en_GB (archived at https://perma.cc/TWT3-U5X3)

29 www.interface.com/US/en-US/sustainability/climate-take-back-en_US (archived at https://perma.cc/KNR3-TVVS)

30 Dunne, P (2021) From maps to a satnav world, LinkedIn, 23 September 2021, www.linkedin.com/posts/governance-publishing-and-information-services-ltd_patrick-dunne-author-of-boards-book-discusses-activity-6846722544851042304--LJ- (archived at https://perma.cc/XM4P-RFJQ)

31 This profile is based on orsted.com/en/about-us/whitepapers/green-transformation-lessons-learned (archived at https://perma.cc/GV8G-RGGJ); orsted.com/en/sustainability/our-stories/most-sustainable-energy-company (archived at https://perma.cc/N9MV-GCPE)

32 Klase, A (2021) Primark seeks to woo eco-conscious consumers with sustainability drive, The Financial Times, 15 September

33 Launch webinar for Primark Cares, Primark, 15 September 2021

34 Quoted in Klase, A (2021) Primark seeks to woo eco-conscious consumers with sustainability drive, The Financial Times, 15 September, and author's notes from launch webinar

제5장

지속가능성 운영 및 실행

개념의 이해

지속가능성 운영 및 실행이란, 사업 전반에 걸쳐 지속가능성 전략과 약속을 실행에 옮기는 것이다. 여기에는 사회적, 환경적, 경제적 성과를 향상시킬 방법을 찾기 위한 세부 계획, 변화 프로그램, 사업과 가치 사슬의 다양한 측면에 대한 지속적인 검토가 포함된다. 여기에는 검토와 종종 정책, 프로세스, 제품 및 서비스의 재설계, 때로는 완전히 새로운 비즈니스 모델의 채택이 포함된다.

어떤 의미에서 이 가이드북의 전체 내용은 지속가능성 또는 ESG에 대한 회사의 변화와 노력을 운영하는 것에 관한 것이다. 이 장에서는 다른 곳에서는 다루지 않는 지속가능성을 실행하는 특정 측면과 실행을 위한 프로세스에 초점을 맞춘다. 지속가능성을 조직 전반에 최대한 빨리 내재화하는 것이 목표이지만, 목적주도형 스타트업이 아니라면 완전 통합은 시간이 걸리기 때문에 노력이 가장 큰 영향을 미치는 곳에 집중하는 것이 중요하다.

지속가능성을 현장에 적용하고 실천하기 위해서는 먼저 조직 운영 방식에 지속가능성 사고를 체계적으로 통합해야 한다. 여기서 얘기하는 조직 운영 방식에는 원재료 소싱 및 공급망 관리에서부터 제품 및 서비스의 개발과 공급, 투자자, 고객 및 소비자와의 상호 작용 및 신뢰 관계 구축 그리고 제품의 수명 주기 관리와 순환 경제 체계의 구축과 관련 된 문제에 이르기까지 폭넓게 적용된다.

경험에 따르면 조직의 존재 목적과 성장 비전 그리고 지속가능성을 고려한 비즈니스 모델이 조직 내에서 좀 더 폭넓게 이해되고 받아들여질 때 지속가능성 운영이 가장 원활하게 진행될 수 있다. 즉, 지속가능성 전략이 조직과 사업에 포괄적으로 통합되어야 만 제대로 된 실행이 가능하다는 말이다. 또한 기업은 투자한 시간과 자원이 가장 큰 효과를 발휘할 수 있는 부분에 운영화 노력을 집중해야 한다.

지속가능성 운영 및 실행이 중요한 이유

지속가능성 전략과 약속을 잘 실천하고 운영하면 수많은 이점을 얻을 수 있으며 동시에 다양한 리스크도 완화할 수 있다.

지속가능성 전략과 약속을 잘 운영하고 실천하면 투자자 및 기타 이해관계자에게 보고, 공시 및 커뮤니케이션을 위해 필요한 성과 결과, 데이터 및 스토리를 효과적으로 생성할 수 있으며 잠재적으로 영향력을 미칠 수 있는 지속가능성 평가 및 순위에서 입지를 강화하고 투자 유치 등 자본에 대한 접근성을 개선할 수 있다. 지속가능성이 완전히 통합된 조직은 모든 직급의 리더들이 지속가능성 전략과 약속을 더 잘 실행에 옮길 수 있도록 도와주며 지속가능성 관련 정보나 의사결정 사항들을 다른 구성원들에게 더 효율적으로 전달하거나 소통할 수 있게 된다.

외부적인 측면으로 보더라도, 지속가능성을 완전히 내재화함으로써 조직은 대외적으로 공개하고 약속한 지속가능성 이슈와 개선 전략들에 대해서 좀 더 신뢰 받을 수 있고 진정성을 인정받을 수 있다.

효과적인 운영과 현장 적용 및 실천이 없다면 조직이 내세우는 선한 목적, 지속가능성 전략과 약속 등은 미사여구에 불과하며, 비즈니스와 경영진은 그린워싱이라는 비난을 면치 못할 것이다. 물론, 더 나은 세상을 만들어가려는 노력에 대한 진정성과 잠재적 가치 또한 폄하될 것이다. 지속가능성을 체계적으로 통합하고 실천하지 못하면 주요 이해관계자들의 신뢰를 확보할 수 없으며 다양한 리스크에 노출될 수 있고 우수 직원 유치 및 유지는 물론 조직문화에 부정적인 영향을 미칠 수 있다.

취약한 운영은 지속가능성에 필요한 데이터의 생산과 수집, ESG 보고 및 공개를 방해하여 지속가능성 성과에 대한 효과적인 커뮤니케이션 능력을 제한한다. 또한 지속가능성 솔루션 및 새로운 기회를 위해 협업하고자 할 때 이러한 모든 것들이 다른 사람들로 하여금 파트너십에 대한 부정적 인식을 줄 수 있다.

위에서 설명한 모든 이점과 위험에 대해 지속가능성을 운영하는 것은 다음과 같은 이유로 특히 중요하다.

◆ 그것은 비즈니스 사례에서 약속한 재무적 그리고 추가적인 재정적 이익을 실현하는 데 필수적이다. 잘 기획된 실행 체계와 운영 프로세스가 없다면 회사는 새롭고 지속가능한 관련 사업

기회를 놓칠 수 있다. 반대로, 지속가능한 사고를 내재화하는 것은 기업 경영 철학과 혁신 역량을 강화하여 회사가 규제보다 앞서고 시장에서 경쟁자들보다 앞서도록 도와준다.

◆ 일관된 행동을 강화하고 긍정적인 영향력을 증가시킴으로써 직원과 투자자에서 공급망 파트너 및 고객에 이르기까지 내부 및 외부 이해관계자와 함께 기업의 명성을 높인다.

◆ 비즈니스 전반에 걸쳐 지속가능성을 체계적으로 확보함으로써 회사가 중대한 지속가능성 문제와 관련된 위험을 식별하고 완화할 수 있도록 더 잘 준비하고, 가장 높은 영향을 미칠 수 있는 분야에 기업의 노력을 집중함으로써 전략 수립과 실행 역량을 개선하고 ESG 성과 및 공시 수준을 향상시킨다.

◆ 지속가능성 운영화는 효율성을 향상시켜 물과 에너지 사용과 같은 부정적인 영향을 줄이고 폐기물을 제거함으로써 비용을 낮춘다. 또한 제품 설계 중에 조달 비용이 많이 들거나 위험하며 취급 비용이 많이 드는 재료를 사용하지 않기로 결정함으로써 비용을 완전히 절감하는 데 도움이 된다.

◆ 전반적으로 지속가능성을 운영함으로써 특히 투자자, 규제 기관 및 기타 평가 기관이 지속가능성 관련 성과에 더 큰 가치를 부여하고자 하는 시장 환경에서 장기적으로 비즈니스의 경쟁력과 회복탄력성을 높일 수 있다.

실행 및 추진 방법

지속가능성을 운영하는 것은 지속가능성 전략과 약속을 비즈니스 전반에 걸쳐 실행하고 조직이 운영되는 방식에 지속가능성 사고를 체계적으로 통합하는 것이다. 지속가능성을 가능한 한 빠르고 강력하게 구현하는 것이 목표이지만, 일반적으로 이는 기업의 운영과 가치 사슬 전반에 걸쳐 점진적으로 전개되는 프로세스이며, 모든 기업은 이에 가장 적합한 접근 방식과 속도를 선택해야 한다. 대부분의 기업은 특정 영역에서 지속가능성 전략을 운영할 더 높은 가치를 발견할 것이다. 예를 들어 투자를 유도하기 위해 영향이 매우 크고 집중되는 공급망, 미래 제품과 서비스를 형성하는 연구 개발R&D, 지속가능성이 인재 유치와 유지에 미치는 역할이 증가함에 따라 인적 자원 관리 등에서 지속가능성 전략 운영을 권장한다.

아래의 단계들은 선형적인 방식으로 제시되며, 이 순서를 따르는 것이 유익할 수 있다. 특히 1단계는 사람들에게 앞에 놓인 과제들에 대비하도록 추진력을 만드는 것이고, 2단계는 즉각적인 재정적 영향을 약속하기 때문에, 지속가능성을 운영하는 것이 금전적인 것뿐만 아니라 다른 이익들을 가져올 수 있다는 것을 리더십에 입증하는 데 유용할 수 있다. 하지만 이를 순차적인 방식으로 다루는 것은 필요하지 않다. 모든 회사의 지속가능성 전략이 독특한 것과 마찬가지로, 비즈니스 전반에 걸쳐 그리고 결정적으로, 비즈니스 가치 사슬을 오르내리기 위해 취하는 조치의 정확한 순서는 회사의 리더십과 직면한 지속가능성 관련 특정 위험 및 기회에 달려 있다.

1단계: 조직 내부 업무와의 연계 및 조정 강화

지속가능성을 운영하기 위해서는 조직의 각 부서와 기능이 적절한 지속가능성 실행 계획을 개발하고 적용할 수 있는 체계를 갖추어야 한다. 그러기 위해서는 지속가능성 문제를 해결할 수 있는 인식과 이해, 그리고 이를 해결할 수 있는 잠재적 해결책 또는 이를 도출하는 방법이 계획 프로세스를 지원하고 촉진할 수 있도록 조직 전반에 걸쳐 개발되어야 한다. 이것이 효과가 있을 때, 회사의 각 부분에서 개발된 실행 계획은 조직의 전반적인 지속가능성 전략과 약속을 실천하거나 지원하여 내재화하기 위한 구체적인 활동으로 인식될 수 있다.

사업부와 그룹 차원의 기능 부서에서 지역 팀에 이르기까지 관련된 각 팀은 회사의 조직 전략과 목표가 어떤 의미를 갖는지 확인한 다음 회사의 전반적인 지속가능성 비전을 뒷받침하는 계획과 목표를 스스로 수립하는 것이 핵심이다. 조직원들이 이러한 과정을 해로운 사회적, 환경적, 경제적 영향을 줄이는 동시에 비즈니스를 강화하는 것이라고 인식하게 될 때 조직 목표를 지원하기 위한 책임뿐만 아니라 사업에 있어서 차별성을 부여하는 것이 그들에게 힘을 실어주고 구매를 창출하는 데 도움이 된다는 것을 알게 된다. 여러 분야의 팀과 마찬가지로 시범 프로젝트의 경우 우수 사례, 훈련, 성과에 대한 축하를 공유하는 것이 권장된다. 이러한 리더십과 조직 내에서 적절하게 운영할 수 있는 다른 사람들의 능력에 대한 신뢰의 공유는 지속가능성에 대한 사고방식을 확산하고 운영하는 것이 성공하기 위해 필요한 문화적 변화의 일부(제6장 참조)라는 것을 알게 해준다.

2단계: 비용 절감 및 낭비 제거

지속가능성 전략을 실행하는 데는 비용이 들 것이라는 인식이 여전히 널리 퍼져 있다. 특히 기업이 보다 지속가능한 제품이나 서비스를 설계, 생산 및 판매하기 위해 새로운 시설, 장비, 교육에 투자해야 할 때 단기적으로 이는 때때로 사실이다. 그러나 이러한 단계는 회사의 미래를 위한 투자이며, 제3장에서 설명한 바와 같이 지속가능성을 내재화하면 특히 중장기적으로 회사가 돈을 절약하고 돈을 벌 수 있다.

흔히 인용되는 지속가능성과 관련된 재정적인 이익에는 재생 가능한 에너지로의 전환으로 인한 비용 절감, 에너지 소비 감소 및 폐기물 제거(이는 공급망을 통해 끌어오는 재료의 감소와 함께 조달 및 배송 비용을 낮추고, 제조 중에 낭비되는 재료의 감소, 포장 및 폐기물이 적기 때문에 매립 비용을 낮춤) 등이 있다. 영국의 중소 기업 연합에 따르면, '거의 3분의 1에 해당하는 소규모 기업들이 에너지 비용을 그들의 사업 성장과 성공에 대한 장벽으로 강조한다. 에너지 비용을 효과적으로 줄이는 방법을 찾는 것이 장기적으로 이러한 비용을 줄이는 가장 좋은 방법이다.'[1]

3단계: 제품 및 서비스 포트폴리오 검토

지속가능성을 운영하는 또 다른 방법은 제품과 서비스를 종합적이고 정기적으로 평가하여 지속가능성 성과를 최적화하는 것이다. 이를 수행할 때 수직적 통합이 있는 경우처럼 기업이 가장 큰 영향력을 행사하는 제품과 관련 공급망을 강조하고 거기에 변화 노력을 집중해야 한다.

제품을 만들고 판매하는 기업의 경우, 이러한 평가를 통해 각 제품이 빨간색, 노란색 또는 초록색으로 평가되는 '신호등 세분화'가 가능할 수 있다. '빨간색' 제품은 지속가능하지 않은 원료를 사용하거나, 제조 과정에서 유해한(법적인 문제일지라도) 부작용을 일으킬 수 있거나, 사용 단계에서 용납할 수 없는 손상을 초래할 수 있는 제품이다. '노란색' 제품은 눈에 띄는 부정적인 영향은 미치지만, 공급업체와 협력하여 해결할 수 있는 공급망의 제한된 노동자 권리 문제나 재활용 가능성을 보장하기 위해 제품 소재를 변경함으로써 해결할 수 있는 문제 등이다. 마지막으로, '녹색' 제품은 지속가능한 제품을 말한다. 더불어 이들은 노란색 제품(그리고 아직 개발되지 않은 제품)이 도달할 수 있는 표준을 정했지만, 앞으로 더 나은 제품으로 만들 여지와 이유가 있는 제품을 포함한다.

서비스의 경우에도 신호등 세분화를 수행할 수 있다. 예를 들어 금융 기관은 이 렌즈를 통해 고객에게 제공하는 투자 조언을 검토하거나, 외식 기업은 제공하는 메뉴 선택의 지속가능성 효과를 검토할 수 있다.

또한 기업은 지속가능하게 설계된 새로운 제품 및 서비스를 도입하여 실현할 수 있는 잠재적인 새로운 비즈니스 기회를 찾을 수 있다. 이 분야에서 일부 주요 금융 조직은 ESG에 중점을 둔 금융 제품을 더 많이 도입하여 지속가능성 운영을 강화하고 있다. 예를 들어 골드만 삭스는 고객이 저탄소 경제로의 전환을 가속화할 수 있도록 7,500억 기금 구축을 목표로 하고 있으며[2], 씨티Citi는 2021년부터

2030년까지 지속가능성을 위한 자금 조달을 위해 1조 달러를 투자했으며[3], 지역 신협에서 연기금에 이르기까지 거의 모든 투자 조직은 기업 및 개인 고객이 이용할 수 있도록 ESG 연계 금융 상품의 수를 증가시키고 있다.

4단계: 경쟁력 있는 벤치마킹, 리스크 식별, 연구 개발 및 혁신 프로세스에서 지속가능성 고려

중대성 평가(제2장 참조)는 기업의 우선적인 지속가능성 문제를 파악한다. 이는 비즈니스 사례와 전략 개발에 중요한 정보를 제공한다. 지속가능성과 관련된 성과에 점점 더 관심을 갖게 되는 비즈니스 환경에서 이들은 또한 경쟁업체 벤치마킹, 전사적 리스크 관리, 연구 개발 및 혁신에 중심적인 역할을 수행한다. 3단계의 제품 포트폴리오와 마찬가지로 기업은 그들이 영향을 미치기에 가장 적합하고 중요한 우선순위 문제에 집중해야 한다.

기업의 사회적, 환경적, 경제적 영향은 이제 주요 경쟁업체와 비교하여 기업의 가치를 평가하는 데 핵심이 되며, 향후 시장 성공 가능성을 예측하는 데 도움이 된다. 모든 중대성 문제는 아니더라도 많은 문제가 기업의 주요 리스크 이슈와 상당히 겹칠 것이며, 여기서 중대 이슈의 존재는 대표적인 위협과 기회를 해결하기 위한 자원 할당에 영향을 미칠 것이다. 또한 리더십 개발(제7장 참조)에 대한 논의에서 언급했듯이 지속가능성 성과는 혁신에 크게 의존하며, 그 반대의 경우도 마찬가지이므로 기업은 시장에서 입지를 강화하고 유지하기 위해 혁신과 기업가 정신을 함양하고 연구 개발을 지원하는 환경을 조성하는 것이 필수적이다.

5단계: 공급업체와 협력 관계 구축

많은 기업의 지속가능성 운영에 있어 공급업체와 협력하여 조직에 부합하는 지속가능성 약속 및 관행을 확보하거나 채택하도록 하는 것은 매우 중요한 부분이다. 또한 기업이 공급업체의 노력을 지원하는 것도 중요하다. 이를 위해 1차 공급업체(직접 비즈니스를 수행하는 기업)에서 시작하는 것은 당연하지만 점점 더 전체 공급망으로 확장하는 것이 바람직하다. 기업과 공급업체는 단독으로 추진할 때보다 협력을 통해서 훨씬 더 강력한 변화를 창출할 수 있는 주체이며, 특히 Scope 3 탄소 배출 문제를 해결하기 위해 공급업체의 참여가 필요한 문제도 있다.

다수의 큰 조직들은 ESG 관련 조항을 입찰 요건에 넣었다.

1990년대에 세계화와 함께 전 세계의 저임금 시장 경제에 대한 제조업의 아웃소싱이 가속화되면서 글로벌 브랜드들이 그들의 공급망에서 노동 조건과 기타 열악한 환경 및 사회적 기준을 용인했다는 비난을 받는 유명한 사례들이 많이 발생했다. 이로 인해 주요 구매자들 사이에서 공급업체에 부과되는 요구사항을 강화하기 위해 점점 더 정교한 감사와 협력이 이루어졌다.

이제 공급망 ESG 성과를 모니터링하고 평가할 수 있는 많은 방법이 있다. 예를 들어 세덱스Sedex는 세계 최고의 윤리적 무역 회원 조직 중 하나가 되었으며, 글로벌 공급망의 작업 조건을 개선하기 위해 수십 개의 산업 및 100개가 훨씬 넘는 국가에 걸쳐 수만 개의 기업과 협력하고 있다.

세덱스의 도구 및 서비스는 기업이 윤리적 거래 이니셔티브와 같은 조직 그리고 지속가능한 의류 연합과 같은 업계 연합의 요구 사항을 충족할 수 있도록 하는 정보에 대한 접근을 촉진함으로써 기업이 책임감 있고 지속가능하게 운영되고 근로자를 보호하며 윤리적으로[4] 원재료를 제공할 수 있도록 돕는 것을 목표로 한다.

오늘날 일부 대기업은 공급업체를 대상으로 지속가능성 교육이나 정보 제공 이벤트를 주최하고 공급업체에게 골드, 실버, 브론즈 또는 이와 동등한 범주화를 통해 ESG 성과를 향상시키도록 인센티브를 부여하며, 상위 등급의 공급업체는 더 적은 수의 감사와 검사를 받을 자격이 부여된다. 기업이 더 야심 찬 약속을 채택하고, 특히 비즈니스 모델을 변경하고 순환 경제 체계로 전환하고자 할 때 공급업체와의 긴밀한 협력은 더욱 중요하다(6단계 참조).

기업의 지속가능성 영향의 90% 이상이 공급망에 있다는 추정치를 감안할 때,[5] 높은 조달 기준을 설정하고 이를 시행하여 책임 있는 자재 소싱과 공급업체의 지속가능한 운영을 보장하는 수단을 확보하는 것은 지속가능성 운영에 필수적이다.

마지막으로, 혁신이 공급업체로부터 발생하거나 최소한 공급업체에 얼마나 의존하고 있는지 염두에 두어야 한다. 우리 조직만이 모든 혁신적 사고의 원천이 아니라는 것을 인식하고, 예를 들어 명확하고 신뢰할 수 있는 계약 및 대금으로 공급망 변동성을 최소화하고 운영 복잡성을 최소화하기 위해 다른 구매자와 표준을 조정하는 등 공급업체 혁신을 촉진, 인식 및 보상하기 위해 할 수 있는 모든 것을 하는 것은 타당하다.

6단계: 비즈니스 모델 재고

지속가능성을 운영하기 위한 강력한 접근 방식은 주요 비즈니스 모델을 재고하는 것이다. 현재 진행 중인 가장 큰 변화 중 하나는 선형 또는 테이크-메이크-폐기 방식의 운영에서 원자재와 부품을 영구적으로 재사용하는 순환 경제 모델로 전환하는 것이다. 이를 흔히 '순환' 또는 '순환 경제'라고 부른다. 순환성의 대중화에 많은 공로가 있는 엘렌 맥아더 재단Ellen MacArthur Foundation은 순환 경제를 다음과 같이 정의하고 있다.

> "기업, 사회, 환경에 이익이 되도록 설계된 경제 개발의 체계적 접근. 순환 경제는 '테이크-메이크-웨이스트' 선형 모델과 달리, 재생가능하며 성장과 유한한 자원의 소비를 점진적으로 분리하는 것을 목표로 한다." [6]

엘렌 맥아더 재단은 순환을 위한 선도적인 글로벌 네트워크라고 자평하며, 기업, 혁신가, 대학 및 전문가가 모여 순환 경제를 구축하고 확장하고 있다.[7]

이 재단은 순환을 원하는 기업을 위해 최신의 매우 실용적인 지침을 제공한다.

순환성은 기업이 고려해야 할 가장 중요한 비즈니스 모델 재창조 접근법 중 하나이지만, 다른 접근법에는 재생 경제에 대한 보다 광범위한 노력이 포함되어 있다. 우리는 이전 책인 『올인: 비즈니스 리더십의 미래』에서 재생 비즈니스 모델이 향후 10년 이내에 지배적이 될 것이라고 예측했다. 이 중 한 가지 요소는 제품 판매를 기반으로 한 비즈니스 모델에서 서비스를 기반으로 한 비즈니스 모델로 전환하는 것이다. 싱크탱크이자 컨설팅 업체인 볼란스Volans는 약 80개의 새로운 지속가능 비즈니스 모델을 확인했으며, 이 장의 추가 리소스 섹션에서 이를 참조했다.

지속가능성의 완전한 적용 및 실행

지속가능성의 운영은 회사가 가장 큰 영향을 미치는 지속가능성 문제에 우선적으로 초점을 맞출 때 가장 강력하다. 지속가능성의 운영은 회사의 지속가능성 전략과 노력이 조직 전반에 걸쳐 매끄럽게 통합되고, 회사가 취하는 모든 결정과 행동에 적절하게 영향을 미치는 지점에 도달하는 것을 의미한다.

지속가능성의 적용과 실행은 강력하고 긍정적인 문화, 참여하고 권한을 부여받은 직원, 지속적인 학습에 대한 노력, 지속가능성의 모든 차원에서 우수한 관행을 신속하게 통합하고 전파할 수 있는 효과적인 지식 관리 시스템을 갖춘 기업에서 가장 효과적이다. 또한 지속가능성의 실행은 투명하고 개방적이며 윤리적이고 책임감 있는 비즈니스에서 더 빠르게 이루어진다.

외부의 도움을 받는 현명한 방법

외부 컨설턴트는 기업의 지속가능성 여정의 모든 부분에서 도움을 줄 수 있지만, 특히 운영과 추진에 대한 전문 지식과 경험을 제공하는 데 유용할 수 있다.

현재 지속가능성 운영의 모든 부분에서 경험이 있는 전문가들이 있으며, 그들의 도움은 효율성을 높이고, 진전을 가속화하며, 영향력을 높일 수 있다. 예를 들어 컨설턴트는 다음을 도울 수 있다.

◆ 기업의 존재 목적을 정의한다.

◆ 조직의 가장 중대한 지속가능성의 영향을 파악한다.

◆ 지속가능성에 대한 조치를 위한 비즈니스 사례를 개발한다.

◆ 지속가능성 전략 개발을 지원한다.

◆ 조직 문화 및 기타 변화 관리 프로그램을 구현한다.

◆ 지속가능성에 대한 현재 및 미래의 비즈니스 리더를 교육한다.

◆ 이사회의 역량과 효과를 평가한다.

◆ 보고 및 공개 노력을 안내하고 지속가능성 관련 커뮤니케이션에 도움을 준다.

◆ 지속가능성 전략과 약속을 비즈니스의 모든 부분에서 실행하고 조직이 운영되는 방식에 지속가능성 사고를 체계적으로 통합하여 장기적으로 경쟁력과 탄력성을 높일 수 있도록 함으로써 지속가능성을 완전히 운영하도록 지원한다.

컨설턴트를 고용하는 것이 조직에 적합할 수 있는 시기를 결정할 때 고려해야 할 몇 가지 사항이 있다.

첫째, 외부 지원이 꼭 필요한가? 다음을 참조하면 알 수 있다.

- 업무 외 지속가능성의 다양한 측면에 관여하는 직원
- 전문성을 발휘할 수 있는 회사의 직원 그룹
- 회사의 가장 중요한 지속가능성 문제를 해결하는 데 도움이 될 수 있는 MBA 또는 기타 경영 개발 프로그램에 참여하는 직원(자신의 시간/자원 또는 회사 후원)
- 지속가능성 문제에 더 집중할 수 있는 기존의 내부 인재 개발/하이플라이 프로그램

가능하면 컨설턴트를 고용하는 대신 내부 역량을 키우고 활용하는 것이 목표여야 하지만, 외부 전문 지식과 경험을 구매하는 것이 올바른 선택일 때가 있다. 다음과 같은 질문을 고려하는 것이 결정을 안내하는 데 도움이 될 수 있다.

비즈니스에 적합한 지속가능성 컨설턴트를 어떻게 찾는지 점검해볼 필요가 있다.

이와 관련된 간단한 대답은 다음과 같다. 변호사, 회계사, 디지털 미디어 컨설턴트 등과 같은 전문적인 조언자를 선택할 때와 마찬가지로 활용할 수 있다.

- 자신이 알고 신뢰하는 다른 사업체의 추천을 구한다.
- 상공회의소나 중소기업 협회에 문의한다. (입소문이 가장 유익할 때도 많다.)
- 해당 무역협회에 사내 지속가능성 전문가가 있다면 그들에게 추천을 요청한다.
- 고객 및 파트너 내부의 지속가능성 팀 구성원과 상담한다.

◆ 대학 자원, 특히 지속가능성과 비즈니스의 교차점에 초점을 맞춘 기관과 관련된 학부생 및 대학원생 팀을 조사한다. 예를 들어 캘리포니아 대학교 버클리의 Haas 경영대학원의 책임 경영 센터,[8] 미시간 대학교의 Erb Institute,[9] 프랑스 인시아드INSEAD의 Hoffmann Global Institute for Business and Society,[10] 영국 크랜필드 경영대학원의 지속가능성 그룹[11]을 들 수 있다.

지속가능성 컨설턴트의 지식과 기술을 어떻게 평가하는가?
전문 지식과 경험을 평가하려면 다음 사항을 고려해야 한다.

◆ 예를 들어 귀사와 유사한 규모의 비즈니스, 동일한 비즈니스 부문이나 비즈니스 개발의 병행 단계 및 소유권의 동일한 특성을 가진 비즈니스, 그리고 귀사와 유사한 요구를 해결하는 과제에서 성공적으로 협력한 적이 있는가?
◆ 컨설턴트는 장기간 함께 일한 일부 고객을 포함하여 광범위한 고객을 위해 일했는가?
◆ 그들의 이전 고객 몇 명과 이야기할 수 있는가?
◆ 그들은 관련된 학문적, 기술적 그리고 전문적인 훈련과 자격을 가지고 있는가? 영국의 기업 책임 지속가능성 협회와 북미의 국제 지속가능성 전문가 협회와 같은 지속가능성 전문가를 위한 기관들이 세계의 일부 지역에서 생겨나기 시작했다. 잠재적인 컨설턴트는 이들 중 한 조직의 회원인가? 그들은 어떤 방식으로든 인가를 받았는가?

- 컨설턴트의 평생학습에 대한 의지와 지속적인 향상에 대한 증거가 있는가?
- 전문 지식의 폭, 깊이 및 길이는 얼마인가?
- 컨설턴트가 직접 일을 처리하는 방식인가, 아니면 고객이 스스로 일을 해결할 수 있도록 도와 고객 조직 내에서 자신감과 역량을 구축하는 방식인가? 고용하고자 한다면 어떤 방식을 원하는가?

궁극적으로, 화학적 결합에 대한 질문이 있다. 잠재적 컨설턴트가 당신의 문화와 잘 부합하는가? 그들은 당신의 조직 내에서 기대되는 행동의 종류를 모델로 삼는가? 과거의 경험과 지식의 깊이만큼, 적합성은 필수적인 결정 요소이며, 협업의 성공에 엄청난 영향을 미칠 것이다.

사례 분석

도요타 Toyota

도요타는 전 세계적으로 직원이 7만 명 이상이며, 2023년 기준 매출액 약 45조 953억 엔, 순이익 4조 9,449억 엔을 기록하고 있는 가장 큰 자동차 제조 및 소매업체 중 하나이다.[12] 일본 아이치에 본사를 둔 도요타는 1937년에 설립되어 현재 170개 이상의 국가에서 운영되고 있다.[13]

도요타는 1963년부터 환경 위원회를 설립하여 기업의 지속가능성을 위해 노력해 왔지만, 1997년 세계 최초의 대중 시장 하이브리드 차량인 프리우스를 출시하면서 그 노력에 대한 인식이 급증했다.

오늘날 도요타는 자사의 독창적인 철학인 도요타 5대 원칙을 UN 지속가능발전목표SDGs 와 일치시키는 것으로 이해하고 있다. 이를 염두에 두고 도요타는 회사의 운영 전략을 알리기 위해 SDGs와 연계된 다양한 이니셔티브, 정책 및 로드맵을 개발했다.[14]

2020년 지속가능성 보고서에 요약된 바와 같이, 도요타는 SDGs와 결합된 방식으로 지속가능성을 운영하기 위한 명확한 경로를 개발했다. 도요타의 '환경적 도전 2050'은 글로벌 공장의 탄소 배출 제로 달성, 물 사용 최소화 및 물 배출 관리 시스템 구현 등 다양한 주제에 걸쳐 기업 목표를 정의한다.

2050년까지 이러한 목표를 달성하기 위해 도요타는 연간 목표와 추진 계획은 물론 2025 목표 개발 및 2030 마일스톤 프레임워크 개발을 포함하는 명확한 경로를 제시했다. 또한 2020년에는 도요타가 에너지 절감을 촉진하기 위한 신기술 도입뿐만 아니라 일본 내 모든 R&D 센터에서 100% 재생 가능한 전력 사용을 달성했다. 또한 도요타는 모든 제조 공장에서 발생하는 폐수의 영향을 평가하고 차량당 물 사용량을 5% 감소시켜 내부 목표를 초과 달성했다.[15]

도요타는 기업 책임과 지속가능성에 대한 운영 접근 방식을 지속적으로 개선하고 조정함에 따라, 이러한 노력을 지원하기 위한 기업 지배구조를 발전시켰다. 여러 이사회와 팀이 이러한 구조 속에서 보고, 감사, 협력 및 감독을 수행한다. 이러한 구조를 통해 견제와 균형의 체계를 구축하여 발전을 위한 적절하고 정확한 조치를 취할 수 있다.[16] 명확한 목표와 강력한 지배구조 접근 방식을 통해 도요타는 자동차 부문이 지속가능성을 촉진하기 위해 운영을 활용하고 개선할 수 있는 방법을 이해함으로써 모범을 보이고 있다.

토요다 아키오 사장은 2020년 지속가능성 보고서에서 지속가능한 사회를 만드는 것에 대해 언급하면서, "도요타 혼자서는 할 수 없고, 이를 달성하기 위해서는 이동성과 인프라를 응집력 있게 활용하는 것이 중요하다. 화석 연료에 의존하지 않는 친환경 사회의 청사진을 만들기 위해 동료들과 협력하고자 한다"라고 말했다. 그리고 "현 세대는 미래 세대를 위해 이 아름다운 지구를 안전하게 살 수 있는 곳으로 만들어야 할 책임이 있다"라고 말하면서 "현 세대의 공통된 열망으로 더욱더 많은 노력을 기울이고 싶다"라고 덧붙였다.[17]

판도라 Pandora

덴마크에 본사를 둔 세계적인 보석 기업인 판도라는 1982년 코펜하겐 Copenhagen의 작은 보석상으로 시작했다. 오늘날 33,000명의 직원을 고용하고 있으며, 제품은 가장 큰 시장인 미국을 포함한 전 세계 100개국에서 판매되고 있다. 2023년 매출은 약 200억 달러였으며 1억 개의 보석이 판매되었다.

현재 CEO인 알렉산더 라식 Alexander Lacik에 따르면 지속가능성은 처음부터 회사의 정신과 DNA의 일부였지만, 암묵적으로 공식적인 목표와 거버넌스 등은 없었다. 라식은 2019년에 사업을 전환하라는 이사회의 요구에 따라 회사에 합류했다. 그는 전환 전략과 병행하여 지속가능성에 훨씬 더 중점을 둔 노력이 있을 것이라고 결정했으며, 판도라가 중대하고 긍정적인 영향을 미칠 수 있는 3가지 핵심 비전에만 의도적으로 집중했다.

이 3가지 비전은 저탄소 기업이 되는 것, 순환 경제 모델 혁신에 전념하는 것, 그리고 다양성과 포용성에 있어서 우수한 성과를 거두는 것이다. 기후와 탄소에 대해 판도라는 태국 제조 기지에서 100% 재생 가능한 에너지를 얻는 데 성공했으며 곧 전체 가치 사슬에 대한 과학 기반 목표를 SBTi와 함께 발표할 것이다.

판도라는 또한 2025년까지 자체 운영에서 탄소 중립을 목표로 하고 있다. 순환성 약속과 관련하여 판도라는 2025년까지 실험실에서 만든 다이아몬드의 사용을 포함한 순환 혁신과 보석에 재활용된 금과 은만 사용하기로 약속했다.

판도라는 다양성과 포용성과 관련하여 2025년까지 여성이 차지하는 리더 직책의 3분의 1을 확보하고 2030년까지 부사장급 이상의 수준에서 형평성을 달성하는 것을 목표로 고용과 승진에 있어서 성 평등을 약속했다.

그리고 이 회사는 광고 예산의 30%를 여성과 소수민족 소유의 에이전시들과 함께 쓰기로 약속했다. 판도라는 이러한 비전을 달성하기 위해서는 비즈니스 파트너들과 자사의 직원들을 교육하는 데 참여하고 영감을 주며 도움을 주어야 할 것임을 인식하고 있다.

그러한 노력을 보여주고 그린워싱에 대한 비난을 피하기 위해 판도라는 책임 있는 마케팅 코드와 교육 및 지속적인 지침을 포함한 관련 거버넌스를 개발했다. 판도라는 비즈니스의 다른 주요 변화 프로그램과 마찬가지로 회사에 실제로 중요한 것에 중점을 두고 지속가능성 약속을 운영하고 있다. 지속가능성이 체계적으로 통합되었다는 증거는 회계법인 EY가 검증한 연간 지속가능성 보고서와 SBTi, 보석위원회Jewellery Council, 국제인권감시기구Human Rights Watch 등 외부 단체의 정기적인 조사를 통해 제공된다.

　CEO 알렉산더 라식은 다른 사업체들이 지속가능성을 내재화하고, 특히 그들의 조직문화로 구축하기를 원한다면, 그들은 지속가능성 약속이 '간단하고 이해하기 쉬우며 구체적'이어야 한다고 조언한다. 최고 인사 책임자인 에릭 슈미트Erik Schmidt는 "지속가능성은 진정성이 있어야 하고, 자신의 사업에 뿌리를 두어야 한다"고 말하면서, 다른 사람들로부터 배우는 것이 중요하지만 '복사, 붙이기'를 하지 않는 것이 중요하다고 덧붙였다.[18]

요약

　지속가능성을 운영하는 것은 회사의 노력을 직원과 다른 이해관계자들에게 현실적이고 신뢰할 수 있으며 의미 있게 만든다. 그것은 말 그대로 회사를 더 지속가능하게 만들고 경쟁력과 장기 회복력을 향상시키면서 지속가능성의 비전과 전략이 살아나는 것을 보고 느끼도록 한다. 운영 실현에는 초점이 필요하고 종종 제품과 서비스 재설계, 새로운 비즈니스 모델 개발을 포함한 중대한 변화 관리가 수반된다.

　기업은 에너지 사용 감소 및 폐기물 제거와 관련된 비용 절감에서 조기 성과를 찾을 수 있는 방안과 모든 사업 부문이 지속가능성 전략에 필요한 변화를 제공하고 조직 운영 방식에 지속가능성 사고를 체계적으로 통합하기 위한 실행 계획을 개발하는 데 소요되는 시간을 고려해야 한다. 이는 기업뿐만 아니라 공급업체 및 궁극적으로 전체 가치 사슬을 포함하므로 회사의 모든 측면과 그 결과에 영향을 미친다.

실행을 위한 주요 점검 사항

1. 지속가능성 전략에 따라 사업의 각 부분이 운영을 검토하도록 함으로써 내부 조정을 강화한다.
2. 비용 절감 및 폐기물 제거의 형태로 지속가능성에 대한 노력에 대한 '조기의 성과'를 확인한다.
3. 회사의 제품 또는 서비스 포트폴리오를 보다 지속가능하게 만들기 위한 기회를 검토한다.
4. 경쟁력 있는 벤치마킹, 리스크 식별, 연구 개발 및 혁신 프로세스에 지속가능성을 통합한다.
5. 공급업체와 협력하여 그들의 노력이 기업의 노력과 일치하도록 한다.
6. 새로운 사업 모델을 통해 지속가능성 목표를 더 빠르게 실질적으로 달성할 수 있는 장소와 방법을 고려한다.
7. 외부 컨설턴트를 활용하여 자체 기술과 역량을 보완함으로써 지속가능성을 독자적으로 진행하는 것보다 더 신속하고 효과적으로 실행할 수 있다.

더 알아보기

◆ Long, J, Lacy, Pand Spindler, W (2020) Circular Economy Handbook: Realizing the circular advantage, Palgrave Macmillan

◆ The Ellen MacArthur Foundation website has useful resources: www. ellenmacarthurfoundation.org

◆ Volans (2016) Breakthrough Business Models Report 2016, volans.com/wp-content/uploads/2016/09/Volans_Breakthrough-Business-Models_Report_Sep2016.pdf

◆ WBCSD (2021) Vision 2050: Time to transform, www.wbcsd.org/Overview/About-us/Vision-2050-Time-to-Transform

◆ Weetman, C (2020) A Circular Economy Handbook: How to build a more resilient, competitive and sustainable business, Kogan Page

참고 문헌

1   UK Department of Energy & Climate Change (2015) SME guide to energy efficiency, GOV.UK, 26 March, www.gov.uk/government/publications/sme-guide-to-energy-efficiency (archived at https://perma.cc/X7QW-AWQJ)

2   Goldman Sachs (2021) Sustainable finance, www.goldmansachs.com/our-commitments/sustainability/sustainable-finance/ (archived at https://perma.cc/A2Q8-KX3C)

3   Skyler, E (2021) Citi Commits $1 trillion to sustainable finance by 2030 [blog], Citi Group, 15April,blog.citigroup.com/2021/04/citi-commits-1-trillion-to-sustainable-finance-by-2030/ (archived at https:/ /perma.cc/UUE5-L455)

4   Sedex (2021) About us, www.sedex.com/about-us/ (archived at https://perma.cc/67WH-WRC0)

5   Bové, A and Swartz, S (2016) Starting at the source: Sustainability in supply chains, McKinsey Sustainability, 11 November, www.mckinsey.com/business-functions/sustainability/our-in sights/starting-at-the-source-sustainability- in-supply-chains (archived at https://perma.c c/FY2V-TDC4)

6   Ellen MacArthur Foundation (2017) The circular economy in detail, https:/ / archive.ellenmac arthurfoundation.org/explore/the-circular-economy-in-detail (archived at https://perma.c c/PBG7-J9T]

7   Ellen MacArthur Foundation (2021) Network, ellenmacarthurfoundation.org/

network/overview (archived at https://perma.cc/7LRS-BE3U)

8   Haas School of Business University of California (2021) Center for Responsible Business, haas.berkeley.edu/responsible-business/ (archived at https:/ /perma.cc/AHT6-6]XH)

9   ERB Institute University of Michigan (2021) ERB Institute, erb.umich.edu/ (archived at https://perma.cc/Q5ML-C8TZ)l

10 www.insead.edu/centres/the-hoffmann-global-institute-for-business-and-society (archived at https://perma.cc/3YT7-GVUA)

11 www.cranfield.ac.uk/som/expertise/sustainability (archived at https://perma.cc/XM35-LHYD)

12 Toyota (2021) TMC announces financial results for fiscal year ended March 31, 2021, Toyota Newsroom, 12 May, pressroom.toyota.com/tmc-announces-financial-results-for-fiscal-year-ended-march-31-2021/ (archived at https://perma.cc/GXK5-QJUD)

13 Toyota (2021) Overview: Company information, company profile, global.toyota/en/compan y/profile/overview/ (archived at https://perma.cc/7AL8-FPU6)

14 Toyota (2021) Sustainability, global.toyota/en/sustainability/ (archived at https://perma.cc/NZB9-6ZJ6)

15 Toyota (2020) Environmental Report 2020, global.toyota/pages/global_toyota/sustainabilit y/report/er/er20_en.pdf#page=11 (archived at https://perma.cc/RGG2-648E)

16 Toyota (2021) Governance, global.toyota/en/sustainability/esg/governance/ (archived at https://perma.cc/T96K-YRA3)

17 Toyota (2020) Environmental Report 2020, global.toyota/pages/global_toyota/sustainabilit y/report/er/er20_en.pdf#page=11 (archived at https://perma.cc/RGG2-648E)

18 Lacik, A (2021) Webinar with Alexander Lacik and other members of the Pandora Executive Team, Russell Reynolds Associates, 9 September; Pandora (2021) About, pandoragroup.com/about (archived at https://perma.cc/Q4XJ-EJV5)

제6장

지속가능한 조직문화 구축

개념의 이해

조직문화는 각 조직의 지배적인 사고방식과 행동 양식을 보여준다. 이는 때로 '조직 DNA'라고도 불리우며, 사업 추진과 조직 운영의 원칙을 형성하기도 하고 '아무도 보지 않을 때 조직 구성원들이 하는 행동 방식'이라고 말할 수도 있다. 영국의 한 리테일 기업은 조직문화를 '이 조직에서 일하면서 느끼는 감정'과 같은 것이라고 정의하기도 했다.

우리 모두는 아무 문제도 없어 보이는 조직에서 훌륭한 서비스를 제공하는 것을 경험했을 때를 긍정적으로 기억하게 된다. 즉, 제품과 서비스가 뛰어난 것은 물론이고 직원들이 문제를 해결하고 고객을 기쁘게 하기 위해 더 많은 노력을 기울이는 조직을 경험하게 되면 우리는 그 조직을 긍정적으로 기억하게 된다. 반대로 서비스가 느리거나 신뢰할 수 없고 열악한 경우 또는 제품이나 서비스의 품질이 좋지 않거나 제대로 전달되지 않는 경우와 같이 직원이 부주의하고 도움이 되지 않는 조직을 한 번씩은 경험해 보았을 것이고 그 조직에 대한 기억은 매우 부정적인 것이다. 이러한 결과는 결국 조직문화에 따라 크게 좌우된다고 볼 수 있다.

조직문화를 구축하는 데는 많은 요소들이 영향을 미친다. 기업 지배구조에 관한 영국의 공식 보고서에서는 다음과 같은 내용을 제시하고 있다. "조직문화는 기업이 운영 및 이해관계자와의 관계에서 나타내는 가치, 태도 및 행동의 조합이라고 정의할 수 있다."[1]

1992년에 게리 존슨Gerry Johnson 과 케반 스콜스Kevan Scholes 가 개발한 조직문화를 위한 웹은 조직문화에 대한 유용한 접근 방식을 제공한다. 이 조직문화Culture Web 웹은 아래에서 제시하는 6가지 상호 연계성을 가진 요소로 구성되어 있다.

- ◆ 이야기 Stories : 과거에 일어났던 사건이나 조직 내부와 외부에 대해서 사람들이 했던 말들
- ◆ 의식과 일상Rituals and Routines : 수용 가능한 행동으로 여겨질 수 있는 일상적인 행동과 활동. 이것은 주어진 어떤 상황에서 무슨 일이 일어날 것인지 예측하고 경영에서 어떠한 가치를 중요하게 여길 것인지를 결정하게 된다.
- ◆ 상징과 기호Symbols : 조직의 로고, 사무실의 형태, 직원들의 공식 또는 비공식 복장 규정 등을 포함하는 조직의 시각적 표현 방식
- ◆ 조직 구조Organizational Structure : 여기에는 조직도에 의해 정의된 공식적 조직 구조 뿐만 아니라, 조직도에 나타나지는 않지만 누가 조직에 가장 가치 있는 기여를 하는지 나타내는 영향력

구조를 모두 포함한다.

◆ 통제 시스템 Control Systems : 조직이 제어 및 통제 되는 방식. 여기에는 재무적 통제 시스템, 품질 시스템 그리고 보상 체계(조직 내에서 측정되고 보상이 이루어지는 방식을 포함) 등이 포함된다.

◆ 권력 구조 Power Structures : 조직 내 실질적 권력 구조. 여기에는 한두 명의 주요 고위 임원, 전체 경영진 또는 특정 부서 등이 포함될 수 있다. 핵심은 이 사람이나 부서가 조직의 의사결정, 운영 및 전략적 방향 설정 등에 가장 큰 영향을 미친다는 점이다.[2]

큰 조직에서는 한 사업부나 지역 본부의 문화가 다른 사업부나 지역 본부의 문화와 상당한 차이를 보여줄 가능성이 있다. 조직문화는 많은 부분 리더십과 경영진의 방침 등에 큰 영향을 받게 된다. 예를 들어 이사회 및 경영진의 의사결정 사례나 의결 방식 및 어조 그리고 고위 관리자나 일선 관리자의 행동(업무) 방식과 의사결정 사례 등이 이에 해당한다. 이것이 보여주는 중요한 영향 중 하나는 핵심 리더가 바뀜에 따라 조직문화는 물론 성과 창출 방식이 극적으로 바뀔 수 있다는 점이다. 따라서 조직이 리더십(이사회 또는 경영진이나 관리자)을 교체하는 과정에서 조직문화를 특히 신중하게 관리해야 한다.

지속가능성을 지원하는 조직문화

지속가능한 조직문화란 기업이 비즈니스를 영위하는 데 있어 무엇을 하는지, 왜 하는지, 어떻게 하는지 그리고 누구와 함께 하는지에 대해서 지속가능성을 고려하고 적용하는 것을 말한다. 우리가 이전에 발간한 저서 『올인: 비즈니스 리더십의 미래』에서 긍정적이고 지속가능한 조직문화에는 아래에 나와 있는 4가지 중요한 측면과 요건이 있다고 제안한 바 있다. 그 4가지는 아래와 같다.

◆ 참여와 역량 강화
◆ 실무 책임감과 윤리성
◆ 투명성과 결과 책임성
◆ 개방성과 혁신성[3]

참여와 역량 강화

긍정적인 조직문화를 만들기 위해서는 탑다운 즉, 하향식 전달 체계(예를 들어 명확한 존재 목적의 제시, 비즈니스 모델과 전략의 수립과 제시, 이를 가능하게 하기 위한 강력한 리더십 등)와 바텀 업 즉, 상향식 전달 체계와 노력(예를 들어 직원들이 조직의 성공에 효과적으로 기여할 수 있도록 개별 직원 스스로가 주도적으로 일을 추진하는 것 등)이 성공적으로 함께 이루어져야 가능하다. 이를 위해서는 효과적인 학습과 지속적인 교육 그리고 끊임없는 전문성 개발뿐만 아니라 직원 복지에도 초점을 맞출 필요가 있다.

과거에는 참여를 유도하고 역량을 강화하는 조직문화를 그저 함축적이고 은유적인 즉 두루뭉술한 개념 정도로 이해했다면 지금은 다양성, 형평성 그리고 포용성 등을 포함한 명확한 지표들을 명시적으로 강조하고 있다. 특히, 2020년 조지 플로이드George Floyd 살해 사건 이후 구조적 인종 차별 문제와 각종 차별 이슈들을 종식시키려는 움직임이 급증하고 있는 상황에서 더욱 두드러진 현상이라고 할 수 있다. 물론 이는 흑인 인권 운동인 '블랙 라이브스 매터' 운동, 미투MeToo 운동 그리고 장애인 권리 보호 운동에 의해 확립된 모멘텀을 기반으로 하고 있다.

DE&I 즉, 다양성, 형평성 그리고 포용성에는 기업이나 조직의 문화적 규범과 가치를 반영한다고 할 수 있다. 이는 모든 사람이 온전히 존중받고 인정받는다고 느낄 수 있는 환경을 조성하는 것을 의미한다. 이는 또한 다양한 인력에 내재된 창의성으로 인해 더욱 혁신적으로 변모할 수 있도록 지원하며, 이는 모든 사람의 지식과 경험을 인정하고 소중히 여김으로써 향상된다.

실무 책임감과 윤리성

조직문화에서의 실무 책임감과 윤리성은 기업이 물질적, 사회적, 환경적, 경제적 영향에 대한 책임을 지고 지속가능성 약속에 대한 효과적인 거버넌스(의사결정 체계) 및 관리 감독 체계를 구축하는 것을 의미한다.

여기에는 직원, 공급업체 및 비즈니스 파트너가 책임감 있게 행동하기 위해 자신에게 기대되고 요구되는 것이 무엇인지 알고 있는 문화, 윤리적 리스크가 도사리고 있는 모호한 회색지대를 잘 빠져나갈 수 있도록 도움을 주는 윤리적 의사결정 프레임워크를 갖추고 운영하는 문화, 장기적인 훈련과 교육을 통해 이러한 것들이 강화되도록 지원하는 문화 등을 포함한다. 이는 윤리 규정과 강령 또는 비즈니스 원칙 선언문을 마련하고 정기적으로 검토 및 업데이트를 하는 것이 도움이 될 수 있다. 물론 이 과정에서 외부 벤치마킹을 진행하거나 내부 컨설팅을 활용하는 것이 바람직할 것이다.

투명성과 결과 책임성

지속가능성을 지원하는 강력한 조직문화의 또 다른 차원은 바로 투명성과 결과 책임성이다. 이는 조직에 대한 신뢰를 구축하기 위해 각종 성과의 증거와 영향에 대한 구체적이며 정확한 정보를 제공하고 선한 행동을 강화하기 위해 '홍보의 살균제'를 사용하는 것을 의미한다(제8장 참조). 투명하고 결과에 대해 책임감 있는 조직문화를 위해서는 목적, 비즈니스 모델, 전략, 운영, 리더십 및 성과에 대한 집중적인 양방향 커뮤니케이션이 필요하다. 이 양방향 커뮤니케이션은 리더로부터 조직 전체로 그리고 조직에서 다시 리더로의 소통에 상당히 의존하게 된다(제11장 참조). 이러한 커뮤니케이션이 없으면 직원 및 기타 이해관계자는 조직의 요구와 기회를 알 수 없으며 자신이 보고 경험한 것을 고위 경영진에게 전달할 수 없으므로 조직 리더는 최전선에서 일어나는 일과 조직의 외부 영향 측면에서 일어나는 일을 종합적으로 살펴볼 수 없게 된다.[4]

특히, 결과 책임성은 취약성을 드러내고 조직이 모든 해답을 가지고 있지 않다는 것을 인정할 만큼 겸손하고 용기 있는 것에 관한 것이기도 하다. 이는 조직이 직면한 문제를 해결하기 위해 다른 사람들과 협력하려는 의지를 보여주는 것을 의미한다.

개방성과 혁신성

    현재 모든 비즈니스가 직면하고 있는 변화의 확산과 정도를 감안할 때, 지속가능성을 지지하는 조직문화를 구축하기 위해서는 혁신을 강조할 수밖에 없으며 혁신이 자연스럽고 빈번하게 이루어질 수 있는 조건을 조성하는 것은 어쩌면 필수 조건일 것이다. 지속가능성을 내재화하는 것은 단순히 점진적인 개선을 의미하지 않는다. 오히려 비즈니스 모델을 포함한 근본적인 변화를 의미하며 이를 위해서는 광범위한 혁신이 필요하다.

    2019년 진행된 딜로이트 밀레니얼Millennial 세대 설문 조사에 따르면, 이미 산업 전반에 걸쳐 리더로 부상하고 있으며 2025년까지 전 세계 인력의 75%를 차지할 밀레니얼 세대는 혁신적인 사고를 촉진하고 기술을 개발하며 사회에 긍정적인 기여를 하는 조직에서 일하기를 원한다고 한다.[5]

    따라서 지속가능한 성공을 만들어내는 조직문화를 구축하기 위해서는 소극적이고 폐쇄적인 사고방식이 아닌 새로운 아이디어를 적극적으로 수용하는 개방적인 문화가 필요하다. 내부 및 외부 이해관계자들이 적극적으로 혁신을 제안하고 또 그들 스스로를 위해 혁신에 공감하고 지지하고 참여하고 싶어 하는 상황을 만들어야 한다. 따라서 지속가능한 조직문화는 결코 경직된 형태가 될 수 없다. 반대로 유연하고 민첩하며 지속적으로 개선되는 모습을 보여준다. 특히, 리더들은 혁신적인 사고방식 뿐만 아니라 10년 또는 그 이상의 미래에 예측되는 회사의 지속가능성 관행과 활동을 상상할 수 있는 마음가짐과 보다 지속가능한 비즈니스 모델을 구상할 수 있는 능력을 갖추어야 한다.

앞서 설명한 조직문화 웹과 지속가능성을 지지하는 조직문화의 4가지 차원(요건)은 모두 다음에 보여드릴 지속가능한 조직문화 콤파스 Sustainable Culture Compass 를 통해 요약 및 통합해서 정리해 볼 수 있다(그림 6.1 참조).

그림 6.1 지속가능한 조직문화 나침반: 목적과 가치의 강화

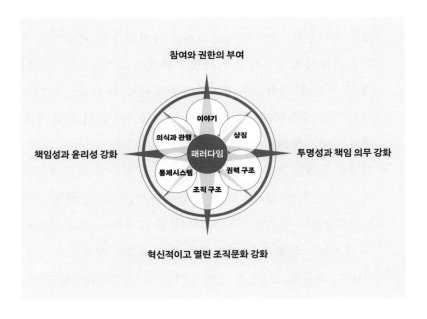

조직문화가 중요한 이유

지속가능성을 지지하는 조직문화(지속가능한 조직문화)가 중요한 이유는 여러 가지가 있지만 특히 눈에 띄는 몇 가지 이유를 정리해 보면 아래와 같다.

◆ 더 지속가능한 결과물을 만들어내기 위해 설계되고 관리되는 조직문화가 없으면 원하는 방향으로 나아가지 못할 수도 있으며 이상한 형태로 나타날 수도 있다. 사내 변호사이자 이사회 멤버로 또 이사회 의장으로서 풍부한 경험을 가지고 있는 앤서니 살츠 경 Sir. Anthony Salz은 바클레이즈Barclays의 조직문화에 대한 2013년 인터뷰에서 다음과 같이 기술하였다. '문화는 어쨌든 존재한다. 만약 이것을 그대로 내버려 두면 바람직한 행동을 유도하지도 못하고 리스크가 내재된 조직문화로 굳어지게 될 것이다. 직원들은 자신들이 보고해야 할 대상인 리더들이 무엇을 중요하게 생각하는지 금방 알아챌 것이고 안 좋은 문화는 빠르게 자리잡아갈 것이다.'[6]

◆ 건강한 문화는 효과적이고 성공적인 조직을 위한 핵심 요건이다. '조직문화는 아침식사로 전략을 먹지만 조직문화는 존재목적으로부터 식욕을 얻는다'[7]는 것을 기억해야 한다. 건강하지 않은 조직문화는 실적 저하와 평판 악화로 이어지게 된다. 반대로, 건강한 조직문화 속에서 적극적으로 참여를 유도하고 역량이 강화된 임직원들은 고객을 만족시키고, 업무를 완수하며, 입소문 추천이 느는 등 시간이 지남에 따라 지속가능한 수익으로 이어질 수 있다. 영국의 기업 지배구조에 관한 보고서인 웨이츠 리포트Wates Report는 다음과 같이 지적하고 있다. '건강한 조직문화는 회사의 경쟁 우위를 강화하는 데 매우 중요하며, 장기적인 가치를 창출하고 보호하는 데 필수적이다.'[8]

◆ 무책임하거나 비윤리적인 행동은 특히 고객과의 신뢰와 회사의 평판을 해칠 수 있으며, 사회로부터 부여 받은 기업의 운영 허가 즉 비즈니스 라이센스를 약화시킬 수 있으며, 때로는 조직의 존재 자체를 위협할 수 있다.

◆ 규제 기관과 투자자(회사)는 ESG 성과 개선의 일환으로 기업 이사회와 고위 경영진에게 선제적으로 조직문화를 명확하게 정의하고 관리하도록 더 많은 압력을 가하고 있다.규제 측면에서, 예를 들어 보자면, 영국 기업 지배구조법 UK Corporate Governance Code은 이제 이사회가 조직문화를 평가하고 모니터링하도록 요구하며, 이사회가 '기업 가치를 전략과 일치시키는 조직문화를 조성하고 장기적으로 그 가치를 보존하는 방법을 평가'할 것을 요구하고 있다.[9]

최근 개정된 일본의 기업 지배구조법과 네덜란드의 기업 지배구조법도 조직문화의 정의, 측정 및 감독의 중요성을 강조하고 있다. 투자자 중심의 한 예로, 세계에서 세 번째로 큰 자산운용사인 스테이트 스트리트 글로벌 어드바이저스 State Street Global Advisors 는 이사회에 기업문화를 검토하고 비즈니스 전략과의 연계를 설명할 것을 요청했다.

◆ 직원들이 100% 인간답게 일할 수 있고 자신의 모든 것을 쏟아 부을 수 있는 일하기 좋은 직장이 되어야 한다는 직원 및 잠재적 직원들(구직자)의 압력이 더욱 거세지고 있다. 특히 젊은 직원들은 따돌림, 괴롭힘, 성차별, 인종 차별, 장애인 차별, 연령 차별, 동성애 혐오 등을 용인하는 조직문화에 대해서 더 비판적이고 변화에 도전적이기까지 한다. 반대로 그들은 고용주를

참여시키고 권한을 부여하는 방법을 찾기도 한다. 개인과 팀의 성공을 축하하고 성취감을 가질 수 있도록 만들어주는 조직문화는 직원들을 강력한 지지자로 만든다. 직원들이 커뮤니티의 일원이라고 느낄수록 조직에 매력을 느끼고 계속 머무를 가능성이 높아진다. 사람에 초점을 맞춘 조직문화는 직원들의 참여도를 높이고, 사람들이 더 연결되어 있다고 느끼며, 공통의 목적의식을 나누고 실천할 수 있도록 만들어준다.

◆ 지속가능한 조직문화를 구성하는 4가지 차원(요소)은 서로 연결되어 있으며 상호작용을 통해 강화된다. 어느 한 차원(요소)을 없애면 시간이 지남에 따라 조직문화는 지속가능하지 못할 가능성이 높다. 경직되고 위계적인 조직은 지금의 젊은 직원들이 지속가능성 아이디어와 프로젝트를 개발하기 위해 주도적인 역할을 하도록 하는 데 방해 요인으로 작용할 것이다. 특히, 투명성이나 개방성을 부족하다는 것은 직원과 외부 이해관계자가 조직이 궁극적으로 달성하고자 하는 것이 무엇인지 또는 지속가능성을 위해 조직이 혁신하는 데 무엇이 필요한지 알지 못한다는 것을 의미한다. 마찬가지로, 기업이 비윤리적이거나 무책임해 보인다면 직원과 다른 이해관계자들을 참여시키고 지지를 받을 수 있는 가능성이 훨씬 적게 된다.

실행 및 추진 방법

우리는 지속가능한 조직문화를 구축하기 위해서는 5가지 기본 단계를 거쳐야 한다는 것을 확인하였다.

1단계: 현재의 조직문화 이해하기

지속가능한 조직문화 구축을 위한 출발점은 현재의 조직문화를 이해하는 것이다. 이를 위해서는 일종의 조직문화에 대한 감사와 평가가 필요한데 보통 커뮤니케이션을 위한 일반적인 도구나 기술을 활용할 수 있다(제11장 참조). 기존 조직문화를 감사하거나 평가할 때 활용할 수 있는 몇 가지 특정 도구에는 직원 참여형 설문 조사, 세부 조직문화를 파악하기 위한 설문 조사, 포커스 그룹 인터뷰, 출구 조사(외부 인터뷰), 그동안 조직에서 발간한 각종 출판물이나 보고서에 대한 분석, 웹사이트 분석, 글래스도어 Glassdoor와 같은 온라인 사이트에서 퇴사한 직원들이 우리 조직에 대해서 말하는 내용 조사, 순추천지수(우리 조직을 일하기 좋은 직장으로 추천할 가능성이 있는 직원의 비율을 반영) 조사, 그리고 외부 이해관계자 설문 조사 등이 있다. 일반적으로 조직문화에 대한 감사와 평가는 먼저, 조직의 가치가 명확하게 잘 정의되어 있고 잘 전달되고 있는지, 그리고 적절하게 내재되어 있는지를 알아볼 수 있으며 내부 고발 문제를 어떻게 조치하는지 또 부정적인 내부 감사 결과의 패턴을 조사할 수도 있다. 그 과정에서 일부 '위험 신호(경고 신호)'가 나타날 수도 있다. 예를 들어 낮은 수준의 소통, 공개되었지만 해결되지 않은 수사나 조사, 공개되었지만 기한을 넘긴 감사 이슈들, 그리고 직원 설문 조사에 대한 낮은 참여율 등이 그것이다.

더불어, 조직문화에 대한 감사와 평가에는 규정 위반 사항에 대한 모니터링, 중대 사고 또는 보건 및 안전 사고 건수에 대한 조사, 이사회 및 고위 경영진의 문화나 의사결정 패턴 등에 대한 조사가 포함될 수 있다. 일반적으로 더 나은 조직문화를 확립해 나가기 위해서는 직원 및 기타 이해관계자에게 기존 문화에 대해 무엇을 좋아하고 또 보존하고 싶은지, 무엇을 좋아하지 않고 또 버리고 싶은지, 어떤 다른 문화적 특성이나 추가적인 문화적 특성이 정착 및 장려되기를 원하는지 물어봐야 한다. 조직문화에 대한 감사와 평가는 계속 육성하고 더 성장시켜 나가야 할 강력한 지속가능성 문화가 이미 있는지의 여부를 평가하고 판단하는 것이어야 한다. 더불어, 유지 및 강화해야 할 몇 가지 좋은 요소들을 발견했으나 어느 정도 개선 및 변화가 필요한 것을 판단하는 것이어야 한다. 물론 대대적인 변화와 개선이 필요한 조직문화 요소들을 찾아내는 것 또한 중요한 결과물 중의 하나가 되어야 한다.

2단계: 바람직한 미래 조직문화에 대한 정의

다음 단계는 직원, 경영진 및 이사회가 기존 조직문화의 어떤 부분을 유지하기를 원하는지, 조직이 무엇을 버려야 한다고 생각하는지, 그리고 개선해 나가기 위해 요구되는 바람직한 행동과 새로운 운영 방식이 무엇인지를 식별하는 것이다. 기업의 지속가능성 전략에 따른 약속들과 조직문화가 적절하게 조화를 이루고 서로를 지원할 수 있도록 만드는 것 또한 이러한 노력의 일환이 될 것이다. 이를 잘 수행하는 조직은 더 나은 조직문화를 만들어가는 목표를 달성하기 위해 직원들과의 협업을 적극적으로 이끌어낸다. 이는 변화에 따른 내부적 저항을 차단 또는 최소화하면서도 이 변화와 개선의 여정에 적극적으로 참여하지 않는 사람들도 계속 나아가도록 유도하게 된다. 그것은 긍정적인 변화를 주도하는 사람들에게 엄청난 힘을 실어주고 활력을 불어넣어 주게 된다.

조직문화의 변화는 스캔들, 경기 침체, 인수 또는 합병 등과 같은 요인으로 인해 계획되어질 수도 있고 점진적으로 진행될 수도 있으며 갑작스럽고 극적으로 진행될 수도 있다. 대부분의 경우, 지속가능성은 완만하고 점진적인 변화만으로는 달성할 수 있다고 생각하지 않는다. 조직문화를 바꾸는 것은 조직문화 웹의 연동 특성과 지속가능한 조직문화의 요건(차원)이 서로 맞물려 있고 서로를 강화하는 방식이기 때문에 어렵기도 하고 시간 또한 많이 소요될 수 있다.

기업(조직)은 그림 6.1에서 제시한 지속가능한 조직문화 구축을 위한 나침반 Sustainable Culture Compass를 고려할 필요가 있다.

◆ 나침반의 포인트가 조직문화 개선을 위한 바람직한 요소(차원)와 방향을 정확하게 설명하고 있는가?
◆ 수정해야 할 사항이 있는가?
◆ 추가적으로 고려해야 할 요소가 있는가?

이 작업을 마친 후 다음 단계는 현재의 조직문화와 원하는 바람직한 조직문화를 맵핑하고 현재 문화에서 원하는 조직문화로 이동해 나가기 위한 구체적인 실행 계획을 개발하는 것이다. 이 과정에서 이사회는 매우 적극적인 자세를 취해야 하며 모범을 보여야 한다.

3단계: 현재 조직문화와 바람직한 조직문화의 설계와 새로운 조직문화를 구축해 나가기 위한 실행 계획 수립

현재 조직문화를 감사 및 평가하고(1단계) 원하는 바람직한 조직문화의 변화 방향과 미래 모습을 정의하면(2단계) 기존 조직문화와 미래 모습에서 얼마나 겹치는 부분이 있는지, 그리고 를 조정하고 더 바람직한 방향으로 변화해 가기 위해 얼마나 많은 작업을 수행하고 어떤 리소스가 필요한지 등을 알 수 있게 된다. 문제는 이를 어떻게 가장 잘 수행할 수 있도록 만드느냐이다. 더 나은 조직문화를 구축하기 위해 새로운 목표 행동을 정확히 정의하고 전달하며 지속적으로 강화해 나가야 한다. 이를 위해서는 공동의 실행 계획이 필요하다. 실행 계획을 수립하고 지속적으로 실천해 나가기 위해서는 이사회와 최고 경영진의 적극적인 지원과 참여가 필요하며, 가능한 경우 조직의 긍정적 유산을 기반으로 해야 하며, 조직문화 개선 활동에 대한 지속적인 검토를 통해 다음 활동을 더 나은 방향으로 수정해 나갈 수 있어야 한다.

- ◆ 채용 기준을 통한 적용: 조직의 목적과 발전 방향에 부합하는 가치를 가진 사람을 고용한다.
- ◆ 직원 서약을 통한 적용: 직원들이 회사의 목적, 가치, 윤리강령 또는 비즈니스 원칙과 지속가능성에 대한 약속을 준수하도록 한다.
- ◆ 교육 및 지속적인 전문성과 역량 개발을 통한 적용: 내부적으로 운영되는 교육 프로그램과 외부 제공업체로부터 제공 되는

프로그램 모두에서 지속가능성 리더십 및 관리 역량 강화 프로그램을 검토하고 포함시킨다(제7장 참조).

◆ 신고 및 제안 제도를 통한 적용: 내부 고발 프로세스나 신고 및 제보 채널 등을 더욱 확장하여 바람직하지 않은 조직문화를 발견하거나 의심이 될 때마다 자유롭고 부담 없이 의견을 남기고 긍정적 변화를 촉구하는 목소리를 낼 수 있도록 장려한다.

◆ 의사결정 프로세스를 통한 적용: 현재의 정책과 의사결정 절차 등으로는 해결할 수 없는 새로운 도전 과제들이 있을 수 있기 때문에 반드시 가치 기반의 의사결정 프레임워크를 설계하고 구축하고 실천해야 한다.

◆ 정기적인 의사소통(커뮤니케이션)을 통한 적용: 모든 직급의 리더는 비즈니스의 목적, 조직의 존재 가치, 지속가능성에 대한 약속, 사업 전략 그리고 예상되는 실행 계획 등을 적극적으로 이야기 하고 조직원들과 소통할 수 있도록 해야 한다(제11장 참조).

◆ 협업(콜라보레이션)을 통한 적용: 각 조직원들의 역할과 책임 및 바람직한 행동에 대한 구체적 설계를 통해 문제해결 과정에 함께 참여할 수 있는 기회를 확대해야 한다. 특히, 지속가능성과 연계된 협업을 통한 구체적 성과와 결과를 창출할 수 있는 의미 있는 기회들을 지속적으로 제공하는 것이 중요하다.

◆ 인정 및 보상 체계를 통한 적용: 보상 체계, 보너스 및 승진 시스템 등이 모두 지속가능성을 조직문화에 내재화하는 데 방해되지 않고 지속가능성에 대한 참여와 기여를 강화하도록 개선

되어야 한다.

적어도 초기에는 몇 가지 중요한 행동의 변화에 초점을 맞추는 것이 합리적이다. 조직은 지속가능한 조직문화를 만들어가는 과정에서 공식적 개입과 비공식적 개입을 통합해야 한다. 공식적인 개입에는 성과 관리 프레임워크, 내부 커뮤니케이션과 교육, 보상 체계 등이 포함되는 반면, 비공식적인 개입에는 조직 내 협업과 상호 업무, 관리자의 소통, 리더나 고위 관리자의 행동 및 의사결정 패턴 등이 포함된다.[10]

실행 계획에는 지속가능성을 지지하는 긍정적인 조직문화 구축을 위해 반드시 요구되는 각 4가지 요건요소, 차원들을 다루고 강화할 필요가 있다.

참여와 역량 강화

다니엘 핑크Daniel Pink[11]와 사이먼 시넥Simon Sinek[12]과 같은 작가들도 사람들이 직장에서 일에 대한 충분한 숙달과 역량, 자율성 그리고 존재 목적을 명확히 갖는다는 것이 매우 중요하다는 것을 제시한 바 있다. "자율성은 자신이 스스로 주체적인 마음을 가지고 자신의 배를 조종해 가려는 열망을 뜻한다. 숙달과 역량은 그 배를 잘 조종해 나갈 수 있는 능력을 말한다. 그리고 존재 목적은 직원 각자의 여정이 더 넓고 깊은 의미와 가치를 가지고 있다는 것을 아는 것이다."라고 핑크는 이야기한다.

직원들은 자신이 신뢰 받고 있다고 느끼고, 고객을 만족시키기 위해 더 많은 노력을 기울이고 문제를 해결하기 위해 주도적으로 노력할 수 있는 권한이 있다는 것을 이해해야 한다. 이상적인 것은 직원들이 정직 하려고 노력하는 것이 전혀 노력하지 않는 것보다 더 좋다는 것을 인식하는 것이며 최선을 다했는데도 실패했다면 그 실패로부터 배울 수 있는 한 실패해도 괜찮다고 느끼는 조직문화를 갖추는 것이다. 이것의 가능 여부는 관리 방식이나 조직 운영 프로세스 모두에 달려 있다.

중요한 프로젝트와 프로그램 진행 후에 검토를 수행하는 것은 중요한 프로세스이다. 이러한 검토는 책임을 전가하기 위한 것이 아니라 무엇이 효과가 있었고 무엇이 그렇지 않았는지, 그리고 미래를 위한 더 나은 솔루션이 무엇인지 알아보기 위한 중요한 과정이다. 학습과 지속적인 개선을 위한 정기적인 검토 원칙을 개발하는 것이 가끔 사후 분석을 하는 것보다 훨씬 낫다.

긍정적인 목적이 있다고 느끼는 것을 넘어 직원들의 적극적인 참여를 구축하는 한 가지 실용적인 방법은 이익 공유 계획 또는 직원 스톡 옵션 프로그램을 통해 직원들에게 비즈니스 성공에 대한 지분을 제공하는 것이다. 특히, 이러한 제도들이 장기적으로 재무 및 지속가능성 성과와 연결될 수 있다면 더욱 좋다.

다양성, 형평성 및 포용성과 관련하여 기업은 조직 운영의 다양한 측면에서 여성, 다양한 인종 및 장애인 직원의 비율을 높이고 임금 격차를 해소하기를 원할 것이다. 여기에는 이사회 및 고위 경영진의 헌신, 다양성과 형평성과 포용성에 대한 지지, 멘토링, 채용 관행의 개선 및 직원 네트워크 또는 리소스 그룹(예를 들어 여성 직원, 장애인 직원, LGBTQ+로 대변되는 성소수자 직원 등과 같이 비슷한 정체성을 공유하고 인생의 경험을 기반으로 공감하고 함께 모일 수 있는 직원들의 집합) 구축 등이 포함될 것이다. 직원 네트워크의 구축은 포용을 가로막는 장벽을 식별 및 제거하고 동맹을 구축하는 데 중요한 역할을 할 수 있다.[13] 포용성은 재량적인 노력을 가능하게 하는 동인으로서 매우 중요하다고 할 수 있다. 동료들이 직장에서 진정한 자아를 발휘할 수 없고 그에 대한 가치를 인정받지 못한다면 고용주를 돕기 위해 나서지 않는 것은 당연한 결과일 것이다.

실무 책임감과 윤리성

기업은 중대성 평가 프로세스(제2장 참조)를 통해 기업이 책임져야 할 가장 중요한 영향을 식별할 수 있어야 하며, 포괄적인 지속가능성 전략은 기업이 이러한 책임을 이행하는 방법을 명확히 해야 한다. 기업이 책임을 실현하기 위해 취할 수 있는 몇 가지 실용적인 이니셔티브에는 예를 들어 모든 관할 지역에서 법적, 도덕적으로 납부해야 하는 모든 세금을 제대로 납부하기 위한 책임 있는 법인세 납부 전략을 수립하는 것이 포함된다. 고려해 볼만한 또 다른 실질적인 조치로는 차별 없는 임원 보상 체계 구축과 더불어 조직이 생활 임금을 지불하고 직장 내 빈곤을 근절하도록 보장하는 활동 등이 있을 수 있다.

기업 윤리 연구소IBS: Institute of Business Ethics는 조직이 윤리적 문화를 구축하기 위한 프레임워크를 개발할 것을 권장한다(그림 6.2 참조). 여기에는 일반적으로 다음과 같은 내용이 포함된다.

◆ 조직과 가장 관련성이 높은 문제와 이슈들을 이해하고 도출하기 위한 윤리적 위험 평가

- 윤리강령 개발 및 정기적 업데이트(2021년 IBE의 연구 결과에 따르면 영국 FTSE100 중에서 최신 윤리강령을 갖춘 기업은 절반도 되지 않음)
- 윤리규정의 실제 적용에 대해 논의하고 조직에서 윤리규정이나 행동강령 등이 어떻게 적용되고 있는지에 대한 사례 중심의 지속적인 교육과 커뮤니케이션(윤리적 위험을 예측하고 예방하는 데 도움이 됨)
- 높은 윤리적 기준을 지원하는 메커니즘 메커니즘(예: 문제의 초기 단계에 직원들이 우려 사항을 적극적으로 제기할 수 있도록 장려하는 발언 프로그램)
  부정 행위나 비윤리적 행위에 대한 신고 및 보고 메커니즘
- 각 제도나 프로그램의 효과와 조직이 윤리적 가치에 부응하는 정도를 모니터링하기 위한 검증 프로세스
- 벤치마킹(경쟁사, 선진기업 사례 등)

그림 6.2 윤리경영 프레임워크

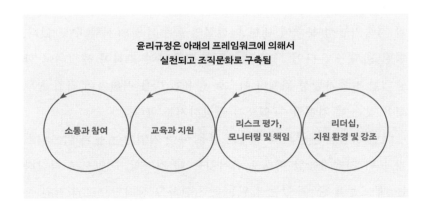

윤리규정은 아래의 프레임워크에 의해서
실천되고 조직문화로 구축됨

소통과 참여   교육과 지원   리스크 평가, 모니터링 및 책임   리더십, 지원 환경 및 강조

투명성과 결과 책임성

투명하고 책임감 있는 조직은 보고와 정보 공개에 대한 의무를 다하며 충실하기 위해 노력한다(제8장 참조).

어떤 기업들은 직원들이 사업의 재무적 성과와 향후 비즈니스 건전성을 직접 확인할 수 있는 '오픈 북 Open books'을 기반으로 조직을 운영하기도 한다. 투명하고 책임감 있는 조직은 효과적인 커뮤니케이터이며 이해관계자를 비즈니스 운영에 더 많이 참여시킨다(제11장 참조).

개방성과 혁신성

책임감 있고 윤리적인 조직은 직원들이 더 많은 관심과 신뢰를 가질 것이기 때문에 직원들의 참여를 강화하고 권한을 부여할 수 있는 가능성이 더 크다고 할 수 있다. 특히, 조직이 투명하여 직원들이 조직 운영과 사업 상 무슨 일이 일어나고 있는지 정확하게 이해하고 미래 전망을 더 잘 예측할 수 있다면 더욱 그렇다. 이러한 직원들은 더 많은 동기를 부여 받고 더 나은 정보를 제공함과 동시에 좋은 아이디어를 창출하는 데 기여하고 비즈니스와 조직이 직면한 지속가능성 문제에 대한 혁신적인 솔루션을 제시할 수도 있다. 어떤 회사는 온라인 사내 플랫폼을 활용하여 조직이 해결해야 할 중대한 지속가능성 문제나 이슈를 공유한 다음 직원들이 직접 솔루션을 찾는 데 기여할 수 있도록 권장하기도 한다.

어떤 기업들은 사회적 가치를 담은 사내 기업가는 물론 비즈니스가 보다 지속가능한 미래로 나아가는 데 기여할 수 있도록 혁신하는 데 도움을 줄 수 있는 직원들을 지원하고 장려함으로써 직원 주도의 혁신을 바탕으로 성공을 거둔 경우도 많다. '사회적 가치를 담은 사내 기업가Social Intrapreneur는 사회와 기업을 위한 공동의 가치를 창출하는 수익성 있는 새로운 제품, 서비스 또는 비즈니스 모델을 개발하고자 하는 기업가 정신을 가진 직원을 의미한다. 사회적 가치를 추구하는 사내 기업가들은 고용주가 지속가능성 관련 약속과 책임을 이행하고 고객과 지역사회를 위한 가치를 창출할 수 있도록 지원하는 역할도 수행한다.[14] 이는 드래곤스 덴Dragon's Den 또는 샥크 탱크Sharks' Tank와 같은 경쟁 프로그램이나 혁신을 위한 사내 기금 조성, 내부 또는 외부 교육 프로그램이나 멘토링 등을 통해 사내 기업가 활동을 육성하기 위한 회사의 의도적인 프로그램의 결과일 수도 있다. 다시 강조하자면, 이러한 활동과 환경은 더 긍정적이고 바람직한 행동을 조직 내에 확산하기 위한 인센티브 제도를 통해 강화될 수 있다는 점이다. 사회적 가치를 고려하는 사내 기업가 육성 방안에 대해서 더 깊이 이해하고 싶은 경우 제7장의 내용을 참조할 수 있다.

또한 R&D 부서와 제품 및 서비스 개발 팀의 역할을 개선하고 필요한 경우 재정비하는 것이 중요하며 특정 아이디어를 발전시킬 것인지의 여부를 결정하기 위해 지속가능성을 고려한 단계별 게이트 리뷰를 적용하도록 체계를 만드는 것이 중요하다. 예를 들어 어떤 혁신 아이디어가 현재보다 더 많은 지속가능성 이점을 창출할 수 있는지 아니면 비용 절감 효과가 있는지 등을 R&D 또는 제품 및 서비스 개발 프로세스에서 지속적으로 확인하는 것이 필요하다. 어떤 기업들은 이처럼 지속가능성을 고려한 단계별 게이트 리뷰를 실제 추진 여부를 결정하는 중요한 요인으로 활용하기도 한다. 최근 나이키Nike의 CEO는 매 시즌 새로운 스니커즈를 선보여야 하는 디자이너와 제품 개발자들에게 '우리 신제품이 고객의 퍼포먼스를 어떻게 향상시킬 것인가?'라는 질문에서 '우리의 제품이 지속가능성을 어떻게 향상시킬 것인가?'라는 질문 또한 추가하는 형태로 바꾸었다고 강조한다.

4단계: 실행 계획의 이행

조직문화를 변화시키고 개선하기 위한 여러 실행 프로그램을 달성하는 것은 일련의 단계를 밟아 가는 것 이상의 노력이 필요하다. 이를 제대로 이해하려면 조기문화의 핵심 동인을 이해하는 것이 중요하다. 예를 들어 많은 기술 중심 기업의 조직문화는 엔지니어링과 프로세스에 의해서 좌우된다. 반면 소비재 회사는 제품 및 브랜드 마케팅 리더에 의해 조직문화의 방향이 결정될 가능성이 높으며 스타트업은 창업자의 성향에 따라 조직문화가 결정되기도 한다. 조직의 문화와 동인을 잘 이해하면 실행 계획을 구현할 때 우선순위를 정하는 데 도움이 된다.

마찬가지로, 보다 지속가능한 조직문화를 구축하기 위한 실행 계획의 잠재적 요소를 4가지 차원으로 제시했지만, 한번에 여러 가지 요소를 강화하는 방식으로 구현하는 것이 더 합리적이다. 예를 들어 사내 기업가를 격려하고 육성하기 위한 체험 학습 프로그램은 미래의 리더를 개발하고, 직원을 참여시키고 권한을 부여하며, 협업 기술을 구축하고, 필요한 혁신을 창출하며, 지속가능성을 위한 피트너십에 대한 회사의 개방성을 보여줄 수 있는 방식으로 추진되는 것이 바람직하다.

조직은 월별, 분기별, 반기별 보고 형식과 내용을 통해 어떤 변화가 있었는지 그 추이를 정리해 나갈 필요가 있다. 지속가능성을 고려하는 더 나은 조직문화를 구축해 나가기 위해 관리자들은 어떤 KPI(핵심 성과 지표)가 필요한지 그리고 어떤 활동들을 모니터링하고 공론화 할 것인지 등을 결정하는 것이 중요하다. 조직문화 개선을 위한 실행 계획이 실행됨에 따라 이사회와 경영진은 퇴사자 인터뷰나 다른 직원들의 피드백과 같이 조직문화의 변화 및 개선 노력이 반영되고 있다는 실질적 증거들을 찾게 될 것이다.

지속가능한 조직문화를 만들기 위한 실행 계획을 구현할 때 조직은 리더가 무엇에 주의를 기울이는지, 리더가 중요한 사건에 어떻게 반응하는지, 자원이 어떻게 할당되는지를 통해 조직에 보내는 신호를 신중하게 고려해야 한다.[15] 또한 모든 직급의 리더가 바람직한 행동을 보이는지 여부와 방법에 대해 생각해야 하며, 물리적 업무 공간 디자인 및 건물 설계, 조직이 사내 또는 온라인 미디어 등을 통해 자신을 투영하는 방법과 같은 실질적인 사항들까지 고려하며 추진해야 한다.

5단계: 조직문화의 정기적 검토와 적절한 조정

조직은 1단계에서 설명한 조직문화에 대한 감사와 평가를 정기적으로 반복하고 그 결과를 사용하여 필요에 따라 개선 방향을 구체화하고 실제 조직문화와 원하는 문화 사이의 조정이 수시로 일어날 수 있도록 해야 한다.

많은 기업들이 조직문화 대시보드(가능한 한 많은 실시간 지표들 포함)를 구축하거나 조직문화 인벤토리 OCI, Organizational Culture Inventory 와 같은 조직문화 평가 및 측정 도구를 사용하고 있기도 한다. OCI 는 10개의 테마와 120개의 구체 질문으로 구성되어 있으며, 사람에 대한 관심과 업무에 대한 강조라는 두 가지 핵심 컨셉을 표현하는 스타일 Style이라는 용어를 활용하여 설명하고 있다. 예를 들어 관리 자가 각각의 직원들이 무엇을 달성했고 어떠한 과정과 방법으로 그 러한 결과를 달성했는지를 기반으로 직원을 평가하고, 보상하고, 승 진시키고 있는지 그 스타일을 확인하는 것이 중요한 지표가 된다.

얼마나 많은 직원이 목표를 초과 달성했더라도 조직의 가치나 지 속가능성 가치와 일치하지 않는 방식으로 목표를 달성했기 때문에 보너스의 일부 또는 전부를 받지 못했는지를 파악하는 것은 이사회 가 조직문화를 점검하고 판단하는 실용적인 지표 중의 하나일 것이 다. 조직은 떠도는 소문이나 관행 그리고 단위 조직마다 나타나는 개별 문화의 확산에서 오는 리스크들을 파악하고 주의를 기울여야 한다. 더 이상 조직문화에 관심을 가질 필요가 없거나 현재의 조직 문화가 만족할 만하다고 생각해서 현실에 안주하지 않는 것이 중요 하다.

전반적으로 중요한 점은 조직의 리더로서 지속가능성을 지지하 는 바람직한 조직문화를 유지하는 것은 끊임없는 작업이며 헌신, 겸손, 공감이 필요한 작업임을 기억해야 한다는 것이다.

사례 분석

이케아 IKEA

이케아는 약 219,000명의 직원을 고용하고 2023년 기준 연간 매출액이 476억 유로 이상을 기록한 홈퍼니싱 소매업체이다. 이 회사는 1943년 스웨덴 스몰란드Smaland에서 설립되었으며 현재는 네덜란드 델프트Delft에 본사를 두고 있다.

이케아 브랜드는 전 세계의 많은 조직과 사람들로 구성되어 있다. 이케아의 비전은 '많은 사람들을 위해 더 나은 일상을 만드는 것'이다. 이케아의 비즈니스 모델은 소매업을 넘어 제품 개발, 디자인, 공급, 제조, 세일즈 등 다양한 분야를 아우른다. 소매 사업은 전 세계 54개 시장에 12개의 프랜차이즈 업체가 있는 프랜차이즈 시스템으로 구성되어 있다. 가장 큰 프랜차이즈 업체는 잉카 그룹Ingka Group으로 30개 이상의 나라에 473개 이케아 매장과 유럽, 러시아 그리고 중국의 45개 쇼핑 센터로 구성되어 있다. 2020년에는 7억 600만 명이 이케아 매장을 방문했으며 웹사이트 방문자 수는 36억 명이 넘는다.

이케아는 다음과 같은 8가지 조직 핵심 가치를 채택하고 있다.

- ◆ 공생과 상생을 추구하는 것, 사람과 지구를 돌보는 것
- ◆ 가격을 고려하는 것
- ◆ 단순화하는 것
- ◆ 늘 새로운 것을 추구하고 개선해 나가는 것

- ◆ 의미 있는 차별화를 추구하는 것
- ◆ 책임을 지고 완수하는 것
- ◆ 그리고 솔선수범하는 것

이러한 가치는 이케아가 우수한 신입 직원을 유치하고, 채용하고, 입사하도록 하는 방식의 핵심이라고 할 수 있다. 이케아는 채용 담당자를 위한 디지털 리소스와 면접 가이드라인을 보유하고 있으며, 관리자가 가치, 역량, 다양성에 대해서 후보자를 평가하고 이케아의 조직문화 속에서 성장하고 성과를 내기에 가장 적합한 후보자를 식별하는 데 도움이 되는 가치 기반 채용 방법에 대한 교육을 제공하고 있기도 한다. 신입 사원은 채용 및 입사 과정에서 조직의 핵심 가치와 문화에 대해서 자연스럽게 배우게 되는 것이다.

잉카 그룹Ingka Group은 2024년까지 모든 리더 그룹에 있어 민족, 인종, 국가를 비롯한 다양성 비율을 높이겠다고 약속했다. 2022년 말까지는 관리자급의 여성 비율을 절반 이상으로 높이고 이사회와 위원회를 포함한 모든 직급과 직책에서 50:50의 성별 균형을 이루는 것을 목표로 했으며 상당부분 달성하였다. 이케아는 오랜 시간 난민에 대한 지원에 집중하고 있기도 한다. 이러한 모든 요소들은 이케아를 보다 포용적인 조직문화를 가질 수 있도록 유도하고 있다.

이케아는 정기적인 직원 설문 조사를 통해 직원들이 자신의 업무, 팀, 그리고 잉카 그룹에 대해서 어떻게 생각하는지 평가하고 있다. 총 85%의 동료들이 잉카 그룹은 일하기 좋은 직장이라고 생각하고 있으며 지속가능성에 대한 회사의 약속과 노력이 이를 뒷받침하는 핵심 동인이라고 생각한다는 의견이 대부분이었다. 사실 지속가능성은 사람들이 이케아에서 일하고 머물기로 결정하는 세 번째 중요한 이유라는 조사 결과가 있다. 본 설문 조사에서는 내부 커뮤니케이션, 계획 그리고 동료 직원들이 그들의 업무량과 역량 개발 방법, 교육에 대한 피드백 등을 관리하는 데 도움을 줄 수 있는 자원과 같은 개선 영역 또한 발견되었다.

2020년에는 직원들이 잉카 뉴스를 확인하고, 교육에 액세스하고, 모바일을 통해 소통을 유지할 수 있도록 설계된 앱인 Hej!를 출시했다. 이 앱을 사용하면 동료 직원들이 어떤 곳에서든 전자 메일을 읽고 회신하고, 팀 문서를 보고, 업무 관련 응용 프로그램을 사용하고, 야머yammer 채널을 방문하고, 마이 러닝MyLearning 교육 포털에 액세스하고, 일정 계획을 확인할 수도 있다. 매년 원 이케아One Ikea 보너스 프로그램을 통해 직원들은 사업과 조직의 성장과 성공에 동참할 수 있는 기회를 갖게 된다.

이케아의 기업 가치와 조직문화는 동종의 기업들 가운데에서 가장 야심 찬 2030년 지속가능발전목표를 포함하여 아래와 같은 내용을 포함하는 중대한 지속가능성 비전과 전략 목표를 지지하고 있다.

◆ 건강하고 지속가능한 삶: 10억 명 이상의 사람들이 지구에서 더 나은 일상을 살아갈 수 있도록 영감을 주고 지원한다.
◆ 순환경제 체계 구축 및 기후변화 대응: 순환 경제 및 기후변화 대응을 실천하고 자원을 재생하면서 이케아의 비즈니스를 성장시킨다.
◆ 공정성과 평등성의 추구: 이케아의 가치 사슬 전반에 걸쳐 모든 이해관계자에게 긍정적인 사회적 영향을 창출한다.

이러한 대담한 지속가능성 비전과 약속의 달성은 지속가능성을 고려한 혁신 활동, 더 지속가능한 결과를 만들어내기 위해 협력하고 지지하는 강한 의지 그리고 지속가능성을 포용하는 전반적인 조직문화에 달려 있다고 할 수 있다.

최근 은퇴한 잉카 그룹의 최고 지속가능성 임원인 피아 하이덴마크 쿡Pia Heidenmark Cook은 다음과 같이 말한다.

"설정된 지속가능성 목표를 달성하는 것은 근본적으로 혁신, 커뮤니케이션, 그리고 리더십과 관련이 깊으며 이를 실제로 달성하는 주체는 바로 사람이다. 회사의 가치와 조직문화의 근간에서 긍정적으로 변화해야 하는 이유에 대한 명확한 방향성과 목적이 설정되어 있다면 지속가능성을 실현하고 달성할 수 있는 좋은 기회를 가지고 있는 것이나 마찬가지이다."[16]

스자노 Suzano

스자노 파펠 셀로로스Suzano Papel e Celulose와 피브리아fibria의 합병으로 2018년 세계 최대의 유칼립투스 펄프 생산업체인 스자노Suzano S.A.가 탄생했다. 11개의 사업부, 37,000여 명의 직원, 2023년 기준 연간 매출 약 78억 달러 이상을 기록하고 있는 스자노는 130만 헥타르에 달하는 숲을 조성하고 90만 헥타르의 보존림을 보유하고 있으며 전 세계 고객들에게 바이오 관련 원재료와 제품을 제공하고 있다.

합병 전부터 우수한 영향력을 발휘해 온 두 회사의 유산에도 불구하고 스자노는 더 지속가능한 조직을 만들어가기 위한 새로운 전략 방향을 설정하였다. 새로운 스자노의 토대는 조직 전반의 다양한 기능 부서 직원들의 노력과 기여로 함께 구축해온 조직문화 동인Culture Drivers 이었다.

스자노의 조직문화 동인은 3가지 기본 신념을 기반으로 구축되었다.

1. 우리는 누구인가? 우리는 긍정적인 영감을 주고 변화시키는 사람들이다.
2. 우리는 무슨 일을 하는가? 우리는 가치를 창출하고 공유한다.
3. 우리는 어떻게 일하는가? 세상에 좋은 일이라면 우리에게도 좋은 일이라는 믿음과 신념으로 일한다.

위와 같이 약간은 탑다운 방식의 뉘앙스를 풍기는 스자노의 조직문화 동인은 조직 전반에 걸쳐 경영진과 리더들에 의해서 광범위하게 적용되고 그들을 중심으로 자주 홍보되고 전파되었다.

지속가능성을 명시적으로 언급하지 않더라도 스자노의 조직문화 동인은 지속가능한 발전의 개념에서 큰 영향을 받았으며 새로운 회사의 조직문화에 지속가능성 사고를 더 쉽게 통합할 수 있도록 하는 역할을 하고 있다. 이를 기반으로 구체적 지속가능성 전략 개발과 관련해서는 160명 이상의 외부 이해관계자와 직접 대면하여 의견을 수렴하고 독립 컨설팅 회사를 통해 외부 이해관계자를 대상으로 한 광범위한 설문 조사를 실시함으로써 강화되었다. 이렇게 강화된 지속가능성 비전과 방향은 700명 이상의 직원이 참여하는 스자노의 모든 주요 현장 워크숍을 통해 조직 내부로 전파되었다. 이 워크숍을 통해 직원들은 지속가능성이 무엇인지, 스자노에게 지속가능성이 어떤 의미인지, 그리고 회사가 지속가능성을 위해 무엇을 해야 하는지에 대해 논의하게 된다. 궁극적인 목표는 모든 직원들이 지속가능성에 대한 자발적 주도권을 가지고 일할 수 있도록 만드는 데 있다. 예를 들어 2020년 9월에 지속가능성 연계 채권을 발행하고 성공시킨 것 또한 재무부서 직원들이었다. 스자노는 브라질에서 가장 낮은 자본 비용 비율을 획득했으며 아메리카 대륙에서 이러한 지속가능성 연계 채권을 발행한 최초의 회사였다. 마찬가지로, 기록 업무 부문Paper Business Unit은 주도적으로 지속가능성 전담팀과 협력하여 직원들을 위한 지속가능성 관련 교육을 설계하고 운영했다. 또한 스자노의 윤리규정과 행동강령에 대한 검토(리뷰)에서 더 많은 지속가능성을 반영하기 위한 논의도 이루어지고 있다. 물론 윤리규정과 행동강령에 대한 전 직원(온라인) 의무 교육도 이미 진행되고 있다. 스자노는 합병 전 부터도 지속가능성 관련 투자자 참여와 관계 구축에 능통했으며 지속가능성 성과에 대한 광범위한 정보를 제공하고 공개하는 데 익숙했다. 이러한 노력은 합병 이후 더 강화되었다.

스자노의 지속가능한 조직문화는 2020년 초에 출범한 회사의 전략적 비전의 3가지 핵심 축에 의해서도 강화되고 있다는 것을 확인해 볼 수 있다. 이 3가지 축은 다음과 같다.

1. 우리는 숲 관리에서부터 고객 만족에 이르기까지 세계의 동종 업계 중 가장 효율적이고 수익성이 높으며 지속가능한 회

사가 될 것이다.

2. 바이오매스 관련 새로운 시장 확장에 있어 혁신을 주도하는 역할을 하는 회사가 될 것이다.

3. 조성한 방대한 숲을 기반으로 바이오 경제 및 환경 서비스를 위한 혁신적이고 지속가능한 솔루션의 글로벌 리더가 될 것이다.

또한 사내 설문 조사를 통해 스자노는 회사 전체에서 70~80명 정도의 사내 인플루언서를 발굴하고 이들 인플루언서 또는 챔피언들과 함께 협력하여 스자노의 지속가능성을 끌어 올리기 위한 다양한 노력을 기울이고 있다.

지속가능성을 지지하는 강력한 조직문화는 선순환 구조를 만들었고 아주 빠른 속도로 움직이기 시작했다. 한편으로는, 조직의 리더들이 생물 다양성, 아마존 보호, 심지어 자본주의 개혁과 같은 문제를 옹호하는 데 더 많은 목소리를 냈다. 다른 한편으로는, 최근 직원들을 대상으로 실시한 설문 조사에 따르면 사회적 이익을 위한 노력이 회사에 대한 임직원들의 신뢰도를 높이는 것으로 나타났다. 외부적으로, 이 회사는 2021년 글로브스캔 지속가능성 리더 설문 조사에 처음 등장한 것에서 알 수 있듯이 지속가능성에 대한 리더십으로 전문가들로부터 인정받기 시작했다.

스자노의 최고 지속가능성 담당 임원인 크리스티아노 리센데 올리버레이라Cristiano Resende de Olivereira는 다음과 같이 말했다. '더 강력하고 인정받는 지속가능성 성과를 추진하는 데 있어 우리가 거둔 모든 성공은 우리의 조직문화와 기업 가치에서 시작되었으며, 이는 우리의 지속가능성 관련 약속을 실천할 수 있도록 안내하고 강화하며 우리를 더 나은 회사로 만들었다.'[17]

요약

조직의 존재 목적, 전략 그리고 리더십은 모두 지속가능한 비즈니스를 위한 필수 요건이지만 건강하고 지속가능성을 지지하는 조직문화 없이는 완성될 수 없다. 모든 조직에는 문화가 있다. 문제는 그 문화가 바람직한 조직문화에 대한 의식적인 구축 노력이 없는 상태에서 그냥 출현한 것인지, 아니면 성숙한 고민, 계획, 공감과 격려 그리고 지지의 결과인지, 그리고 더 중요하게는 그 결과가 지속가능성을 고려하고 지지하는 조직문화인지의 여부이다. 궁극적으로 이것은 이사회와 경영진 등 리더십의 책임이다. 최고 경영진이 조직에 바람직한 문화를 정의하고 조직문화가 얼마나 건강하고 지속가능한지를 정기적으로 점검해야 한다는 기대가 커지고 있다. 또한 조직문화 전문가인 애니 아우어바흐Annie Auerbach는 파이낸셜 타임즈에 다음과 같이 썼다.

"팬데믹으로 인한 유연 근무로의 전환은 우리가 일하는 방식에 대한 근본적인 인식을 바꾸게 하는 계기가 되었다. 기업들은 지난 팬데믹 기간 동안 엄청난 변화를 경험했기 때문에 미래에 대한 적절한 숙고와 방향 설정 없이 그저 과거의 방식을 답습하면 분명 기회를 잃게 될 것이다."[18]

더 많은 하이브리드 업무 공간과 업무 방식 안에서 지속가능성을 위해 바람직한 조직문화를 구축하고 유지하는 것은 그 어느 때보다 중요하기만 훨씬 더 어려울 것이다.

실행을 위한 주요 점검 사항

1. 기업의 임원진은 바람직한 기업문화, 사업운영의 목적과 가치, 직원들이 해야 할 행동 등을 명확히 정의하고 제시해야 한다. 가치는 가시적이고 잘 전달되어야 하며 조직의 일상 언어에 통합되어야 하며 특정 단어는 의미와 함께 공감을 이끌어낼 수 있어야 한다.

2. 기업은 긍정적인 조직문화를 만들어가기 위해서 원하는 조직문화의 모습과 현재의 조직문화가 얼마나 일치하는지 정기적으로 확인할 수 있어야 한다.

3. 경영진과 이사회를 포함한 리더의 메시지에는 일관성이 있어야 한다. 더불어, 리더들은 변화하고자 하는 기대 가치와 행동을 이야기하고 솔선수범해야 한다.

4. 기업은 지속가능성을 고려한 의식과 태도에 중점을 두고 신입 사원을 모집해야 한다.

5. 조직은 다양한 경험과 더 넓은 범위의 견해와 관점을 적극 수용하고 활용하는 조직문화를 구축하기 위해서 다양성, 형평성 그리고 포용성을 촉진 및 강화해 나가야 한다.

6. 인센티브, 보상, 인정 및 승진 체계 등은 바람직한 조직문화를 강화하기 위한 방향으로 검토 및 개선되어야 한다.

7. 기업은 직원 주도의 사회적 또는 환경적 가치를 고려한 사내

기업 등을 포함하여 지속가능성에 중점을 둔 혁신의 파이프라인을 지속적으로 강화하고 촉진할 필요가 있다.

9. 조직은 윤리 규정과 행동 강령을 정기적으로 검토, 개선 및 보완해야 하며 임직원들에게 효과적으로 전달하고 공론화하는 방법 또한 적극적으로 보완해 나가야 한다.

9. 조직은 '일하기 좋은 직장'과 같은 외부 직원 만족도 순위나 인증에서 우수한 평가를 받기 원한다면 무엇을 해야 하는지 명확히 파악하고 고려해야 한다.

10. 현재 조직의 문화를 정확하게 이해하기 위해서 어떤 형태로든 조직문화를 파악할 수 있는 대시보드Dashboard 등을 도입하는 것이 필요하다.

더 알아보기

◆ Barrett Values Centre website: www.valuescentre.com/
  ◇ The Barrett Analytics include a Culture Assessment, a Cultural Evolution Report, a Small Group Assessment, and a Merger Compatibility Assess-ment[19]
◆ Institute of Business Ethics web-site: www.ibe.org.uk
  ◇ Business Ethics Toolkit (aimed especially at smaller firms)
  ◇ Trends and Innovations in Effective Ethics Training Good Practice Guide (2021)
◆ Coyle, D (2018) The Culture Code: The secrets of highly successful groups, Cornerstone Digital

참고 문헌

1 The Wates report for the UK's Financial Reporting Council (FRC). See Wates, J (2018) Corporate Governance Principles For Large Private Companies, Financial Reporting Council (FRC)

2 Johnson, G, Whittington, R and Scholes K (2012) Fundamentals of Strategy, Pearson Education

3 Grayson, D, Coulter, C and Lee, M (2018) All In: The future of business leadership, Routledge

4 There is an old management theory known as Yoshida's 'iceberg of ignorance' – the idea that 'only four per cent of a company's problems are known to top managers'

5 Deloitte Millennial Survey (2019), www2.deloitt e.com/content/dam/Deloitte/global/Documents/ About-Deloitte/deloitte-2019-millennial-survey. pdf (archived at https://perma.cc/JJ96-NL5C)

6 Salz, A (2013) The Salz Review: An independent review of Barclays business practices, Barclays

7 'Culture eats strategy for breakfast' is widely but perhaps incorrectly attributed to Peter Drucker (the second half of the quotation is John O'Brien's)

8 Wates, J (2018) Corporate Governance Principles For Large Private Companies, Financial Reporting Council (FRC)

9 Financial Reporting Council (2018) The UK Corporate Governance Code, Financial Reporting Council

10 Katzenbach, J R, Steff, E N I and Kronley C (2012) Culture change that sticks: Start with what is already working, Harvard Business Review, July/Au-gust, pp. 110-117

11 Pink, D (2010) The Surprising Truth about What Motivates Us, Canongate Books

12 Sinek, S (2010) Start With Why: How great leaders inspire everyone to take action, Penguin

13 Purple Space, which is a network of Disabled Employees' Networks, shares good practice in creating and maintaining vibrant disability net-works; Employers for Carers run by the charity Carers UK provides good practice guidance for networks of working carers

14 Yunus Social Business (2020) Business as un-usual: How social intrapreneurs can turn companies into a force for good, www.yunussb.com/ business-as-unusual (archived at https://perma.cc/G6]W-7F4H)

15 Schein, E H (2010) Organisational Culture and Leadership, 4th edition, Jossey Bass

16 Corporate website: www.inter.ikea.com/en/performance/fy20-year-in-review (archived at https://perma.cc/8YYC-3PT); corporate website: en-global-jobs. about.ikea.com/lifeatikea (archived at https://perma.cc/D43E-SKG5); corporate web-site: www.ikea.com/gb/en/this-is-ikea/about-us/the-ikea-sustainability-strategy-making-a-real-difference-pubb5534570 (archived at https://perma. cc/JUP7-T4WK); IKEA Sustainability Report(updated in 2020): www.ikea. com/gb/en/files/pdf/ 6c/5b/6c5b7 acd/people-and-planet-positive-ikea-sustainability-strategy.pdf (archived at https://perma.cc/F6J9-BRRS)

17 Profile based on Suzano sustainability report and interview with authors, 22 September 2021

18 Auerbach, A (2021) What do we mean when we talk about workplace culture?, The Financial Times, 16 July

19 Barrett Values Centre: www.valuescentre.com/tools-assessments/#orgtools (archived at https://perma.cc/4GMJ-GKZG)

제 7 장

지속가능성 리더십

개념의 이해

지속가능성 리더십은 이사회와 고위 경영진에서 일선 관리자에 이르기까지 모든 수준의 조직 리더가 ESG 목표를 염두에 두고 관리하도록 요구하는 것이다.

지속가능성 리더십은 직원, 소비자 및 주주, 규제 기관 및 미래 세대에 이르기까지 내부 및 외부 이해관계자의 필요와 기대를 고려하는 것을 의미한다. 조직이 더 큰 맥락에서 그 목적에 부합하는 역할을 보는 것은 즉각적이고 단기적인 이득을 넘어선 가치를 창출하는 데 도움이 된다.

지속가능성 리더십은 지속가능성과 ESG를 고려하는 전략을 설정함으로써 사회적, 환경적, 경제적 측면에서의 통합적 성과를 창출하고 각종 사회적 요구사항을 충족시키는 결과를 제공할 것을 요구한다. 이를 위해서는 조직의 모든 리더가 기업의 존재 목적을 달성하고, 비즈니스 모델을 개발하고, 보다 지속가능한 결과를 제공하는 방식으로 회사의 전략을 추진하는 데 필요한 사고방식, 기술, 가치, 성격을 보유해야 한다. 지속가능성 리더십을 개발하고 강화하려면 최적화된 교육과 참여 체계가 필요하다.

리더십이 중요한 이유

지속가능성 리더십을 개발하는 데는 몇 가지 이유가 있다.

◆ 지속가능성 리더십은 조직의 존재목적, 지속가능성을 고려한 비즈니스 모델 및 전략 수립 그리고 긍정적인 조직문화 구축에 필수적이며, 지속가능한 성장에 필요한 비즈니스 모델, 기술, 자원을 개발하도록 보장한다.

◆ 오늘날 조직 리더들이 지속가능성에 대한 이해를 입증하고, 가치를 옹호하고, 조직을 운영하는 방법의 일부로 통합하여 실천하지 않고서는 사업을 성공적으로 이끄는 것이 점점 더 어려워지고 있다.

◆ ESG에 전념하는 리더들은 지속가능성에 대한 옹호자가 됨과 동시에 다른 사람들이 그 원칙과 방향을 받아들이고 적용해 실천하도록 영감을 줄 것이다.

◆ 조직의 리더는 지속가능성을 선택할 수 있어야 하고 지속가능성에 대한 조직의 헌신과 기여가 확실히 이루어질 수 있도록 보장하는 의사결정과 행동을 유지할 준비가 되어 있어야 한다.

◆ 리더들은 그들의 사업이 지속가능하고 수익성 있는 방식으로 사회적 기대를 충족시킬 수 있도록 해야 한다. 이것은 올바른

지속가능성 리더십 역량과 사고방식 없이는 불가능하다. 지속가능성을 '얻는' 리더는 조직이 그로부터 발생하는 상업적 기회를 활용할 수 있도록 하는 데 더 성공할 가능성이 높다. 예를 들어 SDGs를 구현하는 것은 12조 달러의 사업 가치 창출 기회를 나타내는 것으로 계산된다고 한다.[1]

유니레버의 최고 인사 담당 임원인 리나 나이르Leena Nair 는 다음과 같이 얘기한다. "더 나은 리더가 있어야 더 나은 사업이 가능하다. 더 나은 사업이 있어야 더 나은 세상을 만들 수 있다."[2]

실행 및 추진 방법

1단계: 필요한 사고방식과 리더십 역량 정의

좋은 소식이 있다면, 조직에서 지속가능성 리더십을 구축해 나가는 데 있어 처음부터 시작할 필요가 없다는 것이다. 조직의 상황에 맞게 채택하거나 조정하면서 적용해 나갈 수 있는 수많은 지속가능성 리더십 프레임워크가 이미 있다.

여기에는 리더십 및 지속가능성 전문가[3], 리더십 교육 제공자[4], 지속가능성 관련 협회나 연합[5], 임원 검색 또는 리쿠르팅 회사[6], 개별 기업[7]이 개발한 모델이나 프레임워크 등이 포함된다.

이러한 기존의 지속가능성 리더십 모델이나 프레임워크를 검토하는 것은 당신의 조직이 필요로 하는 사고방식과 리더십 역량의 식별을 가속화하는 데 도움이 될 것이다.

많은 지속가능성 리더십 관련 모델과 프레임워크에서 제시하는 성공적인 지속가능성 리더십의 공통점은 다음과 같다.

- ◆ 개인적인 목적, 성실성, 진정성, 윤리, 가치, 공감
- ◆ 장기적이며 거시적인 사회 정세, 상호 관계, 시스템 사고에 대한 이해
- ◆ 지속가능성 관련 위험과 기회를 식별하기 위한 상업적 인식과 지속가능성을 위한 비즈니스 모델을 만드는 데 그 인식을 적용할 수 있는 능력
- ◆ 조직이 지속가능한 경제 발전에 어떻게 기여할 수 있는지에 대한 비전
- ◆ 더 높은 성과, 비즈니스 통찰력 및 결과 창출에 대한 열정
- ◆ ESG 관련 주요 이슈 전문가를 참여시키고 성공적인 비즈니스 전략을 개발하는 데 필요한 지속가능성 문해력
- ◆ 좋은 의사 소통 기술을 보유하고 이해관계자를 적극적으로 참여시키고 협력적으로 일하며 다른 사람들이 행동하고 실천하도록 영감을 주는 능력. 복잡한 과제를 해결하기 위해 다양한 계층과 조직의 협력과 협업을 이끌어낼 수 있는 능력
- ◆ 민첩성을 가지고 조직을 혁신하며 지속적으로 적응해 나갈 수 있도록 이끄는 능력
- ◆ 지속가능성 리더십은 코로나19 이후 모든 조직에서 점점 더 중요해지고 있다.

위에 나열된 항목이 개별적으로 중요한 만큼, 그들 사이의 상호 작용과 강화도 매우 중요하고 흥미로운 부분이다. 위에서 제시한

목록이 모든 것을 다 담고 있지는 않지만, 이러한 내용은 성공적인 지속가능성 리더의 널리 확인된 특징이다.

2단계: 기존 리더십 개발 프로그램에서 현재 지속가능성 리더십 능력과 지속가능성 내용에 대한 점검 및 평가

필요하고 바람직한 지속가능성 리더십 사고방식과 역량을 정의한 후, 현재 수준의 리더십 및 역량 강화 프로그램에 포함된 지속가능성 내용에 대한 점검과 평가를 수행하는 것이 유용하다. 기업의 리더는 지속가능성에 필요한 의지와 추진 역량을 가지고 있는가? 기업의 리더십 개발 프로그램에는 지속가능성 역량을 강화할 수 있는 내용이 포함되어 있는가? 특히 '의지'와 '사고방식'에 집중하는 것은 중요하다. 특정 기술 역량을 습득할 수는 있지만, 사고방식을 바꾸는 것은 더 어렵기 때문이다.

지속가능성 리더십에 대한 점검과 평가를 통해 다음과 같은 주의가 필요한 격차가 확인될 것이다.

1. 새로운 인재 영입
2. 내부에서 적합한 인재 승진
3. 리더십 개발 기회의 새로운 메뉴 생성
4. 미래 인재의 파이프라인 육성

조직 내 모든 선임 직급을 대상으로 하는 리더십 개발 프로그램을 통해 참가자는 사업이나 같은 부문의 다른 사업이 최근에 직면한 지속가능성 과제의 세부 사항을 살펴보도록 요청받는 실제 연습에서 이점을 얻을 수 있다. 참가자는 그들이 그 상황을 어떻게 처리했을지 그리고 그 이유에 대해 논의하도록 요청받을 수 있다. 조직이 이미 자체 검토를 하고 배우고 적용해야 할 교훈을 도출한 경우 이것은 특히 도움이 될 수 있다.

많은 지도자들은 조직이 이전의 성공보다 실패에 대한 신중한 분석에서 더 많은 것을 배울 수 있다고 말하는데, 이는 기존의 사업 방식에 안주하고 변화와 개선에 덜 개방적으로 만들 수 있다.

3단계: 지속가능성 리더십 역량을 높이기 위한 행동 계획 개발

기업에는 지속가능성 리더십을 개발해야 할 4가지 대상이 있다.

- 초기 경력 하이 플라이어High-flyer(우수한 인재)
- 중간 관리자
- 고위 임원
- 이사회 구성원

초기 경력 하이 플라이어

기업들이 초기 경력 하이 플라이어의 지속가능성 리더십 기술을 개발할 수 있는 입증된 방법이 많이 있다. 여기에는 다음의 내용이 포함된다.

- 기존 사내 인재 개발 프로그램의 일환으로 회사의 지속가능성

리더십 모듈을 설계하고 운영하거나 외부 공급자로부터 모듈을 구매한다.

◆ 하이 플라이어들이 지속가능성에 중점을 둔 기술 기반 자원봉사 기회에 참여하도록 장려한다.

◆ 정부 부서, 공공 기관 또는 자선 단체/자발적 조직에 대해 단기적으로 시야를 넓히고 지속가능성과 관련된 젊은 인재를 파견한다.

◆ 재능 있는 젊은 직원들이 자선 단체 또는 자발적 조직의 이사회에서 적합한 직책을 찾을 수 있도록 돕는다. 예를 들어 영국에는 재능 있는 젊은이들이 이사회 기술을 습득하고 적합한 직책을 찾는 데 도움이 되는 많은 프로그램이 있다.[8]

◆ 원 영 월드One Young World 또는 커먼 퍼포즈Common Purpose와 같은 프로그램을 통해 재능 있는 젊은 직원을 후원한다.

중간 관리자

이제 조직을 운영하고 사업을 추진하는 데 있어 높은 지속가능성 성과를 창출해야만 한다는 기대는 사라지지 않을 것이다. 그러나 여전히 몇몇 리더나 관리자는 "지속가능성이 나와 무슨 상관이 있나요?"라고 묻는 것을 자주 듣게 될 것이다.

중간 관리자는 소외감을 느낄 수 있지만 지속가능성 전문가, CEO, 고위 임원은 때때로 '중간 관리 블랙홀'에 실망감을 표현하게 될 때가 있다.

지속가능성에 관해서, 최고 경영진은 현재 기업에 영향을 미치는 여러 압력과 변화를 볼 수 있기 때문에 점점 더 그 중요성을 '이해'

하게 된다. 마찬가지로, 상당히 많은 젊은 직원 또는 일선 현장 직원은 종종 기후 변화, 다양성, 형평성, 포용성과 같은 것에 대해 긍정적인 변화를 만드는 데 열정적이다.

한편, 압박을 받는 중간 관리자들은 종종 판매 목표, 인력 부족 및 비용 통제 체제의 압력을 느끼고 이를 지속가능성과 어떻게 조화시키고 책임감 있는 사업이 되는지 알아보기 위해 고군분투해야 하는 경우가 많다.

이러한 것들의 균형을 맞추는 것은 일반적으로 이미 기업 지속가능성 리더로 인정된 기업 내부의 운영 관리자에게 더 쉽다. 여기서 의제는 비즈니스 운영에 대한 '볼트 온bolt on'에서 비즈니스 목적과 전략의 핵심으로 이동했다는 점이다. 하지만 지속가능성 성과는 리더십 조직에서도 중간 관리자에게 도전이 될 수 있다. 따라서 모든 수준의 리더를 위한 지속가능성 리더십 개발 프로그램과 사람 관련 정책과 프로세스가 지속가능성을 지원하도록 보장하는 것이 중요하다(리더십 실행 및 추진 방법의 4단계 참조).

지속가능성을 포함시키고 그것을 기업의 목적과 전략에 연결한 기업은 운영 관리자가 그것에 대해 무엇을 하기를 원하는지 확인했을 가능성이 더 높다. 기업은 핵심 성과 지표, 경영 교육, 보상 및 승진 결정에 지속가능성을 통합해야 한다. 그 다음으로, 운영 관리자는 전략, 비즈니스 사례 및 그들에게 기대되는 것, 그리고 핵심 요구 사항 이상의 자발적인 이니셔티브와 실험의 기회가 있다는 것을 이해해야 한다. 무언가를 배우는 가장 좋은 방법은 다른 사람들을 가르치는 것이라는 격언을 적용하면, 조직은 개인이 지속가능성 시범 프로젝트를 옹호할 수 있는 가능성을 창출할 수 있다('개인 주도

권 행사' 상자 참조)

내부적으로 가능한 한 많은 교육과 역량 강화를 제공하는 한편, 회사는 조직 외부에서도 지속가능성에 대한 교육을 받을 수 있는 기회를 촉진하고 이러한 채널을 통해 배운 것을 받아들이도록 장려할 것이다.

고위 임원

기업은 고위 임원을 위한 자체 지속가능성 리더십 개발 프로그램을 설계하고 운영하거나 외부 공급자가 제공하는 프로그램을 의뢰할 수 있다. 또한 고위 임원이 지속가능성 리더십에 대한 짧고 집중적인 외부 임원 프로그램에 참여하도록 후원할 수도 있다. 현재 지속가능성 리더십을 위한 케임브리지 연구소, 스위스 로잔의 IMD, 하버드 경영대학원, 전 세계의 다른 많은 경영대학원 등의 공급자를 통해 잘 정립된 온라인 및 대면 프로그램에 참여할 수 있다. 또는 일반적으로 기업은 위의 모든 프로그램을 혼합하여 선택할 수 있다.

경영진이 더 고위직으로 이동함에 따라, 비즈니스 사례를 명확하게 설명하고 지속가능성 프로젝트와 약속을 조직의 수익과 연관시킬 수 있는 것이 더욱 중요해지고 있다.

임원들도 그들이 운영하는 시장의 규제 환경에 대한 더 깊은 이해뿐만 아니라 그들의 사업과 민간 부문이 일반적으로 사회에서 하는 역할에 대한 보다 폭넓고 정교한 견해를 도출해야 한다. 그리고 그들은 '대화'를 하기 위해 더 많은 조사를 받게 될 것이다.

초기 경력 하이 플라이어, 중간 관리자, 고위 임원은 모두 개인적인 주도권을 갖도록 장려할 수 있다(아래 상자 참조). 대부분의 예시 목록은 회사의 비상임 이사에게도 적용될 수 있다.

개인 주도권 행사

명확하게 정의된 지속가능성 전략이나 기존 지속가능성 리더십 프로그램이 없는 회사에서도, 개인은 지속가능성 의제에 영향을 미칠 수 있는 상당한 범위를 가지고 있다. 이것은 그 사람의 행동과 운영 방식에서 시작되며, 그 실천 방법은 다음과 같다.

- ◆ 다른 사람들이 지속가능성과 관련된 교육 기회를 포착하고 그들이 될 수 있는 모든 것을 성취하도록 멘토링하고 장려한다.
- ◆ 성별, 장애, 인종, 나이 또는 성적 취향에 관계없이 재능을 옹호한다.
- ◆ 괴롭힘이나 성차별주의자, 인종 차별주의자, 동성애 혐오자 등의 농담이나 행동은 용납되지 않을 것이라는 것을 보여준다.
- ◆ 환경 영향을 줄이기 위해 재활용이나 에너지 절약 계획을 시작하고, 지속가능성이 비용을 절감하는 방법의 예로 동료와 상사에게 결과를 제시할 수 있다.
- ◆ 개인적인 예를 들면, 장시간 근무를 권장하지 않는다.
- ◆ 보육이나 노인 돌봄 등 직원들의 개인적인 직장 생활과 일

상생활 위기에 공감하는 것도 해당된다.

◆ 건강과 웰빙을 옹호한다.

◆ 윤리적 행동을 모델링하고 사업이 어떻게 수행되어야 한다
고 믿는지에 대해 이야기하고 이를 설명하기 위해 회사 내
부 또는 외부 사건의 예를 사용하여 좋은 모범을 보인다.

◆ 자선 단체나 지역사회 단체 또는 캠페인에 참여한 자신의
경험과 그들이 어떻게 혜택을 받을 수 있는지에 대해 이야
기한다.

◆ 보다 지속가능한 관행의 개발 및 구현에 있어 공급업체와
전문 고문을 지원하고 도전한다.

일반적으로 개인의 경우는 회사 인트라넷이나 이에 상응하는
것을 통해 다른 사람들과 힘을 합쳐서 팀 회의와 회사 회의 등에
서 주의 깊게 경청하면 더 효과적일 것이다. 자신이 어떤 영향을
미치고 있는지에 대한 자기 의심과 외로움을 줄이는 것 외에도,
예를 들어 관심과 실천 공동체를 통해 행동 학습을 촉진하거나
혁신적인 아이디어를 만들어내고 로비함으로써 서로를 지원할
수 있는 기회가 있을 것이다.

직원들은 직장 밖에서도 영향력을 가지고 있다. 여기에는 가
족 및 친구, 지역사회 및 여가 활동, 소비자, 시민, 운동가 및 기
업의 공동 소유자(연금 기금, 생명 보험 및 기타 저축을 통해)가 포
함된다. 이러한 영향력을 행사하는 것은 강력하고 만족스러울
수 있다.

또한 많은 직원들이 적어도 하나의 전문 협회나 연대의 회원

이 될 것이다. 그러한 협회는 지속가능성이 그들에게 무엇을 의미하는지, 그리고 전문 단체가 인식을 높이고 모범 사례를 전파하기 위해 무엇을 할 수 있는지에 대한 자신의 분야 또는 직업의 이해를 발전시키기 위해 자원 봉사자를 찾고 있을 수 있으며, 영향을 위한 더 많은 기회를 창출할 수 있다.[9]

이사회

기업들이 이사회 구성원들이 지속가능성에 유능하다는 것을 보장하기 위해 취할 수 있는 몇 가지 실용적인 단계가 있다. 여기에는 다음 사항이 포함된다.

◆ 지속가능성에 정통한 새로운 비상임 이사를 모집한다.
◆ 지속적인 개인 및 그룹 전문성 개발의 일환으로 지속가능성 교육을 제공한다.
◆ 메인 보드에 조언하기 위해 외부 지속가능성 자문 위원회나 청소년 위원회를 설립한다.
◆ 이사회 회의 및 이사회 외부 일정에 내부 및 외부 전문가의 의견을 정리한다.
◆ 나머지 이사회에 정기적으로 보고할 책임이 있는 이사회 지속가능성 위원회를 설립한다.
◆ 이사회 구성원의 기술을 향상시키는 데 도움이 될 수 있는 양질의 외부 회의 또는 토론회, 원탁 회의, 웨비나 등에 대한 세부

사항을 배포하고, 이사회 이사들이 그러한 행사에서 얻은 통찰력을 서로 공유하도록 장려한다. (자세한 내용은 제9장 참조)

모든 수준에서 윤리적 지도자 육성

조직은 사람들이 어떻게 행동하기를 원하는지 분명히 해야 한다. 이것은 종종 회사 윤리 강령이나 일반 비즈니스 원칙의 진술을 통해 표현된다. 개인을 위해서는 조직의 윤리 규정과 행동 강령을 안내하거나 형성하는 방법을 반영하는 데 도움이 되는 교육이 필요하다.

그들이 개인적으로 규범에서 요구하는 것보다 더 나아갈 수 있는 상황이 있는가? 그들은 그들의 사업에서 윤리적으로 모범적인 행동이나 윤리적으로 의심스러운 행동의 예를 목격하거나 경험한 적이 있는가? 만약 후자라면, 그들은 그것에 대해 무엇을 했는가? 이것은 직원들이 비윤리적인 행동에 도전하도록 장려되고 다른 모든 방법이 고갈되었을 때 일반적으로 핵심 옵션인 내부 고발보다 훨씬 더 넓은 건강한 문화를 만드는 것의 일부이다.

소통하고 공론화하는 것은 무엇이 잘못될 수 있는지에 대해 의문을 제기하는 것일 수 있다. 그것은 인종, 성 정체성, 섹슈얼리티나 장애를 논의하는 데 사용되는 언어와 같은 민감한 주제를 중심으로 동료들 간의 솔직한 대화를 시작하는 것에 관한 것일 수 있다.

더 많은 사람들이 나중에 삶에서 계속 일하고 직장이 더 여러 세대로 이루어지고 그렇지 않으면 더 다양해짐에 따라, 가치와 규범의 오해와 충돌 가능성이 가능성이 커진다.

따라서 다양한 수준의 리더가 공감할 뿐만 아니라 어려운 주제에 대한 팀 내 대화와 조사를 촉진하는 데 능숙한 것이 중요하다. 그러한 대화는 종종 추상적인 토론보다는 실제 업무 관련 사례를 통해 가장 잘 이루어진다.[10]

윤리성과 진정성으로 이끄는 것은 여러 면에서 모든 수준에서 지속가능성 리더십의 기본 속성이다. 지도자들은 분위기를 조성하고 조직의 문화에 큰 영향을 미치게 된다.

4단계: 모든 수준에서 지속가능성을 포함시키기 위해 어떤 추가 정책과 프로세스를 변경해야 하는지 검토

기업은 정기적으로 내부 정책과 프로세스 등을 검토하고 평가하는 것이 좋다.

◆ 채용 프로그램: 회사는 잠재적인 직원들에게 어떻게 자신을 마케팅하고, 어떤 관리자가 대학 채용에 관여하고 있으며, 채용을 선정하는 기준은 무엇인가? 회사는 고용된 사람들이 문화적일 뿐만 아니라 실행에 적합할 가능성을 높이기 위해 성격과 윤리적 가치뿐만 아니라 기술을 엄격하게 확인하는가? 지속가능성에 대한 사업의 약속은 온보딩 및 유도 프로그램에

어떻게 포함되고 설명되는가?

◆ 목표 설정 및 평가: 지속가능성은 개별 목표를 설정하고 개인과 팀의 핵심 성과 지표를 결정하는 과정에서 중요한 요소인가? '측정되는 것은 관리된다'라는 만트라가 적용된다! 기업 결과에 영향을 미치고자 하는 다른 모든 것과 마찬가지로, 지속가능성 성과는 사람들의 마음과 행동에 크게 영향을 미치도록 평가와 승진 기준에 포함되어야 한다.

◆ 보상 시스템: 회사의 보너스 제도는 인센티브가 의도치 않게 덜 지속가능한 솔루션의 개발과 구현을 보상하지 않고 대신 지속가능한 혁신과 운영을 장려하도록 지속가능성을 입증했는가?

◆ 내부 커뮤니케이션: 지속가능성에 대한 회사의 약속과 주요 지속가능성 목표는 조직의 모든 수준에서 정기적으로 철저하게 전달되고 있는가? 직원들이 전략과 목표를 개선할 방법을 찾기 위해 전략과 목표를 분석하고 의문을 제기하도록 권장되는가? 의사소통은 관리 계층을 거치면서 메시지가 희석될 위험이 있는 대규모 조직에서 특히나 매우 중요하다(제11장 참조).

5단계: 지속가능성 리더십을 강조할 수 있는 추가 이니셔티브 고려

기업들이 전통적인 리더십 개발을 보완하고 확장하기 위해 취할 수 있는 많은 추가 이니셔티브가 있다. 이는 다음의 내용을 포함한다.

◆ 최고 지속가능성 책임자 또는 지속가능성 이사를 임명하고,

그들을 지원할 수 있는 팀
- ◆ 지속가능성 챔피언의 내부 네트워크 구축
- ◆ 사회적 가치를 고려하고 창출하는 사내 기업가가 발전하고 번창할 수 있는 환경 조성

최고 지속가능성 임원이나 지속가능성 책임자 및 전담 부서를 임명한다.

많은 조직에는 현재 최고 지속가능성 임원CSO 또는 지속가능성 책임자가 있다. CSO의 역할은 조직의 연공서열과 권위의 수준과 어느 정도의 헌신을 의미하며, 특히 그 역할이 경영진의 일원이거나 경영진 구성원에게 직접 보고하는 경우 더욱 그렇다.

국제금융협회IIF와 딜로이트의 2021년 보고서는 다음과 같이 제시하고 있다.

"CSO는 조직의 '센스 메이커'로 부상하고 있다. 외부 지속가능성 환경의 변화를 이해하고 예측하는 것은 그 역할에 필수적이다. 그래서 조직이 상업적 이익을 위한 ESG 약속을 이행할 수 있도록 조직의 복잡성을 탐색하고, 영향을 미치고, 줄이고 있다."[11]

국제금융협회-딜로이트 보고서는 CSO에 대한 3가지 핵심적인 책임을 발견했다.

- ◆ 외부 환경을 이해하고 회사에 대한 통찰력을 되찾아준다.
- ◆ 조직이 전략을 재구성할 수 있도록 돕는다.

◆ 사고 리더십을 제공하고, 교육 및 연결하여 팀을 정렬하는 데 도움을 준다.

그 보고서는 CSO의 역할에 대해서도 다음과 같이 설명한다.

"CSO는 네트워크를 매우 잘 형성해야 하며 전문 기술과 경험을 가진 비즈니스 전반의 사람들과 협력해야 한다. 조직 지식과 사업의 철저한 근거 또한 필수적인 속성이다. CSO는 또한 최상급 의사소통 기술과 조직 능력이 필요하다. CSO가 영향을 미쳐야 하는 이해관계자의 범위는 회사 내의 거의 모든 다른 역할보다 더 넓다."[12]

누가 그것을 이끌든 그들의 직책에 관계없이, 지속가능성 기능의 구조는 전략의 효과적인 실행을 보장해야 한다. 회사의 목적과 문화는 어떤 구조가 가장 효과적으로 작동할지 결정할 것이다. 많은 숙련된 CSO는 다른 기능 팀에 팀을 효과적으로 분산하여 전문 기능의 기술을 배가할 것을 권장한다. 이것은 종종 매트릭스 접근 방식을 통해 가장 잘 수행된다. 이때 소규모 중앙 지속가능성 팀이 전 세계적으로 CSO에 직접 또는 점선을 통해 보고하는 다양한 기능의 주제 전문가에 의해 보완된다.

CSO는 종종 핵심 직원이 영향을 미치고 지원할 책임이 있는 조직의 일부를 이해하고 지원하기 위해 물류 또는 마케팅과 같은 비즈니스의 다른 부분에 포함되어야 한다고 생각한다. 국제금융협회-딜로이트 보고서에서 익명으로 인용된 한 CSO는 다음과 같이 강조한다.

"내 경험상, 지속가능성을 제공하기 위해 기능 팀을 구성하면 실패할 수 있다. 당신은 정말 완전한 매트릭스에서 운영하고 싶을 것이다. 재무 담당자가 CFO에게 보고하고, 당신에게는 이중 보고 라인이 있다. 투자자 관계도 마찬가지이다. 또한 당신은 각 기능과 지역에서 당신에게 보고할 누군가를 지정하고 싶을 것이다. 그리고 당신은 그것을 가상 팀으로 운영한다. 그들의 임무는 그들의 기능이나 지역에 책임을 묻는 것이다. 그런 다음 고위 동료들과 함께 교차 기능 협의회(운영 그룹)를 운영하고 그들에게 책임을 물을 것이다. 나는 그 그룹이 CEO와 고위 임원과 이사회에 다시 보고하도록 하곤 했다." [13]

사업 전반에 걸쳐 지속가능성 챔피언 네트워크 구축

내부 지속가능성 챔피언 네트워크를 구축하는 데는 시간과 노력이 필요하다. 일반적으로, 챔피언은 비즈니스와 지속가능성에 긍정적인 영향을 미치기 위해 실제 역할을 넘어 추가적인 책임을 맡을 의향이 있는 직원이다. 챔피언은 다른 사람들을 참여시킬 수 있으며, 그 과정에서 훨씬 더 헌신적일 수 있다. 챔피언은 비즈니스 전반에 걸쳐 다양한 팀, 사업부 및 지역을 연결하는 데 도움을 주며, 종종 지속가능성 모범 사례와 아이디어를 찾고 전파한다. 챔피언은 글로벌 리더십과 지역 리더십 간, 고위 경영진과 현장 간의 소통도 지원한다.

효과적인 지속가능성 챔피언 네트워크는 다음을 할 수 있다.

◆ 조언, 훈련 및 모범 사례 공유를 제공하여 챔피언에게 힘을 실어준다.

- 지속가능성 성과를 개선하고 이를 활용할 수 있는 장소와 사람들에게 전달하기 위해 조직이 이용할 수 있는 기회를 정리하고 구성한다.
- 지속가능성에 대한 소유권을 수평 및 수직으로 전파한다.
- 동료들에게 도덕적이고 실질적인 지원을 제공한다.
- 리더들에게 최전선에서 지속가능성 정보의 추가 소스를 제공한다.
- 조직 내에서 지속가능성의 가시성과 프로필을 구축한다.
- 챔피언들 사이에서 새로운 리더십 인재를 식별한다.[14]

챔피언의 네트워크를 참여시키고 신선하게 유지하는 것이 중요하다. 자주 사용되는 몇 가지 기술은 다음과 같다.

- 챔피언이 필요한 교육, 개인 지원, 자료 및 리더십 지원을 제공함으로써 지속가능성 역할에 힘을 실어줄 수 있도록 한다.
- 시간이 지남에 따라 환경 초점을 물에서 탄소로 전환하여 사람들이 관심을 갖고 배울 수 있도록 의제의 주제를 자주 변경한다.
- 외부 이벤트와 정렬하기, 예를 들어 세계 장애인의 날, 세계 환경의 날 또는 세계 에이즈의 날, 그리고 내부적으로 동시 행사를 운영한다.
- 외부 이해관계자와 함께 프로젝트에 참여하기 위해 챔피언을 보낸다(예: 환경 연구와 관찰을 돕기 위한 어스워치 탐험).
- 챔피언들이 동료들을 서로 참여시키는 데 가장 효과적인 것을

공유할 수 있도록 구성된 정기적인 회의를 진행한다.

◆ 챔피언이 고립감을 느끼지 않고 다른 챔피언과 소통할 수 있
도록 정기적인 의사소통, 지원 및 공간을 제공한다.

◆ 라인 관리자, 고위 관리자 및 중앙 지속가능성 팀이 다른 사람
들에게 프로파일링 챔피언을 포함하여 긍정적이고 공개적인
격려를 제공하도록 보장한다.

◆ 연간 성과 검토에서 지속가능성 성과를 포함하고 급여 인상과
보너스를 고려한다.[15]

사회적 가치를 고려하는 사내기업가가 번영할 수 있는 지원적인 환경 만들기[16]

제6장에 소개된 바와 같이, 사회적 가치를 고려하는 사내기업가
는 비즈니스 가치와 긍정적인 사회적 또는 환경적 영향을 창출하는
신제품, 서비스, 비즈니스 모델 및 관행을 상상하는 회사 내부의 혁
신가이다. 사실, 그들은 단지 이러한 것들을 '상상'만 하는 것이 아
니다. 그들은 종종 그들의 아이디어를 실천하기 위해 자발적으로
적극 노력한다.

때때로, 사회적 가치를 고려하는 사내 기업가들은 자신의 고
용주를 위해 열심히 노력하며, 그들 자신의 시간을 할애하여 기
업과 사회에 도움이 될 수 있는 아이디어를 개발한다. 보다폰의
M-Pesa(모바일 머니 서비스)와 액센츄어 개발 파트너십(국제 개발
시장에 서비스를 제공하는 액센츄어 내의 획기적인 컨설팅)과 같은 일
부 주요 기업 이니셔티브 및 비즈니스 라인은 사회적 가치를 고려
하는 사내 기업가가 주도하는 프로젝트로 시작되었다.

조직 내에서 사회적 기업가를 장려함으로써, 비즈니스 리더는 혁신을 주도하고, 리더십 역량을 구축하며, 지속가능성 영향을 증가시킬 수 있다. 그리고 더 많은 기업들이 지속가능성 전략을 채택하고 지속가능한 비즈니스 모델을 개발함에 따라 사내 기업가의 아이디어, 열정 및 추진력으로부터 이익을 얻을 것이다.

기업들은 개별 직원들이 유기적으로 주도권을 가질 수 있기를 기다리고 바랄 수 있다. 이러한 접근 방식은 너무 느린 편이다. 기존 비즈니스 모델 내에서 점진적인 변화로 이어질 수 있지만, 충분히 파괴적이지 않을 때가 있다. 파괴적인 변화는 비즈니스 모델에 의문을 제기하고, 도전하고, 다시 생각하고, 재정의할 때 발생한다. 우리는 기업들이 사회적 기업가를 지원하는 생태계를 적극적으로 개발할 것을 권장한다.

이것은 여러 가지 방법으로 할 수 있다.

◆ 회사가 고군분투하고 있으며 지속가능성 약속을 이행하기 위해 도움이 필요한 곳을 인정한다.
◆ 혁신 기금과 직원들이 종종 고위 지도자에 대한 경쟁적인 피치를 통해 자원, 고위 리더십 멘토링 및 아이디어에 대한 지원 및 자금 조달을 위해 입찰할 수 있는 기회를 창출한다.
◆ 사회적 가치를 고려하는 사내 기업가 실험실, 부트캠프 및 가속 교육 프로그램 등을 실행한다.
◆ '다이나믹 듀오'(젊은 사회적 기업가와 현명한 조언을 제공하고 조직 정치를 탐색하고, '공기 커버'를 제공하고, 초기 단계의 자원을 찾는 데 도움을 줄 수 있는 나이가 많고 경험이 많은 관리자 간

의 양방향 멘토링)를 장려하고 디지털 기술과 지속가능성 인식
으로 도움이 될 수 있다. 그러한 양방향 멘토링은 또한 긍정적
인 변화를 만들고자 하는 나이든 직원들의 열정을 활용하는
효과적인 방법이 될 수 있다.

◆ 아스펜 연구소Aspen Institute의 비즈니스 앤 소사이어티 퍼스트
무버스Business and Society First Movers 프로그램과 같은 수준 높은
외부 프로그램을 후원한다.[17]

더 많은 조직이 기업가 정신을 장려하고 기업 목적과 혁신, 새로
운 비즈니스 개발 및 인재 및 리더십 개발을 위한 비즈니스 전략을
통합하는 이니셔티브의 혜택을 받을 수 있다. 이러한 방식으로 그
들의 사고와 실천에 참여함으로써, 기업들은 지속가능성을 가속화
할 수 있는 새로운 비즈니스 모델을 돕는 혁신에 대한 더 탄력적인
리더와 더 넓고 파괴적인 접근 방식을 만들 것이다.

주의해야 할 몇 가지 사항에는 외로움이나 번아웃Burnout의 위험
이 포함된다. 일과 삶의 균형을 유지함으로써 장기적으로 균형을
유지할 필요가 있다. 지속가능성에 대한 비전을 새롭게 유지하는
것과 마찬가지로 정신적, 정서적, 육체적 웰빙은 모두 중요하다.

한 명의 카리스마 넘치는 리더에 대한 과도한 개인화는 분산된
리더십을 강조하고, 비즈니스의 다양한 리더가 지속가능성 약속의
다양한 측면을 옹호하도록 장려함으로써 피할 수 있다.

높은 성과자와 다른 사람들은 사업이 만드는 크고 대담한 지속가
능성 약속에 끌리지만, 그들이 회사에 들어갈 때 지속가능성에 대
한 실제 작업에 충분히 가까워질 수 없다면, 그들은 환멸을 느끼고

떠날 수 있다. 이것은 지속가능성을 모든 사람의 사업에 포함시키고 챔피언 네트워크를 만들며 사회적 기업가 정신을 촉진함으로써 완화될 수 있다.

사례 분석

로레알 L'Oréal

로레알은 2023년 기준 약 88,000명의 직원과 약 410억 유로 이상의 연간 매출을 가진 세계 최대의 화장품 기업이다. 그 회사는 1909년에 화학자에 의해 설립되었으며 150개국에서 운영되는 동안 프랑스 파리에 본사를 두고 있다.

로레알은 모든 직원이 CEO에게 윤리적 딜레마와 질문을 제기할 수 있는 연례 윤리의 날을 포함하여 로레알 비즈니스 윤리 강령에 대한 집중적인 의사소통과 교육을 통해 윤리적이고 책임감 있는 사업이 되기 위한 오랜 노력을 기울여왔다.

2013년, 로레알은 심오한 변화 전략을 시작하기 위해 야심 찬 첫 번째 지속가능성 프로그램을 채택했다. 이것은 리더십이 지속가능성을 포함하기 위해 그것을 일찍부터 인식했기 때문에, 몇 가지 이니셔티브를 갖는 것만으로는 충분하지 않았다. 즉, 혁신적인 변화가 있어야만 했다.

2021년 4월, 로레알은 로레알의 전반적인 '비전'과 통합된 새로운 지속가능성 전략인 '미래를 위한 로레알, 우리 지구는 소중하기 때문에'를 발표했다.

여기에는 2030년까지 제품당 CO_2 배출량의 50% 감소, 2025년까지 전 세계 모든 26개 제조 공장에서 100% 재생 가능 에너지(오프셋 없이), 100% 재활용 플라스틱, '녹색 과학'을 기반으로 제품을 재구성하여 2030년까지 공식 및 포장재에 대한 식물 기반 성분의 100%를 추적할 수 있고 지속가능한 원재료에서 생산될 것이라는 약속이 포함된다.

또한 1,000개의 나열된 성분을 설명하는 전용 웹사이트Inside our Products와 소비자가 지속가능성에 대해 일하는 4,000명의 로레알 과학자들에게 질문을 제기할 수 있는 기회를 통해 투명성에 대한 급진적인 헌신이 있다.

이 회사는 개인이 로레알 컨트리 매니저가 될 때 고위 리더십에 대한 중요한 단계 진입에 대한 강한 강조를 포함하여 새로운 대학원 연수생부터 회사의 상위 250명의 리더의 리더십 개발 요구를 포함하여 리더십 개발에 오랫동안 투자해 왔다. 이러한 리더십 프로그램에는 내부적으로 개발되고 운영되는 프로그램과 크랜필드 임원 개발Cranfield Executive Development과 같은 장기 협력자들과 협력하여 수행된 프로그램이 포함된다.

최근 몇 년 동안, 리더십 개발은 지속가능성에 대한 강조, 이해관계자 참여, '리드인에이블LeadEnable'과 같은 더 많은 협업 방식을 장려하는 방법을 강조하는 것을 포함했다. 대면 과정과 워크숍뿐만 아니라, 대면 및 웨비나와 자기 주도 학습이 혼합된 혼합 프로그램이 있다.

부사장 겸 최고 지속가능성 책임자인 알렉산드라 팔트Alexandra Palt가 이끄는 중앙 지속가능성 담당 부서는 또한 많은 자발적인 워크숍과 교육 세션을 개발하고 운영했다.

　이것들은 모든 직원이 지속가능성에 대한 기술을 향상시킬 수 있다. 매년 로레알의 젊은 하이 플라이어 그룹이 원 영 월드 프로그램에 참여하기 위해 사업의 후원을 받는다.

　로레알은 또한 상금과 고위 경영진에게 발표할 수 있는 연례 경쟁으로 기업가 정신을 장려했다.

　지속가능성 부서는 또한 모든 로레알 브랜드와 국가 관리자의 보너스가 지속가능성 목표에 대한 결과와 연결되도록 하는 데 중요한 역할을 했다.[18]

　알렉산드라 팔트가 말했듯이 '기업들은 포용적이거나 지속가능하지 않은 사회에서 번창할 수 없다는 것을 점점 더 이해하고 있다.'[19]

디스커버리 Discovery Ltd South Africa

　디스커버리는 의료, 생명 보험, 은행 및 투자 시장에서 일하는 금융 서비스 조직이다. 디스커버리는 전 세계적으로 약 13,800명의 직원[20]을 보유하고 있으며 2020년 이후 연간 매출은 약 640억 달러 이상이다.[21] 남아프리카 샌튼에 본사를 둔 디스커버리는 1992년에 설립되었으며 20개국에서 운영된다.[22]

　디스커버리는 사람들을 더 건강하게 만들고 그들의 삶을 향상시키고 보호하는 핵심 목적을 바탕으로 설립되었다. 회사는 지속가능한 발전을 추진하기 위한 공유 가치 비즈니스 모델을 가지고 있다. 이를 지원하기 위해, 모든 신입 사원은 목적, 가치, 공유 가치 및 지속가능성에 집중하는 5일간의 집중 교육 세션을 거치며 모든 새로운 금융 상품은 공유 가치 테스트를 통과해야 한다. 예를 들어 건강 보험 고객들은 식단을 개선하고 더 영양가 있게 먹고, 더 많이 운동하고, 웰빙 관행을 채택하도록 인센티브를 받는다. 마찬가지로, 자동차 보험 고객은 너무 빨리 제동하거나 빠른 속도로 코너를 도는 것을 모니터링하는 자동차의 장치로 더 조심스럽게 운전하도록 장려된다. 디스커버리의 근거는 더 안전한 운전자와 더 건강한 보험 계약자가 더 적은 보험 청구와 더 수익성 있는 사업을 의미하며, 관련 개인과 더 넓은 사회를 위해 더 낫다는 것이다.

디스커버리가 기업의 지속가능성 리더십을 이끄는 핵심 방법 중 하나는 다양한 거버넌스 시스템과 위원회를 제공하는 것이다. 디스커버리 이사회는 경영진의 전략, 위험, 주요 성과 지표 및 목표를 검토하기 위해 매년 경영진 및 관리 책임자와 만나게 된다. 이러한 회의를 보완하기 위해, 이사회는 그룹의 지속가능성 전략과 지역사회, 지구 및 기타 이해관계자에게 미치는 영향을 요약한 정기적인 보고서를 받는다. 또한 이사회는 그룹의 핵심 목적과의 정렬을 보장하고 전략 실행 계획을 승인하고 감독하기 위해 비즈니스 모델과 지속가능한 개발 계획에 대한 연례 평가를 수행한다.

디스커버리는 리더십 개발에 기여하는 디스커버리 재단, 디스커버리 펀드 및 기업 사회 투자CSI 이니셔티브와 같은 여러 프로그램을 시행했다. 디스커버리 직원은 기술 기반 직원 자원 봉사 기회에 참여한다.[23]

디스커버리는 미국에서 가장 큰 비공식 정착지 중 하나인 요하네스버그 외곽의 오렌지 팜 타운십과 긴밀히 협력하고 있다. 자원 봉사자들은 학교와 협력하여 교장의 리더십 기술을 개발하고 지역 클리닉 및 기타 시설을 개선하기 위해 회사의 역량을 적용하고 있다. 그들은 활기차고 지역 비공식 부문의 거리 기업가들이 전화, 컴퓨터, Wi-Fi 및 인터넷뿐만 아니라 디스커버리 자원 봉사자들의 마케팅, 판매 및 금융 기술에 접근할 수 있는 기업가 정신 센터를 개발했다.

디스커버리는 케임브리지 지속가능성 연구소 리더십 프로그램 또는 글로벌 콤팩트 기후변화 대응 과정을 통해 몇 명의 고위 지도자를 배치했고 참가자들은 학습에 대해 이사회에 보고했으며, 이는 더 많은 디스커버리 리더가 이러한 프로그램에 참여해야 하는지 결정하는 데 도움이 된다.

디스커버리에서 지속가능성 리더십은 이사회, 임원, 직원 위원회 및 지역사회에 이르기까지 모든 수준의 경영진에 주입되었다. 디스커버리는 지속가능성 리더십이 모든 수준의 관리에 존재할 수 있고 존재해야 한다는 것을 이해한다.

그룹의 최고 경영자인 아드리안 고어Adrian Gore는 디스커버리의 기업 지속가능성 비전에 대해 이렇게 말했다. "우리는 비즈니스 전략이 사회적 영향에 대한 이해와 별도로 실행되거나 심지어 구상될 수 없다고 강하게 믿는다."[24] 그리고 리더십과 관련하여, 고어는 "우리는 선택의 여지가 있다. 문제 중심의 리더십 접근 방식 또는 쇠퇴주의에 대한 해독제인 비전 기반 리더십 접근 방식"이라고 말한다.[25]

요약

유능한 리더십은 모든 노력의 성공에 매우 중요하다.

지도자들은 현재 상황에 대한 현실적인 평가를 제공하고, 미래에 대한 고무적인 비전을 제공하고, 오늘부터 내일까지 신뢰할 수 있는 전략을 명확히 하고, 특정 팀과 사업 단위가 그 전략에 기여하는 위치와 방법을 설명할 수 있어야 한다.

점점 더 복잡해지는 우리의 세계는 지속가능성 리더십을 더욱 중요하게 만드는 반면, 코로나19 유행병과 관련된 글로벌 폐쇄로 인한 업무 세계의 변화는 지속가능성 리더십을 위한 더 많은 기회와 새로운 의무를 창출했다.

실행을 위한 주요 점검 사항

1. 지속가능성 기술을 포함하도록 조직의 리더십 역량을 검토한다.
2. 회사의 사내 및 외부 리더십 교육 프로그램과 체험 개발 기회를 업데이트하여 미래에 적합하도록 한다.
3. 다양한 수준의 비즈니스 리더십 코호트를 대상으로 하는 적절한 학습 및 개발 전략을 수립한다.
4. 개인 및 조직의 지속가능성 성과가 보너스 시스템, 보상 및 인정, 수의사 인센티브 제도에 포함되어 비뚤어진 인센티브가 없도록 한다.
5. 회사가 전문적인 지속가능성 기능을 가져야 하는지 고려하

고 이 기능이 다른 기능과 사업의 다른 부분과 어떻게 밀접하게 작용할지 검토한다.

6. 지속가능성 챔피언 네트워크의 개발과 기업가의 격려와 같은 추가적인 리더십 개발 기회를 살펴본다.

7. 그것을 지원하기 위한 커뮤니케이션 및 교육이 포함된 최신 윤리 강령이 있는지 확인하고 직원들이 목소리를 내고 비윤리적인 행동에 의문을 제기하도록 장려한다.

8. 일선 감독자부터 최고 경영진에 이르기까지 모든 수준의 리더가 지속가능성에 대한 조직의 헌신에 대해 이야기할 수 있고 자신감을 가질 수 있도록 권한을 부여한다.

더 알아보기

- Brans, M, De Pree, M and Estrade, F (2020) The Intrapre-neur's Guide to Pathfinding, League of Intrapreneurs
- For over three decades the Cambridge Institute for Sustainability Leadership has helped build individual and organizational leadership capacity and capabilities and created industry-leading collaborations, to catalyse change and accelerate the path to a sustainable economy, www.cisl.cam.ac.uk
- Grayson D, McLaren M, Spitzeck H (2014) Social Intra-preneurism and all that Jazz, Greenleaf Publishing (Rout-ledge), Oxford
- Meadows, D (2008) Thinking in Systems: A primer, Earths-can
- SustainAbility (2008) The Social Intrapreneur: A field guide for corporate changemakers, Allianz, www.allianz.com/con tent/dam/onemarketing/azcom/ Allianz_com/migration/ media/current/en/press/news/studies/downloads/ thesoc ialintrapreneur_ 2008.pdf
- The Oxford Character Project is an interdisciplinary initiative at the University of Oxford, dedicated to the cultivation of character and responsible leadership, oxfordcharacter.org/about-us
- There are also regularly updated resources on the website of The League of Intrapreneurs, www.leagueofintrapreneurs.com
- United Nations Global Compact and Russell Reynolds Associates (2020) Leadership for the Decade of Action, United Nations Global Compact and Russell Reynolds Associates

참고 문헌

1 Business and Sustainable Development Commission (2017) Better Business, Better World, Business and Sustainable Development Commission
2 Quoted in Hougaard, R (2021) How Unilever develops leaders to be a force for good, Forbes, June.
3 See, for example, Strandberg Consulting (2015) Sustainability Talent Management: The new business imperative, Strandberg Consulting
4 See, for example, Cambridge Institute for Sustainability Leadership's (CISL) Cambridge Impact Leadership Model (2017), www.cisl.cam.ac.uk/resources/ cisl-frameworks/leadership-hub/cambridge-i mpact-leadership-model

(archived at https://perma.cc/4WYD-3G9V)

5   See, for example, Leadership Skills for a Sustainable Economy (2010), a report by a taskforce of business leaders convened by Business in the Community in the UK; or Faruk, A and Hoffmann, A (2012) Sustainability and Leadership Competencies for Business Leaders, BSR.

6   See, for example, Russell Reynolds (2020) Building a Better World Through Sustainable Leadership, Russell Reynolds Associates

7   See, for example, Hougaard, R (2021) How Unilever develops leaders to be a force for good, Forbes, June

8   See, for example, @YoungTrustees @Young-governors @Diversity-Gov @CharitySoWhite and @Beyond_Suffrage

9   Adapted from Grayson, D (2008) The CR Middle-management Black-hole, Cranfield School of Management

10 See, for example, Stern, S (2021) It is time for candid conversations at work, Financial Times, 29 August

11 Institute of International Finance and Deloitte (2021) The Future of the Chief Sustainability Officer: Sense-maker in chief, Institute of International Finance and Deloitte

12 Institute of International Finance and Deloitte (2021) The Future of the Chief Sustainability Officer - Sense-maker in Chief, Institute of International Finance and Deloitte

13 Institute of International Finance and Deloitte (2021) The Future of the Chief Sustainability Officer - Sense-maker in Chief, Institute of International Finance and Deloitte

14 Adapted from Corporate Responsibility Champions Network(2021) A how to' guide, #1 in the Doughty Centre 'How to Do Corporate Responsibility' Series, Doughty Centre for Corporate Responsibility - now the Cranfield School of Management Sustainability Group, www.cranfield.ac.uk/som/expertise/sustainability (archived at https://perma.cc/P5A3-XSSW)

15 Adapted from Corporate Responsibility Champions Network(2021) A 'how to' guide, #1 in the Doughty Centre 'How to Do Corporate Responsibility' Series, Doughty Centre for Corporate Responsibility - now the Cranfield School of Management Sustainability Group: www.cranfield.ac.uk/som/expertise/

sustainability (archived at https://perma.cc/P5A3-XSSW).

16 This draws on earlier blogs by David Grayson for Business Fights Poverty and
    ESADE

17 Pwww.aspeninstitute.org/programs/business-and-society-program/first-
    movers-fellowship-program/ (archived at https://perma.cc/B9ET-4GSW)

18 Developed from L'Oréal website, What Makes a Good Leader?, Beauty Tomorrow,
    October 21, 2019; and Sustainability – L'Oréal Master Class, Alexandra Palt,
    YouTube, 16 Nov 2020, www.youtube. com/watch?v= 1gh-SOS1fFM (archived
    at https://perma.cc/Q44Q-JGV6)

19 L'Oréal Finance (2021) L'Oréal recognized for its leadership in sustainability by the
    UN Global Compact, press release, 20 September

20 Discovery (n.d.) Who we are: Disrupting financial services through shared
    value, Discovery, www.discovery.co.za/corporate/sustainability-who-we-are
    (archived at https://perma.cc/9RKQ-497A)

21 WSJ Markets (2021) Discovery Ltd, WSJ.com, 23 September, www.wsj.com/
    market-data/quotes/ZA/DSY/financials/annual/income-statement (archived at
    https://perma.cc/LR97-GF79)

22 Discovery (n.d.) Who we are: Disrupting financial services through shared
    value, Discovery, www.discovery.co.za/corporate/sustainability-who-we-are
    (archived at https://perma.cc/9RKQ-497A)

23 Discovery (2020) Discovery Integrated Annual Report 2020, www.discovery.
    co.za/assets/discoverycoza/corporate/investor-relation s/2020/integrated-
    annual-report-2020.pdf (archived at https://perma.cc/S9T2-2]5M)

24 Discovery (n.d.) Corporate sustainability, Discovery, www.discove ry.co.za/
    corporate/corporate-sustainability (archived at https://perma.cc/YK3D-SUC5)

25 Gore, A (2018) Are things really bad and getting worse? The case for positive
    leadership, Discovery, October, www.discovery.co.za/corporate/news-adrian-
    gore-the-case-for-positive-leadership (arch-ived at https://perma.cc/TMR9-
    VWXC)

제8장

지속가능성 보고와 정보 공개

개념의 이해

지속가능성 보고는 회사가 세계에 미치는 영향과 지속가능성 문제가 세계에 미치는 영향을 공개하는 방법이다. 보고는 투명성과 가시성을 향상시키고, 지속가능성 전략 개발을 지원하며, 규제 요구 사항을 충족시키는 데 도움을 준다.[1] 또한 그것이 만드는 공통 언어를 기반으로 이해관계자와의 대화를 용이하게 한다.

지속가능성 보고에는 ESG 목표와 진행 상황의 공개 및 커뮤니케이션이 포함되며, 기업이 목표를 설정하고, 성과를 측정하고, 운영을 보다 지속가능하게 만들기 위해 변화를 관리하는 데 도움이 된다.

지속가능성 보고와 ESG 공개는 전 세계적으로 증가하고 있다. 2011년에 S&P 500 기업의 20%가 지속가능성 보고서를 발표했다. 2019년까지 그 숫자는 90%에 달했다.[2] 컨설팅 회사인 KPMG는 1993년부터 현재 지속가능성 보고라고 불리는 것에 대한 리뷰를 작성했다. 2020년 판에서 그러한 보고가 세계에서 가장 큰 기업들

사이에서 거의 보편적이라는 것을 발견했다.

세계에서 가장 큰 250개 기업 중 거의 모든(96%) 기업이 현재 지속가능성 보고서를 발간하고 있다. 또한 KPMG는 50개 이상 국가의 상위 100대 기업(N100)에서 지속가능성 보고서 발간 비율이 1993년 12%에서 2020년 80%로 증가했다고 기록했다.

구체적으로 살펴보면 아메리카 N100의 90%, 아시아 태평양의 84%, 유럽의 77%, 중동과 아프리카의 59%에 해당한다. KPMG는 '보고하지 않는 기업들은 글로벌 규범에서 벗어나고 있다.'고 결론 지었다.[3]

지속가능성 관련 정보 공개와 지속가능성 보고서를 구별하는 것이 중요하다. 보고서는 보고 프로세스의 결과물 중 하나이지만, 기업은 자사의 웹사이트, 연설 및 논평, 소셜 미디어 게시물에서 공개하거나 지속가능성 평가 등급 및 순위에 대한 투자자 요청에 응답하는 등 여러 가지 방법으로 정보를 공개하고 그 과정에서 생성된 데이터와 통찰력을 사용한다.

고려해야 할 두 번째 구별은 기업들이 일반적으로 받아들이는 표준(일반적으로 '재무 성과를 보고'할 때)을 사용하는지 또는 자체 지표를 사용하는지 여부인데, 자체 지표를 사용하는 경우 객관적인 성과 비교를 어렵게 만들고 그 회사들을 그린워싱에 대한 비난에 놓이게 할 수도 있다.

지속가능성 보고가 중요한 이유

지속가능성 보고는 여러 가지 방법으로 기업에 가치를 제공한다.

◆ 지속가능성 보고는 ESG에 대한 증가하는 투자자의 관심을 만족시킨다. 지속가능성 성과는 회사가 차입하는 경우 자본 비용에 영향을 미칠 수 있다. 점점 더 많은 투자 상품이 ESG 순위와 등급을 사용하여 어디에 투자할지 결정한다. 폴리 가지 Polly Ghazi가 트리플 펀딧Triple Pundit에 썼듯이 'ESG 위험을 관리하고 투자 스펙트럼 전반에 걸쳐 관련 기회를 활용해야 하는 기업에 대한 압력이 커지고 있다.'[4]

◆ 지속가능성 보고는 투명성과 가시성을 향상시키는 데 도움이 된다. 전 세계 경제 기자들을 대상으로 한 2021년 설문 조사는 기업들이 지속가능성 보고를 확대하는 주요 동기를 보여준다.[5]

◆ 지속가능성 보고는 회사의 목적을 보여주고 개방적이고 투명한 문화를 강화하는 데 도움을 준다.

◆ 강력한 지속가능성 전략을 수립하는 데 필요한 데이터와 통찰력을 만들고 구성한다.

◆ 지속가능성 보고는 현재 및 예비 직원에 대한 지속가능성에 대한 노력과 헌신을 알리고, 외부 이해관계자와의 신뢰를 구축하는 데 도움이 되며, 공공 및 비상장 기업 모두의 정보 공개에 대한 증가하는 기대를 충족시키는 데 도움이 된다.

◆ 지속가능성 보고는 지속적인 개선과 행동을 가능하게 한다. 2020년 BSR 보고서는 다음과 같이 주장한다. '고품질 지속가능성 보고서는 회사의 성과를 향상시키는 탄력적인 비즈니스 전략에 대한 투자를 가능하게 함으로써 기업의 비즈니스 변화와 성과 개선을 가능하게 한다.[6] 반대로 보고는 저조한 성과에 대한 원인을 찾는 필요한 데이터를 만들 수 있다.[7]

◆ 점점 더 정부, 다자간 조직 및 기타 이해관계자(금융 이해관계자 포함)는 보고된 정보를 사용하여 기업의 영향에 대한 책임을 묻고 위험을 평가하고 있다.

◆ 비상장 기업의 경우, 지속가능성 보고는 소유주가 기대하는 것일 수 있으며 그들과의 대화에서 사용될 수 있다. 예를 들어 지속가능성이 미래의 가치에 어떻게 영향을 미칠 수 있는지 설명하거나 여러 세대에 걸친 가족 사업에서 현명한 기업가 정신을 실천했음을 보여주고 전달하는 데 사용할 수 있다. 또한 가족의 사업 이익을 돌보는 통제 가족 협의회나 기업의 지분을 보유한 사모펀드 투자자와의 커뮤니케이션을 지원할 수 있다.

◆ 국영기업SOE의 경우, 지속가능성 보고는 종종 기본 요구 사항이 된다. 예를 들어 중국에서는 SASAC[8](115개 이상의 가장 큰 국영기업에 대한 중국 국가의 소유권을 통제하는 기관)이 지속가능성 보고를 요구하기 시작한 후 2006년부터 국영기업의 보고서가 급증했다.

◆ 지속가능성 보고는 CDP, MSCI, 다우존스 지속가능경영지수Dow Jones Sstainability Indices, 일하기 좋은 기업Great Place to Work 등과 같이 기업들이 가장 중요하게 여기는 평가 등급과 순위에 대응하고 잘 수행하도록 도와준다. 그리고 비콥과 같은 인증 요건을 충족시키는 데 도움이 된다.

◆ 전 세계 증권거래소에 인용된 상장 기업, 특히 지속가능한 증권거래소 이니셔티브에 제휴한 100개 이상의 거래소에 대한 지속가능성 관련 상장 요구 사항이 점점 더 커지고 있다.[9]

◆ 점점 더 많은 관할권에서, 공공 및 민간 기업 모두에 적용되는 지속가능성/ESG 성과 공개와 관련된 규제 요구 사항이 증가하고 있다. 유럽 연합 기업 지속가능성 보고 지침은 55,000개 이상의 회사에 대한 보고서 발간과 정보 공개를 요구하고 있다.

실행 및 추진 방법

지속가능성 보고는 지속가능한 사업의 초석이며 아래에 설명하는 중요한 단계 등을 포함한다.

1단계: 몇 가지 기본적인 보고 질문을 명확히 함

다음 사항을 처음부터 명확히 하는 것이 중요하다.

◆ 기업이 지속가능성 보고를 수행하는 이유(앞의 '지속가능성 보고가 중요한 이유' 섹션 참조)
◆ 예를 들어 투자자 관계 팀이 기관 투자자에게 지속가능성 또는 ESG 성과에 대해 브리핑하고, 직원 및 고객과 소통하고, 주요 등급 및 순위에 응답할 수 있도록 한다.
◆ 법률 및 규제 요구 사항 보고. 영국의 경우 매출액이 3,600만 파운드 이상인 기업은 노예제와 인신매매가 자신의 사업이나 공급망에서 발생하지 않도록 하기 위해 취한 조치에 대해 매년 보고해야 한다.[10] 또한 유럽 연합은 기업 지속가능성 보고 표준과 기업 지속가능성 보고 지침CSRD을 발효하였다. 이 지

침은 2022년 통과되었으며 2023년 초안 검토를 거쳐, 2024년에 표준에 따라 보고를 시작하도록 법적으로 강력하게 요구하고 있다. CSRD는 현재 EU 비재무 보고 지침에 따라 포착된 11,000개에서 그 적용 대상이 크게 확대되어 55,000개 이상의 기업과 기관이 해당될 것으로 추정된다.

◆ 회사가 지속가능성 보고의 일부 또는 전부를 외부에서 검증 및 보증하려고 하는지 여부

◆ 2020년 지속가능성 보고에 대한 KPMG 설문 조사에 따르면 지속가능성에 대한 제3자 검증은 큰 기업들 사이에서 보편적으로 이루어지고 있으며, 글로벌 250대 기업의 71%는 2011년의 46%에 비해 2020년에 외부 검증의 적용이 확대되었다.[11] EU가 제안한 CSRD에 따라, 데이터에 대한 제3자 검증은 의무화될 것으로 보인다.[12]

2단계: 주요 보고 지침이나 프레임워크 중에서 기업이 선호하는 옵션을 잘 확인하여 선택

확립된 지속가능성 보고 지침이나 프레임워크 중 하나를 사용하는 것은 필수적이지 않지만, 그렇게 활용하는 것은 좋은 관행이며, 특히 더 크고 더 많은 글로벌 기업에 대해 점점 더 기대되고 있다. 보고 도구를 이해하고 선택하는 것은 그들의 수와 유형이 증가하기 때문에 처음 보고하는 기업들에게 다소 압도적일 수 있다. 주요 프레임워크 중 일부는 아래에 요약되고 설명되어 있다.

GRI(글로벌 보고 이니셔티브)와 SASB(지속가능성 회계 기준 위원

회)는 많은 조직의 기본 출발점이며 가장 일반적으로 사용되며, 종종 다른 목적과 청중에게 서비스를 제공하기 때문에 함께 사용된다.

◆ GRI: 1997년에 시작되었고 당시 GRI의 첫 번째 버전을 발표했다. 2000년 지침은 지속가능성 보고를 위한 최초의 글로벌 프레임워크를 제공했다. 2016년에 GRI는 지침을 제공하는 것에서 지속가능성 보고에 대한 첫 번째 글로벌 표준인 GRI 표준을 설정하는 것으로 전환했다. 표준은 계속 업데이트되고 확장되며 현재 34개의 특정 주제 표준을 포함하고 있다. GRI는 의심할 여지 없이 가장 널리 사용되고 영향력 있는 보고 프레임워크 중 하나이다. 지속가능성 보고에 대한 2020년 KPMG 조사에 따르면, GRI는 대기업들이 가장 보편적으로 활용하는 보고 프레임워크로 남아 있으며, G250 보고의 10분의 7(73%) 이상이 GRI를 사용한다는 통계가 있다.

◆ SASB: 투자자들에게 알리기 위해 지속가능성 회계 기준을 개발하기 위해 2011년 미국에서 설립된 비영리 단체이다. SASB의 독특한 초점은 77개 산업 각각에서 전형적인 회사의 재무 성과에 실질적으로 영향을 미치는 ESG 문제를 표면화하는 것이다. 2021년 6월 현재, SASB는 가치 보고 재단Value Reporting Foundation 의 후원을 받고 있다.

GRI와 SASB 외에도, 평가할 가치가 있는 더 많은 전문 보고 지침이 있다.

◆ CDP는 2000년에 탄소 공개 재단으로 삶을 시작했으며, 그 범위는 탄소뿐만 아니라 숲과 물까지 확장되었다.

◆ 기후 관련 재무 공시 태스크포스TCFD는 '더 많은 정보에 입각한 투자, 신용 및 보험 인수 결정을 촉진하고, 차례로 이해관계자가 금융 부문의 탄소 관련 자산의 농도와 기후 관련 위험에 대한 금융 시스템의 노출을 더 잘 이해할 수 있도록 하는 보다 효과적인 기후 관련 공개'를 만드는 것을 목표로 한다.[13] 기후가 세계의 실존적 도전이 되고 TCFD가 투자자, 정부 및 기타 이해관계자에 의해 더 널리 채택됨에 따라 TCFD의 중요성이 커지고 있다. 투자자들은 TCFD를 권장하는 경향이 있지만, 정부는 영국이 시행하고 있는 것과 같은 기후 공개 규정을 마련하기 위해 이를 활용하고 있으며, 현재 100개 이상의 다른 국가들이 이를 개발하거나 검토하고 있다.

지속가능성 보고에 착수하는 기업들은 지침과 프레임워크에 관한 최선의 선택을 하고 시간이 지남에 따라 접근 방식을 조정해야 한다. 점점 더 이러한 선택은 더 나은 ESG 성과 공개에 대한 투자자들의 증가하는 수요와 지속가능한 비즈니스 성과에 대한 더 강력한 책임을 구축하라는 다양한 이해관계자의 요구에 영향을 받는다. 블랙록의 래리 핑크는 CEO들에게 보내는 2020년 연례 편지에서 다음과 같이 썼다.

'공개를 개선하는 중요한 진전이 이미 이루어졌으며, 많은 기업들이 이미 지속가능성에 대해 통합하고 보고하는 모범적인 일을 하고 있지만, 우리는 더 광범위하고 표준화된 채택을 달성해야 한다. 완벽한 프레임워크는 없지만, 블랙록은 지속가능성 회계 기준 위원회가 노동 관행에서 데이터 개인 정보 보호, 비즈니스 윤리에 이르기까지 광범위한 문제에 걸쳐 지속가능성 정보를 보고하기 위한 명확한 표준을 제공한다고 믿는다. 기후 관련 위험과 관리에 필수적인 관련 거버넌스 문제를 평가하고 보고하기 위해, TCFD는 귀중한 프레임워크를 제공한다.'

블랙록은 TCFD 및 SASB 정렬 리포팅에 대한 진행 상황에 대해 몇 년 동안 회사들과 협력해 왔다. 올해 우리는 고객을 대신하여 투자하는 회사들에게 다음을 요청하고 있다.

1. 아직 수행하지 않았다면 연말까지 산업별 SASB 지침에 따라 공시를 발표하거나, 기업의 특정 비즈니스에 적합한 방식으로 유사한 데이터 세트를 공개해야 한다.
2. 아직 수행하지 않았다면 TCFD의 권고에 따라 기후 관련 위험을 공개해야 한다. 여기에는 TCFD 지침에 표현된 바와 같이 지구 온도 상승을 2도 미만으로 제한하는 파리 협정의 목표가 완전히 실현되는 시나리오에서 운영하기 위한 계획이 포함되어야 한다.

우리는 기업들이 사업 내에서 이러한 위험을 적절하게 관리하고 감독하고 미래를 적절히 계획하고 있는지 확인하기 위해 이러한 공개와 약속을 사용할 것이다. 지속가능성에 대한 강력한 정보 공개가 없는 상황에서, 블랙록을 포함한 투자자들은 기업들이 위험을 적절하게 관리하지 못한다고 점점 더 결론을 내릴 것이다.[14]

펑크와 다른 투자자들은 투자자로서 어떤 금융 데이터가 필요한 지 그들의 관점에서 보고 있다. 결정적으로 GRI의 최고 외무 책임 자인 피터 폴 반 데 위스Peter Paul van de Wijs가 우리에게 말했듯이, "국제적인 논의는 이제 보고 체계가 두 가지 축으로 나뉜다는 점을 받아들이는 단계에 이르렀다. 즉, 재무 보고가치 보고로 강화와 영향 보고이다." 반 데 위스는 그 내용을 아래와 같이 자세히 설명하고 있다.

1. 비재무적 문제, 특히 지속가능성 문제가 회사에 어떻게 영향을 미치는지, 그리고 회사 자체가 사회와 환경에 어떻게 영향을 미치는지에 대한 공개적으로 이용 가능한 정보가 불충분하다. 특히,

   a. 보고된 비재무 정보는 충분히 비교할 수 없거나 신뢰할 수 없다.

   b. 기업들은 사용자가 필요하다고 생각하는 모든 비재무적 정보를 보고하지 않으며, 많은 사람들이 사용자가 관련이 없다고 생각하는 정보를 보고한다.

   c. 투자자와 다른 사용자가 비재무 정보를 원하는 꽤 많은 회사들은 그러한 정보를 보고하지 않는다. 전 세계적으로 비금융 보고 관행의 채택 수준에는 큰 차이가 있다.

   d. 투자자와 다른 사용자들이 보고되더라도 비재무 정보를 찾는 것은 어렵다.

2. 기업들은 비재무 정보 보고와 관련하여 불필요하고 피할 수 있는 비용을 부담한다. 기업들은 어떤 비재무적 정보를 보고할지, 그리고 그러한 정보를 어떻게 그리고 어디서 보고할지 결정할 때 불확실성과 복잡성에 직면한다. 일부 금융 부문 회사의 경우, 이러한 복잡성은 전 세계의 다른 법률에 포함된 다른 공개 요구 사항에서 발생할 수 있다. 또한 기업들은 지속가능성 평가 기관, 데이터 제공자 및 시민 사회의 비재무 정보에 대한 추가 요구에 대응해야 한다는 압박을 받고 있다. 유럽 시장에서 새로운 CSRD의 모든 회사에 대한 지속가능성 보고를 의무화하는 것과 IFRS가 취하고 있는 단계와 같은 노력은 이러한 문제를 해결하는 데 큰 도움이 된다.[15]

우리는 지속가능성 표준 설정자와 등급의 풍경이 복잡해 보일 수 있다는 것을 알고 있다. 그래서 많은 기업이 최소한 첫 번째나 두 번째 지속가능성 보고서를 작성할 때 외부 컨설턴트를 고용하여 도움을 받곤 한다. 지속가능성 보고서를 작성하거나 설계하고 어떤 프레임워크를 사용할지 조언하는 데 도움을 줄 수 있는 전문 회사가 있다. 하지만 현실은 오직 두 개의 글로벌 보고 기준(GRI와 SASB)만 있다는 것이다. 그중 하나로 시작하는 것이 가장 좋다.

3단계: 데이터 수집

기업의 지속가능성 보고의 전반적인 기초는 중요도 평가의 결과(제2장 참조)와 지속가능성 전략 및 약속(제4장 참조)을 기반으로

해야 한다. 지속가능성 보고를 수행하는 조직은 공개를 지원하는 데 필요한 모든 정보를 추적(보증을 위해 감사할 수 있음)하기 위해 데이터 관리 시스템을 개발해야 한다. 목표는 법적 요구 사항을 충족하거나, 지속가능성 등급 및 순위에 대한 증거를 제공하거나, 공급업체 입찰 목록에 필요한 지속가능성/ESG 정책, 관행 및 성과에 대한 증거를 제공하고 조달 문의를 충족하는 것과 같은 여러 목적으로 사용될 수 있는 방식으로 데이터를 수집하는 것이어야 한다.

이를 위해서는 관련 메트릭과 데이터를 식별하고 이에 대해 보고하고, 기업 전체의 데이터 집계, 모든 메트릭에 대한 자세한 검토 및 시간이 지남에 따라 보고를 개선하기 위해 내부 이해관계자에게 돌아가는 주요 기능과의 참여가 필요하다.

지속가능성 보고가 더욱 정교해짐에 따라, 기업들은 데이터를 수집하기 위해 기존 내부 관리 소프트웨어를 구축해야 하며, 그중 일부는 이미 관리 보고서에 반영될 것이며 그중 일부는 이미 규제 보고 목적으로 필요할 것이다.

인공 지능, 빅 데이터, 기계 학습 및 기타 신기술이 조직에서 더 많은 혁신을 추진하고 지속가능성 보고를 지원하는 데 필요한 원료의 더 넓은 가용성을 촉진하는 데 도움이 될 것이라는 기대가 있다. 전문 서비스 회사인 EY의 잔 부알레Jeanne Boillet가 관찰했듯이 신뢰, 문화, ESG 위험 및 ESG 보고와 관련된 KPI는 AI을 사용하여 측정할 수 있다. 하지만 학습 곡선이 있으며, AI가 무엇을 할 수 있는지 이해하지 못하고 전문 지식을 가진 사람들이 그것을 효과적으로 사용할 수 있다면 조직은 뒤처질 위험이 있다.[16] 지속가능성 데이터의 품질과 비교 가능성을 개선해야 한다는 압력이 확실히 더 많다.

4단계: 데이터 보고 및 최대한 활용

조직에 선호되는 지속가능성 보고 지침과 프레임워크를 사용하는 데이터와 공개 전략이 있으면, 각 대상 청중에 대한 커뮤니케이션 채널을 결정할 수 있다. 이것이 이해관계자의 ESG 데이터 정보 요구를 이해하는 것이 중요한 이유이다. 예를 들어 기업은 지속가능성 성과 데이터가 투자자와의 회의를 지원하는 데 어떻게 사용될지 고려해야 한다. 또한 기업이 회사의 지속가능성 전략과 주요 목표/주제의 각 측면에 대한 책임이 있는 사람을 홍보하고 이해관계자에게 연락할 수 있는 방법을 제공할 수 있다면 도움이 된다.

지속가능성 보고가 사업의 전통적인 연례 보고서 및 회계와 어떻게 관련될지에 대한 고려가 필요하다. 일부 회사의 경우, 이것은 통합 보고서를 개발하고 발행함으로써 해결된다(아래 '통합 보고' 참조). 통합 보고가 이루어지지 않은 경우, 전문 지속가능성 보고와 전통적인 기업 보고뿐만 아니라 플랫폼(보고서, 웹사이트, 소셜 미디어, 연설 등) 및 다양한 이해관계자 간의 메시징과 데이터의 일관성을 보장하는 것이 중요하다.

통합 보고

통합 보고의 개념은 비즈니스와 회계 직업에서 지지를 얻고 있다. 딜로이트에 따르면, '통합 보고는 조직의 전략, 거버넌스, 성과 및 전망에 대한 중요한 정보를 상업, 사회 및 환경적 맥락을 반영하는 방식으로 제공한다. 그것은 모든 이해관계자에게 유용하고 관련이 있는 비즈니스의 가치 창출 이야기의 명확하고 간결한 표현으로 이어진다.' 그 아이디어는 거꾸로 보고 규정 준수를 주도하는 경향이 있는 전통적인 연례 보고서와 회계만을 생산하는 사업이 아니라, 사업과 투자자 모두에게 장기적인 관점을 장려할 수 있는 통합 보고서를 생산할 것이라는 것이다. 2020년 KPMG 지속가능성 보고 조사에 따르면, 통합 보고서를 생산하는 세계 최대 기업의 비율은 N100이 14%에서 16%로, G250이 14%에서 22%로 증가한 2017년과 2020년 사이에 계속 증가했다. KPMG 조사는 일본이 대기업(7%)의 통합 보고를 자발적으로 채택한 선두주자임을 보여준다. 남아프리카에는 더 많은(94%) 통합 보고 기업이 있으며, 이는 국가가 '준수 또는 설명' 기준으로 통합 보고를 의무화하고 있고, 통합 보고가 JSE(요하네스버그 증권거래소) 상장 요건이기 때문이기도 하다. 국제 통합 보고 위원회IIRC는 2013년에 통합 보고 〈IR〉 프레임워크를 개발했다.[17] IIRC는 이제 SASB와 함께 가치 보고 재단The Value Reporting Foundation을 만들어 활동을 강화하고 있다.

5단계: 과정에서 배우고 보다 더 혁신하기

우리는 필요한 작업의 정도나 지속가능성 보고 시 증가하는 복잡성을 과소평가해서는 안된다.

컨퍼런스 보드The Conference Board의 토마스 싱거Thomas Singer는 다음과 같이 강조한다.

"기업들은 어려운 도전에 직면해 있다... 증가되고 표준화된 ESG 공개에 대한 기대를 염두에 두고, 동시에 그들의 비즈니스에 가장 중요한 문제에 지속가능성 노력을 집중하고 여러 채널을 통해 진실하고 효과적으로 그들의 이야기를 전달해야 한다."[18]

그러나 대부분의 정보 공개는 이미 관리 시스템 및 규제 보고 요구 사항의 일부로 기업 내에서 확인되고 있다. 지속가능성 보고를 충족시키기 위해 그것들을 조정하고 이러한 공개를 편집하는 것은 많은 기업들에게 도전이 될 수 있다.

문제의 일부는 기업들이 일반적으로 재무 보고에 전념하는 전체 부서를 가지고 있는 반면(그리고 그 약속에 의문을 제기하지 않음), 지속가능성 보고는 종종 한두 사람에 의해 수행되며, 심지어는 아마도 그들의 역할의 비율로만 수행된다는 것이다.

스웨덴에 본사를 두고 있는 컨설팅 회사인 월드페이버Worldfavour의 2021년 기업 보고에 관한 설문 조사에서, 응답자들은 지속가능성 보고서를 만드는 데 있어 발생하는 주요 어려운 점이나 걸림돌을 조사하였다. 조사 결과 상위 5개는 다음과 같다.

◆ 데이터 수집(57%)
◆ 데이터 품질이 좋지 않음(46%)
◆ 데이터 관리 및 통찰력 획득(41%)
◆ 시간 부족(36%)
◆ 너무 시간이 많이 걸리는 과정(34%)

이것은 보고 프로세스를 개선하기 위해 다른 지속가능성 보고 기업들로부터 배우는 것을 필수적으로 만든다. 보고의 결과물을 사용하여 비즈니스가 핵심 지속가능성 성과를 개선하여 회사가 투자에서 가치를 얻을 수 있도록 돕는다. 보고가 비즈니스 프로세스의 통합된 부분이 된다면 분명 도움이 될 것이다.

6단계: 더 많은 보고 요구 사항에 대비

학술 및 지속가능성 운동가인 로버트 에클스 교수는 2021년 1월 포브스 사설에서 다음과 같이 썼다. "세계는 더 이상 지속가능성 보고에 대한 글로벌 의무 표준의 필요성에 대해 논의하지 않는다. 논쟁은 이제 이 용어가 정확히 무엇을 의미하는지, 관련 조직이 어떤 역할을 해야 하는지, 그리고 가능한 한 빨리 이러한 표준을 개발하기 위한 최선의 경로가 무엇인지에 관한 것이다."[19] 결과적으로, EY의 글로벌 회장 겸 최고 경영자인 카르민 디 시비오 Carmine Di Sibio 와 EY의 공공 정책 글로벌 부회장인 루치 보우믹 Ruchi Bhowmik 은 2021년 6월 WEF 블로그에서 다음과 같이 강조했다. '비즈니스 세계는 곧 수십 년 동안 기업 회계 및 보고에서 가장 중요한 혁신을 보게 될 것이다.'[20] 여기에는 EU의 국경을 넘어 영향을 미칠 EU의 기업 지속가능성 보고 지침 CSRD이 포함될 것이다. 결정적으로, CSRD 제안은 이중 중대성평가를 적용한다 제2장 참조. BSR이 강조한 바와 같이 '그동안 세계에 미치는 영향이 아닌 비즈니스에 대한 위험만 평가한 기업의 경우, CSRD는 측정 및 보고의 근본적인 변화를 암시한다.'[21]

이미 설명했듯이 가치 보고 재단 The Value Reporting Foundation 은 IIRC 와 SASB의 합병의 결과이다. 그것은 지속가능성 보고를 위한 지침과 프레임워크를 단순화하고 개선하기 위한 광범위한 움직임의 일부이기도 한다. CDP, CDSB, GRI, IIRC, SASB는 지속가능성 보고의 미래에 대한 공통된 비전을 만들기 위한 첫 번째 시도를 발표했다 (포괄적인 기업 보고를 위한 협업 성명, 2020년 9월).

지켜봐야 할 두 가지 발전 사항이 더 있다.

IFRS 재단은 고품질의 이해할 수 있고 시행 가능하며 세계적으로 인정되는 회계 표준을 개발하고 표준의 채택을 확대하고 촉진하기 위해 설립된 비영리 공익 단체이다. IFRS 재단에는 표준 설정 기관인 국제 회계 기준 위원회가 있다. IFRS 재단은 지속가능성/ESG 보고에 더 많이 관여할 것이다. 이것은 특히 4대 글로벌 회계법인인 딜로이트, EY, KPMG 및 PwC가 세계 경제 포럼ISSB과 협력하여 거버넌스, 지구, 사람 및 번영의 4가지 기둥을 중심으로 일련의 ESG 보고 지표를 개발했기 때문이다. COP26 기후 회의에서 IFS 후원하에 국제 회계 기준 위원회와 함께 '국제 지속가능성 표준 위원회'의 창설이 발표되었다. 목표는 투자자의 요구를 해결하는 데 중점을 두고 회사의 재무 건전성과 가치 창출에 대한 지속가능성 문제의 영향에 초점을 맞춘 표준을 개발하는 것이다. 기후 공개 표준과 가치 보고 재단도 ISSB에 통합될 것이다.

둘째, EU, GRI, 잠재적으로 국세청은 모두 2021년 6월에 '금융 기관과 기업에 환경 위험과 기회에 대한 완전한 그림을 제공하기 위한 새로운 시장 주도 글로벌 이니셔티브'로 작업을 시작한 TNFD(자연 관련 재무 공개 태스크포스)의 영향을 받은 생물다양성 표준을 개발하는 것을 고려하고 있다. 목표는 '자연 부정적인 결과에서 벗어나 자연 긍정적인 결과를 향한 글로벌 금융 흐름의 변화

그림 8.1 전통적인 재무 보고와 추가 재무 보고의 융합

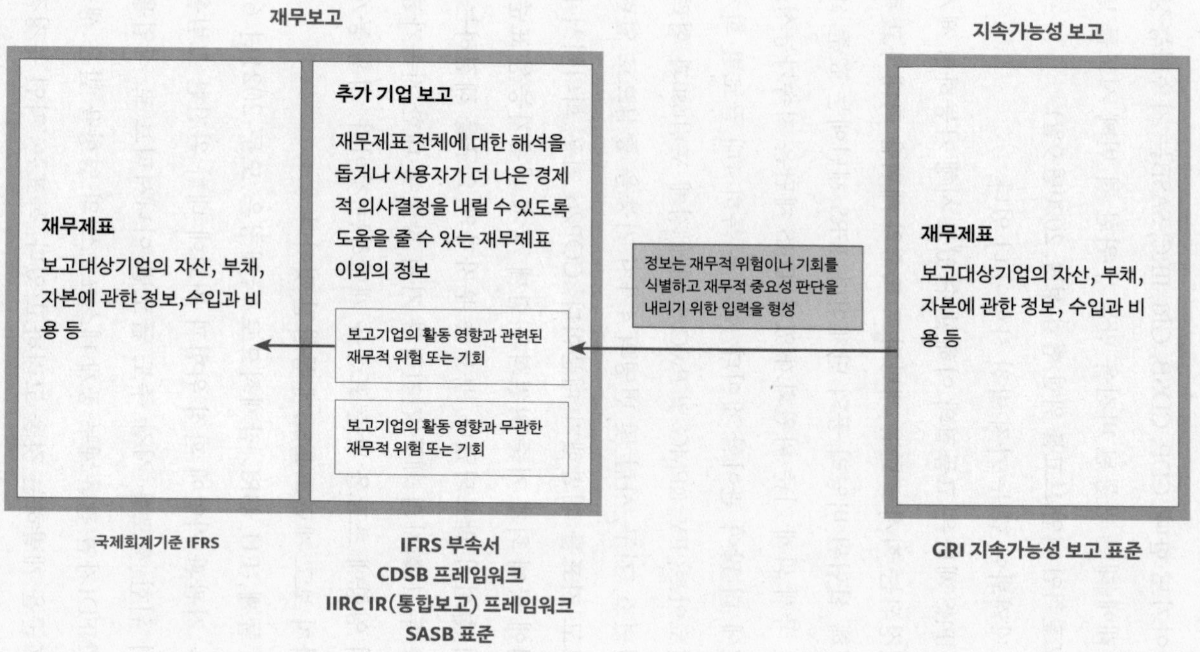

지속가능성 보고

재무제표

보고대상기업의 자산, 부채,
자본에 관한 정보, 수익과 비
용 등

GRI 지속가능성 보고 표준

정보는 재무적 위험이나 기회를
식별하고 재무적 중요성 판단을
내리기 위한 임계을 형성

재무보고

추가 기업 보고

재무제표 전체에 대한 해석을
돕거나 사용자가 더 나은 경제
적 의사결정을 내릴 수 있도록
도움을 줄 수 있는 재무제표
이외의 정보

보고기업의 활동 영향과 관련된
재무적 위험 또는 기회

보고기업의 활동 영향과 무관한
재무적 위험 또는 기회

IFRS 부속서
CDSB 프레임워크
IIRC IR(통합보고) 프레임워크
SASB 표준

재무제표

보고대상기업의 자산, 부채,
자본에 관한 정보, 수익과 비
용 등

국제회계기준 IFRS

를 지원하는 것'이다. TNFD 프레임워크는 2022년에 테스트 및 개선 과정을 거쳐 2023년에 발표되었다. TNFD의 의도는 TCFD의 성공을 기반으로 하는 것이다.

사례 분석

스토라 엔소 Stora Enso[22]

스토라 엔소는 2023년 기준 약 20,000명에 가까운 직원과 연간 매출 약 100억 달러 정도 되는 펄프 및 제지 산업 회사이다. 1300년대까지 거슬러 올라가는 이 회사는 핀란드 헬싱키에 본사를 두고 있으며 전 세계 50개국 이상에서 제품을 판매하고 있다.

그 회사는 포장, 바이오 재료, 목재 건축 및 종이 판매에서 가치를 창출하기 위해 재생 가능한 재료에 대한 전문 지식을 활용한다. 그것은 전 세계의 다양한 산업과 응용 분야를 위해 목재와 바이오매스를 기반으로 한 솔루션을 개발하고 생산하며, 바이오 경제를 선도하고 고객이 재생 가능한 친환경 제품에 대한 수요를 충족할 수 있도록 지원한다. 스토라 엔소의 존재 목적은, '사람과 지구를 위해 좋은 일을 하라'이다.

재생 불가능한 재료를 재생 가능한 제품으로 대체하는 것은 오늘날 화석연료 기반 재료로 만들 수 있는 모든 것이 내일 나무에서 만들어질 수 있다는 믿음을 뒷받침한다.

스토라 엔소의 2019년 연례 보고서는 보고 사항 2020에서 WBCSD에 의해 강조되었다. 중대성 평가 결과의 간결함과 정렬의 좋은 예로서 복잡한 개요 속에서도 지속가능성에 대한 명확한 비전을 유지하고 있다. 이 보고서는 일관성을 개선하고 조직과 이해관계자에게 가장 중요한 문제에 주목하면서 정보 과부하를 피하는 데 도움이 되는 방식으로 초안이 작성된 것에 대해 찬사를 받았다. 이 보고서는 또한 스토라 엔소의 KPI, 기업 목표 및 각 중요성 이슈에 대한 진행 상황에 대한 간결한 개요를 제공하며 이 페이지를 온라인으로 별도로 다운로드할 수도 있다. 2020년 연례 보고서는 이 유산을 이어가며, 지속가능성의 가장 중요한 측면 중의 하나가 관련 정보의 충실한 공개와 보고라는 것을 강조하고 있다.

스토라 엔소의 지속가능성 정보 공개 및 보고 웹 페이지는 독자 친화적이며, 정보 과부하를 피하고 이해관계자가 찾고 있는 정보 요구를 충족하기 위해 선택할 수 있는 명확한 범주를 나열한다. GRI 지침에 따라 보고하는 것 외에도, 스토라 엔소는 SASB 지침과 TCFD 프레임워크에 따라 공개를 조정하여 이해관계자의 요구를 파악하는 데 도움을 주었다.

스토라 엔소의 지속가능성 담당 부사장인 애넷 스투브Annette Stube 는 다음과 같이 논평했다. '연간 보고를 규정 준수 운동으로 간주할 수 있지만, 회사의 이야기를 전하는 스토리텔링으로 접근하면 실제로 훨씬 더 많은 부가가치를 창출할 수 있다. 예를 들어 회사에 중요한 것과 그 영향에 대해 보고하는 것, 긍정적이고 부정적인 것 모두가 여기에 해당될 수 있다.[23]

세멕스 CEMEX[24]

세멕스는 2024년 기준 45,647명의 직원과 2023년 연간 매출이 약 170억 달러 이상인 대형 건설 및 건축 자재 회사이다. 멕시코 산 페드로 가르사 가르시아San Pedro Garza García에 본사를 둔 이 회사는 1906년에 설립되었으며 현재 전 세계 50개국 이상에서 운영되고 있다.

세멕스는 시멘트, 레디믹스 콘크리트, 골재, 도시화 솔루션의 4가지 핵심 사업을 운영하는 기업이다. 회사의 사명은 '전 세계 고객의 건설 요구를 충족시키기 위해 혁신적인 제품과 솔루션을 제공함으로써 지속가능한 가치를 창출하는 것'이다.

세멕스는 ESG 공개 및 성과에 많은 투자를 했으며, 주요 ESG 지수에 포함시키는 것은 보고 및 커뮤니케이션의 지속적인 개선에 대한 헌신의 증거이다. GRI 지침과 보고를 조정하는 것 외에도, 회사는 SASB 건축 자재 산업별 요구 사항 및 TCFD 지침에 따라 보고한다. 세멕스의 노력은 CDP의 기후 변화 산업 지도자, DJSI의 MILA 태평양 동맹 지수, FTSE4Good, MSCI ESG 지도자 지수, 비게오 에이리스Vigeo Eiris 및 멕시코 증권거래소 지속가능성 지수에 포함됨으로써 인정되었다.

세멕스의 보고 여정에서 중요한 이정표는 2008년에 회사가 지속가능성 공개 노력에 대해 조언하기 위해 독립적인 외부 전문가 그룹을 모았을 때였다. 세멕스의 지속가능한 개발 보고 자문 패널은 지속적인 개선을 보장하기 위해 지속가능성 보고에 대한 피드백을 제공한다. 지속가능성과 관련된 다양한 분야에서 일하는 패널 멤버들은 회사의 주요 이해관계자 그룹과 그것이 운영되는 지역을 대표한다. 회원들은 세멕스에 대한 더 깊은 이해를 얻고 진행 상황에 대해 논평할 수 있도록 2년 동안 패널에 있어야 한다. 이 자문 패널은 세멕스의 지속가능성 보고를 강화하고 구별하는 데 도움을 주었다.

세멕스의 2019년 통합 보고서는 WBCSD가 발표하는 Reporting Matters 2020에 소개되었다. 균형 잡힌 보고서의 강력한 예로서 명확한 비전과 지속가능성 발전 방향을 보여주고 있다. 이 보고서는 조직의 현재와 미래의 위험, 성공, 실패, 도전 및 기회에 대해 투명하다는 찬사를 받았다.

세멕스의 2019년 보고서, '이해관계자의 요구를 타겟팅하기'에 따르면, 2008년부터 세멕스는 GRI 표준을 따르고 중대성 평가를 작성함으로써 지속가능성 보고에 대한 약속을 발전시켰다.[25]

요약

지속가능성 보고는 이와 관련한 뉴욕 증권거래소NYSE의 지침을 참고할 만하다. 이 지침은 지속가능성 보고가 '정확하고, 균형 잡히고, 비교 및 맥락화'되어야 한다고 명시하고 있다. 뉴욕 증권거래소는 계속해서 강조한다.

ESG 보고 및 공개는 기업들이 그들 자신의 ESG 이야기를 할 수 있는 기회이다. 고품질 ESG 보고는 주주 및 주요 이해관계자와의 신뢰를 구축하고 회사가 ESG 문제가 장기적인 가치를 창출하는 능력에 어떤 영향을 미치는지 이해한다는 것을 보여준다. 보고는 그 자체로 끝이 아니라 결과물이어야 한다. 그것은 기업의 ESG 위험과 기회를 관리하기 위해 기업 자체에서 무엇을 하고 있는지를 반영해야 한다. ESG 공개는 해당 기업에서 다음 내용을 설명할 때 가장 설득력이 있다.

◆ 직원이 해당 문제에 집중하는 이유(이해관계자 참여, 중대성)
◆ 기업이 해당 문제에 대처하는 방법(전략, 측정, 목표)
◆ 직원이 해당 문제를 계속 관리할 수 있도록 기업이 감독하는 방식 (거버넌스)

NYSE는 또한 '최고의 보고서는 가장 긴 보고서가 아니라 문제에 대한 초점과 이해를 보여주는 보고서'라고 현명하게 지적하고 있다.[26]

실행을 위한 주요 점검 사항

1. 지속가능성 보고에 대한 이해관계자의 기대뿐만 아니라 법률 및 상장 요구 사항에 대해 명확히 한다.
2. 정확하고 시기적절한 데이터 수집을 위한 엄격한 프로세스가 있는지 확인하고 데이터 수집 플랫폼이나 소프트웨어 시스템을 사용하는 것을 고려한다.
3. 비즈니스의 요구와 투자자를 포함한 주요 이해관계자의 기대를 충족시킬 지속가능성 보고 지침과 프레임워크를 선택한다.

4. 시간이 지남에 따라 정확하고 명확하고 간결하며 비교할 수 있는 설득력 있는 내러티브를 개발하고, 충분한 맥락을 제공하며, 회사의 지속가능성 전략 구현의 성공과 실패에 대한 균형 잡힌 정직한 설명을 제공한다.

5. 다양한 미디어와 형식을 통해 주요 정보와 통찰력을 제공하여 다양한 이해관계자와의 참여를 최적화한다.

6. 지속가능성 보고 프로세스를 비즈니스에 지속가능성을 포함하는 기본 구성 요소이자 지속적인 개선의 강력한 원동력으로 취급한다.

GRI, SASB, TCFD, TNFD, 다양한 등급, IIRC, WBA, WBCSD 및 기타 보고 분석 웹사이트는 다음과 같다.

- A Practical Guide to Sustainability Reporting Using GRI and SASB Standards, produced by GRI and SASB, with support from PwC, The Impact Management Project and Climate-Works Foundation
- BSR (2020) Five steps to good sustainability reporting: A practical guide for companies, BSR, November, www.bsr.o rg/en/our-insights/report-view/five-steps-to-good-sustai nability-reporting
- EY (2021) The Future of Sustainability Reporting Stand-ards-EY2021, assets. ey.com/content/dam/ey-sites/ey-com/en_gl/topics/sustainability/ey-the-future-of-sustaina bility-reporting-standards-june-2021.pdf
- For examples of sustainability reports, there are portals such as sustainability-reports: www.sustainability-reports.com
- GRI/UNGC (n.d.) Integrating the SDGs into corporate reporting: A practical guide integrating SDGs into sustainability reporting, www.globalreporting.org/public-po
- licy-partnerships/sustainable-development/integrating-sdgs-into-sustainability-reporting/
- KPMG IMPACT (2020) The Time Has Come: The KPMG survey of sustainability reporting, December, home.kpm g/xx/en/home/insights/2020/11/the-time-has-come-su rvey-of-sustainability-reporting.html
- The Climate Disclosure Standards Board (CDSB) is an international consortium of business and environmental NGOs. They are committed to advancing and aligning the global mainstream corporate reporting model to equate natural capital with financial capital. CDSB does this by offering companies a framework for reporting environmental information with the same rigour as financial information
- The UN Global Compact website has a section with reports from signatory companies: www.unglobalcompact.org

참고 문헌

1   Authors' composite definition developed from definitions of Boston College Centre for Corporate Citizenship, Intertek and Worldfavour

2   Ghazi, P (2020) Sustainability reporting by the largest US companies hits new highs, Triple Pundit, 27 July, www.triplepundit.com/stor y/2020/sustainability-reporting-new-highs/121006 (archived at h ttps://perma.cc/Y3T8-847X)

3   For key trends in global sustainability reporting see: KPMG IMPACT (2020) The time has come: The KPMG survey of sustainability reporting 2020, December, home.kpmg/xx/ en/home/insights/2020/11/the-time-has-come-survey-of-sustain ability-reporting.html (archived at https://perma.cc/YD6L-45KF)

4   Ghazi, P (2020) Sustainability reporting by the largest US companies hits new highs, Triple Pundit, 27 July, www.triplepundit.com/stor y/2020/sustainability-reporting-new-highs/121006 (archived at h ttps://perma.cc/4MT9-N39G)

5   Worldfavor (2021) Worldfavor Report 2021 – Navigating the landscape of sustainability reporting, blog.worldfavor.com/news/navigating-the-landscape-of-sustainability-reporting (archived at https://perma.cc/7REF-XYNV)

6   BSR (2020) Five steps to good sustainability reporting: A practical guide for companies, November, www.bsr.org/en/our-insights/rep ort-view/five-steps-to-good-sustainability-reporting (archived at h ttps://perma.cc/YD8L-TC5Y)

7   Swartz, J (2010) How I did it: Timberland's CEO on standing up to 65,000 angry activists, HBR Magazine, September, hbr.or g/2010/09/how-i-did-it-timberlands-ceo-on-standing-up-to-65000-angry-activists (archived at https://perma.cc/5AC3-URCW)This is a fascinating Harvard Business Review article by the then CEO of Timberland about what happened when the campaigning NGO Greenpeace organized a campaign alleging Timberland complicity in the destruction of Amazonian rainforest to make way for grazing lands for cattle from which Timberland sourced leather for its boots, belts etc. As Jeff Schwartz explains in the article, when the campaign began, Timberland simply didn't know about where it sourced its leather from.

8   The State-Owned Assets Supervision and Administration Commission of the State Council (SASAC), en.sasac.gov.cn/ (archived at http s://perma.cc/2QKW-DSRY)

9   sseinitiative.org/ (archived at https://perma.cc/R86Z-NAN8)

10 Section 54 of the 2015 Modern Slavery Act.

11 KPMG IMPACT (2020) The time has come: The KPMG survey of sustainability reporting 2020, December, home.kpmg/xx/ en/home/insights/2020/11/the-time-has-come-survey-of-sustain ability-reporting.html (archived at https://

perma.cc/8T4C-JESA)

12 Bancilhon, C (2021) What business needs to know about the EU corporate sustainability reporting directive, BSR [blog], 6 July, www.bsr.org/en/our-insights/blog-view/what-business-needs-to-know-about-the-eu-corporate-sustainability-reporting (archived at http s://perma.cc/2L75-2)G4)

13 www.fsb-tcfd.org/about/ (archived at https://perma.cc/5X5G-4UQY)

14 Larry Fink letter to CEOs 2020, 14 January, BlackRock

15 Exchange with authors September 2021

16 Boillet, J (2020) How AI will enable a better understanding of long-term value, EY [blogl, 25 September, www.ey.com/en fi/assurance/ how-ai-will-enable-a-better-understanding-of-long-term-value (archived at https://perma.cc/6SC5-2CML)

17 www.integratedreporting.org/news/iirc-publishes-revisions-to-international-framework-to-enable-enhanced-reporting/ (archived at https://perma.cc/FGL2-8VPU)

18 Stringer, Thomas (n.d.) The Conference Board quoted in Green Biz, www.greenbiz.com/article/4-things-you-should-know-about-sust ainability-reporting-practices (archived at https://perma.cc/XJH6-YHHA)

19 Eccles, R (2021) 2020: The year the narrative changed for sustainability reporting, Forbes, 6 January

20 Di Sibio, C and Bhowmik, R (2021) Sustainability reporting: Five ways companies should prepare, WEF [blogl, 21 June, www.weforum.org/agenda/2021/06/sustainability-reporting-five-ways-companies-should-prepare/ (archived at https://perma.cc/5J8C-3CXS)

21 Bancilhon, C (2021) What business needs to know about the EU corporate sustainability reporting directive, BSR [blogl, 6 July, www.bsr.org/en/our-insights/blog-view/what-business-needs-to-know-about-the-eu-corporate-sustainability-reporting (archived at http s://perma.cc/9NMM-HX8L)

22 This profile has been sourced from Stora Enso Annual Report 2020, www.storaenso.com/en/about-stora-enso (archived at https://perma.cc/6UDF-AE5U); www.storaenso.com/en/sustainability/sustai nability-reporting (archived at https://perma.cc/6RCT-8ULY); docs. wbcsd.org/2020/10/WBCSD_Reporting_Matters_2020.pdf (arch-ived at https://perma.cc/4JQZ-YEQV)

23 Exchange with authors September 2021

24 Profile sourced from Cemex Integrated Report 2020, www.cemex.c om/
sustainability/overview (archived at https://perma.cc/A4CC-AP 3 У); www.
cemex.com/sustainability/reports/external-advisory-p anel (archived at
https://perma.cc/CM3M-4Q27); docs.wbcsd.org/2020/10/WBCSD Reporting
Matters_2020.pdf (archived at http s://perma.cc/C7UB-S9BZ)

25 www.cemex.com/documents/20143/49694544/IntegratedReport2019.pdf
(archived at https://perma.cc/QB8F-WG79)

26 www.nyse.com/esg-guidance (archived at https://perma.cc/7L93-9G9Q)

제 9 장

거버넌스/기업 지배구조

개념의 이해

좋은 기업 거버넌스는 이사회가 전략을 승인하고, 전략에 대한 진행 상황을 모니터링하고, 경영진에게 독립적인 도전과 조언을 제공하고, 고위 경영진 보상을 설정하고, 임명 및 필요한 경우 CEO의 해임과 관련하여 이사회 자체에 대한 강력한 승계 계획을 보장할 책임이 있다는 것을 의미한다. 궁극적으로 이사회는 회사의 장기적인 성공에 대한 책임이 있다. 이사회도 회사의 전략적 목표를 달성하기 위해 기꺼이 감수할 위험의 성격과 범위를 결정할 책임이 있으며, 기업의 목적, 가치 및 문화의 궁극적인 관리인이다.

지속가능성 또는 ESG 거버넌스란 사회적, 환경적, 경제적 영향에 대한 회사의 책임을 감독하고 회사의 특정 지속가능성 약속이 이행되도록 보장하기 위해 회사의 이사회가 수립한 공식 프로세스를 의미한다. 지속가능성 및 ESG 역량을 갖춘 이사회는 '이사회 구성원들이 지속가능성에 대한 전문성을 가지고 있고 올바른 거버넌

스 체계를 구축하여 경영진에게 올바른 요구와 질문을 자신 있게 할 수 있는 곳'이다.[1]

좋은 지속가능성 거버넌스에 대한 헌신과 기여를 위해 다음과 같은 여러 가지 방법으로 전통적인 이사회 역할을 확장할 수 있다.

◆ 사업의 목적이 진정성 있고, 명확하고, 설득력 있으며, 영감을 주고, 실용적이라는 것을 보장한다(제1장 참조).

◆ 지속가능성 전략 개발을 지원하고 이를 승인하고 검토하며 회사의 중요한 ESG 문제와 그 목적에 대한 성과를 감독한다. 지속가능성 전략이 전반적인 기업 전략의 중심이 됨에 따라 이것은 이사회 업무의 핵심이 되고 있다(제4장 참조).

◆ 기업의 지속가능성이 비즈니스에 구체적으로 무엇을 의미하는지, 그리고 비즈니스의 ESG 성과를 개선하는 것이 어떻게 장기적인 가치 창출을 향상시키고 회복탄력성을 높일 수 있는지 명확하게 설명한다(제3장과 제4장 참조).

◆ 이사회가 기업 책임과 지속가능성에 대한 총체적이고 포괄적인 철학을 가지고 있음을 명확히 하며, 이는 위험 완화와 기회 극대화를 모두 포괄하는 견해를 의미한다.

◆ 원하는 비즈니스 문화를 정의하는 것은 문화가 조직 전반에 걸쳐 지속가능성의 포함을 장려하도록 보장한다(제6장 참조).

◆ 합의된 전략의 운영 및 이행을 확인하고, 전략에 대한 가장 중요한 지속가능성 위험을 정기적으로 검토하고 효과적인 위험 완화를 보장한다(제5장 참조)

◆ 회사의 환경적, 사회적, 경제적 영향과 관련된 위험이 회사의

기업 위험 등록부의 일부인지 여부를 고려할 때, 내부 감사는 물질적 지속가능성/ESG 문제의 열악한 관리를 모니터링해야 할 잠재적 위험으로 보고 이사회가 기업 위험에 대해 논의하는 동안 이러한 영향과 문제를 추적한다.

◆ CEO와 고위 경영진의 보수와 보너스를 설정할 때 지속가능성/ESG 성과를 고려한다.

◆ 관련 당사자가 지속가능성 실적이 좋지 않은 경우 표면화될 수 있는 재무, 평판 및 기타 비용/위험을 식별하기 위해 제안된 합병 및 인수 및 합작 투자에 대해 토론할 때 지속가능성 고려 사항이 완전히 고려되도록 보장한다.

◆ 기업, 주주 및 기타 이해관계자들에게 지속가능성이 최우선 과제이며 최고 경영진에서 이를 주도하고 있음을 알린다.

거버넌스가 중요한 이유

이사회의 역할을 올바르게 설정하는 것이 성공적인 지속가능한 사업의 중요한 부분인 데는 많은 이유가 있다.

◆ 이사회가 지속가능성을 포함하겠다는 약속을 소유하고 행동하지 않는 한, 이사회는 지속가능성에 대한 높은 성과를 위해 경영진을 압박하지 않기 때문에 진전은 기껏해야 제한될 것이다.

◆ 지속가능성에 대한 이사회 참여는 이것이 우선순위라는 것을 보여줌과 동시에 나머지 조직을 자극하고 실행을 유도할 수 있다.

◆ 비전, 목적 및 전략이 지속가능성 목표와 일치하지 않는 한,

조직은 서로 상충되는 목표를 위해 노력할 수 있다. 회사의 활동이 명시된 목적이나 공적 약속과 다를 경우, 특히 고객과 같은 이해관계자들이 이를 알아차리게 되고 기업의 명성을 위험에 빠뜨릴 수 있다. 이러한 불일치는 목적 왜곡이나 그린워싱이라는 비난을 받을 위험이 있다.

◆ 효과적인 이사회는 적절한 지속가능성 목표의 개발과 이행을 책임지도록 경영진에게 책임을 맡기게 된다. 이사회가 이것을 하지 못하면 기관 투자자들과 다른 주주들은 이사회의 구성을 바꾸려고 노력할 수도 있다. 이러한 상황이 2021년 5월 엑슨모빌Exxon Mobil에게 일어났는데, 주주들이 기후 비상 사태에 대한 더 강력한 엑슨의 대응을 요구했을 때 회사가 추천하지 않은 세 명의 새로운 비상임 이사에게 투표했다.

◆ 유럽 연합에 기반을 둔 회사의 경우, EU는 현재 지속가능한 기업 거버넌스에 대한 유럽 지침에 대한 제안을 준비하고 있다.[2] 제안된 새로운 EU 지침은 ESG 문제에 대한 이사회 감독, 기업 지속가능성 전략 감독에서 이사회의 역할, 지속가능성 관련 인센티브 및 장기적인 관점, 공급망 실사를 위한 EU 차원의 법적 틀을 다룰 가능성이 높다.

실행 및 추진 방법[3]

1단계: 거버넌스와 지속가능성에 대한 이사회 접근 방식 정의

첫째, 이사회는 거버넌스 역할을 주로 경영진에게 책임을 묻는 것으로 보는지에 대한 공개적인 대화가 필요하다. 이것은 '모니터링, 감사'와 같은 역할이다. 아니면 이사회가 그것이 할 수 있는 역할에 대해 더 광범위한 견해를 가지고 있는지 확인해 봐야 한다. 이것은 경영진에게 책임을 지는 것뿐만 아니라 양육하는 이사회이다. 이러한 관점에서 이사회는 코치이자 멘토이며 모니터이자 감사관이다.

마찬가지로, 이사회는 지속가능성에 대한 견해를 명확히 할 필요가 있다. 그것은 단지 위험 완화에 관한 것인지, 부정적인 사회적, 환경적, 경제적 영향을 줄이는 사업에 대한 것인지 명확히 하는 것이 필요하다. 많은 회사와 이사회에서 이것은 기본 사고방식이지만, 위의 거버넌스 정의에 부응하지는 못한다. 기업의 지속가능성에 대한 아이디어에서 주로 위험 완화(리스크 예방과 관리)에 관한 것으로 생각하는 변화가 가속화되고 있으며, 진정한 통합을 인식하는 것은 위험 완화와 기회 극대화를 모두 해결하는 것을 의미한다.

기업들은 기업의 지속가능성 성숙의 다른 단계에 있다. 몇몇은 아마도 지속가능성이 물질적이라는 것을 여전히 부인하고 있을 것이다. 몇몇은 회사가 법적 요구 사항을 준수하고 업계 표준을 충족해야 한다고 믿는 규정 준수 사고방식을 가지고 있지만 더 이상은 아니다. 다른 사람들은 지속가능성 압력과 이해관계자의 기대가 보다 적극적인 접근 방식을 요구한다는 것을 인식하면서 리스크 예방과 관리를 더욱 강조한다. 그리고 지속가능성/ESG 성과와 관련된 기회를 극대화하고자 하는 사람들이 있다. 오늘날 모범 사례는 위험 완화와 기회 극대화를 모두 다루는 것을 의미한다.

소수의 기업들은 미래에 그들의 사업을 증명하기 위해 스스로를 변화시키는 것만으로는 충분하지 않다는 것을 인식하고 더 멀리 나아가고자 한다. 그들은 또한 리더십과 지식 공유를 통해 그들의 부문과 다른 사업을 변화시키는 데 도움을 줄 필요가 있다.

이것은 다양한 성숙도 모델에서 챔피언 또는 리더십 단계라고 부르는 것이다.

2단계: (필요한 경우) 이사회의 사고방식 전환

조직의 현재 성숙 단계에 따라 의장, 수석 독립 이사, CEO 또는 최고 지속가능성 책임자가 이사회의 집단적 사고방식을 바꾸기 위해 사용할 수 있는 다양한 이사회 참여 방안이 있다.

일부 이사회는 미래학자나 비판적인 캠페인 목소리와 같은 외부 연사의 미래 시나리오나 방향을 사용한다. 몇몇은 세계에 대한 매우 다른 관점을 얻기 위해 청소년 이사회에 참여하거나 그들의 이사회를 현장으로 데려가기도 한다. 일부는 기존 이사를 위해 CPD Continuing Professional Development에 의존하고 이미 지속가능성에 대한 지식이 있고 유능한 새로운 이사를 모집하기도 한다. 방법이 무엇이든, 궁극적인 목표는 다음과 같이 정의할 수 있는 이사회의 지속가능성 사고방식을 개발하는 것이다(Grayson and Kakabadse 2013에서 발췌, 그림 9.1 참조).

'장기적인 가치 창출을 위해서는 회사가 지속가능한 개발의 위험과 기회를 포용해야 한다는 집단적 견해가 있다. 그리고 이사회는 기업의 책임과 지속가능성에 대한 헌신과 동시에 경영진의 멘토이자

모니터이고 청지기이자 감사관이 되어야 한다.'

그림 9.1 기업 지속가능성 매트릭스에 대한 이사회 사고방식

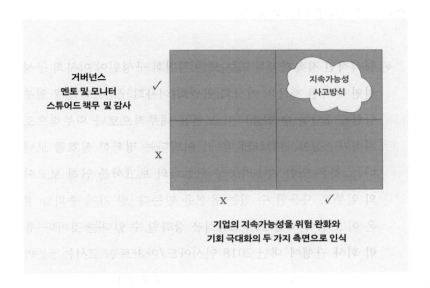

지속가능성 사고방식을 달성하는 것은 입법화될 수 없다. 그것은 장기적인 사업 생존과 성공을 위한 지속가능성의 중심성에 대한 합의가 있을 때까지 이사회와 고위 경영진 간의 지속적이고 개방적인 대화를 수행함으로써만 발생할 수 있다. 인시아드INSEAD 경영대학원과 마자르Mazars의 2018년 보고서, 기업 지속가능성 리더십, 2018년 유럽 보고서 - 마자르, 인시아드, 이사회 의제는 회사 이사회의 상당수(거의 20%)가 여전히 지속가능성을 이사회 문제로 간주하지 않는다는 것을 분명히 하고 있다. 그렇게 하는 사람들을 위해, 다음 단계는 지속가능성을 다루기 위한 가장 적절한 구조를 선택하는 것이다.

3단계: 비즈니스에 가장 적합한 거버넌스 모델 선택

이사회 개요와 지속가능성 거버넌스를 위한 몇 가지 다른 모델이 있다.[4] 그 내용은 다음과 같다.

◆ 공식적인 지속가능성 또는 모든 위원회 구성원이 이사회 구성원인 유사한 제목의 이사회 위원회(이사회 구성원인 경우 일부 임원을 포함할 수 있음). 이 모델은 내부적으로나 외부적으로 지속가능성이 진지하게 받아들여진다는 명확한 신호를 보낸다. 그것은 또한 지속가능성 위원회의 보고서를 연례 보고서의 일부로 사용할 수 있는 옵션을 만든다. 한 가지 주의할 점은 이 모델이 사일로 사고방식을 강화할 수 있다는 것이다. 유럽 회사 관행에 대한 2018 인시아드/마자르 보고서는 5분의 1 미만의 기업이 이러한 유형의 전담 위원회를 가지고 있다고 보여주고 있다.

◆ 적어도 한 명의 이사회 구성원과 이사회 구성원이 아닌 고위 임원을 포함하는 혼합 위원회. 이것은 전략과 실행 사이의 효과적인 연관성을 보장하는 데 도움이 될 수 있지만, 잘못 처리되면 NED와 경영진의 역할 사이의 경계를 흐리게 할 위험이 있다.

◆ 지속가능성 관련 문제는 또한 '이사회에 예약된 매트'로 정의될 수 있다. 이 모델에는 일반적으로 지속가능성/ESG 문제가 이사회 위원회에 위임하지 않고 이사회가 해결해야 할 문제라는 명시적인 진술이 존재한다. 이사회가 경험이 풍부하고 지

속가능성에 대해 적절하게 훈련되고 의식적으로 지속가능성을 모든 결정의 근본적인 부분으로 간주한다면, 이 모델은 전체적인 접근 방식을 제공할 수 있다. 반면에, 경험이 없는 이사회의 경우, 그것은 '감찰 방식'이 될 수 있다. 이 접근 방식과 관련된 또 다른 잠재적인 문제는 전체 이사회가 이것을 제대로 수행하는 데 엄청난 시간이 걸릴 수 있으며, 대부분의 이사회는 필요한 자세한 논의를 위해 핵심 아젠다에 할애할 수 있는 추가 시간이 없다는 것이다.

◆ 지속가능성을 위한 수석 이사로 수석 이사회 구성원(보통 비상임 이사)의 공개 지정. 이것에 대한 변형은 여러 이사회 구성원들이 각각 기후 변화나 건강 및 복지와 같은 지속가능성의 특정 측면에 대한 주도적인 책임을 부여받는 것이다. 이 모델은 이사회에 지속가능성/ESG 초점이 있음을 보장하지만, 그 효과는 지정된 이사회 구성원의 전문 지식, 역량 및 신뢰성에 결정적으로 달려 있다. 인시아드/마자르 보고서는 기업의 약 5%가 별도의 위원회 없이 수석 이사회 구성원을 보유하고 있다고 밝히고 있다.

◆ 선택된 위원회의 모든 구성원이 이사회 구성원인 감사 및 위험과 같은 이사회의 기존 위원회의 권한에 대한 명시적인 확장(이사회 구성원인 경우 임원을 포함할 수 있음). 이 접근 방식은 결합 전략과 구제를 도울 수 있지만, 위원회의 과부하를 위험에 빠뜨릴 수 있다. 지속가능성은 잘 정립된 연례 위원회 업무 일정 내에서 관심을 끌기 위해 고군분투할 수 있다. 또 다른 단점은 전체 이사회 의제에 대한 지속가능성의 영향을 줄

인다는 것이다. 예를 들어 감사 위원회의 임무의 일부가 된다면, 지속가능성은 개별적으로 강조되기보다는 주주에 대한 감사 위원회 보고서의 일부를 형성할 것이다. 또한 그것은 지나치게 '위험'에 초점을 맞추고 조직의 규정 준수 및 위험 완화 접근 방식을 강화할 수 있다.

◆ 이사회 구성원이 아닌 구성원만 포함하는 아래 이사회 위원회는 임원 자격으로 위원회의 의장을 맡고 이사회에 결정과 조치를 보고할 수 있는 CEO를 제외하고, 이 모델은 운영 효율성을 최적화할 수 있지만, 지속가능성/ESG 문제에서 이사회를 분리시킬 위험을 초래할 수 있다. 틀림없이 이것은 효과적인 이사회 감독과 유사한 방식이라고 할 수 있다.

실제로, 이 모델들은 상호 배타적이지 않으며 일부 회사들은 이 모델들 중 하나 이상을 동시에 사용한다. 여기에는 특정 이사회 위원회뿐만 아니라 정기적인 전체 이사회 토론, 기존 위원회의 권한 확장(대부분 감사 및 위험 또는 지명 및 보수 위원회 중 하나) 및 이사회 아래의 더 많은 운영 위원회가 포함될 수 있다.

옳고 그른 모델은 없다. 그것은 개별 회사에 가장 적합한 것이다. 다른 모델의 장단점을 가늠할 때, 수행해야 할 작업량, 기존 비상임 이사의 기술 및 현재 이사회 사고방식을 고려할 가치가 있다. 많은 경험이 풍부한 비상임 이사들의 일반적인 견해는 현재의 기후와 평균 성숙 단계에서 '무거운 리프팅(중대한 아젠다를 다룰 수 있는)'을 많이 할 수 있는 전담 이사회 위원회가 바람직하며, 중력과 초점을 더하는 것으로 보인다. 그리고 이것이 우리의 기본 권장 사항이다. 그러나 결정적으로 명백한 이사회 지속가능성 위원회가 있는 경우,

인시아드의 기업 거버넌스 센터는 최근 논문에서 '지속가능성 위원회가 효과적이고 영향력이 있기 위해서는 그들의 작업을 이사회로 되돌리고 효과적으로 소통해야 하며, 권고안이 이해되고 모든 이사회 구성원의 지지를 받을 수 있도록 해야 한다'고 언급했다.[5] 우리는 이에 동의한다. 이사회 전체가 지속가능성에 대한 회사의 약속을 인식하고 있으며 이것이 내부적으로나 외부적으로 이해되는 것은 기본이다. 마찬가지로, 이사회 지속가능성 위원회의 참조 약관(헌장)은 다른 이사회 위원회와의 중복을 최소화하기 위해 책임 영역을 명확하게 묘사해야 한다.

이사회 전체와 전문 위원회가 사업이 가장 큰 차이를 만들 수 있는 가장 중요한 아젠다와 영향에 초점을 맞추는 것도 중요하다. 따라서 이사회가 정기적으로 중대성을 인식하고 논의하는 것은 매우 중요하다.

4단계: 이사회에서 지속가능성 전문 지식 보장

이사회 기술 매트릭스를 유지하고 정기적으로 업데이트하는 것은 표준 이사회 관행이다. 여기에는 일반적으로 모든 이사회 구성원이 자신의 일을 해야 할 것으로 예상되는 일반적인 기술과 역할에 대한 섹션이 있다. 그런 다음 보통 이사회의 적어도 한 구성원이 가질 것으로 예상되는 특정 기술에 대한 두 번째 섹션이 있다. 이사회 기술 매트릭스는 지속가능성/ESG 문제에 대한 기본적인 인식과 일반적인 기술로서 비즈니스에 미치는 영향을 포함해야 하며 특정 기술로 가장 중요한 지속가능성/ESG 문제에 대한 전문적인 이해가 필요하다. 흥미롭게도, 지속가능성 이사회 보고서 2020에 따르면, 가족 기업은 이사회의 지속가능성 위원회(34%)에서 활동한 지속가능성 경험을 가진 비상임 이사의 비율이 포브스 글로벌 2000(17%)에 비해 두 배에 달한다.[6]

또한 이사회가 전반적인 이사회의 효과에 대한 정기적인 검토와 의장을 포함한 개별 이사의 성과에 대한 평가를 수행하는 것도 좋은 관행이다. 이러한 기존 프로세스는 개별 이사가 지속가능성을 이해하고 결정을 위한 렌즈로 사용하는 정도를 포함하여 지속가능성 측면을 통합하기 위해 확장되고 업그레이드될 수 있다.

국제 경영대학원 인시아드의 보고서는 지속가능성에 관한 NED의 5가지 원형을 가정하고 각 원형이 제기할 수 있는 이의를 극복하기 위한 몇 가지 전략을 제시하고 있다(그림 9.2 참조).

'지구와 사회가 직면한 도전은 엄청나고 사업은 근본적으로 변화해야 한다' 지속가능성을 유지하고, DNA와 의제에 유지함으로써 지속가능성을 유지하고, 장기적으로 일관되게 그리고 항상 행동하고, 불편한 현실과 비즈니스 상대를 찾고, 계속 질문을 한다.

그림 9.2에서, 인시아드 원형과 그 세분화와 같은 것은 지속가능성에 대한 기존 이사회 구성원의 기술/의지를 평가하는 데 사용될 수 있으며, 이 표는 개별 NED에 대한 참여 전략에 대한 결정을 안내하는 데 도움이 될 수 있다.

이사회 검토는 이사회가 회사의 지속가능성 성과에 대한 감독을 얼마나 잘 관리하는지 탐구해야 한다. 여기에는 기업 지속가능성의 감독 및 거버넌스와 관련된 이사회 효과에 대한 통찰력을 도출하기 위해 고안된 연례 이사회 평가에 구체적인 질문을 추가하는 것이 포함될 수 있다. 이러한 검토는 개인/집단 교육과 지속적인 전문성 개발 요구를 식별할 수 있다. 그러한 요구는 내부적으로나 외부적으로 처리될 수 있지만, 해결되는 것이 중요하다. 옵션에는 전통적인 학습 프로그램뿐만 아니라 회의실에서 나가는 것과 관련된 더 많은 경험적 접근 방식이 포함된다. 예를 들어 기후 변화 영향으로 큰 타격을 입은 지역을 방문하는 것이다. 일부 외부 조직은 어스 온 보드Earth on Board(www.earthonboard.org/) 및 컴피턴트 보드스Competent Boards(www.competentboards.com/)와 같은 지속가능성에 대한 맞춤형 이사회 교육 프로그램을 제공하며, 이는 일부 회사에 좋은 옵션을 증명한다. 마지막으로, 지속가능성은 이사회 신규 임원 교육과 오리엔테이션에도 포함되어야 한다.

쉬운 승리는 이사회가 지속가능성 리더 또는 지속가능성 연합 이사회로 간주되는 다른 회사의 이사회에서 봉사하는 이사들의 전문지식을 최대한 활용하도록 하는 것이다. 장기적으로, 기업들은 높은 비행 직원들이 NGO 및 공공 부문 이사회에서 봉사하여 경력의 초기 단계에서 이사회 경험을 쌓도록 장려함으로써 미래의 이사회 인재 풀에 기여할 수 있다. 관련 NGO가 지속가능한 개발이나 ESG 문제에 관여한다면 이것은 특히 가치가 있을 수 있다.

일부 주요 검색 회사는 새로운 이사회 구성원에 대한 상대적으로 적은 의무가 지속가능성을 언급한다고 보고하지만, 새로운 비상임 이사를 직접 모집하거나 검색 회사 또는 헤드헌터에게 권한을 부여할 때, 지명 위원회와 이사회 의장은 지속가능성 지식과 경험을 필수적이고 인기 있는 역량으로 포함해야 한다.

이사회에 지속가능성에 정통한 구성원이 없다면, 그들은 2020년

그림 9.2 인사이드: 비상임이사의 지속가능성 원형(이사회 지속가능성 원형과 대응 방법)

원형	믿음	찾는 방법	전형적인 의견	대응 방법
'거부자'	지속가능성은 사라질 유행이다.	일반적으로 숨겨져 있다. 지속가능성에 대한 논의가 없거나 의게 종료하기 그 증거이다.	이 문제들이 어떻게 우리의 문제인지 모르겠다. 정부와 NGO가 그것들을 처리하도록 내버려 두어야 한다. 개인적인 생각으로 기후 변화는 거짓말이다.	조심스러운 시점. 위험 노출에 중점을 둔다. 처음에는 1:1. 안내와 끌기
'고지식한 사람'	우리는 사업적 필요와 목적이 있다. 연 추진할 것이지만 그렇지 않은 경우 우리라면 우리의 문제는 아니다.	종종 열 지속가능한 신업에서 발견된다. 건강한 회의론과 결합된 전략적 추론에 조점을 맞춘다. 지속가능성이 이해에 맞춰 제시될 때만 명확하게 요구되는 범위에서만 지원한다.	'단기적으로 지속가능성은 가치 파괴를 의미한다.' '좋은 사용자는 생각보다 다 까다롭지 않다. 관심을 갖는 사람은 몇 명 있지만 대중은 그렇지 않다고 본다.' '사업상의 이익이 없다고 본다.'	가장한 말보다는, 지속가능성을 좋은 경영임으로 인식하고 소개한다. 기존 절차와 관행에 가깝게 유지하고 처음에는 자연스럽게 수반되는 성과를 기다리거나 찾는다. 기존 이사회 위원회 내에 통합된고(특히 전략적 리스크 관리 요소로 인식), '업계최고'가 되기를 열망한다.
'피상적인 사람'	우리를 보라. 우리는 훌륭하고 아름답다.	지속가능성의 중요성에 대해 말한되, 실제 문제들에 대한 피상적인 수용과 이해일 수 있다. 이해관계자와 진정한 대화를 진행하지 못하고 있을 가능성이 높다. 그린워싱으로 드러날 수도 있다.	'지속가능성은 사회와 비즈니스에 영향을 미치기 때문에 조심은 해야한다.' '재활용이 가능한 흘라스틱럼 재택하고 싶지만 우선 업계 전체의 합의가 필요하다.'	그들이 가지고 있는 선의에 따라 행동한다. 비즈니스와 밀접하게 연계된 긍정적인 제안을 한다. 이사회 내에 지속가능성 위원회를 만들어 좋은 의도를 좋은 행동으로 바꾸는 데 집중한다.

'자기 만족자'	우리는 이미 좋은 활동들을 추진하고 있다.	항상 발전하기 쉬운 것이 아니다. 지속가능성 실천의 초기 혜택자로서 지속가능성 성과를 연급할 수 있지만, 몇 년 전의 성과일 수도 있다.	'우리는 아주 오랫동안 우리의 공정한 몫을 해왔다.' '우리는 이산화탄소를 줄이고 많은 사회적 참여를 진행하고 있다. 그 외에 무엇을 할 수 있을까?'	현재 기업 활동의 부족한 점이나 개선점을 지적하면서 동시에 과거의 성공을 인정한다. 모범 사례 및 보다 전략적인 접근 방식에 중점을 둔다. 이사 또는 CEO 채용 기준에 지속가능성 전문가를 포함시킨다.
'진정한 신봉자'	지속가능성이 좋은 거버넌스와 장기적 가치 창출의 기초가 된다.	드물지만 점점 그 수가 늘어난다. 열정과 엄격함을 유지한다. 비즈니스에 본질적으로 내재된 지속가능성에 대한 강력한 의지. 철저한 분석과 이사 결정을 이해하면서 추진한다.	지속가능성은 체크리스트에 표시하는 활동이 아니라고 생각한다. 그것은 사업의 목적에 관한 것이며 사업과 통합되어야 한다. '지구와 사회가 직면한 도전은 엄청나기에 비즈니스 또한 근본적으로 바뀌어야 한다.'	지속가능성은 조직의 DNA와 주요 의사결정 의제에 포함하고 유지함으로써 지속할 수 있다. 장기적인 관점과 일관된 자세로 항상 행동한다. 불편한 현실을 직시하고 비즈니스에 부정적 영향을 미치는 요소를 찾기도 한다. 끊임없이 질문하고 답을 찾기 위해 노력한다.

허가를 받아 재각성함. N. Craig Smith 및 Ron Soonieus가 저술한 'Turning Board Sustainability Aspirations into Action(이사회 지속가능성 목표를 행동으로 전환하기)' – INSEAD Working Paper No. 2020/08/ATL에서 발췌[7]

대와 그 이후에 점점 더 고군분투할 것이다.

일부 기업은 이제 CEO와 이사회에 지속가능성/ESG 매트릭스에 대해 조언하기 위해 외부 지속가능성 자문 패널의 임명으로 핵심 이사회 지속가능성 전문 지식을 보완한다. 그러한 패널은 지속가능성 약속에 대한 더 빠른 진전을 위한 강력한 외부 내부 옹호자가 되기다 한다.

그러한 전문가 패널의 회의 빈도는 다양하지만, 매년 2~4회는 일반적인 것으로 보이며, 예를 들어 미래 동향과 전략을 살펴보기 위해 이사회 이사나 CEO 및 고위 경영진과의 임시 회의로 보완된다.

외부 지속가능성 자문 패널이 없는 회사는 설립을 고려할 수 있으며, 그렇다면 어떤 형식이 가장 적절한지 고려할 수 있다. 그러한 패널이 이미 존재한다면, 회사는 그것이 최고의 구조로 남아 있는지, 그리고 이사회와 고위 경영진이 회원들이 제공하는 것을 효과적으로 사용하는지 여부를 고려하기 위해 정기적으로 일시 중지해야 한다.

5단계: 이사회가 다양성을 확보하고 있는지 확인

메인 보드와 내부 지속가능성이나 외부 지속가능성 자문 패널 모두에서 모든 형태의 다양성을 보장하는 것이 중요하다. 역사적으로, 관심은 성별과 더 최근에는 이사회와 자문 패널의 민족적 다양성에 초점을 맞추었다. 조직은 나이와 디지털과 같은 통찰력과 전문 지식의 중요한 영역을 포함한 다양성의 다른 차원을 고려해야 한다. 영국 금융의 회장이자 NED에서 일했고『본 디지털: 산만한 세대의 이야기『Born Digital: The story of a distracted generation』의 저자인 밥 위글리Bob Wigley는 다음과 같이 강조한다. "Z세대의 디지털 지갑은 미래의 수요를 주도하고 이사회는 거버넌스에 대한 접근 방식과 그들이 그것을 제시하는 방법에 이것을 반영해야 한다."[8]

기업들은 회의실에서 진정한 다양성과 포용을 필요로 한다. 이사회의 다양성에 대한 기업 윤리 연구소의 2021 체크리스트는 다음과 같이 결론지었다.

너무 많은 회사들이 사고를 넓히고 회의실 테이블 주변에서 매우 다른 삶의 경험을 혼합할 수 있는 기회를 포용하기보다는 다양성의 다양한 요소에 순차적으로 접근하고 있으며, 규정 준수 마인드를 가지고 있다. 그 접근 방식은 지속가능하지 않다. 진정한 변화에 대한 압력이 커지고 있으며 향후 다양성의 모든 차원을 다루는 데 있어 앞서 가지 못하는 기업들은 상당한 불이익을 겪을 수 있다.[9]

이것은 전 세계의 이사회, 특히 이사회 의장, 지명 위원회 및 헤드헌터(검색 회사)에게 부여하는 채용 의무에 대한 긴급한 도전이라고 할 수 있다. 이것은 의심할 여지없이 새로운 NED에 대한 기존의 출처를 넘어 비사업 부문에서도 재능 있는 개인을 모집하는 것을 포함할 것이다. 장기적으로, 그 해결책은 비즈니스 임원 계급을 통해 더 다양한 인재 파이프라인이 있다는 것을 보장할 것이며, 이러한 재능 있는 개인들은 기업 청소년 이사회, 공공 부문 이사회 및 NGO 이사회뿐만 아니라 멘토링 프로그램 및 공식 교육을 통해 이사회 경험을 조기에 습득하도록 장려될 것이다.

CEO와 고위 경영진도 진정으로 다양하고 미래의 비즈니스 성공을 위해 지속가능성의 비즈니스에 중요한 특성을 파악할 수 있다는 것을 만족시키는 것은 이사회에 달려 있다.

6단계: 이사회의 나머지 구조와 프로세스가 지속가능성에 대한 약속 강화

어떤 거버넌스 구조를 선호하든, 지속가능성에 대한 헌신은 이사회를 위한 추가적 역할과 책임을 창출한다. 전체 전략에 지속가능성/ESG 포함, 관련 이니셔티브 감독, 관련 공공 약속 승인 등이 그것이다. 이것은 이사회 전체와 기존 이사회 내 위원회의 권한과 업무에 영향을 미치게 된다.

이사회는 일이 잘못될 수 있는 중요한 잠재적 골절 지점을 신중하게 고려해야 한다. 예를 들어 이사회와 경영진 또는 고위 경영진 간의 관계 또는 대규모 국제 회사에서 경영진과 부서 리드, 국가 책임자 및 전략적 사업 단위 책임자 간의 관계 등이 그렇다.

거버넌스 전문가인 앤드류 카카바드세Andrew Kakabadse 교수에 따르면, 골절 지점은 특히 윤리 강령의 현지화, 이해관계자 참여 또는 지속가능성의 다른 핵심 요소와 같은 무형 자산과 관련이 있다.[10] 예를 들어 이것은 이사회가 지속가능성 문제나 상당한 성공이 있었던 장소에서 회의를 개최하는 것을 의미할 수 있으므로, 이사회 구성원들은 무슨 일이 일어나고 있는지 스스로 볼 수 있다.

◆ 감사 및 리스크 위원회: 기업 위험 등록을 최신 상태로 유지하기 위해 정기적으로 작업하여 지속가능성/ESG 영향 및 문제를 수용하는 회사에 대한 중요한 미래 위험에 대한 보다 포괄

적인 정의의 필요성에 어떻게 적응할 것인가? 전문 지속가능성 위원회와 감사 및 위험 위원회가 있는 내부 감사 기능의 전반적인 작업 프로그램은 어떻게 합의되는가? 한편으로는 불필요한 중복을 피하는 것이 중요하다. 반면에, 각 위원회는 다른 위원회가 특정 지속가능성 위기를 다룰 것이라고 생각하면서 서로 의견이 엇갈리는 일이 없도록 하는 것도 중요하다.

◆ 보수(또는 보상) 위원회: 지속가능성에 대한 고위 경영진의 성과는 어떻게 평가할 것이며, 어떤 주요 성과 지표를 사용할 것이며, 이 장기적인 성과는 보너스를 포함한 임원 보상에 어떻게 반영할 것인가?

◆ 지명 위원회: 지속가능성이 사업의 미래에 어떤 영향을 미치는지에 대한 이해는 일반적이고 구체적인 기술 매트릭스, 새로운 이사회 구성원의 임명 기준, 그리고 그 사람들을 식별하고 모집하는 데 도움을 주는 회사를 검색하는 위임에 어떻게 반영할 것인가?

◆ 전략/사업 개발 위원회: 지속가능성에 대한 헌신은 전반적인 기업 전략과 다양한 사업 기회의 상대적 매력을 어떻게 변화하는가? 이사회는 경영진에게 지속가능성 비즈니스 사례 문서를 제시하도록 요청하고, 이사회 결정을 알리기 위해 재정적 고려 사항에 지속가능성을 추가하는 것을 고려할 수 있다.

베테랑 지속가능성 전문가 코로 스트랜드버그Coro Strandberg는 이사회가 해결해야 할 최고의 지속가능성 문제 중 일부를 다음과 같이 식별하고 있다.

- 기후 변화는 모든 조직의 체계적인 위험이며, 모든 이사회는 경제와 조직의 거시적 파괴자로서 기후 변화를 다루어야 한다.
- CEO와 인력 보상을 모두 포함하는 소득 불평등. 이것은 조직이 인적 자본을 관리하는 방법과 근로자가 단순한 비용이 아닌 자산으로 평가되고 인식되는지 여부와 관련이 있다.
- 신흥 디지털 기술의 윤리적 의미와 조직의 다양성과 포용과 같은 윤리적 관행
- 이해관계자 거버넌스는 필수적인 이사회 관행이다. 이사회는 그들의 문제와 기대를 이해하기 위해 조직의 이해관계자와 훨씬 더 가까워져야 한다. 이사회에 다양한 이해관계자가 있으면 이 문제를 해결할 수 있다.[11]

7단계: 이사회가 지속가능성에 관한 S.C.O.R.E.를 유지할 수 있는 방안 구축

옥스퍼드에 있는 사이드 경영대학원의 전문가들은 조직 목적을 포함시키기 위한 S.C.O.R.E. 프레임워크를 개발했다.

S.C.O.R.E.는 단순화, 연결, 소유, 보상, 예시의 약자이다. 우리는 이것이 이사회에 지속가능성에 대한 사고방식을 심어주는 데 유용할 수 있다고 믿으며, 이에 맞게 그것을 적용했다.

- 단순화: 지속가능성은 빠르게 매우 복잡하고 전문 용어가 될 수 있다. 이사회는 물질성에 대한 무자비한 초점을 주장할 수 있다.

◆ 연결: 지속가능성은 특정 기능에서 고립되기 쉽다. 이사회는 사업의 모든 부분이 중요한 ESG 위험과 기회를 고려하도록 보장할 수 있다.

◆ 소유: 이사회는 적절한 사회적 목적, 전략 및 문화를 보장함으로써 지속가능성에 도장을 찍을 수 있다.

◆ 보상: 이전에 강조했듯이, 보상과 보너스가 그것에 의존할 때 지속가능성은 많은 사람들에게 현실이 된다. 따라서 이사회 보수 및 보상 위원회의 중요한 역할.

◆ 예시: 이사회의 행동은 조직에 중요한 신호를 보낸다. 지속가능성을 가끔 AOB(다른 사업) 항목으로 취급하는 이사회와 이사들이 사업의 지속가능성 성과에 미치는 영향과 지속가능성 목표 달성에 대한 제안을 끊임없이 심문하는 이사회 사이에는 차이가 있다.

비즈니스에 지속가능성을 포함하는 다른 모든 측면과 마찬가지로, 여기에 제시된 어떤 것도 일회성 캠페인이 아니다.

지속가능성에 대한 효과적인 거버넌스를 구축하기 위해서는 정기적인 평가와 검토를 수행하는 것이 좋다.

사례 분석

타타 그룹 Tata Group[12]

100만 명 이상의 직원을 보유한 타타 그룹은 철강, 자동차 제조,

발전 및 유통, IT, 호텔 및 소비재 회사를 포함하는 인도에 본사를 둔 글로벌 대기업이다. 그것은 재규어 랜드로버와 테틀리와 같은 글로벌 브랜드를 소유하고 있다.

이 그룹은 100개국 이상에서 운영되며, '신뢰와 함께 리더십을 기반으로 한 장기적인 이해관계자 가치 창출을 통해 우리가 전 세계적으로 봉사하는 지역사회의 삶의 질을 개선하기 위해'라는 사명을 가지고 있다. 2024년 기준 그룹의 시가총액은 3,650억 달러를 넘어섰다. 1868년 최초의 스타트업부터, 타타는 가치 주도 사업이자 기업의 책임과 현재 지속가능성의 선구자였다. 2014년부터 타타 지속가능성 그룹TSG은 타타 회사가 비즈니스 전략에 지속가능성을 포함시켜 지구와 사람들에 대한 책임을 보여줄 수 있도록 지원하는 중앙 허브 역할을 했다.

타타 그룹은 지속가능성 거버넌스를 '윤리적이고 투명한 비즈니스 행동을 보장하고, 지속가능성 위험과 기회를 해결하고, 이사회의 후원 하에 강력한 공개 요구 사항에 부합하는 것'으로 정의한다. 29개의 공개적으로 상장된 타타 기업이 있으며 각각 자체 이사회를 구축하여 독립적으로 운영되지만, 그룹은 지속가능성이 전략적으로 필수적이며 타타 이사회의 의제에 확고히 스며들어 있어야 한다고 믿는다. TSG는 다음을 포함하여 이에 대해 조언한다.

◆ 이사회 감독: 전 세계적으로, 지속가능성에 대한 이사회 감독은 종종 좋은 거버넌스의 대리인으로 여겨진다. 주주들과 다른 이해관계자들은 위험과 기회가 최고 수준에서 적절하게 처리된다는 표시로 지속가능성 의제의 소유권을 고려하고 있

다.[13] 지속가능성 문제는 전체 이사회의 책임이지만, 그들의 꽉 찬 의제를 감안할 때 이사회는 종종 그들에게 적절한 관심을 기울이도록 하는 것이 어려울 수도 있다. 타타 회사들은 지속가능성에 대한 전체 이사회 감독 역할을 갖도록 권장되며, 가능한 경우, 전체 이사회에 보고하는 지속가능성에 대한 전담 이사회 위원회를 구축하여 운영하도록 권장하고 있다. 11개의 타타 회사는 자체 헌장을 수립하고 지속가능성 위원회를 운영하고 있다. 다섯 개의 회사는 HSE(환경안전보건)와 CSR을 위한 별도의 이사회 내 위원회를 가지고 있으며, 대부분의 지속가능성 문제를 다루고 있다. TSG는 또한 이사회 내 지속가능성 위원회 헌장과 운영에 대해 회사들에게 조언을 제공하고 있다.

◆ 지속가능성에 대한 이사회 민감성: 빠르게 진화하는 지속가능성 환경을 감안할 때, 최신 개발에 대한 이사회를 최신 상태로 유지하는 것이 중요하다. 타타 회사들은 CISL Cambridge Institute for Sustainability Leadership, 이사회에 조언하기 위해 특정 지속가능성 주제에 대한 전문가로 구성된 '자문 위원회'와 같은 글로벌 리더십 기관과의 이사회 몰입 프로그램을 포함한 몇 가지 조치를 채택한다. 특히 타타 이사회를 위해 TSG가 큐레이팅한 30분 전자 교육 및 가이드라인 모듈이 핵심이다. 이 모듈은 이사회에 기업 지속가능성에 대한 지식을 제공하고 타타 그룹 수준과 회사 수준, 물질적 문제에 대한 통찰력을 제공한다. 또한 이사회가 경영진과 소통하고 조직이 강력한 지속가능성 전략을 수립할 수 있도록 전략적 체크리스트를 제공한다. 이사

회를 위한 다양한 교육과 참여 및 지속가능성 관련 정보 제공과 역량 강화 모듈은 이미 타타 스틸Tata Steel(자체 이사회 및 모든 자회 사의 이사회), 타타 파워Tata Power, 타타 모터스Tata Motors와 대기업에 의해 출시 및 운영되었다. TSG는 감각화 및 e-모듈에 대한 정기적인 업데이트에 대해 회사들과 계속 협력하고 있다.

◆ 지속가능성 공개: 지속가능성 공개는 거버넌스의 중요한 측면이며, TSG는 강력한 공개를 보장하기 위해 타타 회사와 협력하고 있다. 가장 큰 타타 회사 중 12개사는 통합 보고와 CDP 모두에 대해 보고한다. 타타 회사들은 또한 TCFD 공개를 준비하고 있으며, 타타 스틸이 앞장서고 있다(타타 스틸은 기후 관련 재무 공개를 위한 글로벌 태스크포스의 일부였다). 타타 회사가 지속가능성 공개를 강화할 수 있도록 지원하기 위해, TSG는 타타 회사를 위한 보고 프레임워크에 초점을 맞춘 역량 구축 워크숍을 주기적으로 큐레이팅하고 통합 보고와 CFD 보고에 대한 지침 문서를 개발했다.

타타 그룹의 그룹 최고 지속가능성 책임자, 싯다르트 샤르마는 다음과 같이 요약하고 있다.

'윤리적이고 투명한 비즈니스 행동과 같은 기업 거버넌스의 측면은 처음부터 타타 철학의 초석이었다. 라탄 타타 씨가 처음 공식화하고 우리 회사의 행동을 관리하는 타타 행동 강령을 간단히 살펴보면, 윤리적 비즈니스 행동, 인력 및 가치 사슬 파트너의 공정한 대우, 지역사회와 환경에 대한 초점과 같은 지속가능성 고려 사항이 모두 타타 정신에 깊이 내재되어 있다는 것을 분명히 할 것이다.' [14]

스와이어 그룹 Swire Pacific[15]

스와이어 그룹은 부동산, 항공, 음료, 해양 서비스, 무역 및 투자 산업에서 활동하는 대기업으로, 2023년 기준 약 78,000명 이상의 직원이 있으며 연간 매출은 약 100억 달러 이상이다. 홍콩에 본사를 둔 이 조직은 1816년 영국 리버풀에 설립된 스와이어 그룹의 상장된 부문이다.

스와이어 그룹은 스와이어의 홍콩 기반 자산의 주요 지주 회사가 되기 위해 1974년에 설립되었으며 그 이후로 아시아 태평양 지역에서 활동해 왔다. 이 회사는 홍콩과 중국 본토에서 오랜 역사를 가지고 있으며, 스와이어 Swire 라는 이름은 스와이어 프로퍼티스 Swire Properties, 스와이어 코카콜라 Swire Coca-Cola, 케세이퍼시픽 Cathay Pacific 과 같은 저명한 브랜드를 통해 설립되었다.

지속가능한 발전은 항상 회사의 핵심 원칙이었다. 의장이 이끄는 스와이어 그룹 이사회는 궁극적으로 지속가능성 문제에 대한 책임을 공감하고 개선해 나가고 있다. 그룹 수준의 전략 'SwireTHRIVE'는 모범 사례 공유와 지속가능성의 일관된 구현을 촉진하여 효과적인 거버넌스를 달성하는 데 도움을 주고 있다. SwireTHRIVE는 기후, 폐기물, 물, 사람 및 지역사회의 5가지 영역을 다룬다(그림 9.3 참조).

이사회는 감사 위원회를 통해 이사회에 보고하는 그룹 위험 관리

그림 9.3 스와이어 그룹의 거버넌스

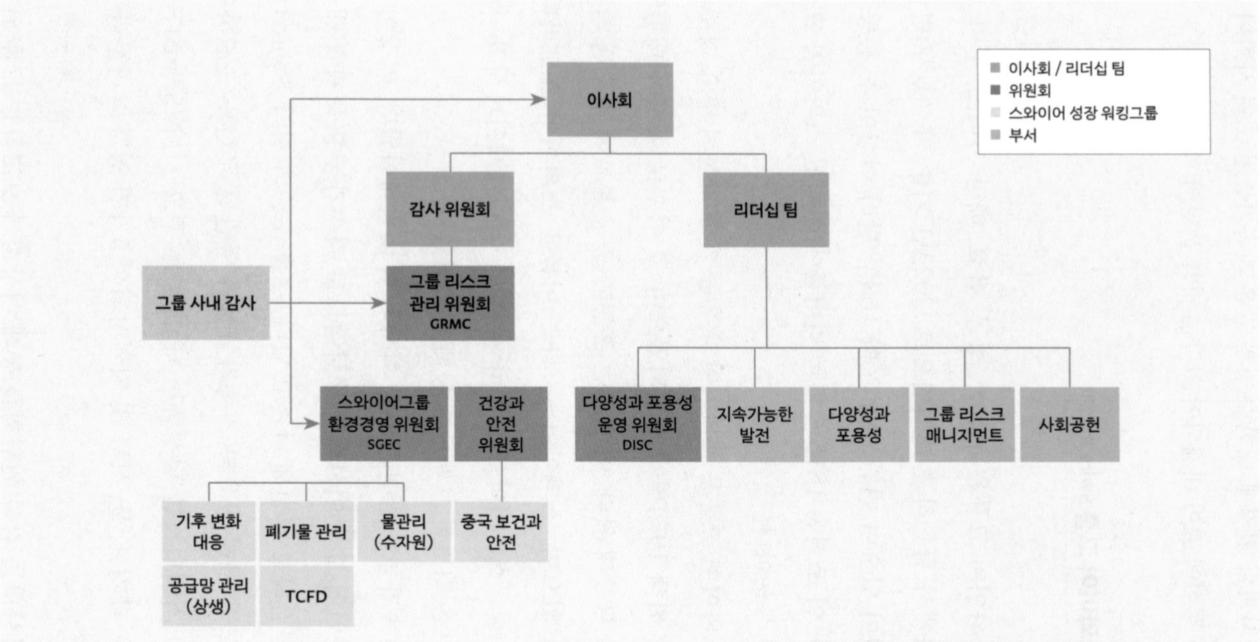

범례:
- 이사회 / 리더십 팀
- 위원회
- 스와이어 성장 워킹그룹
- 부서

조직도 구성요소:
- 이사회
- 리더십 팀
- 감사 위원회
- 그룹 리스크 관리 위원회 GRMC
- 그룹 사내 감사
- 스와이어그룹 환경경영 위원회 SGEC
- 건강과 안전 위원회
- 다양성과 포용성 운영 위원회 DISC
- 지속가능한 발전
- 다양성과 포용성
- 그룹 리스크 매니지먼트
- 사회공헌
- 기후 변화 대응
- 폐기물 관리
- 물관리 (수자원)
- 중국 보건과 안전
- 공급망 관리 (상생)
- TCFD

스와이어 그룹의 허가를 받아 재작성됨, 지속가능성 거버넌스 구조 위원회GRMC에 의해 지속가능성 위험과 성과에 대한 정보를 받는다. GRMC는 특정 위험 영역을 다루는 위원회와 실무 그룹을 감독하며 여기에는 운영 회사의 대표가 포함된다.

지속가능한 개발 사무소SDO, 그룹 위험 관리 및 다양성 및 포용 부서 및 자선 단체 그룹 책임자는 SwireTHRIVE의 구현을 공동으로 책임지고 있다.

지속가능성 그룹 책임자가 이끄는 SDO는 지속가능한 개발과 관련된 주요 개발 및 새로운 위험에 대해 고위 경영진에게 조언하고 그룹 환경 정책 및 목표, ESG 정책 및 ESG 문제에 대한 내부 및 외부 보고를 설정할 책임이 있다.

360도 책임을 보장하기 위한 단계에서, 위험 관리와 지속가능성 정책의 이행은 필요한 경우 전문 외부 컨설턴트의 지원을 받아 내부 감사 부서의 조사를 받아야 한다.

스와이어의 지속가능성 그룹 담당 임원인 마크 왓슨Mark Watson은 다음과 같이 말했다.

"조직 내에서 지속가능성을 추진할 때, 효과적인 거버넌스 구조의 중요성은 과장될 수 없다. 모든 것에 맞는 크기는 없지만, 우리의 접근 방식은 이사회, 고위 의사결정권자, 기술 전문가 및 기능 부서 간의 강력한 업무 관계를 강조한다. 스와이어 그룹의 지속가능성 모델은 운영 회사가 자체 전문 분야 내에서 지속가능성 노력을 추진할 수 있도록 권한을 부여하는 것을 기반으로 하지만 일반적인 방향을 제공하고, 기대치를 설정하고, 사업의 현장에서 우리 팀에 기술 전문 지식을 제공하는 가장 중요한 구조로 센터에서 지원된다."[16]

요약

　기후 비상 사태 및 하이퍼 글로벌 불평등과 같은 비즈니스 및 글로벌 과제에 대한 기대치가 높아지면 지속가능성 및 ESG에 대한 비즈니스 약속과 성과의 단계적 변화가 필요하다. 이사회는 지속가능성에 대한 회사의 비전을 설정하고, 조직의 상단에 올바른 어조를 확립하고, 원하는 행동을 모델링하고, 목적, 전략 및 문화가 모두 지속가능성을 지원하는 방식으로 정렬되도록 하는 데 중요한 역할을 한다. 이사회는 지속가능성을 다루기 위한 올바른 메커니즘을 가지고 있는지 확인해야 하며, 집단적으로나 개별적으로 지속가능성에 대한 사고방식을 가지고 있는지 확인해야 한다. 그들은 관점과 경험의 진정한 다양성을 가지고 있고 정기적으로 자신의 성과를 평가하고 있는지 확인해야 한다.

실행을 위한 주요 점검 사항

1. 이사회가 지속가능성 사고방식을 가지고 있는지 평가하고, 그렇지 않다면, 이것을 만드는 데 도움이 되는 방법을 식별하도록 한다.
2. 이사회 감독 및 거버넌스에 대한 현재 모델이 지속가능성/ESG 용어의 목적에 적합한지, 이사회는 충분한 시간을 제공하고 있으며, 기존 이사회 위원회가 그들의 권한 내에서 지속가능성을 효과적으로 통합하고 있는지 여부를 주기적으로 평가한다.

3. 이사회 기술 매트릭스와 이것이 지속가능성에 대한 회사의 헌신을 반영하는지 여부를 검토한다. 잠재적인 새로운 이사회 구성원을 식별하기 위해 임명된 임원 검색 회사가 브리핑 내에서 지속가능성에 대한 사고방식을 포함하고 있는지 확인한다.

4. 지속가능성이 이사회의 연례 평가뿐만 아니라 이사회 구성원을 위한 유도 및 지속적인 전문성 개발에 효과적으로 통합되도록 한다.

5. 이사회가 진정으로 다양한 관점과 경험에 접근할 수 있도록 하고 승계 계획 측면에서 적극적으로 생각하고 있다.

6. 이사회와 고위 경영진에게 조언하는 지속가능성 자문 패널이 유용하고 수용 가능한지 고려한다.

7. 기업들이 일반적으로 감사 및 위험, 보수 및 지명 위원회의 회원 자격을 게시하는 것과 같은 방식으로 기업 웹사이트와 지속가능성 위원회의 참조 및 회원 자격에 대한 연례 보고서에 명시한다.

더 알아보기

◆ Competent Boards (2020) Future Boardroom Competencies – the great reset – do we need new competencies in the boardroom and C-suite?, Competent Boards

◆ Dunne, P (2021) Boards: A practical perspective, 2nd edi-tion, Governance Publishing & Information Services Ltd

◆ High Meadows Institute and Tapestry Networks (2020) Corporate Governance for the 21st Century, High Meadows Institute and Tapestry Networks

◆ Institute of Business Ethics (2021) The Ethics of Diversity Board Briefing, Institute of Business Ethics

◆ Mazars, INSEAD and Board Agenda (2018) Leadership in Corporate Sustainability, European Report 2018, Mazars, INSEAD and Board Agenda, www.insead.edu/sites/defaul t/files/assets/dept/centres/icgc/docs/leadership-in-corpo rate-sustainability-european-report-2018.pdf

◆ Reynolds, R (2021) The Board's Role in Sustainable Leader-ship, Russell Reynolds

◆ Smith, N C, INSEAD and Soonieus, R C (2019) What's Stopping Boards from Turning Sustainability Aspirations into Action?, INSEAD The Corporate Governance Centre

참고 문헌

1   Cambridge Institute for Sustainability Leadership (n.d.) Board edu-cation: Making better decisions for long-term performance, www.ci sl.cam.ac.uk/education/executive-education/board (archived at htt ps://perma.cc/WL7S-L5YS)

2   The European Directive on Sustainable Corporate Governance aims to introduce new rules on incorporating sustainability in long-term business strategies. It is complementary to the proposal for a Corporate Sustainability Reporting Directive, which amends the existing EU reporting requirements on sustainability matters

3   The How to do it section draws extensively on Grayson, D and Kak-abadse, A (2013) Towards a Sustainability Mindset: How boards or-ganise oversight and governance of corporate responsibility, Doughty Centre for Corporate Responsibility, Cranfield School of Management and Business in the Community

4   This list of different board approaches was originally published in Grayson, D and Kakabadse, A (2013) Towards a Sustainability Mind-set: How boards

organise oversight and governance of corporate responsibility, Doughty Centre for Corporate Responsibility, Cranfield School of Management and Business in the Community, and in an accompanying article for The Ethical Corporation magazine: Gray-son, D (2013) Sustainable business leadership - take it from the top, The Ethical Corporation.

5   Smith, C and Soonieus, R C (2019) What's Stopping Boards from Turning Sustainability Aspirations into Action?, INSEAD The Corporate Governance Centre

6   The Sustainability Board Report, 2021, www.boardreport.org (arch-ived at https://perma.cc/Q5WU-4GDD)

7   papers.ssrn.com/sol3/papers.cfm?abstract_id=3536342 (archived at https://perma.cc/3UNP-74QY)

8   Interview with authors, August 2021

9   IBE publish a board briefing on the Ethics of Diversity, IBE News Re-lease, 14 April 2021

10 Author interview, July 2021

11 Standberg, C (n.d.) ESG Governance: A new expectations of boards, governance professionals of Canada, corostrandberg.com/wp-cont ent/uploads/2019/11/esg-governance-new-expectation-of-board s.pdf (archived at https://perma.cc/6VSK-UPB4)

12 www.tatasustainability.com/AboutUs/TataSustainabilityGroup#Knowledge (archived at https:/ /perma.cc/6SQE-QRJ6); www.tatasu stainability.com/Home/Governance (archived at https://perma.c c/38G7-QSJK)

13 UN Global Compact (2015) Corporate sustainability: An important agenda for board of directors, October, www.unglobalcompact.org/ docs/issues_doc/Corporate_ Governance/Global-Compact-board-pr ogramme-intro.pdf (archived at https://perma.cc/4MQD-YBY9)

14 Email exchange with authors, September 2021

15 Source(s): Swire Pacific Sustainable Development report 2020, ww w.swire.com/ourjourney/tablet/en/index.php (archived at https:// perma.cc/BP2T-Z2W7)

16 Exchange with authors, September 2021

PART 3

확장하기

제 10장

이해관계자 소통과 참여

개념의 이해

　이해관계자 참여는 회사가 이해관계자와 효과적으로 상호 작용할 수 있도록 설계된 행동의 체계적인 식별, 분석, 계획 및 구현이다.[1] 이해관계자는 조직의 영향을 겪거나 조직에 영향을 미칠 수 있는 모든 사람이다. 거의 모든 회사의 경우, 핵심 이해관계자는 직원, 고객(B2B 회사의 경우) 또는 소비자(B2C 회사의 경우), 공급업체, 투자자, 규제 기관 및 지역사회를 포함한다. 기업에는 종종 노조, NGO, 학계와 같은 일반적인 대상을 넘어서는 개별 이해관계자가 있다.

　이해관계자 참여의 목적은 이해관계자의 관점을 고려하고 전략적 방식으로 그들의 의견과 우려에 대응하고 회사의 전략과 관점을 설명하는 것이다. 그것은 투명하고 책임감 있는 사업의 일부이며, 신뢰 구축과 강력한 관계 형성에 기여할 수 있다.

　우리는 이해관계자 관리(회사에서 이해관계자로의 단방향 프로세스와 리스크 완화에 초점을 맞추는 것을 의미함)와 이해관계자 참여 (모든 이해관계자에 대한 위험 완화 및 기회 극대화를 포함하는 대화, 상호 작용, 양방향 프로세스에 관한 것을 의미함)를 구별한다.

엑사로Exxaro의 이해관계자 업무 책임자인 미질라 음텐제인Mizila Mthenjane은 이해관계자 참여를 '이해관계자와 상호 작용하고 의견을 교환하며 소통하는 행동과 활동'이라고 묘사하고 있다. 그것은 유기적으로 일어나지는 않지만 큰 노력과 관심이 필요한 까다로운 과정이라고 할 수 있다.[2]

이해관계자 소통과 참여가 중요한 이유

이해관계자 참여는 강력한 기업 지속가능성 성과의 초석이 된다. BSR은 다음과 같이 강조한다.

'이해관계자 참여는 지속가능성 툴킷의 핵심 요소이며 앞으로도 그럴 것이다. 이해관계자 소통과 참여는 지속가능성 전략 수립, 성과 보고 및 정보 공개를 알리는 데 사용되는 중대성 평가의 기본 구성 요소이다. 기업들은 기존 및 새로운 사회적 관심사를 이해하고 대응하기 위한 전략이 필요하다. 주요 이해관계자 그룹의 의견 및 참여가 없다면, 지속가능성에 대한 접근 방식은 조직의 이윤 우선과 내부 이슈에 매몰되어 제한될 것이다.'[3]

이해관계자 참여는 다음을 포함해 많은 이유로 중요하다.

◆ 잘 기획되고 실행된 이해관계자 참여 활동은 변화하는 이해관계자의 기대, 새로운 ESG 문제 및 광범위한 사회적 태도에 대한 조기 경보 시스템을 제공하며, 사업상 발생할 수 있는 리스크를 줄여줄 수 있다. 따라서 이해관계자 참여는 회사의 예상 이슈나 리스크 관리의 강력한 한 부분이 될 수 있다.

◆ 이해관계자 참여는 제품 및 서비스 혁신에서 사회 및 환경 문제에 대한 해결책에 이르기까지 모든 종류의 혁신을 지원한다. '집단 지성'을 건드려 주는 것은 새로운 사고와 접근 방식을 안내하는 데 도움이 된다.

◆ 이해관계자 소통과 참여는 이해관계자의 니즈와 우려를 파악하는 데 도움이 된다. 올바르고 적절한 이해관계자 참여 환경을 만들게 되면, 사업에서 발생할 수 있는 부정적인 영향을 줄이고 긍정적인 영향을 증가시켜 사업을 더 경쟁력 있고 지속 가능하게 만들 수 있도록 이해관계자들의 자발적 참여 솔루션을 촉진할 수 있다.

◆ 이해관계자 참여는 조직의 신뢰를 쌓고 브랜드 평판을 높이는 데 도움이 된다. 사업을 이해관계자의 관심사와 일치 연계시킴으로써, 회사와 브랜드에 대한 지원 체계를 구축할 수 있다.

◆ 이해관계자 소통과 참여는 기업뿐만 아니라 이해관계자에게도 가치가 있는 노력이다. 잘 기획되고 추진된 이해관계자 참여는 종종 회사의 이해관계자들에게 더 나은 결과로 이어질 수 있다.

실행 및 추진 방법

많은 기업들이 이해관계자 중 일부를 정기적으로 참여시키는 반면, 충분한 의도, 구조 또는 대응 없이 이루어지는 경우도 종종 있다. 기업은 이해관계자가 누구이며 왜 중요한지 결정하고 소통과 참여 과정에서 예상되는 상호 결과를 결정해야 하기 때문에 이해관계자 참여의 의도가 무엇보다 중요하다. 구조는 기업들이 양측에서 누가 언제 어디서 참여해야 하는지에 따라 참여를 실행할 수 있는 프레임워크를 다르게 제공해야 하기 때문에 매우 중요하다. 또한 응답성 또한 중요한데, 이것은 이해관계자의 접촉을 인정하고 회사가 대응할 것임을 나타내는 의식적인 반응을 의미하기 때문이다.

1단계: 이해관계자 매핑

이해관계자 매핑은 핵심 이해관계자가 누구이며 그 이유를 생각하는 과정이다.

거의 모든 회사에 영향을 미칠 수 있고 영향을 받는 이해관계자 그룹에는 직원, 고객 또는 소비자, 공급업체, 투자자, 규제 기관(정부, 지자체, 관련 기관), 지역사회가 포함된다. 대부분의 조직에서 이러한 이해관계자와의 지속적인 상호 작용이 있다. 예를 들어 조직은 장기적으로 실행 가능하기 위해 직원과 고객이 생각하고 기대하는 것을 이해해야 한다.

장기적인 성공을 이루어내는 대부분의 조직에서는 몇몇 핵심 이해관계자를 넘어선 추가 이해관계자와의 신뢰 관계 구축 또한 중요하게 고려하는 특징이 있다. 그렇기 때문에 이해관계자에 대한 관점을 넓히고 핵심 이해관계자 그룹을 넘어서는 대상과 소통하고 참여하는 것도 중요하다. 확장된 이해관계자 매핑에는 종종 시민 사회(NGO, 자선 단체 등), 유엔(글로벌 기업인 경우), 학계, 언론 및 노동조합과 같은 다자간 조직과 같은 추가 이해관계자가 포함된다.

이해관계자 매핑을 가장 유용하게 만드는 각 이해관계자 그룹 내의 특정 조직과 개인을 식별함으로서 이해관계자 참여 과정이 더 깊어질 수 있다. 예를 들어 정부 이해관계자를 고려한다면, 당신의 산업과 관련된 정책이나 프로그램을 가장 직접적으로 통제하는 정부 부서나 부처를 식별하는 것이 필수적이다. 마찬가지로, 시민 사회 단체와 미디어를 스캔할 때, 어떤 NGO와 미디어 유형 및 채널이 조직의 중대성 이슈와 가장 밀접하게 연관되어 있는지 규명하고 이해하는 것이 중요하다.

사업에 있어서도 이해관계자 소통과 참여는 큰 영향을 미치게 된다. 예를 들어 식품 회사의 경우, 건강과 웰빙 문제가 중심이며, 이는 정부, 시민 사회 및 이 주제에 영향을 미치는 기관과 사람들을 이해관계자로 매핑하는 것을 의미한다. 대조적으로, 광산 회사의 경우, 건강 및 안전 및 환경 문제는 더 두드러진 중대성 이슈가 될 것이며, 회사의 이해관계자 매핑 노력은 이를 반영해야 한다. 여기서 강조했듯이, 중대성 이슈에 대한 회사의 이해(제2장 참조)는 효과적인 이해관계자 매핑과 소통 및 참여에 매우 중요하다.

표 10.1 이해관계자 행동 프레임워크

조직 모든 개인 (대표 이해관계자)	이해관계자 그룹 (투자자, 고객, 정부, 시민단체, 기타)	중요한 이유	핵심 이슈	영향력 (높음, 중간, 낮음)	접근성 (높음, 중간, 낮음)	사내 담당자 (책임-기능, 개인)	실행 전술 (정보, 관여, 파트너)	기대했던 성과 (영향)
이해관계자 1								
이해관계자 2								
이해관계자 3								

2단계: 이해관계자 소통과 참여 계획 수립

주요 이해관계자를 규명하고 확인되고 매핑된 후, 특정 조직과 그룹에 대한 자세한 계획을 개발할 때이다. 이것은 당신의 이해관계자들과의 소통과 참여를 시행하고 운영하는 데 도움이 될 것이다.

표 10.1의 이해관계자 행동 프레임워크는 이해관계자 참여에 대한 체계적인 접근 방식을 설명하고 참여를 운영하기 위한 가장 중요한 전략적 목표와 전술을 포함한다.

유형별로 이해관계자, 각 이 비즈니스에 중요한 이유, 각 이해관계자와 가장 관련이 있는 문제나 이슈, 특히 더 넓은 이해관계자 그룹 내에서 문제를 대표하는 사람, 이해관계자가 비즈니스에 미칠 수 있는 영향 수준, 회사에 대한 이해관계자의 근접성, 이해관계자 관계의 내부 소유권, 참여 전술이 가장 적절한지, 그리고 이 이해관계자 청중과 원하는 결과를 포착한다.

이 도구는 계획 및 자원 할당이 그 목표에 부합할 수 있도록 각 이해관계자 그룹과의 참여에서 원하는 결과를 명시하는 데 사용할 수 있다.

3단계: 이해관계자 소통과 참여 계획 실행

다음 단계는 각 이해관계자 그룹과 당신이 찾고 있는 결과에 적합한 특정 참여 접근 방식을 식별하고 구현하는 것이다.

내부 및 외부 이해관계자를 참여시키는 방법에는 여러 가지가 있지만, 이러한 방법은 3가지 주요 형태로 그룹화될 수 있다. 그것은 소통, 피드백 그리고 대화이다.

소통

소통은 주로 비즈니스에서 주요 청중으로의 단방향 메시징을 구성하며, 회사가 대규모로 많은 이해관계자에게 다가갈 수 있게 하고 회사에 많은 통제권을 부여한다. 이것은 전체 그림이 아니며, 종종 주어진 참여가 충분하지 않은 것은 기껏해야 양방향 대화와 아이디어 교환에 관한 것이지만, 그것은 조력자로서 해야 할 역할이 있다. 실질적으로 말하자면, 소통은 조직이 특정 그룹에 맞게 적극적으로 정보를 공유하려고 한다는 신호를 보내 무대를 설정하거나 더 깊은 참여를 위한 기반을 제공한다. 의사소통은 또한 다른 유형의 참여를 강화하거나 후속 조치를 취하는 데 사용될 수 있다.

소통 접근 방식은 다음과 같다.

◆ 정보 공유: 단방향 소통은 주어진 개인, 그룹 또는 조직과 관련된 특정 지속가능성 주제에 대한 정보를 제공한다. 정보 공유에는 회사 웹사이트에 게시되거나 소셜 미디어를 통해 공유되거나 이메일이나 우편으로 직접 전송되는 보고서가 포함된다. 그것은 또한 보도 자료, 연설, 정책 성명, 심지어 광고를 포함할 수도 있다. 정보 공유는 어떤 메시지가 그들과 관련이 있는지 발견하고 해석하는 이해관계자에 크게 의존하지만, 이해관계자를 참여시키는 이 주로 단방향적이고 때로는 수동적인 방법은 많은 청중에게 다가갈 수 있으며 적절한 상황에서 효과적일 수 있다.

◆ 웨비나: 코로나19 이전, 웨비나는 참여를 위한 옵션이었다. 글을 쓰는 시점에서, 2021년 하반기에, 그들은 많은 조직에서 지배적인 모임 형태가 되었다. 웨비나는 확산되어 기업들이 정보를 공유할 뿐만 아니라 음성이나 전자적으로 실시간 Q&A를 위한 시간을 허용함으로써 많은 이해관계자들과 상호 작용할 수 있게 했다. 많은 온라인 플랫폼(Zoom, Microsoft Teams, 더 전문적인 협업 소프트웨어 등)은 이해관계자가 질문을 하고 다른 참가자들과 무슨 일이 일어나고 있는지 논의할 수 있는 도구를 제공한다. '채팅' 기능, 이모티콘 또는 기타 형태의 반응을 게시하거나, 심지어 그룹의 집단적 분위기를 보여주고 지혜를 활용할 수 있는 투표 및 기타 대화형 연습에 참여하도록 한다.

◆ 타운홀 미팅: 타운홀 미팅은 대면으로 개최(이벤트 규모와 이해관계자의 지리적 분산에 따라 다름)하거나 음성, 비디오 및 기타 도구를 사용하여 온라인으로 개최할 수 있다. 타운홀 미팅은 모두 비슷한 정신을 가지고 있으며, 직원(예: 특정 사업부 또는 회사 전체) 또는 공통 관심사를 가진 기타 이해관계자(예: 비즈니스가 물리적 운영이 있는 지역사회 또는 지역사회의 시민 사회 단체)를 모아 비즈니스 리더가 관련 정보를 공유하고 청중의 질문을 받는다. 타운홀 미팅에는 특정 주제에 대한 프레젠테이션, 연설 또는 패널 토론이 포함될 수 있으며 때로는 질문이 의제를 설정하고 이해관계자가 가장 관심을 기울이는 문제를 회사에 알릴 의도로 전체 Q&A 세션이 되도록 설계될 수 있다.

피드백 메커니즘

피드백 메커니즘은 대부분의 커뮤니케이션보다 더 깊고 상호 작용하여 기업이 이해관계자의 우려, 기대 및 제안에 대한 보다 포괄적인 이해를 얻을 수 있도록 한다.

몇 가지 일반적인 피드백 메커니즘은 다음과 같다.

◆ 설문 조사: 설문지(온라인, 직접 또는 전화)를 통해 설문 조사를 수행하는 것은 표준이며 회사가 직원, 고객 및 때로는 공급업체 및 지역사회 단체와 같은 다른 이해관계자를 참여시키는 일반적인 방법이다. 도구로서의 설문 조사의 강점은 확장성이다. 그들은 거의 모든 규모의 이해관계자 청중을 포괄하도록 확장될 수 있으며, 종종 수백 또는 수천 개의 응답을 생성한다. 설문 조사는 청중, 지리 및 인구 통계에 의해 해부되고 분석될 수 있는 구조화된 피드백을 제공한다. 반복될 때, 설문 조사는 시간이 지남에 따라 추적할 수 있으며, 이는 이해관계자들 사이에서 변화하는 기대치나 관점을 확인하려는 비즈니스에 매우 귀중할 수 있다. 설문 조사를 수행하는 바로 그 행위는 회사가 다른 사람들의 의견에 관심이 있다는 신호가 될 수 있다. 설문 조사 과정은 또한 회사가 예를 들어 이해관계자와 설문 조사 결과를 공유하고 수집된 정보에 대한 회사의 응답을 전달함으로써 응답성을 입증할 수 있게 해준다. 잠재적인 반응에는 단순히 피드백을 인정하는 것, 그것과 관련된 기존 정책과 약속을 지적하는 것, 이러한 방식으로 이해관계자의 견해나 우려를 듣고 배운 것을 해결하기 위해 기업이 취할

조치를 구체적으로 설명하는 것 등이 포함될 수 있다.

◆ 인터뷰: 일대일 및 소그룹 인터뷰는 이해관계자 피드백을 받는 또 다른 방법을 제공한다. 이것들은 직접, 전화 또는 비디오로 수행될 수 있다. 이보다 질적인 접근 방식은 설문 조사에 비해 더 적은 수의 이해관계자를 의미하지만, 이 방법은 이해관계자의 말을 들을 수 있는 더 깊고 풍부한 방법을 제공할 수 있다. 이 더 친밀한 접근 방식은 대화, 긴장이나 갈등이 있을 수 있는 해결, 파트너 또는 협력하는 방법의 식별을 가능하게 한다. 설문 조사와 마찬가지로, 이해관계자 인터뷰는 이해관계자와 함께 대응력을 입증할 수 있는 기회를 제공한다.

◆ 소셜 미디어 분석: 기업들은 이해관계자의 관심사와 우려를 더 잘 이해하기 위해 소셜 미디어나 디지털 리스닝을 점점 더 많이 사용하고 있다. 이를 가능하게 하는 다양한 도구들은 점점 더 정교해짐에 따라 점점 더 접근하기 쉬워지고 있다. 소셜 미디어 분석이나 디지털 리스닝의 장점은 방대한 양의 온라인 데이터를 처리하고 이해관계자의 관점을 실시간으로 평가할 수 있는 능력을 포함한다. 그러나 소셜 미디어에서 대표성 부족에 대한 상당한 도전이 있으며, 매체는 극단적인 견해를 증폭시킬 수 있으므로, 이러한 방식으로 수집된 데이터는 조심스럽게 분석되어야 한다.

대화

대화는 참여에 대한 더 깊고, 양방향이며, 집중적인 접근 방식을 포함한다. 그들은 특정 상황에서 특히 잘 봉사한다. 예를 들어 주제

에 스며든 주제 전문가와 함께 특정 문제를 깊이 파고들거나 이해
관계자나 이해관계자와 비즈니스 사이에 존재할 수 있는 갈등을 해
결하기 위해. 대화는 또한 더 일반적인 정보 공유와 관계 구축에 사
용될 수 있다.

대화 옵션은 다음과 같다.

◆ 소집 Convenings : 이해관계자를 함께 모으는 것은 이해를 심화
시키고, 신뢰를 구축하고, 갈등을 해결하고, 해결책의 공동 창
출 등을 가능하게 할 수 있는 강력한 참여 수단이다. 소집은
포럼이나 회의(수십, 수백 또는 수천 명의 이해관계자 포함)와
같은 대규모 모임이 될 수 있으며, 소수의 사람들 또는 최대
한 명 또는 이십 명의 개인을 모으는 친밀한 원탁 스타일의 행
사가 될 수 있다. 참석한 이해관계자들은 모두 전문가이거나
단일 문제 또는 더 다양한 문제에 관심이 있을 수 있다. 역사
적으로, 대부분의 모임은 친밀감을 만들고 사람들이 공식 프
로그램 동안 그리고 그 가장자리에서 서로를 알 수 있도록 하
는 것이 핵심 목표를 감안할 때 직접 이루어졌다. 그러나 여행
의 기후 영향에 대한 우려와 함께 코로나19 이후 사람들의 관
심이 점점 더 온라인으로 이동하고 있다. 형식에 관계없이, 성
공적인 소집에는 명확한 의제, 강력한 촉진, 반성할 시간, 열
린 대화와 토론을 위한 공간이 필요하다. 이러한 이유로, 그리
고 더 중립적인 촉진을 제공하기 위해 외부 컨설턴트가 기업
에 적합한 소집을 설계하여 제시하기도 한다.

◆ 자문 위원회: 선별된 고위 및 영향력 있는 이해관계자 그룹을

외부 지속가능성 자문 위원회의 일원으로 초대하는 것은 사업에 큰 가치가 있을 수 있다. 일부 회사는 회사가 지속가능성 전략의 개발과 출시를 안내하는 것을 돕기 위해 독립적인 전문가 자문 위원회를 만든다. 세 명의 저자 모두 민간 부문 고객이 그러한 이사회를 개발하는 것을 도왔으며, 종종 그 과정의 촉진자 역할을 했으며, 우리는 그러한 그룹의 구성원으로 봉사한 경험이 있다. 이 경험은 그러한 이해관계자 이사회가 스마트하고 실용적이며 야심 찬 지속가능성 전략을 수립하고 제공하는 비즈니스의 능력에 얼마나 강력한 영향을 미칠 수 있는지 보여주었다(제9장 참조).

◆ 워크숍 및 혁신 실험실: 기업들은 때때로 매우 구체적인 지속가능성 문제를 해결하기 위해 이해관계자를 참여시키고 싶어 할 것이다. 이것은 직접 또는 가상으로 할 수 있다. 여기서 아이디어는 문제를 식별한 다음 잠재적인 해결책을 개발하는 데 도움이 되도록 관련 전문 지식이나 경험을 가진 다양한 이해관계자를 초대하는 것이다. 이것들을 성공적으로 만들기 위해서는 많은 계획과 전문가의 촉진 또는 조정이 보통 필요하다. 이 형식의 장점은 이해관계자를 매우 의도적으로 참여시키는 것과 그 결과일 수 있는 혁신의 정도에서 비롯된다. 이케아의 원 홈 원 플래닛One Home One Planet 프로그램은 이러한 유형의 인게이지먼트의 유명한 예이며, 이해관계자는 회사가 지속가능성 영향을 추진하는 데 더 많은 영향을 미칠 수 있는 방법을 혁신하는 데 도움을 줄 수 있다.[4] 또 다른 전문 형태의 워크숍과 혁신 실험실은 지속가능성에 중점을 둔 해커톤hack-athons으로, 일반적으로 지속가능성 문제에 대한 소프트웨어 기반 솔루션을 집단적으로 빠르게 개발하고자 한다.

◆ 협업: 파트너십 또는 연합에서 다른 회사 및 조직과 협력하는 것은 이해관계자 참여의 또 다른 귀중한 형태가 될 수 있다. 멤버십이 협력이 일어날 것이라고 보장하지는 않지만, BSR, 지속가능한 개발을 위한 세계 비즈니스 협의회WBCSD 또는 유엔 글로벌 콤팩트UNGC의 회원이 되는 것은 기업들이 특정 문제에 대한 실무 그룹에 가입하고 다른 방식으로 협력할 수 있는 기회를 제공한다. 다른 회사와 협력하는 것 외에도, 그러한 실무 그룹은 종종 광범위한 비즈니스 이해관계자와의 상호 작용을 포함한다. 이러한 집단 이해관계자 참여는 지속가능한 개발 커뮤니티의 다양한 이해관계자와 정보를 배우고, 듣고, 공유하는 비교적 쉬운 방법이다. 이러한 내용은 제12장에서 더 자세히 논의될 예정이다.

4단계: 이해관계자 소통과 참여 시 이해 충돌 해결

이해관계자 참여를 위한 모범 사례는 비즈니스의 요구와 문화에 맞게 선택을 맞춤화하면서 회사와 이해관계자에게 도움이 될 수 있는 만큼 많은 기술과 도구를 사용하는 것이다. 더 수동적인 커뮤니케이션 접근 방식, 설문 조사와 같은 피드백 메커니즘, 그리고 반응성과 결합된 대화를 특징짓는 깊은 경청과 참여의 조합은 강력한 접근 방식을 만들 수 있다.

상호 요구와 기대에 대한 이해에 의해 주도되는 적극적인 이해관계자 참여는 지속가능성 전략을 이행하고 구현에 대한 막힘을 극복하는 데 중요하다.

특히 어려운 이해관계자 관계나 심각한 문제가 있는 경우, 참여는 분쟁 해결 접근 방식을 취할 수 있다. 이해관계자와의 신뢰를 구축하거나 재건하는 것은 경청, 대화, 그리고 해결의 경로로서 책임을 공유하는 과정을 포함한다. 공통된 가치와 원하는 결과를 개발하는 것이 중요하다.

종종 회사는 모든 이해관계자 요구를 충족할 수 없거나 충족시키지 못할 것이며, 시간이 지남에 따라 모든 이해관계자를 참여시키는 것은 어려울 수 있지만, 신중하고 지속적인 노력은 관계를 강화하고 한쪽 또는 양쪽 모두 이전에 고려하지 않은 가능성을 열 수 있다.

사례 분석

CDL

CDL(시티 디벨롭먼트 리미티드)는 2024년 기준 8,083명의 직원과 연간 매출 약 66억 달러의 글로벌 부동산 회사이다. 싱가포르에 본사를 둔 이 회사는 1963년에 설립되었으며 현재 전 세계 29개국에서 운영되고 있다.[5]

CDL은 고객, 직원 및 동료들이 품질과 지속가능한 공간의 혁신적인 창조자로 인정받고자 하는 열망에 의해 촉진된다. 그 회사는 혁신과 지속가능한 개발의 벤치마크를 설정하고 생태 경관을 변화시키는 것을 목표로 한다. CDL은 47,000채 이상의 주택을 개발했으며 전 세계적으로 152개의 호텔과 44,000개의 객실을 운영하는 것 외에도 전 세계적으로 주거, 상업 및 환대 자산에서 2,300만 평방 피트 이상의 총 바닥 면적을 소유하고 있다.

20년 넘게, 환경은 CDL이 자산을 설계, 건설 및 관리하는 방식에서 최우선 과제였다.

'우리가 건설할 때 보존'이라는 정신에 따라, 회사는 1995년부터 환경, 사회 및 거버넌스 문제를 핵심 사업에 꾸준히 통합해 왔으며, 기후 중심 전략으로 지속적으로 한계를 추진하고 있다.[6]

ESG 전략의 4가지 핵심 기둥인 통합, 혁신, 투자 및 영향에 기반을 둔 CDL의 가치 창출 모델은 전례 없는 기후 및 건강 위협을 완화하고 적응하는 데 회사를 조종한다. CDL은 친환경 혁신과 지속 가능한 솔루션을 위한 R&D에 투자함으로써 변화를 계속 추진하고 있으며, 스마트 그린 빌딩 기능을 사용하여 환경 영향을 줄이고 제품과 운영을 미래에 증명하고 있다.

이 회사는 종종 제로 경쟁에서 승리하는 열쇠로 가치 사슬을 따라 긴급하고 집단적인 행동의 필요성에 대해 이야기하며, 같은 생각을 가진 조직과 협력하여 기후 행동 전시회, 컨퍼런스, 웨비나를 통해 지속가능성 전문가 및 지역사회와 협력하여 아이디어, 지식을 공유하고 전문 지식을 구축한다.

2013년, CDL은 싱가포르 식물원에 최초의 제로 에너지 그린 갤러리를 건설하여 세계 및 국가 기후 및 녹화 주제에 대한 다양한 전시회를 통해 방문객을 참여시키고 교육했다. 2017년, CDL은 기후 행동을 위한 옹호와 역량 구축에 전념하는 싱가포르 최초의 지상 및 제로 에너지 시설인 싱가포르 지속가능성 아카데미SSA를 설계하고 건설했다. 정부 기관, 산업 파트너 및 비정부기구와 관련된 광범위한 파트너십인 SSA는 CDL의 지역사회 참여 노력의 특징이 되었다. 출시 이후, SSA는 450개 이상의 이벤트와 교육을 주최했으며, 18,300명 이상의 참석자에게 다가왔다.[7]

CDL의 최고 지속가능성 책임자인 에스더 안Esther An은 다음과 같이 말했다.

"우리 행성, 사람, 비즈니스 및 경제의 건강은 상호 연결되고 상호 의존적이다. 기후 비상 사태는 모든 부문이 제로로의 글로벌 경쟁에 참여할 것을 요구한다. CDL은 우리의 사업, 이해관계자, 그리고 가장 중요한 지구에 가장 중요한 문제를 해결함으로써 계속해서 그 과정을 유지하고 영향력 있는 협력을 창출할 것이다. 더 많은 이해관계자들 간의 더 큰 참여와 협력으로, 아이디어는 촉발될 것이고 행동은 모두를 위한 더 탄력적인 미래를 건설하기 위해 증폭될 것이다."[8]

사파리콤 Safaricom

사파리콤은 2024년 기준 6,434명의 직원과 연간 매출 약 86억 달러의 아프리카 통신 회사이다. 케냐 나이로비에 본사를 둔 이 회사는 1999년에 허가를 받았고 2000년에 설립되었다. 그것은 수백만 명의 고객의 삶에서 중심적인 역할을 하는 케냐에서만 운영된다.[9]

사파리콤은 모바일 음성, 메시징, 데이터, 금융 및 컨버지드 서비스를 포함한 광범위한 통신 서비스를 제공하는 디지털 혁신업체로, '트랜스폼 라이브스Transform Lives' 비전에 따라 제공한다. 사파리콤은 개인에서 모든 규모의 기업 및 정부에 이르기까지 가입자에게 음성 및 데이터 통신 플랫폼을 기반으로 하는 광범위한 제품과 서비스를 제공한다.

그 회사는 케냐 전역의 삶을 변화시키고 지속가능한 생활에 기여하기 위해 제품과 서비스를 사용하기를 열망한다. 비즈니스 결정에 지속가능성의 통합을 보여주기 위해, 회사는 기업 전략의 3가지 기둥과 각각의 중요한 주제에 대해 SDGs를 매핑했다. 2016년부터 회사는 17개의 SDGs 중 9개를 회사로서 그리고 개별 직원 수준에서 성과 목표에 통합했다. 그것의 3가지 전략 기둥은 효과적인 이해관계자 참여에 크게 의존한다.

사파리콤의 비즈니스 모델과 그것이 운영되는 지리는 광범위한 이해관계자의 의견을 듣고 차례로 그들로부터 배우는 것이 중요하다. 그 회사는 이해관계자들과 정보를 수집하고 교환하기 위해 다양한 비공식적이고 공식적인 방법을 사용한다.

회사는 가장 중요한 이해관계자 청중에 대한 광범위한 견해를 취했으며 여기에는 사용자 정의, 사회(대부분 케냐 사람들), 직원, 규제 기관, 비즈니스 파트너, 주주 및 언론이 포함된다. 그 회사는 이러한 각 이해관계자 그룹과의 관계의 본질을 더 간략하게 설명하고, 주요 접점과 공동 관심사를 분명히 한다. 예를 들어 사파리콤이 고객을 참여시키기 위해 사용하는 주요 채널은 콜센터, 인터랙티브 음성 응답IVR 및 ZURI 챗봇 셀프 서비스 옵션을 통해 이루어진다. 회사는 이러한 수단을 사용하여 기존 서비스와 소비자 기대에 대한 피드백을 수집하며, 새로운 제품을 설계하기 위해 배운 것을 사용한다.

이해관계자에 대한 서약의 일환으로, 니콜라스 은간가Nicholas Nganga 회장과 CEO 마이클 조셉Michael Joseph 은 다음과 같이 말한다.

"사파리콤은 고객을 최우선으로 하고, 관련 제품과 서비스를 제공하고, 운영 우수성을 향상시키기 위해 최선을 다하고 있습니다. 지속가능한 사업을 운영함으로써, 우리는 모든 케냐인의 삶의 질을 향상시키는 데 기여하고자 합니다. 우리는 또한 전국의 지속가능한 생활에 기여하기 위해 노력하고 있으며 책임감 있고 윤리적인 방식으로 운영을 관리하기 위해 최선을 다하고 있습니다."[10]

요약

이해관계자 참여를 통해 회사는 새로운 지속가능성 문제를 조기에 식별하고, 위험을 최소화하고 해결책을 향해 혁신하기 위해 효과적으로 대응하며, 회사의 성공을 추진하는 데 도움이 된다.

중요한 것은, 그것은 또한 기업들이 주요 문제와 기대가 어떻게 진화하고 있는지 더 잘 이해하고 미래의 위험과 기회를 예측하는 데 도움이 된다는 것이다.

이해관계자 참여의 가장 중요한 측면 중 하나는 이해관계자의 기대와 우려에 대응하고 그들과 신뢰를 구축하는 것이다. 이것은 많은 형태를 취하지만, 가장 강력한 대응은 회사의 ESG 전략, 정책 및 약속에 참여 학습을 포함시키는 것이다.

실행을 위한 주요 점검 사항

1. 사업의 1차 및 2차 이해관계자와 각각의 우선순위를 파악하세요. 이 이해관계자 매핑을 살아있고 역동적인 문서로 유지하기 위한 메커니즘을 수립한다.

2. 주요 이해관계자를 우선시한 다음, 가장 중요한 사람들을 먼저 타겟팅하고 참여시킨다.

3. 다른 이해관계자들과 소통하는 데 사용될 수 있는 사업이 이미 사용하고 있는 기존 커뮤니케이션 채널을 찾아본다. 예를 들어 직원 참여는 직원들이 거주하는 지역사회와 소통하기 위한 좋은 메커니즘이 될 수 있다.

4. 광범위한 참여 도구를 사용하여 이해관계자의 통찰력과 관점을 효과적으로 수집하고 조직 내에서 진지하게 받아들이고 조치를 취할 수 있도록 한다.

5. 이것을 핵심 작업의 지속적인 부분으로 만든다.

6. 특히 소규모 기업의 경우, 중간 이해관계자 역할을 하고 더 많은 조직과 참여할 수 있는 비즈니스 역량을 향상시킬 수 있는 지속가능성 연합과 같은 외부 조직을 찾는 것이 적절할 수 있다(제12장 참조).

- BSR (2019) Five-step approach to stakeholder engage-ment, www.bsr.org/en/our-insights/report-view/stakeho lder-engagement-five-step-approach-toolkit
- Freeman, R E (2009) What is stakeholder theory?, You-Tube, youtu.be/bIRUaLcvPe8
- ING Bank (2021) How we engage, www.ing.com/Sustainability/The-world-around-us-1/How-we-engage.htm
- IO'Neill, R (2018) Common Threads: Designing impactful engagement, The SustainAbility Institute by ERM
- Syngenta (2021) Stakeholder engagement, www.syngenta.com/en/sustainability/stakeholder-engagement
- Unilever describes its approach on its website. Unilever(2021) Engaging with stakeholders, www.unilever.com/p lanet-and-society/responsible-business/engaging-with-st akeholders/

참고 문헌

1 Association for Project Management (2021) What is stakeholder en-gagement?, www.apm.org.uk/resources/find-a-resource/stakeholder-engagement/ (archived at https:/ /perma.cc/L46T-T59K)

2 Mthenjane, M (2021) Interview by Chris Coulter, 22 Septembe

3 Taylor, A and Bancilhon, C (2019) Five-step approach to stakeholder engagement, http://prod-edxapp.edx-cdn.org/assets/courseware/v1/9c75 b1f4b668f786d32a777261529227/asset-v1:DelftX+RI102 x+2T2019+type@ asset+block/BSR Five-Step_Guide to Stakehold er_Engagement.pdf (archived at https://perma.cc/P6FR-TNXG)

4 INGKA (2021) One home, one planet 2021, www.ingka.com/one-home-one-planet/ (archived at https://perma.cc/2UMB-ELYX)

5 City Developments Limited (2020) Annual Report 2020, ir.cdl.com. sg/static-files/c4f2430d-1470-407a-b8ff-599e755aleb7 (archived at https://perma.cc/D5SE-N3PG)

6 City Developments Limited (2021) Integrated Sustainability Report2021, ir.cdl. com.sg/static-files/10dacOe1-206f-429b-a655-0d63dd39f23d (archived at

https://perma.cc/H3NP-9UJ5)

7   City Developments Limited (2021) Our heritage, www.cdl.com.sg/our-heritage#
    (archived at https://perma.cc/V54Z-GBNZ)

8   City Developments Limited (2021) Integrated Sustainability Report2021, https://
    ir.cdl.com.sg/static-files/10dacOe1-206f-429b-a655-0d63dd39f23d (archived
    at https://perma.cc/73WX-CQDL)

9   Safaricom (2020) 2020 Annual Report, www.safaricom.co.ke/images/
    Downloads/Safaricom_AR2020_bookmarked_ONLINE_29_07_2020.pdf (archived
    at https://perma.cc/ZA9M-RHQA)

10 Safaricom (2021) Stakeholder engagement, www.safaricom.co.ke/
    sustainabilityreport_2020/stakeholder-engagement/ (archived at https://perma.
    cc/6QW2-PVNC)

지속가능성 소통하기

개념의 이해

지속가능성을 알리는 것은 회사의 지속가능성 전략이나 성과에 관한 정보, 뉴스 또는 진행 상황을 공유하는 것만이 아니다. 그것은 또한 지속가능성 리더십에 대한 믿음, 인식 및 모멘텀을 구축하는 것에 관한 것이며, 이는 궁극적으로 신뢰를 구축하고 지속가능성 또는 ESG 관련 투자 및 노력에 대한 비즈니스 모델 성장과 기회를 지원한다.

커뮤니케이션(소통)은 이니셔티브 및 정책 발표, 보도 자료, 연설, 광고, 수입 및 유료 미디어, 웹사이트, 소셜 미디어, 영화, 보고서 및 사고 리더십을 포함한 다양한 매체와 채널을 통해 가능하다. 기업 커뮤니케이션의 다른 측면과 마찬가지로, 최고의 지속가능성 커뮤니케이션은 스토리텔링과 증거 포인트를 포함하며 이해관계자와의 양방향 대화로 이어진다.

여기서 중요하게 언급하고 갈 사항은 전반적인 지속가능성 커뮤니케이션에서 지속가능성 보고서(제8장 참조)는 핵심적인 부분이라는 점이다. 지속가능성 보고서는 주로 지속가능성 성과와 공개를 추적하는 것에 관한 것이지만, 더 넓은 커뮤니케이션은 더 많은 이해관계자를 대상으로 하며 보고보다 더 다양한 목표를 가지고 있다.

효과적인 지속가능성 커뮤니케이션은 강력한 ESG 성과로부터 시작될 수 있다.

신뢰할 수 있는 구체적이며 정량적인 지속가능성 관련 성과 없이 지속가능성에 대해서 소통하는 것은 그린위싱의 위험을 높이며 회사를 잠재적인 평판 손상에 심각하게 노출시킬 수 있다. 우리는 아래에서 지속가능성 커뮤니케이션에 대한 성과 중심의 접근 방식을 중심으로 설명하며, 그것이 완전히 포괄적이지 않다는 것을 인정한다. 기업들이 지속가능성 성과를 전달하고 소통할 수 있는 다른 다양한 방법이 있다.

지속가능성 커뮤니케이션은 보고서, 지속가능성 전략, 글로벌 지속가능성 이니셔티브, 제휴 및 강력한 성과에 대한 헌신과 인정을 보여주는 인증을 포함하여 커뮤니케이션 플랫폼을 구축할 수 있는 강력한 ESG 성과로 시작된다. 기업이 이해관계자와 소통하고 이해관계자의 피드백을 수집하여 더 나은 커뮤니케이터가 되기 위해 활용할 수 있는 다양한 전술이 있는데, 이는 그림 11.1을 참조할 수 있다.

지속가능성 소통이 중요한 이유

커뮤니케이션은 기업의 지속가능성 전략의 성공에 중요한 역할

그림 11.1 성과 중심의 지속가능성 커뮤니케이션

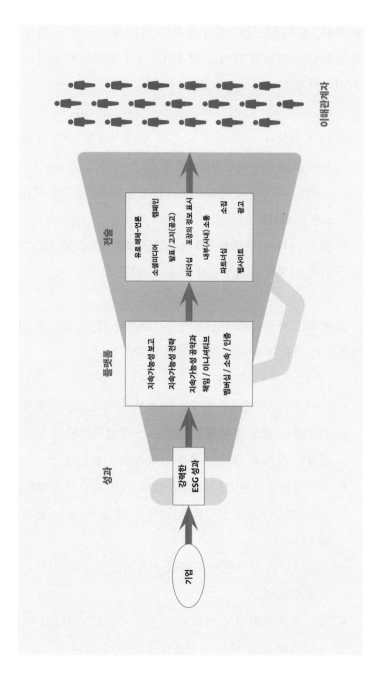

기업

성과

강력한
ESG 성과

플랫폼

지속가능성 보고
지속가능성 전략
지속가능성 중앙과
책임 / 이니셔티브
멤버십 / 소속 / 인증

전술

유료 매체-언론
소셜미디어
발표 / 고지(공고)
리더십
표창의 정보 표시
내부(사내) 소통
파트너십
웹사이트
소집
광고
캠페인

이해관계자

을 한다. 지속가능성의 리더가 되는 것은 중요하지만, 회사가 인정받는 리더가 되려면 적어도 다음의 3가지 방법으로 가치를 구축할 수 있어야 한다(그림 11.2 참조).

1. 인적 자산과 형평성(예: 더 많은 동기 부여된 인력, 더 높은 직원 유지 및 매력적인 조직으로의 인식)
2. 브랜드 자산과 형평성(예: 시장 점유율 증가, 고객 및 공급업체 로열티 강화)
3. 평판 자산과 형평성(예: 더 높은 수준의 신뢰, 더 많은 파트너십 기회, 정책과 제도에 대한 더 많은 영향)

효과적인 커뮤니케이션이 지속가능성과 ESG 성과를 지원하는 방법에는 다음과 같은 여러 가지가 있다.

◆ 직원과 외부 이해관계자들이 회사가 지속가능성에 전념하고 있으며 그것을 실천하고 비즈니스 프로세스에 통합하기 위한 전략을 가지고 있다는 것을 이해하도록 돕는다.
◆ 지속가능성이 비즈니스에 무엇을 의미하는지 설명하고 직원들이 지속가능성 전략의 이행에 기여할 수 있는 기회를 강화할 수 있다.
◆ 소유주나 투자자에게 사업의 지속가능성/ESG 영향과 성과에 대해 알린다.
◆ 협업과 파트너십의 기회를 창출할 수 있는 기업의 전략과 미래 계획에 대해 다른 사람들에게 알릴 수 있다.

그림 11.2 3대 자산 모델

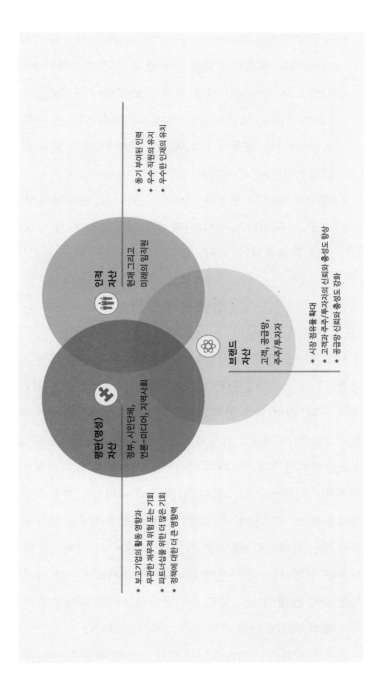

인적 자산
현재 그리고 미래의 임직원

- 동기 부여된 인력
- 우수 직원의 유지
- 우수한 인재의 유지

브랜드 자산
고객, 공급망, 주주/투자자

- 시장 점유율 확대
- 고객과 주주/투자자의 신뢰와 충성도 향상
- 공급망 신뢰와 충성도 강화

평판(명성) 자산
정부, 시민단체, 언론·미디어, 지역사회

- 보고기업의 활동 영향과 무관한 재무적 위협 또는 기회
- 파트너십을 위한 더 많은 기회
- 정책에 대한 더 큰 영향력

◆ 공급업체에서 소비자에 이르기까지 가치 사슬을 통해 더 깊은 이해와 브랜드 신뢰를 구축한다. 글로브스캔의 2021년 건강하고 지속가능한 생활 연구 프로그램에 따르면, 24개 시장(2019년보다 7포인트 증가)에서 소비자의 57%는 사회와 환경을 개선하는 제품이나 브랜드에 대해 더 많은 비용을 지불할 의향이 있다고 응답했다.[1]

◆ 회사 안팎에서 행동과 약속을 촉진하고, 사고방식과 행동을 바꾸고, 내러티브(이야기)와 스토리텔링을 통해 시장에서 사업을 차별화할 수 있다.

실행 및 추진 방법

지속가능성 관련 커뮤니케이션은 이 책에서 다룬 다양한 내용을 연결하는 데 도움이 된다. 조직의 존재 목적(안내 주제, 제1장 참조)에서 부터, 전략(많은 증거 포인트와 가능한 이야기가 있는 곳, 제4장 참조), 보고(그 자체로 여러 강력한 커뮤니케이션 요소로 구성, 제8장 참조), 이해관계자소통과 참여(커뮤니케이션을 더 개인적으로 만드는 방법, 제10장 참조), 파트너십(회사의 리더십을 전달하는 또 다른 강력한 방법, 제12장 참조), 지지와 옹호(당신이 믿는 것을 알리는 영향력 있는 형태, 제13장 참조)에 이르기까지 이 가이드북의 다양한 부분을 연결하는 데 도움이 된다. 좋은 의사소통이란 이러한 요소들을 다양한 방식으로 모으고 연계함으로서 지속가능성 성과와 메시지에 대한 전반적인 영향을 증가시키는 것이다.

다음은 효과적인 지속가능성 관련 소통의 핵심 7단계이다.

1단계: 스토리 구성

강력한 지속가능성 커뮤니케이션 전략을 구축하기 위한 첫 번째 단계는 담당자가 창조하려고 하는 미래의 이야기를 구성하는 것이다. 모든 지속가능성 전략이 원하는 미래 상태를 향한 길을 제시한다는 것을 고려할 때, 의사소통은 기대치를 설정하고 여정을 정의하는 데 필수적이다.

이상적으로, 개인의 지속가능성 이야기는 회사의 목적과 일치해야하며 개인의 가치와 지속가능성 전략에 대해서도 이야기할 수 있어야 한다.

이 내러티브는 기업이 하고자 하는 메시지의 구조와 윤곽을 제공하는 데 도움이 된다.

회사가 개발하는 내러티브는 지속가능성이 얼마나 빠르게 움직이는지, 그리고 기대에서 규제로 경쟁적인 맥락으로 얼마나 빠르게 변화하는지를 감안할 때, 그 과정에서 수월하게 조정할 수 있을 만큼 유연해야 한다.

2단계: 지속가능성 이야기 확인 및 도출

회사의 지속가능성 전략, 약속 및 보고에는 이해관계자와 공감할 수 있는 기회가 있는 지속가능성에 대한 회사의 접근 방식과 헌신을 설명하는 일화, 이벤트, 계정과 같이 다양한 이야기가 포함되어 있다.

뉴욕에 본사를 둔 브랜딩 에이전시인 BBMG는 소비자와 이해관계자에게 가장 의미 있는 것과 비즈니스, 경제, 사회, 환경에 가장 중요한 것의 교차점에 있는 고객을 위한 이야기를 식별하기 위해 노력한다. BBMG의 창립 파트너인 라파엘 장포라드는 다음과 같이 말한다. "의미 있고 중요한 이야기를 우선시 함으로써 기업은 결국 고객을 포함한 다양한 이해관계자와의 연계성, 공감 그리고 신뢰를 구축할 수 있다."[2]

동료들에게 가능한 이야기나 강력한 지속가능성 성과의 예를 식별하는 데 도움을 요청하는 것은 회사가 내부적으로 참여할 수 있는 훌륭한 방법이다. 우리의 경험에 비추어 볼 때, 다양한 기능과 사업 단위의 동료들은 종종 그들의 일을 탐구하고 포함을 위한 가능한 이야기를 생각해 낼 수 있는 기회를 즐긴다.

종종 당신이 사용할 수 있는 것보다 더 많은 이야기가 있을 것이므로, 이것들 중 어느 것이 당신의 이해관계자와 가장 관련이 있는지, 어떤 것이 가장 시기적절하고 시사적인지, 그리고 어느 것이 회사의 목적과 지속가능성 전략과 가장 잘 일치하는지 파악하는 것이 중요할 것이다.

3단계: 효과적인 브랜드화

지속가능성 성과로 인정받을 수 있었던 많은 회사들은 대부분 이해관계자를 위한 지속가능성 전략을 정의하고 브랜딩하는 탁월한 성과를 창출해 왔다. 그들은 지속가능성에 대한 일반적인 접근 방식을 넘어 지속가능성이 특히 회사에 무엇을 의미하는지에 대한 지속적인 스토리 프레임워크를 만들어왔다.

이러한 유형의 지속가능성 브랜딩의 예로는 M&S의 '플랜 A, 유니레버의 '지속가능한 생활 계획'과 유니레버의 새로운 지속가능성 전략인 '유니레버 콤파스', 이케아의 '피플 & 플래닛 포지티브', 앵글로 아메리칸의 '지속가능한 발굴 계획' 등이 있다. 이 회사들은 각각 효과적인 소통에 매우 중요한 차별화와 연계성 창출을 지원하는 무수한 지속가능성 활동을 설명하기 위해 지속가능성 브랜드 플랫폼을 만들었다.

이러한 유형의 브랜딩이 작동하려면 기억에 남아야 하며 지속가능성 전략에서 담아야 할 약속과 비전은 효과적인 지속가능성 브랜드를 구축하기 위한 시간, 자원 및 노력을 정당화하기 위해 크고 대담해야 한다. 그런 다음 오랜 시간 직원은 물론 외부 이해관계자에게 일관되고 설득력 있게 전달 및 추진되어야 한다.

4단계: 올바르게 메시지 전달

비즈니스에 대한 지속적인 불확실성과 지속가능성에 대한 기업 커뮤니케이션에 대한 높은 회의론을 감안할 때, 회사의 메시지는 신중하게 고려되고 엄격하게 심사되도록 하는 것이 중요하다.

지속가능성 커뮤니케이션을 위한 5가지 C(5C, 표11.1 참조)는 회사의 메시지와 전반적인 소통을 개선하는 데 도움이 될 수 있다. 이 5C는 명확하고 Clear, 신뢰할 수 있고 Credible, 완전하고 Complete, 설득력 있고 Compelling, 맞춤화되는 것 Customised이다.

표 11.1 지속가능성 커뮤니케이션을 위한 5C

지속가능성 커뮤니케이션의 핵심 요건	더 나은 소통을 위한 근원적 질문	구체적 실행 방법
Clear (명확성)	전달하고자 하는 메시지는 쉽게 이해하고 액세스할 수 있는가?	전달하려는 언어와 메시지가 가능한 한 간결하고 명확한지 확인하고 이해관계자와의 테스트를 통해 그 명확성을 확인하는 것이 좋다.
Credible (신뢰성)	전달하고자 하는 메시지는 믿을만하고 신뢰할 수 있는가?	전달하고자 하는 활동의 구체적 영향과 성과에 대한 증거에 초점을 맞추고, 신뢰할 만한 증빙 자료와 함께 가능한 경우 제3자의 승인 또는 인증을 같이 제시하는 것이 좋다.
Complete (완결성)	전달하고자 하는 메시지가 종합적인 완결성을 가지고 있고 기대에 부응하는가?	커뮤니케이션을 통해 지속가능성 의제의 다양한 요소들이 조직의 지속가능성 전략과 실행 체계와 종합적으로 연결되어 있음을 확실히 보여주어야 한다. 또한 사람들이 원하는 추가 정보를 찾을 수 있는 곳으로 안내할 수 있어야 한다.
Compelling (설득력)	전달하고자 하는 메시지가 영감을 주며 리더십과 발전 방향을 충분히 보여주고 있는가?	전달하고자 하는 메시지를 더 큰 그림과 비전으로 연결하고 의미를 부여할 수 있는 설득력 있고 감성적인 언어를 사용한다.
Customized (맞춤형/최적화)	전달하고자 하는 메시지의 대상이 명확하게 설정되었고 그 대상에 따라 차별화되어 있는가?	경쟁사나 타사의 언어나 스토리텔링을 모방하지 말고, 회사 고유의 방식과 스토리텔링 그리고 이해관계자별 맞춤형 언어와 메시지로 최적화된 지속가능성 소통을 하는 것이 좋다.

기업의 지속가능성 커뮤니케이션 유형

이탈리아 밀라노에 본사를 둔 커뮤니케이션 컨설팅 회사인 룬드퀴스트가 실시한 연구는 두 가지 축을 평가하여 유럽 기업들 사이에서 4가지 실질적인 유형의 지속가능성 커뮤니케이터(추가: 다섯 번째 그룹인 '잠자는 사람')를 확인했다. 하나는 커뮤니케이션의 본질에 대한 것이고 다른 하나는 그들의 독특함에 대한 것이다. 이러한 지속가능성 커뮤니케이션 스타일은 당신의 회사가 어떠한 방식으로 지속가능성을 전달 및 소통할 것인지에 대한 유용한 이해와 방향을 제공해 줄 수 있다.

유형 1: '내레이터'(이야기꾼)

이 회사들은 이야기나 블로그를 통해 정확하고 포괄적이며 정보가 풍부한 콘텐츠를 제공하며 사전 예방적인 사용자 참여와 소셜 미디어를 통해 이를 지원한다. 지속가능성에 대한 그들의 전략적 접근 방식은 모든 커뮤니케이션을 통해 실행되며 합리적이고 감정적인 방식으로 전달된다.

유형 2: '글리터라티'(빛나는 사람)

이 유형은 형태와 물질 모두에서 효과적으로 소통하는 기업들이다. 그들은 매력적이고, 시각적이며 현대적이다. 그러나 그들은 때때로 그들의 의사소통을 뒷받침하는 구체적인 데이터가 부족할 수 있다. 이러한 피상성과 주제를 깊이 탐구할 수 없는 것으로 인식된 무능력은 사용자를 좌절시킬 수 있다.

유형 3: '익스플레이너'(설명자)

이 회사들은 많은 데이터와 수치를 제시하고 그들의 전략을 매우 길고 자세하게 설명한다. 그들은 합리적인 수준에서 지속가능성을 설명하지만 이해관계자들을 잘 참여시키지는 않는다.

유형 4: '트레디셔널리스트'(전통주의자)

아마도 이 4가지 유형 중 가장 발전된 형태로 매우 간단한 방식으로 지속가능한 개발에 대한 커뮤니케이션을 추진하는 기업일 것이다. 진정한 투명성 문화나 디지털을 통한 이해관계자와의 많은 상호 작용은 없다. 이 회사들은 뚜렷한 기업 정체성을 입증하지 않고 기술 및 규정 준수 공개에 집중하는 경향이 있다.

유형 5: '슬리퍼'(잠자는 사람)

지속가능성에 대한 핵심적인 평가를 통과하기에 충분한 정보를 공개하지 않은 회사들이 여기에 해당한다.[3]

5단계: 어조 바로잡기

아래의 원칙과 같이 이해관계자들이 받아들이고 감사할 수 있는 어조로 지속가능성을 전달하는 것이 좋다.

◆ 정직하라 – 비즈니스에 대한 지속적인 낮은 수준의 신뢰와 지

속가능성에 대한 기업 성과에 대한 회의론을 감안할 때, 지속가능성 커뮤니케이션에서 정직해지는 것이 중요하다. 때때로 이것은 겸손하고 당신의 회사가 만든 약속과 진전에도 불구하고 할 일이 더 많다는 것을 인정하는 형태를 취할 수 있다. 지속가능성은 여정이라는 진부한 표현에는 진실이 있다. 모든 것이 옳다고 주장하는 회사들은 그린워싱으로 여겨질 위험에 처해 있다. 이러한 정직은 특히 지속가능성 의제의 긴급성을 표현함으로써 용기를 보여주고 있는 그대로 말하는 형태를 취하기도 한다.

◆ 진정성을 담는다 - 도브(유니레버), 나투라, 파타고니아와 같은 의사소통에서 가장 성공적인 브랜드 중 일부는 이해관계자들에게 더 가까이 다가가는 메시지를 전달하는 그들만의 방법을 개발했다. 그들은 훌륭한 진정성으로 소통하고 그들의 이야기를 인간화하여 정직하고 개방적으로 만들었다.

◆ 긍정성과 희망을 담는다 - 우리가 깊은 환경, 사회 및 경제적 도전에 직면하는 동안, 좋은 지속가능성 커뮤니케이션은 더 나은 미래에 대한 희망을 유지할 수 있는 방법을 찾는다. 이러한 완고한 낙관주의와 긍정은 이해관계자를 참여시킬 때 중요하며, 많은 주요 기업들이 이 접근 방식을 취했다. 비관주의와 스트레스가 창의성과 문제 해결을 차단할 수 있는 곳에서, 낙관주의는 새로운 해결책을 찾고 소진을 피하는 데 도움이 될 수 있다. 한편, 두려움이 사람들을 미루게 할 수 있는 곳에서, 공유된 낙관적인 비전은 사람들이 더 큰 아이디어 뒤에 모이는 데 도움이 될 수 있다.

◆ 증거 기반의 소통을 한다 – 기업들은 과학과 연결되고 증거 기반의 방식으로 지속가능성 약속과 이니셔티브를 구성함으로써 이해관계자와의 신뢰를 얻을 수 있다. 31개국(시장)에 걸친 2021년 글로브스캔 여론 조사에 따르면 전 세계 사람들은 다른 기관, 특히 글로벌 기업(+8 순 신뢰 등급)보다 과학과 학계(+70 순 신뢰 등급)를 훨씬 더 신뢰한다고 한다.[4] 관련 과학적 맥락, 증거 포인트 및 전문가 관점을 참조하여 지속가능성 메시지를 전달하는 것은 공공 담론에서 '가짜 뉴스'와 반엘리트주의 수사학에도 불구하고 효과적인 커뮤니케이션의 중요한 부분이다.

◆ 확장한다 – 특히 더 정교한 이해관계자와의 지속가능성 관련 커뮤니케이션을 처리하는 가장 효과적인 방법 중 하나는 회사가 다룰 요소뿐만 아니라 더 광범위한 지속가능성 의제에 대해 이야기하는 것이다. 이것은 당신의 행동, 약속 및 비즈니스 모델이 더 광범위한 지속가능한 개발 과제를 어떻게 해결하고 더 지속가능한 미래를 만드는 데 기여할 수 있는지를 고려하는 것을 의미한다. 일부 기업, 특히 다국적 기업의 경우, SDGs가 좋은 기준점이 될 수 있다. 특정 지역사회에 큰 발자국을 가진 지역 회사의 경우, 그 도시 또는 그 지역의 사람들과 환경의 건강과 복지는 적절한 틀을 제공할 수 있다.

효과적인 어조를 보여주는 예는 회사의 2021년 기업 책임 보고서를 소개하는 미국 소매업체 타겟Target의 기업 책임 및 타겟 재단 Target Foundation의 수석 부사장인 아만다 너스Amanda Nusz의 이메일

발췌문에서 찾을 수 있다.

　'우리는 작년에 많은 것을 이루었다. 우리는 대담한 목표를 세우고, 스스로 추진했으며, 지속가능성 비전을 향한 강한 진전을 이루었다. 그러나 우리는 목표를 달성하기 위해 노력하고 해야 할 일이 많다는 것을 알고 있다. 그리고 우리는 사람과 지구를 우리가 하는 일의 중심에 놓고 고려하는 것을 유지하기 위해 최선을 다하고 있다. 우리는 조직원, 고객 및 지역사회와 함께 공평하고 재생 가능한 미래를 공동 창조한다.'[5]

6단계: 메시지, 증거 자료와 핵심 포인트, 소통 채널 매칭

　효과적인 커뮤니케이션 전략은 올바른 메시징과 채널을 사용하여 올바른 메시지를 올바른 이해관계자에게 연결해야 한다. 이러한 선택들 각각을 중요하게 만드는 것은 의사소통을 잘하는 데 필수적이다.

　기업이 각 이해관계자 그룹과 중요한 하위 그룹에 서비스를 제공하기 위해 채널과 커뮤니케이션 형태의 적절한 확산과 우선순위를 가지고 있는지 정기적으로 확인하는 것이 중요하다. 또한 기업은 채널과 콘텐츠가 회사에 대한 이해관계자의 기대와 니즈에 부합하는지 확인해야 하며 그 반대도 마찬가지이다(제10장 참조).

　기업은 메시지, 증명 지점 및 개별 이해관계자를 위해 사용하는 채널을 정확하게 선택해야 한다. 표 11.2의 프레임워크는 주요 이해관계자를 위한 통합 메시징 전략을 구축하는 방법의 예를 간략하게 설명한다.

표 11.2 지속가능성 메시징 프레임워크의 예시

주요 이해관계자 (소통대상)	핵심 메시지	증빙 자료	소통 채널
주주/투자자	성장을 위한 지속가능성의 가치와 사업적 기회	지속가능한 제품에 대한 이익율 증가	연례 주주총회에서 ESG 성과와 가치 프리젠테이션
고객(소비자)	혁신적인 친환경 기술, 에너지 효율적인 제품, 지속가능한 소재	제품의 지속가능한 성능 향상	팩키지의 에코라벨 또는 관련 정보
NGO(시민단체)	기후변화 대응에 대한 의지와 약속과 실천	기업의 지속가능성 개선 목표와 추진 계획	파트너 미팅 또는 지역사회 정기간담회

7단계: 지속가능성 커뮤니케이션을 일관되고, 훈련되고, 능동적이고, 반복적으로 추진

일단 조직의 명확한 지속가능성 약속과 성과가 구축되면, 외부 뉴스에 적절히 반응하고, 지속가능성 문제에 대한 회사의 관점을 분명히 함과 동시에, 지지자를 강화하는 커뮤니케이션에 점점 더 자신감을 가질 수 있게 된다(제13장 참조).

회사의 모든 커뮤니케이션 채널과 소통 유형에서 일관적으로 진실 되고 긍정적 영감을 주는 메시지를 전달하고 그 일관성을 보장하는 것은 조직에 있어 분명 지속적인 도전이 될 것이다. 지속가능성과 크게 관련 없는(예: 재무적 성과) 메시지가 지속가능성 커뮤니케이션과 모순되지 않는 것은 필수적 요건이다. 기업들은 혼합 메시징, 위선, 불일치 또는 그린워싱 등에 대한 비난을 불러올 수 있는 것을 예방하고 회피할 수 있어야 한다.

글로브스캔은 기업들이 지속가능성과 ESG 측면에서 커뮤니케이션 방식을 어떻게 변화 및 개선시키고 있는지 확인하기 위해서 그들의 지속가능성 전략과 이니셔티브 참여에 대한 검토를 수행했다. 그 결과는 그림 11.3에 요약된 바와 같이 지속가능성 커뮤니케이션에 대한 접근 방식의 진화를 보여주고 있다.

여러 면에서, 지속가능성 커뮤니케이션 환경은 크게 바뀌었다. 앞으로 나아갈 커뮤니케이션을 위한 새로운 패러다임은 그림 11.4에 설명된 바와 같이 전통적인 접근 방식의 반대일 수 있다.

사례 분석

파타고니아 Patagonia

파타고니아는 약 3,300명의 직원이 있는 아웃도어 의류 회사이다. 비상장 개인회사로, 연간 매출액은 2023년 기준 약 15억 달러로 보고되었다. 캘리포니아 벤투라Ventura에 본사를 둔 이 기업은 1973년에 설립되었으며 현재 10개국 이상에 매장을 두고 운영하고 있다.[6]

파타고니아는 아웃도어 의류, 장비 및 신발 등의 제조에 종사하고 있지만 '우리는 고향 지구를 구하기 위해 사업을 하고 있다'라는

그림 11.3 지속가능성 리더십의 새로운 커뮤니케이션 방식

	과거 솔선수범을 보여주는 형태의 리더십 커뮤니케이션	현재 긍정적 집단행동을 촉진하는 형태의 리더십 커뮤니케이션
의도 또는 목적	인물 소구와 평판 구축	긍정적 변화의 가속화 및 실천 유도
대상	'수혜자'로서의 이해관계자	참여자 및 파트너로서의 이해관계자 (이해관계자 결집)
핵심 메시지	기업 전략 지속가능성 전략	우리의 공통 과제 지속가능성 전략 및 실천과 이니셔티브 참여 성과
목표	덜 부정적이고 복잡해 보이도록 함	반전의 모습과 개선에 대한 기여로 더 긍정적이며 단순해 보이도록 함
시기와 방법	일회성	지속적인 참여를 통한 캠페인식 접근 방식
주요 스토리	브랜드/비즈니스 내러티브와 구별되는 기업 스토리텔링	보다 과감한 '인간적' 스토리텔링, 오디 언스 맞춤형, 브랜드/비즈니스 스토리 내 통합
스토리의 주체	지속가능성 리더 또는 대표이사	조직의 리더, 직원, 파트너, 고객 등 광범 위한 이해관계자

글로브스캔의 허가를 받아 자료를 재작성함(2021)

그림 11.4 새로운 지속가능성 커뮤니케이션 패러다임

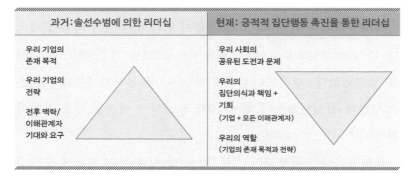

글로브스캔의 허가를 받아 자료를 재작성함(2021)

존재 목적문을 통해 더 높은 지속가능성 소명의식이 있음을 보여주고 있다. 파타고니아는 최고의 제품을 만들고, 그 과정에서 불필요한 해를 끼치지 않으며, 환경 위기에 대한 해결책을 제시하고 구현하기 위해 비즈니스를 활용하는 가치를 믿고 있다.

1985년부터, 파타고니아는 자연 환경의 보존과 복원을 위해 매출의 1%를 약속했으며, 지역사회에 변화를 일으키는 국내 및 국제 풀뿌리 환경 단체에 1억 4천만 달러 이상의 현금과 현물 기부를 실천했다.[7] 이 브랜드는 공급망의 투명성으로 유명해졌으며, 근로자를 위한 사회 정의를 증진하고자 노력한다. 또한 가능한 경우 재활용, 공정 무역 또는 친환경 오가닉 재료로 제품을 만들고 생태계의 재생을 촉진하는 방식으로 생산되는 내구성 있는 제품을 만들고 싶어한다. 파타고니아의 지속가능성 커뮤니케이션 전략은 이러한 원칙과 비전을 중심으로 진행되고 있다.

파타고니아는 웹사이트를 활용하여 환경적 가치와 명분을 강조하고 있으며 중고 장비와 의류 제품 구매를 권장하고 지지한다. 실제로, 회사 홈페이지의 가장 중요한 페이지들은 '구매, 행동주의, 스포츠 그리고 이야기'로 구성되어 있다.

지속가능성 관련 이야기에 초점을 맞추어 온 것은 처음부터 소비자와의 소통과 참여에 대한 파타고니아의 지속가능성 커뮤니케이션 접근 방식과 전략의 일부였다. 파타고니아의 웹사이트는 자연의 가치에 대한 영감을 주는 경험을 다룬 짧은 이야기와 회사가 어떻게 더 긍정적으로 사회적, 환경적 영향을 미치는지 그리고 그것을 가능하게 하는 명분을 어떻게 옹호하고 지지하는지에 대한 삽화로 가득 차 있다. 이것은 환경, 스포츠 및 비즈니스에 관한 많은 책을 쓴 작가이자 파타고니아의 설립자인 이본 쉬나드Yvon Chouinard가 시작한 전통을 이어가고 있는 것이다.

마찬가지로, 파타고니아의 소셜 미디어 채널은 최소한의 자원을 사용하는 생활 방식을 적극적으로 홍보하고 고객이 스스로 제안 및 지원하거나 참여할 수 있는 환경 및 사회적 가치에 대한 인식을 창출하고 강화하는 역할을 하고 있다.

2001년에 전개된 파타고니아의 획기적인 지속가능성 및 마케팅 캠페인인 '이 재킷을 사지 마세요'는 블랙 프라이데이에 사람들이 의류 쇼핑을 하는 막연한 소비주의를 막고 대중과 소비자들의 인식과 행동 변화를 촉구하기 위해 진행되었다.[8]

파타고니아의 지속가능성 커뮤니케이션은 지구를 구하기 위해 사업을 하는 기업가 정신과 가치를 중심으로 일관적으로 진행되고 있다. 또한 대부분의 마케팅 캠페인은 회사가 지역사회와 공유하는 가치에 기반한 무브먼트를 구축하고 확장하는 데 초점을 맞추고 있다.

파타고니아는 지속가능성 커뮤니케이션 캠페인을 통해 숨겨진 환경 문제를 글로벌 의제로 가져오기 위해 기업의 영향력을 사용하는 것의 가치를 믿고 있다.

예를 들어 2018년 '푸른 심장을 지키자' 캠페인은 동유럽의 발칸 강 네트워크의 깨끗한 아름다움을 보존하는 데 초점을 맞추었고, 파타고니아가 제작한 장편 다큐멘터리는 궁극적으로 유럽 재건 개발 은행European Bank for Reconstruction and Development에 12만 명에 달하는 강력한 청원서를 제출할 수 있도록 하는 긍정적 결과를 이끌어 냈다.[9]

파타고니아의 기업 철학 담당 임원인 빈센트 스탠리Vincent Stanley 는 지속가능성 커뮤니케이션에 대한 회사의 접근 방식을 다음과 같이 요약하고 있다.

'우리는 소수의 고객들과 함께 등반 장비 회사로 시작했다. 그래서 우리는 친구로서 그리고 동등하게 고객을 생각한다. 우리가 스포츠, 사랑하는 장소 또는 환경 위협에 대해 새로운 것을 배울 때마다, 우리는 친구와 함께 나누는 것처럼 그것을 고객들과 공유했다. 오늘날 우리는 더 많은 고객을 보유하고 있지만 여전히 같은 노선을 따라 고객과 소통하고 지역사회 전체와 깊은 관계를 구축해 나가고 있다.'[10]

마이크로소프트 Microsoft

마이크로소프트는 약 220,000명 이상의 직원과 2023년 기준 연간 매출 약 2,400억 달러를 기록하고 있는 다국적 소프트웨어 및 기술 회사이다. 워싱턴주 레드몬드에 본사를 둔 이 회사는 1975년에 설립되었으며 현재 전 세계 190개국에서 사업을 전개하고 있다.[11] 이 회사의 제품에는 운영 체제, 장치 간 생산성 애플리케이션, 서버 애플리케이션, 비즈니스 솔루션 애플리케이션, 데스크톱 및 서버 관리 도구, 소프트웨어 개발 도구 및 비디오 게임이 포함된다. 또한 PC, 태블릿, 게임 및 엔터테인먼트 콘솔, 기타 지능형 장치 및 관련 액세서리를 포함한 장치를 설계, 제조 및 판매한다. 마이크로소프트는 지구상의 모든 사람과 모든 조직이 더 많은 것을 성취할 수 있도록 권한을 부여하는 것을 사명으로 하는 기술 회사이다.

마이크로소프트는 조직 및 사업 운영, 제품과 서비스 그리고 정책의 지속가능성을 촉진하기 위해 지속적으로 노력하고 있으며, 더 중요한 것은 고객과 파트너가 똑같이 할 수 있도록 돕는 것이라고 믿고 있다. 마이크로소프트사는 2012년부터 탄소 중립을 유지해 왔으며 운영 방식을 발전시켜 효율성을 높임으로써 탄소 발자국을 줄이기 위해 적극적으로 노력하고 있다. 친환경 재료에 중점을 둔 장치를 설계하는 것 외에도, 회사는 다른 기업들이 에너지 소비를 줄이고, 물리적 발자국을 줄이며, 지속가능한 제품을 설계하는 데 도움이 되는 클라우드 및 AI 서비스를 추진하고 있다.

2020년 초, 마이크로소프트는 2030년까지 탄소 중립을 넘어 탄소 네거티브(이산화탄소를 배출량 이상으로 흡수해 실질적 배출량을 마이너스로 만드는 것을 말한다. 이산화탄소 순배출량을 0으로 만들겠다는 개념인 넷 제로보다 한 단계 더 나아간 것으로, 지금까지 배출한 탄소 제거는 물론, 대기 중에 있는 탄소까지도 더 제거하겠다는 보다 적극적인 의미임)가 되겠다는 야심 찬 약속을 했고, 1975년에 설립된 이래, 늦어도 2050년까지 회사가 직접 또는 전기 소비로 배출한 모든 탄소를 환경에서 제거하겠다고 약속했다.

마이크로소프트의 지속가능성 비전과 발전 방향을 이해관계자들과 공유하는 중요한 지렛대는 선명하고 투명한 의사소통이었다. 마이크로소프트가 탄소, 물, 폐기물 및 생물 다양성에 대한 2030년과 2050년 지속가능성 목표를 시작했을 때 그 메시지와 계획이 조직의 최고 의사결정권자들(CEO, CFO 및 사장 등)로부터 직접 왔다는 사실은 다른 회사를 포함한 많은 이해관계자들에게 상당히 긍정적인 영향을 미쳤다. 인터넷에서 생방송을 한 후, 목표에 대한 광범위한 정보가 회사 웹사이트에 게시되었다. 지속가능성에 대한 유익한 비디오와 함께, 마이크로소프트의 접근 방식은 청중이 회사의 야망의 맥락과 규모를 더 쉽게 이해할 수 있게 직접적인 도움을 주었다.[12]

시간이 지남에 따라, 마이크로소프트의 지속가능성 전략의 4가지 핵심 부분(탄소, 생태계, 물 및 폐기물) 각각은 공식 마이크로소프트 블로그를 통해 구체적 정보 제공을 포함한 소개를 확대하였다. 지속가능성에 대한 회사의 헌신과 노력은 투자자 홈페이지에서도 중점적으로 제시되어 있으며, 마이크로소프트가 사업을 수행하는 방식에 통합되어 있다는 강력한 메시지를 보내고 있다. 다양한 지속가능성 목표를 어떻게 달성할 계획인지를 보여주는 구체적 약속 이행 현황과 비디오 콘텐츠를 포함한 진행 보고는 지속가능성을 중점적으로 다루는 마이크로사이트에서도 소개를 강화하고 있다.

마이크로소프트의 사장인 브래드 스미스는 회사의 2020년 환경 및 지속가능성 보고서의 서문에서 다음과 같이 강조했다.

"마이크로소프트는 세계의 환경 문제를 혼자 해결할 수는 없지만, 우리가 가진 영향력과 기술을 사용하여 지속가능성 여정에서 다른 사람과 기업들을 효과적으로 참여시킴으로서 더 넓은 사회적 변화를 주도하는 데 중요한 역할을 할 수 있다고 믿는다."[13]

요약

지속가능성 트랜드가 얼마나 빠르게 움직이고 모든 것을 포괄하는 개념이 되었는지를 감안할 때, 지속가능성 커뮤니케이션 분야에서 민첩하고 유연하게 기회를 포착하여 발전시켜 나가는 것이 중요하다. 경영진을 위한 올바른 스토리텔링과 커뮤니케이션 툴킷을 갖는 것은 회사의 커뮤니케이션 팀, 웹 개발자 등과 긴밀한 업무 관계를 맺는 것과 마찬가지로 지속가능성 커뮤니케이션에 큰 도움이 된다.

기업에 대한 낮은 신뢰를 보여주고 있는 이해관계자, 특히 젊은 세대와의 지속가능성 커뮤니케이션은 강력하고 정확하며 사전 예방적인 소통 전략과 방법을 필요로 한다. 거의 모든 유형의 이해관계자들은 기업들이 지속가능성에 대해 무엇을 하고 있는지에 점점 더 많은 관심을 가지고 있다. 전 세계 소비자의 86%는 기업들이 환경적으로 그리고 사회적으로 책임을 지기 위해 무엇을 하고 있는지에 대해 더 많이 배우는 데 관심이 있다고 말한다(5년 전보다 15포인트 증가).[14]

지속가능성과 관련된 다양한 사건이나 귀사가 종사하는 산업에 대한 환경적 사회적 비판 그리고 조직에 대한 비판 등에 효과적으로 대응하려면 지속가능성 커뮤니케이션에 대한 내러티브와 접근 방식에 대한 자신감이 필요하다. 강력한 커뮤니케이션 프로그램을 구축하고 운영하는 것은 지속가능성 전략을 강화하고 내부 및 외부 이해관계자로 하여금 회사가 가지고 있는 약속과 지속가능성을 운영하고 실천하려는 노력을 더 잘 이해하는 데 도움이 된다(제5장 참조). 효과적인 커뮤니케이션이 없다면, 지속가능성에 대한 많은 비즈니스 사례가 손실될 것이다. 이를 막기 위해서라도 회사의 커뮤니케이션 전략과 체계와 내용은 지속가능성 접근 방식의 중요한 측면이 되는 것임을 잊어서는 안 된다.

실행을 위한 주요 점검 사항

1. 지속가능한 미래를 바탕으로 회사의 스토리를 구성한다.
2. 당신의 목적에 맞고 당신의 이야기에 생명을 불어넣는 지속가능성 관련 이야기를 찾고 접목하고 활용한다.
2. 기억에 남고 매력적인 방식으로 지속가능성 전략, 약속 및 이야기를 브랜드화한다.
3. 각 이해관계자와 각 커뮤니케이션 채널에 최적화된 메시지와 어조를 규명하고 활용한다.
4. 다양한 이해관계자들의 지속가능성 관련 정보 요구에 적절히 대응하고 부응하기 위해 이야기, 메시지 및 증거 포인트(구체적 성과 자료 등)를 충실히 준비하고 최적화될 수 있도록 조정해 나간다.
5. 지속가능성 커뮤니케이션은 반드시 일관되고 개선되며 능동적이어야 하고, 정기적으로 강화해야 한다.

더 알아보기

- ◆ BBMG (2021) Radically Better Future, bbmg.com/radically-better-future
- ◆ Futerra (2018) Futerra's Honest Product Guide, www.weare futerra.com/wp-content/uploads/2018/11/The-Honest-Product-Guide.pdf
- ◆ Lundquist.future (2020) Europe Top 50 2019: Assessing communication for sustainability, lundquist.it/wp-content/uploads/2020/06/future-EU.pdf
- ◆ Nordic Sustainability (June 2021) Communicating sustainability: Achieving effective and truthful commu-nication, www.youtube.com/watch?v=fBfdpH8rs7g
- ◆ For advice and insights on story-telling, see: zoearden.com

참고 문헌

1   GlobeScan (2021) Healthy & Sustainable Living Research Program

2   Interview with Raphael Bemporad, Founding Partner, BBMG, 22 September 2021

3   Lundquist (2019) Europe Top 50: 2019, lundquist.it/wp-content/uploads/2020/06/future-EU.pdf (archived at https://perma.cc/6AXH-RFVY)

4   GlobeScan Radar Research Program 2021

5   Nusz, A (2021) Email to stakeholders, 13 August

6   Patagonia Works (2019) Annual Benefit Corporation Report: Fiscal year 2019, www.patagonia.com/ondemandware.static/-/Library-Sites-PatagoniaShared/default/dwf14ad70c/PDF-US/PAT_ 2019_ BCorp Report.pdf (archived at https://perma.cc/H9HQ-4M3R)

7   B Work (2017) Patagonia Company Profile, www.bwork.com/employer/company/877/Patagonia (archived at https:/ /perma.cc/97S9-CEQ9)

8   Addady, M (2016) Patagonia's donating all $10 million of its Black Friday sales to charity, Fortune, 29 November, fortune.co m/2016/11/29/black-friday-2016-patagonia/ (archived at https:// perma.cc/CZ2G-ENYD)

9   Rogers, C (2018) Patagonia on why brands 'can't reverse into pur-pose' through marketing, MarketingWeek, 18 July, www.marketing week.com/patagonia-you-cant-reverse-into-values-through-marketing/ (archived at https://perma.cc/E2MY-4285)

10 Authors' exchange with Vincent Stanley, September 2021

11 Microsoft (2020) Annual Report 2020, www.microsoft.com/inves tor/reports/

ar20/index.html (archived at https://perma.cc/R6YQ-TBYY)

12 Microsoft (2021) Investor Relations, www.microsoft.com/en-us/Investor/ (archived at https://perma.cc/VR78-4N8Z)

13 Microsoft (2021) Corporate Social Responsibility, www.microsoft. com/en-us/corporate-responsibility/sustainability?rtc=1&activeta b=pivot 1:primaryr3 (archived at https://perma.cc/5JP5-JJNP)

14 GlobeScan (2020) Healthy & Sustainable Living Research Program, globescan. com/trends/healthy-sustainable-living/ (archived at htt ps://perma.cc/XNT4-XLD4)

제 12장

지속가능성을 위한 파트너십 구축하기

개념의 이해

지속가능성 파트너십은 한 개 이상의 다른 기업(영리 조직) 또는 NGO, 정부, 다자간 조직 및 학술 기관 등과 같은 비영리 기관과 연계, 결합하는 사업을 포함한다. 기업들은 지속가능성 전략을 발전시키고 스스로 할 수 없거나 다른 사람들과 협력하여 속도와 규모로 더 쉽게 확장할 수 있는 방식으로 긍정적인 영향을 증가시키기 위해 이러한 파트너십을 추진한다. 그러한 지속가능성 파트너십은 다음과 같이 정의할 수 있다.

'모든 참가자가 공통의 목적을 달성하거나 특정 작업을 수행하고 상호 의무와 결과에 대한 상호 책임과 함께 위험, 자원, 역량 및 이익을 공유하기 위해 지속가능성 결과에 초점을 맞춰 함께 일하는 협력 관계.'[1]

파트너십이 같은 산업 내에서 두 개 이상의 기업들을 포함하는 경우, 이것은 때로 사전 경쟁 협업이라는 말로 표현되기도 한다. 이는 일반적으로 직접적인 비즈니스 경쟁에 영향을 미치지 않으며 종종 공동의 사회적 또는 환경적 영향에 초점을 맞춘 공유된 지속가능성 문제나 골칫거리를 해결하기 위해 함께 협업하는 것을 포함한다.[2]

지속가능성을 위한 파트너십의 현황

지속가능성 파트너십은 최근 몇 년 동안 글로벌 과제가 더 시급해지고 그 중요성이 더 잘 이해되고 특히, 더 많은 기업들이 성공적인 파트너십을 통해 자신과 사회에 대한 잠재적 이익이 있다는 인식과 사례가 확산됨에 따라 지속가능성을 위한 협업은 훨씬 더 흔해졌다.

이러한 지속가능성을 위한 파트너십은 단순히 업무의 수행에서부터 자원 활용, 자산 결합, 시스템 변경을 위한 업무에 이르기까지 다양한 스펙트럼이 있을 수 있다. 그들은 다음과 같은 다양한 형태와 크기로 나타날 수 있다. 기업과 NGO의 협업, 함께하는 기업들과의 협업, 정부와의 협업, 국제 개발 기관이나 시민 사회 단체와의 협력 등이 그에 해당한다. 이와 관련해서는 아래 내용을 참고할 수 있다.

지속가능성을 위한 파트너십의 유형

기업과 NGO 파트너십

◆ 특정 프로젝트나 과제를 둘러싼 회사와 NGO 간의 파트너

십을 의미한다. 영국에 본사를 둔 소매업체인 막스 앤 스펜서Marks&Spencer와 개발 자선 단체인 옥스팜Oxfam의 파트너십은 좋은 사례이다. 또한 글로벌 주류 회사인 디아지오Diageo와 워터에이드Water Aid 간의 20년 이상의 파트너십은 오랜 시간이 지난 지금 지역, 국가 및 글로벌 수준에서 안전한 물, 보건 및 위생에 대한 보편적 접근을 위한 공동 선언이자 지지활동으로 발전했다. 위 사례들과 같이 이러한 유형의 지속가능성 파트너십은 시간이 지남에 따라 보다 전략적인 관계로 발전할 수 있다.

기업과 기업 간(B2B) 파트너십

◆ 기업 책임을 위한 일반 기업들의 연합/협력. 일반 기업의 책임을 높이고 실천하기 위한 기업간 연합과 파트너십은 국가 차원의 파트너십(예: 영국의 Business in the Community 및 Maala: Israel Business for Social Responsibility 등)과 글로벌 차원의 파트너십(예: BSR – 이전의 Business for Social Responsibility 및 World Business Council for Sustainable Development 등)으로 나눌 수 있다.[3]

◆ 산업 특화 연합 및 파트너십. 책임 있는 산업 연합Responsible Business Alliance: 전자업계 공급망에서 노동자의 권리와 복지에 중점을 둔 비즈니스 얼라이언스와 국제 제너럴리스트 연합인 CSR Europe이 촉진하는 자동차업계 지속가능성 협업 플랫폼인 '드라이브 지속가능성DS, Drive Sustainability'은 이제 순환적이고 지속가능한 자동차 산업의 공급망 가치 사

슬을 위한 공통 전략과 행동 계획을 제시하고 있으며 수많은 완성차 업체 및 부품 공급업체들이 참여하고 있다.[4] 마찬가지로, 제너럴리스트 연합인 BSR은 회원사를 위한 다수의 산업별 협업 이니셔티브를 주관하고 있다. 대부분의 산업 부문은 이제 어떤 형태로든 지속가능한 발전과 지속가능한 경영을 위한 파트너십 또는 연대를 가지고 있다. 기업들은 이러한 파트너십에 더욱 관심을 가지고 산업 내에서의 지속가능성 영향력 강화에 관심을 기울이고 참여를 확대해야 뒤쳐지지 않을 수 있다.

◆ 기존 무역협회 내의 이니셔티브 또는 협회 등에서 분리된 파생 조직 등. 소비재 포럼 Consumer Goods Forum의 지속가능성 프로그램, 플라스틱 폐기물 및 음식물 식품 쓰레기 폐기물 연합, 글로벌 식품 안전 이니셔티브 및 더 건강한 삶을 위한 협력 연합 등이 여기에 해당된다.

◆ 모바일 생태계에서 800개 이상의 이동 통신 사업자 및 관련 기업들을 대표하는 GSM(모바일 통신을 위한 글로벌 시스템)은 UN 지속가능발전목표에 대한 업계의 기여를 요약한 공개 보고서를 작성한 최초의 대표적인 산업 협회이다.

기업과 사회의 다른 요소들과의 파트너십

◆ 여러 기업, NGO 및 정부, 개발 기관 및 대학과 같은 다른 플레이어 간의 다중 이해관계자 이니셔티브. 예를 들어 공정노동협회 Fair LAbor Association 및 윤리적 무역 이니셔티브 Ethical Trading Initiative의 활동과 같은 소비재, 전자 제품, 의

류 공급망의 사회적 및 환경적 성과를 개선하기 위한 여러 플레이어와의 협업이 이에 해당한다.

◆ 특정 지속가능성 이슈나 문제를 해결하기 위한 협력을 촉진하기 위해 형성된 기업 및 다른 조직들 간의 이슈별 연합, 유엔 글로벌 콤팩트가 소집한 CEO 물관리 협정 CEO Water Mandate이나 국제 투명성 기구의 부패 및 자금 세탁 방지 이니셔티브, 국가 기반 투명성 협정 및 해양 부패 방지 네트워크MACN 와 같은 파트너십이 여기에 해당될 수 있다.

이러한 다양한 형태의 지속가능성 파트너십은 다음과 같은 하나 이상의 다른 역할을 수행할 수 있다.

◆ 오랫동안 확립된 해양 관리 위원회 또는 더 최근의 BCIBetter Cotton Initiative와와 같은 표준 설정 및 인증
◆ 순환 경제를 위한 엘렌 맥아더 재단의 순환 100 네트워크와 같은 지속가능성 관련 지식과 모범 사례를 위한 정보 교환소[5]
◆ 인공 지능 파트너십과 같이 신기술 등의 영향에 대한 윤리와 책임이 정직하게 탐구될 수 있는 국경 주제에 대한 어려운 대화와 솔직한 탐구를 위한 포럼
◆ 브로커는 필요한 도움과 파트너의 도움을 일치시키고 남아프리카의 지속가능한 성장과 발전을 위해 노력하는 남아프리카 및 다국적 기업의 자발적인 연합인 국가 비즈니스 이니셔티브 NBI와 같은 공통 산업/사회 문제에 대한 집단적 해결책을 촉

진한다.[6]

◆ 소비자 또는 시민의 행동을 자극하거나 정부가 세금, 법률 및 정책을 변경하도록 영향을 미치기 위해 고안된 것과 같은 지속가능한 개발과 사회 정의에 대한 집단적 옹호를 위한 수단. 예를 들어 '위 민 비즈니스 연합We Mean Business Coalition'은 넷 제로 경제로의 포괄적인 전환을 가속화하기 위해 여러 비영리 연합을 하나로 모았다.

지속가능성을 위한 파트너십을 분류하기 위한 많은 노력이 있었다. 예를 들어 2021년 봄, 캠페인 영국 싱크탱크인 더 리제너레이트 트러스트The ReGenerate Trust는 영국에서 운영되는 300개 이상의 조직과 이니셔티브를 매핑하고 어떤 식으로든 목적주도 사업의 아이디어를 홍보했다.[7]

그러나 지속가능성 관련 협력의 포괄적인 목록은 하나도 없다. 실제로, 새로운 연합이 등장함에 따라 그것은 빠르게 구식이 될 것이다. 특정 부문의 비즈니스와 관련된 파트너십을 찾기에 좋은 시작점 중 하나는 같은 부문의 주요 기업 웹사이트를 살펴보고 그들이 어떤 파트너십에 관련되어 있는지 확인하거나 관련 무역협회에 조언을 구하는 것이다. 또한 이 가이드북을 통해 우리는 다른 사람들을 찾기 위한 출발점이 될 수 있는 지속가능성에 대한 관련 파트너십을 강조한다.

지속가능성을 위한 파트너십이 중요한 이유

직접적인 사업 혜택

◆ 지속가능성 파트너십은 기업이 스스로 할 수 없는 일을 하는 데 도움을 준다(예: 지식과 역량 격차 줄임).

◆ 그것은 회복탄력성을 높이고 장기적이고 지속적인 성공에 기여할 수 있다.

◆ 그것은 커뮤니케이션을 증폭하고 개선하고, 참여를 구축하고, 외부 옹호자를 개발하고, 더 많은 이해관계자에게 다가갈 수 있으며, 이는 신뢰, 명성 및 합법성을 구축하는 데 도움이 될 수 있다.

◆ 파트너십은 새로운 비즈니스 모델의 창출을 촉진하는 데 도움이 될 수 있다. 파트너십 또는 연합과 협업의 일부가 되는 것은 확신을 확대할 수 있다.

◆ 기업들은 경쟁 우위에 도전하지 않는 방식으로 협력할 수 있는 더 많은 기회를 찾고 있다. BSR 보고서를 인용하자면, 지속가능성을 위한 파트너십은 '더 지속가능한 시장 시스템 내에서 회사 간의 미래 경쟁을 가능하게 하는 비즈니스 전략'이 될 수 있다.[8] (지속가능한 차 추출물도 참조)

더 넓은 사회적 이익

◆ 그것은 더 책임감 있고 포괄적이며 지속가능한 성장을 지원하기 위해 더 빠르고 더 큰 규모로 더 많은 영향을 미칠 수 있다.

◆ 파트너 조직과 개별 직원 간의 혁신과 기술/역량 구축을 촉진

한다.

◆ 파트너십은 체계적인 위험을 해결하고 특히 전통적인 해결책
을 무시하는 논쟁적인 주제나 '사악한 문제'에 대해 위험을 공
유하는 '안전한 공간'이 될 수 있다.

산업 또는 경제 시스템 수준에서의 이익

◆ 파트너십은 합의된 표준, 공통 로드맵 및 시장의 체계적인 변
화를 달성하기 위한 공유된 장기 목표를 통해 지속가능성을
위한 산업 전략을 형성할 수 있다.

◆ 파트너십은 세금과 보조금 또는 새로운 법률과 규정과 같은
지속가능성을 선호하는 체계적인 정책 변화에 대한 효과적인
옹호를 뒷받침할 수 있다.

ERM의 지속가능성 연구소의 보고서 2020에 따르면 다음과 같
이 강조한다.

경쟁사들 또한 역사적으로 볼 때 영업 비밀에 가까운 분야에서조
차 협력 및 파트너십을 강화해 나가고 있다. 예를 들어 세계에서 가장
큰 두 차 수출국인 힌두스탄 유니레버 Hindustan Unilever와 타타 글로벌
베버리지스 Tata Global Beverages는 지속가능한 무역 이니셔티브의 도움
을 받아 소규모 자작농을 위한 차 농업 관행의 장기적인 지속가능한
개선을 추진하기 위해 2014년에 협업을 시작했다. 시장에서의 그들
의 위치를 감안할 때, 이 협력은 차 부문의 모든 가치 사슬 파트너를
같은 테이블로 데려온 것이나 마찬가지였다. 프로그램이 시작된 이

후 55,000명 이상의 차 재배자가 지속가능한 농업 인증을 받았다.[9]

실행 및 추진 방법

1단계: 기업이 파트너십을 위해 무엇을 필요로 하는지 정의

기업의 지속가능성 전략 개발(제4장 참조)은 다음과 같은 비즈니스 역량의 격차를 확인했을 것이다.

- ◆ 지식기술적 해결책
- ◆ 납품 및 배송 능력
- ◆ 인증 요건
- ◆ 집단 산업 솔루션
- ◆ 시스템 변경

이러한 모든 상황에서 파트너십은 실행 가능한 대응이 될 수 있다.

따라서 첫 번째 단계는 파트너십이 특정 비즈니스 요구를 해결하는 데 도움이 될 수 있는 곳을 파악하는 것이다. BSR은 지속가능성 파트너십에서 비즈니스 참여에 대한 공통된 동기를 조사하여 보여주고 있다(표 12.1 참조).

전략적 격차나 다른 잠재적 동기가 확인된 경우, 기업은 기존 파트너십이 특정 요구나 기회를 해결할 수 있는지 또는 기존 파트너십의 권한이 격차를 메우기 위해 확장될 수 있는지 여부를 탐구해야 한다. 파트너십이 솔루션을 제공하는 것처럼 보일 때에도 기업

표 12.1 기업을 위한 지속가능성 파트너십의 일반적 동기

전략적 기회 창출/문제 해결	◆ 새로운 시장 기회에 대한 공동 투자 ◆ 탄력적이고 지속가능한 공급망 구축 ◆ 규제 공급망 극복 ◆ 새로운 접근 방식의 위험성을 동료 조직과 공유
재무자원의 효율적 활용 강화	◆ 기부자 자금 접근 ◆ 공통 목적을 위해 통합된 리소스를 동원 및 최적화
타인에게 긍정적 영향력 행사	◆ 업계 표준 형성 ◆ 정책에 영향을 미치고 정치적 지지를 얻음 ◆ 행동 변화 장려
파트너 자산에 대한 접근성 확보	◆ 새 네트워크에 대한 접근 ◆ 기술 지원 및 상호 보완 기술에 대한 접근 ◆ 신기술에 대한 접근 ◆ 정보 및 지식에 대한 접근
정당성, 신뢰성 또는 가시성 향상	◆ 브랜드 가치 및 평판 제고 ◆ 영감을 주고, 최고의 인재를 유치 및 유지 ◆ 선호하는 접근 방식에 대한 정당성 및 지원 구축

출처: 지속가능한 발전을 위한 BSR 민간 부문 협력 파트너십(2018),[10] 허가를 받아 기재함

들은 파트너십에서 함께 협업하는 것은 높은 거래 비용으로 도전적이고 시간이 많이 걸릴 수 있다는 것을 기억해야 한다. 사업이 스스로 또는 컨설턴트의 도움으로 또는 더 작은 임시 그룹과 함께 해야 할 일을 할 수 없다는 것을 확신하는 것이 중요하며, 그것이 진

정으로 이용 가능한 최고의 해결책일 때만 파트너십을 체결하는 것이 중요하다.

2단계: 관련 잠재적 파트너십의 최종 목록 규명 및 확인

다음 단계는 전략수립 단계에서 확인된 문제나 이슈를 해결하기 위해 조직이 누구와 협력할 수 있는지 생각하는 것이다. 기업들은 가끔 다른 기업/경쟁자들을 잠재적인 파트너로 생각하지 않는다.

지속가능성을 시작하거나 처음으로 더 실질적인 지속가능성 접근 방식을 시작하는 회사의 경우, 산업별 및 이슈별 파트너십을 포함하여 최소한 몇 가지 관련 잠재적 파트너십이 있을 것이다. 그 이유는 최근 몇 년 동안 많은 파트너십이 만들어졌기 때문이다. 이는 각 분야의 주요 기업들이 관여하는 파트너십을 살펴본다면 더 확실해질 것이다.

조직이 어떤 형태로든 지속가능성 관련 파트너십에서 일한 경험이 없더라도, 무역협회, 상공회의소 또는 지역 소기업 클럽 등에는 참여하고 있을 가능성이 높다. 관리 팀 중에는 파트너십 마인드와 경험을 공유하는 자발적 조직에서 개인적으로 활동하는 사람들이 있을 수도 있을 것이다. 사업에 따라, 공급망의 지속가능성 성과와 수익성을 개선하기 위한 파트너십으로 시작하는 것은 초기에 협업 성과를 내고 참여를 강화하는 데 도움이 될 수 있다.

더 일반적으로는, 기존의 파트너십이나 협업이 대부분 임시적이거나 외부의 요구에 대한 단순 대응 형태로 이루어진 경우가 많을 것이며, 아마도 지속가능성 측면을 크게 고려하지 않거나 무시된 곳도 있었을 것이다. 기존 멤버십과 참여에 대한 매핑 연습을 하는 것은 향후 효과적인 지속가능성 파트너십을 구축해 나가는 데 유용할 수 있다. 보스턴 컨설팅 그룹BCG의 '프로덕트 포트폴리오 2x2 매트릭스Product Protfolio 2x2 Matrix'의 수정 버전은 각 기업과 산업 부문을 위한 파트너십의 낮은 또는 높은 긍정적인 영향에 대해 필요한 비즈니스 노력과 자원 측면에서 지속가능성 파트너십을 매핑하는 데 사용될 수 있다(그림 12.1 참조). 대체 축은 파트너십의 효과와 조직에 대한 이슈의 중요성일 수 있으며, 중대성 평가 매핑에 다시 연결된다(제2장 참조).

더 정교한 버전은 현재의 영향뿐만 아니라 변경된 전략과 더 나은 실행과 함께 미래에 더 큰 영향을 미칠 가능성을 고려하는 것을

그림 12.1 지속가능성 파트너십 우선순위 설정 방안

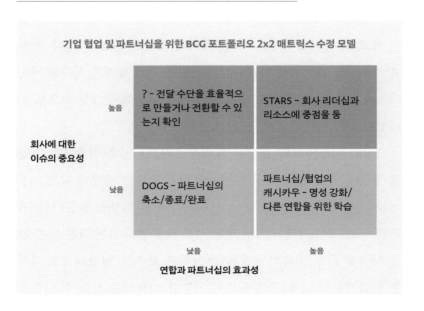

포함할 수 있다.

ING와 구글을 포함해서 점점 더 많은 회사들이 그들의 웹사이트에 참여하고 있는 지속가능성 파트너십을 나열하고 있다.[11]

아디다스와 카길Cargill과 같은 다른 회사들은 특정 파트너십에 참여하고 있는 이유를 설명하는 반면,[12] 네슬레와 같은 소수의 회사들은 어떤 협업과 파트너십에 참여하고 유지할지 선택하는 데 사용하는 기준을 홍보하기도 한다.[13]

마찬가지로, 쉘은 웹사이트에 지속가능성을 위한 주요 파트너십을 나열하고 파트너십에 참여하는 이유, 주요 이슈 영역과 파트너십에 대한 접근 방식을 설명하고 있으며,[14] 다농은 그들이 참여함으로써 해결에 기여하는 지속가능발전목표에 따라 파트너십을 나열한다.[15]

지속가능성 파트너십을 추적하고 각각에 참여하는 이유를 명확하게 설명하는 것이 좋은 관행이다. 이유는 사업의 목표, 파트너십의 목표 및 사회에 대한 더 넓은 이익과 관련이 있을 수 있다. 우리는 지속가능성을 위한 파트너십과 관련된 정보 공개가 회사의 지속가능성 보고서, 웹사이트, 다른 여러 채널을 통해 증가할 것으로 기대한다.

귀하의 비즈니스와 관련된 잠재적인 파트너십을 식별하는 다양한 방법이 있으며, 각 회사는 자신의 상황에 맞는 방법이 필요하다. 예를 들어 당신이 비콥 인증 기업이거나 비콥 인증을 원한다면, 귀하의 국가 또는 지역의 비랩 팀은 서로 배우고자 하는 다른 비콥 인증 기업을 찾고, 지속가능성 R&D 노력을 모으고, 일반적으로 직면한 지속가능성 이슈/문제에 대한 가능한 해결책을 찾을 수 있도록

도울 수 있다.[16]

파트너십 옵션이 명확해지면, 가입 결정을 내리기 전에 평가되어야 한다. 파트너십에 가입하는 것만으로도 진보가 이루어질 수 있다는 환상에 빠질 위험이 있을 수 있다. 기업은 진보와 개선이 이루어졌다고 느낄 수 있지만 이는 실제로 파트너십 안에서 기업이 실질적인 역할을 수행할 때만 가능하다.

최근의 몇몇 연구는 무엇이 지속가능성을 위한 강력한 파트너십을 구축할 수 있게 만드는지를 아래와 같이 설명하고 있다.

◆ 파트너십 시스템, 관심의 범위 그리고 프로젝트의 경계에 대한 명확한 이해. 파트너십에 참여하고 있는 기업들은 하나의 파트너십에서 협력하는 관계일 수 있지만 여전히 다른 곳에서는 서로 경쟁하고 있을 수 있다.

◆ 자원과 역량 측면에서 파트너 관계, 특히 대기업과 중소기업 또는 대기업과 NGO 또는 지방 정부 간의 잠재적인 권력 불균형에 대한 인식

◆ 공동 변화 비전, 목표 그리고 활동을 포함한 공통 목적의 수립과 이해. 각 참여 조직은 그들이 왜 관련되어 있는지 알고 있어야 한다.

◆ 조직의 리더로 결정을 내리고, 자원을 할당하고, 다른 사람들에게 동기를 부여하고, 참여를 동원하고, 조직에서 충분한 헌신을 확보하고, 장기적인 약속을 지원할 수 있는 강력한 챔피언의 역할이 중요하다. 이것은 직접적이거나 간접적인 파트너십의 이익에 대한 명확한 이해가 있는 조직에서 훨씬 쉽게 나

타날 수 있다.

- ◆ 공감과 상호 존중(서로의 세계에 대한 경청과 몰입을 통함)에 기반한 파트너십에서 파트너와 개인 간의 높은 수준의 신뢰와 회원 조직 간의 높은 수준의 신뢰는 강력한 파트너십의 핵심이다.
- ◆ 파트너십에서 조직과 개인의 안정적인 멤버십 구축
- ◆ 파트너십 목적에 적합한 유능한 직원, 자금 및 시간을 포함한 효과적인 구현 능력의 확보
- ◆ 성과를 추적하고 엄격한 감독과 책임과 각 파트너 조직에 대한 명확한 보고 라인을 보장하는 좋은 거버넌스 메커니즘
- ◆ 파트너십 운영에 있어 필요할 때 시스템 사고를 통합하고, 공유 학습을 촉진하며, 수정하고 적용할 수 있는 유연성을 갖춘 효과적인 성과 추적 체계 구축
- ◆ 파트너십의 외부 이해관계자로부터 지원을 이끌어낼 수 있는 강력한 실적 기록

3단계: 접근 방식에 동의하고 필요한 목표와 자원 명확히 하기

잠재적인 파트너십을 확인한 후, 조직의 실행 및 변화 목표를 정의할 필요가 있다. 예를 들어 참여에 대한 원하는 변화/영향(목적), 예상되는 시간 척도 및 참여를 위한 비즈니스 사례(인식된 혜택)뿐만 아니라 각각 필요한 입력 및 기여(재무적, 인적 및 기업의 약속)를 정의할 필요가 있다. 회사가 몇 가지 이니셔티브에 집중할 것인지 아니면 많은 이니셔티브에 걸쳐 확산할 것인지, 그리고 모든 참가자가 하나 이상 부문의 구성원이 있는 회사 또는 다중 이해관계자

그룹인 동료 연합과 같이 과거에 잘 작동하고 조직문화에 맞는 특정 모델을 식별하는 것이 중요하다.

이상적으로, 이 평가는 회사의 모든 파트너십에 대한 높은 수준의 기대와 변화 의지에 따라 설정된 비전에 의해서 구체화될 것이다.

제한된 인적-물적-시간적 자원을 가지고 중대한 이슈에 우선 집중할 필요성을 감안할 때, 어떤 파트너십과 얼마나 많은 파트너십에 가입할지 우선순위를 정하는 것이 중요하다. 1단계와 마찬가지로, 이것은 회사의 중대 이슈에 초점을 맞추고, 이는 중대성 평가에 의해 도출되어야 하며(제2장 참조) 조직 전략과 목적으로 연계되어야 한다. 이 중대 이슈에 대한 집중은 조직이 파트너가 필요한 이슈와 단독으로 할 수 있는 것을 평가하는 역량과 역량 간의 격차 분석으로 보완될 수 있다.

많은 기업들에게, 하나의 중요한 파트너십은 초기에는 충분할 수도 있다. 깊이나 실체 없이 늘어날 위험을 감안할 때, 기업은 한 번에 모든 것을 시도해서는 안 된다. 기업은 참여하는 파트너십에서 효과를 창출할 수 있는 충분한 자원을 보존할 수 있어야 한다.

일단 조직이 파트너십에서 일하는 데 익숙해지면, 더 많은 학습 기회가 종종 열린다. 마찬가지로, 파트너십의 지식을 활용할 기회가 나타날 수 있으며, 이는 종종 더 많은 파트너십과 협력을 식별하는 방법이 되기도 한다. 몇 년 전 MIT 슬론 매니지먼트 리뷰Sloan Management Review를 위해 수행된 연구에 따르면 더 많은 기업들이 '협업 근육'을 사용하는 데 익숙해질수록 지속가능성 파트너십에서 일하는 것의 이점이 더 많아진다는 결과가 보고되기도 했다.

특히, 3개 이하의 파트너십에 관련된 기업의 8%는 협력이 매우 성공적이라고 생각했고, 35%는 꽤 성공적이라고 말했다. 대조적으로, 50개 이상의 파트너십에서 경험이 있는 경우, 그 수치는 각각 45%와 50%였다.[17] MIT 슬론 연구가 2015년에 발표되었는데, 그 이후 파트너십 경험이 매우 크게 증가한 것을 감안하면 위에서 제시한 평가의 차이가 지금 훨씬 더 두드러질 것으로 예상할 수 있다. 마찬가지로, 더 많은 협력 관행으로, 더 큰 이익과 더 높은 영향이 과거보다 오늘날 더 잘 추적되고 표현된다는 증거가 있으며, 이러한 추세는 계속될 것으로 예상된다.

공식적인 전략에서 지속가능성을 위한 파트너십에 대한 접근 방식을 성문화하고 있는 기업은 거의 없지만, 다음과 같은 질문은 탐구할 가치가 있다.

- ◆ 깊이 및 폭
- ◆ 멤버십에서 능동적 또는 수동적 역할
- ◆ 리더십 역할을 맡는 태도
- ◆ 회사 정책 레드라인
- ◆ 각 파트너십이 무엇을 해야 하는지에 대한 내부 및 외부 이해와 이를 위한 내부 챔피언
- ◆ 매우 다른 수준의 자원으로 인해 발생할 수 있는 권력 불균형과 같이 다양한 유형의 파트너와 협력하면서 발생할 수 있는 구체적인 문제나 과제

또한 사업이 가입할 수 있는 파트너십에 의해 취해진 대중의 입장이 회사의 자체 정책 입장과 행동과 호환되는지 다시 확인할 가

치가 있다.

또 다른 준비 질문은 내부 이해관계자가 특정 파트너십의 발전에 대해 참여하거나 상담하거나 단순히 알려야 하는지이다. 내부 이해관계자에 대한 파트너십의 관련성 정도와 사업에서의 권력 측면에서 이것을 이해하는 것은 반대를 극복하고 특정 파트너십의 작업을 위한 내부 챔피언을 구축하는 데 도움이 될 수 있다.

4단계: 지속가능성 파트너십을 위한 역량 구축

다음 단계는 파트너십 목표가 충족될 수 있도록 사업에서 충분한 인재를 할당하는 것이다. 회사가 협업에 어떻게 나타나는지는 조직의 명성에 기여하고 파트너 및 기타 이해관계자들이 얼마나 신뢰하는지에 기여한다. 따라서 그 기업은 다른 활동과 마찬가지로 협력에서 동일한 수준의 전문성을 투사하기를 원할 것이다. 그것은 모든 역할을 하고, 공정한 책임을 지고, 건설적이고 해결 지향적이며, 할 것이라고 말한 것을 실천하는 것으로 명성을 쌓고 싶어할 것이다.

따라서 파트너십의 회사 대표들이 파트너십 의무를 이행하는 데 필요한 사업과 자원을 투입할 수 있는 충분한 권한을 갖는 것이 중요하다. 배정된 직원이 필요한 사고방식과 기술을 갖추는 것도 중요하다. 여기에는 파트너의 관점에서 사물을 볼 수 있는 공감능력과 창의성이 포함되며, 특히 파트너십이 다른 분야의 참가자들을 포함하는 경우 더욱 그렇다.

협력적인 사고방식은 원하는 조직문화의 일부여야 하며(제6장 참조) 리더십 역량의 정의된 부분이어야 한다(제7장 참조). NGO

파트너링 이니셔티브The NGO the Partnering Initiative는 '필수 파트너십 역량MUST-have partnering competencies'이라고 부르는 것을 정의했다(그림 12.2 참조).

물론 이것은 매우 포괄적인 기술이다. 실제로 시간이 지남에 따라 일반적으로 개발되고 개선되는 이러한 모든 기술로 시작하는 비즈니스 리더나 회사는 거의 없다.

그럼에도 불구하고, 이 필수 프레임워크는 인적 자원 부서와 회사 내부의 학습 및 개발 팀이 직원들이 파트너십을 통해 일할 수 있도록 준비하는 데 사용할 수 있는 유용한 요약이다. 좋은 커뮤니케이터와 효과적인 네트워커 뿐만 아니라 이해관계자 참여와 같은 몇 가지 특정 기술은 이제 리더의 툴킷의 필수적인 부분으로 간주된다. 아마도 성공적인 파트너십을 위한 중요한 추가 기술은 어느 정도의 겸손과 '다른 사람의 입장에서 걷겠다'는 의지일 것이다.

한 주요 글로벌 회사는 부문 간 지속가능성 파트너십에서 회사를 대표하기 위해 배치한 많은 관리자들이 브랜드 관리 또는 조달 관련 업무 배경에서 왔다는 것을 발견했다. 때때로 이 관리자들은 그들의 초경쟁적인 정신을 한쪽에 두는 것이 어렵다는 것을 알게 되었다. 결과적으로, 그들은 때때로 공통점을 찾거나 파트너와 공통의 원인을 만들 수 없게 되는 경우도 있다. 반대로, 일부 관리자들은 그들이 가입한 파트너십의 정신에 너무 몰두하여 자신의 회사의 필요를 희생하면서까지 파트너십을 우선시하기도 한다.

시간이 지남에 따라, 이 회사의 접근 방식은 캠페인 NGO와 같은 특히 민감한 파트너십과 관계에 대한 명확한 책임이 종종 공공 업무 배경을 가진 경험이 풍부한 전문 관리자에 의해 유지되며, 지

그림 12.2 필수 파트너십 역량

M U S T

사고방식	다른 섹터나 조직에 대한 이해	인간 관계 구축 기술	기술적인 파트너십 구축 지식
• 다른 사람들이 더 적절한 지식/자원을 가지고 있을 수 있다는 것을 깨닫는 겸손 • 다른 사람과 함께 일하기 위해 연 자신을 내밀수 있는 마음 • 자신의 의사결정을 포기할수도 있는 의지 • 위험의 감수 • 혁신적 성향 • 파트너십 전체의 이익을 위해 일 할수 있는 능력	• 언어 • 가치와 문화 • 관심사 • 동기와 동인 • 자원과 역량 • 시스템과 프로세스 • 한계 역량 • 법적 한계 • 자신에 대한 이해	• 다른 사람의 관점에서 바라보는 능력 • 네트워킹과 연결능력 • 잠재적 파트너에게에게 접근하고 참여시키는 능력 • 관계 / 신뢰 구축 • 이해관계 기반의 협상 기술 • 행동과 참여 촉진 • 커뮤니케이션 • 코칭과 멘토링 • 협상, 분쟁해결, 분쟁조정	• 파트너십의 라이프사이클에 대한 이해 • 파트너십의 주요 원칙과 구성 요소 • 파트너십 설정 및 협정에 대한 모범 사례 접근법 • 파트너가 될때와 그렇지 않을 때를 비판적으로 평가할수 있는 능력 • 신뢰, 형평성, 권력의 관계 불균 형스 • 파트너십 계약 혹은 합의서 • 파트너십에 대한 지속적 검토 • 파트너십 엑시트 전략

속가능성 협력에서 회사를 대표하는 데 새로운 관리자는 일반적으로 공공 업무 또는 법률에서 멘토를 할당받을 수 있도록 크게 발전했다. 더 근본적으로, 회사는 이제 다르게 고용하며, 단순한 기술보다는 가치와 다양한 사고방식을 보장하기 위해 다른 부문의 채용에 훨씬 더 중점을 둔다. 그들의 브랜드 매니저들의 핵심 교육 또한 변화하고 있다. 교육은 이제 시스템 사고뿐만 아니라 조직 사고, 내부 이해관계자 관리 및 경쟁 공간뿐만 아니라 협업 공간을 표시하는 방법에 대한 강조를 포함한다. 이것은 장기적인 변화이다. 관리자들이 지속가능성 협업에서 편안하고 열정적이며 유능한 일을 할 수 있도록 하는 데는 시간이 걸린다. 기술 기반 자원 봉사 및 파견 기회는 기술과 신념을 쌓는 데 도움이 될 수 있다.

최소한의 준비로 개입할 수 있는 주요 회사 연락처와 백업을 갖는 것이 좋다. 회사 대표들이 그들의 역할에 충분한 시간을 갖고 이것이 그들의 주요 성과 지표, 평가, 보상 및 인정 등의 측면으로 인식되는 것이 중요하다. 중요한 파트너십이 사업에서 고위 임원 챔피언의 헌신과 후원 없이 장기적으로 살아남는 일은 거의 없다.

기업은 또한 특히 저소득 국가에서 지역사회 단체와 풀뿌리 NGO와 같은 다른 파트너의 역량과 역량을 향상시킬 수 있는 방법에 대해 생각해야 할 수도 있다. 이것은 그렇지 않으면 잠재적이거나 실제적인 이해 상충이 있을 수 있는 중개자를 통해 이루어져야 할 수도 있기 때문이다.

5단계: 파트너십 최대한 활용

재무, 구매 및 물류, 마케팅, 혁신, 새로운 비즈니스 개발, 법률 업무, 대외 업무와 같은 핵심 비즈니스 기능은 회사의 주요 지속가능성 파트너십의 발전에 따라야 한다.

지속가능성을 위한 파트너십이 비즈니스의 더 중요한 부분이자 기업 전략 달성의 중심이 됨에 따라, 지속가능성 파트너십을 추적하고, 파트너십의 지속적인 학습과 개선을 보장하며, 파트너십의 학습을 비즈니스로 다시 통합하는 데 도움을 주기 위해 강력한 측정, 평가, 학습 및 보고M.E.L.R. 시스템을 구축하는 것이 더욱 필요하게 된다. 그러나 사실 이것은 파트너십에 대한 광범위한 경험을 가진 회사들에게도 현재의 현실이 아닌 열망으로 남아 있다.

때때로 파트너십의 목적이 공익을 위한 경우에라도 특정 파트너십이 반경쟁적 행동을 구성하는지 여부에 대한 질문이 제기될 수 있다. 파트너십이 지속가능성을 명백히 발전시키는 공익적 명분이 있어야 하지만, 참여 기업들이 지속가능성에 대한 전반적인 접근 방식을 일관되게 유지해야 할 책임도 있다.[18]

일반적으로 다이에드dyad에서도 완전히 정렬되지 않을 최소 세 세트의 목표가 있기 때문에 어떤 파트너십에도 어느 정도의 긴장이 있을 것이다. 즉, 조직 A의 목표, 조직 B의 목표 및 파트너십의 목표가 그것이다. 기업은 공통의 이익의 중복을 찾고 그것을 발전시키고, 자신의 목표를 달성하고, 파트너가 그들의 이익을 달성하도록 지원해야 한다. 이것이 파트너십의 '성공'을 측정하고 모니터링하는 것이 더 어려울 수 있는 이유이다. 사업과 파트너십에 대한 다른 조치가 있을 수 있으며, 혜택이 달성될 일정에 대한 기대가 종종 다를 수 있다. 기업은 전반적인 영향을 어떻게 측정할지 생각해야 한다. 성공은 일반적으로 외부 변화와 조직에 대한 직접적인 이익에 관한 것이다.

6단계: 파트너십을 정기적으로 검토하고 언제 종료해야 하는지 확인

효과적인 M.E.L.R. 시스템은 사업이 특정 파트너십에서 벗어나 앞으로 나아갈 때가 언제인지 식별하는 데 도움이 될 수 있다. 이것은 최선의 노력에도 불구하고 파트너십이 전달되지 않거나, 더 긍정적으로, 파트너십에 대한 지정된 작업이 완료되었거나 잔여 작업이 다른 그룹에 넘겨질 수 있다는 공통된 합의가 있기 때문일 수 있다.

우리가 미래에 더 집중할 것으로 예상되는 분야 중 하나는 특정 산업의 수준이며, 해당 분야의 기업 지속가능성 리더들이 해당 부문의 지속가능성 기준을 높이는 데 도움을 주도록 장려되고 있다. 거의 확실하게, 이것은 지속가능성 리더들이 기존 무역협회 또는 새로운 산업 분야의 지속가능성 연합의 역량을 구축하여 지속가능성 표준을 설정하고 촉진하고 지연된 기업들이 미래에 경쟁력을 유지하기 위해 성과를 개선할 수 있도록 돕는 것을 포함할 것이다.

사례 분석

노바티스 Novartis

노바티스는 유전자 치료, 종양학 및 의학을 전문으로 하는 글로벌 제약 회사이다. 그것은 1966년에 설립되었으며 스위스 바젤에 본사를 두고 있다. 노바티스는 2023년 기준 76,000명의 직원을 보유하고 있으며 매출은 약 450억 달러이고, 제품은 전 세계 155개국에서 판매되고 있다.

노바티스는 10년 넘게 지속가능한 개발에 종사해 왔다. 회사의 경우, 지속가능성은 전 세계 사람들을 위한 '의학을 다시 상상'하는 더 넓은 목적과 밀접하게 연계되어 있다.

증가하는 환경 위기와 유엔의 지속가능 발전 목표에 대응하여, 노바티스는 점진적으로 더 야심 찬 지속가능성 목표를 채택했다. CEO인 바스 나라시만Vas Narasimhan에 따르면, 그것은 '향후 10년 동안 완전히 탄소, 플라스틱 및 물 중립'이 되는 것을 목표로 한다고 한다.

노바티스는 또한 파트너십의 힘(유엔 지속가능 발전 목표의 17개 목표)을 활용하여 획기적인 치료법을 발견하고 개발하여 가능한 한 많은 사람들에게 전달한다. 노바티스는 의사결정의 무결성을 강화하고 회사가 의료 분야에서 가장 신뢰할 수 있는 파트너가 되려는 야망을 달성할 수 있도록 돕기 위해 2020년에 윤리 강령을 발표하기도 했다.

노바티스 전략의 핵심 부분은 협력에 기반을 두고 있다. 예를 들어 2021년에 노바티스는 사하라 사막 이남의 아프리카에서 의료 시스템과 서비스 노력을 지원하기 위해 Med-Shr와 파트너십을 맺었다. Med-Shr는 스마트폰 앱을 통해 무료 대화형 사례 기반 학습 및 질병별 토론 그룹을 제공하는 플랫폼이다. 노바티스는 또한 휴렛 팩커드 엔터프라이즈와 협력하여 전 세계의 의료 및 의약품에 대한 접근성을 개선하기 위한 수단으로 데이터 및 디지털 기술의 사용을 가속화하고 있다. 코로나19와 싸우기 위해, 노바티스는 빌 & 멜린다 게이츠 재단, 웰컴 트러스트 및 마스터카드가 조정한 코로나19 치료 가속기를 포함하여 하나 이상의 다중 이해관계자 컨소시엄과 빠르게 파트너십을 맺었다.

노바티스는 또한 효율성을 높이고, 재생 가능 에너지를 확보하고, 신뢰할 수 있는 오프셋을 식별하기 위한 통합 에너지 전략을 식별하고 개발하기 위해 공급망 파트너를 적극적으로 참여시켜 왔다. 앞으로, 회사는 더 큰 협력과 협력을 촉진하기 위해 공급업체와의 모든 새로운 계약에 지속가능성 언어를 포함시키기 위해 노력하고 있다.

노바티스의 외르크 라인하르트Joerg Reinhardt 회장은 긍정적인 사회 및 환경 결과를 추구하기 위해 다른 사람들과 협력하겠다는 이해관계자에 대한 회사의 서약을 분명히 했다. '노바티스는 환자를 돕고, 환경을 보호하고, 사업 윤리를 촉진하고, 미래의 과제를 해결하기 위한 국제적 노력을 지원하기 위해 고안된 민간 및 공공 벤처를 지원하기 위한 헌신적인 파트너로 남을 것이다.'[19]

레킷 Reckitt

레킷은 데톨Dettol, 라이솔Lysol, 하픽Harpic, 피니시Finish, 바니시 Vanish, 듀렉스Durex, 엔파밀Enfamil, 뉴로펜Nurofen, 스트렙실스Strep-sils, 가비스콘Gaviscon 등과 같은 잘 알려진 브랜드 포트폴리오를 통해 위생, 건강 및 영양을 전문으로 빠르게 움직이는 영국에 본사를 둔 다국적 소비재 회사이다. 매일 전 세계적으로 2천만 개 이상의 레킷 제품이 구매되고 있다.

레킷은 1840년 영국 헐 Hull 에서 설립되었으며, 본사는 현재 영국 슬라우 Slough 에 있다. 레킷은 전 세계적으로 약 4만 명의 직원을 보유하고 있으며 2023년 매출은 약 146억 달러이다.

거의 200년에 달하는 레킷의 유산은 윤리적이고 책임감 있는 사업이 되겠다는 약속에 뿌리를 두고 있다. 2030년까지 회사의 비전은 사람들이 더 깨끗하고 건강한 삶을 살고 더 깨끗하고 건강한 세상을 실현할 수 있도록 돕는 브랜드로 세계의 절반에 도달하는 것이다. 또한 파트너십, 프로그램 및 캠페인을 통해 긍정적인 사회적 영향을 미치기 위해 20억 명의 사람들을 참여시키는 것을 목표로 하고 있다. 레킷은 이러한 비전과 성장 방향에 부응하기 위해서는 파트너십의 중요성과 협력에 투자해야 한다는 것을 인식하고 있다.

레킷은 파트너들과 적극적으로 협력하여 유엔 지속가능발전목표 달성을 위해 노력하고 있다. 24개의 글로벌 브랜드 각각은 SDGs 중 적어도 하나와 일치하는 목적을 가지고 있다. 예를 들어 바니시는 영국 패션 위크와의 파트너십을 통해 옷의 청소와 재사용을 촉진하는 반면, 데톨과 하픽은 건강과 위생을 위한 물과 위생에 초점을 맞추고 있다. 또 다른 성공적인 결과는 물 부족에 대한 인식을 높이고 특히 갠지스와 아마존 분지에서 담수 생태계를 보호하기 위해 내셔널 지오그래픽 및 WWF와의 파트너십을 구축하고 있다는 것이다. 레킷의 피니시 브랜드는 사람들이 설거지를 할 때 헹굼을 건너뛰도록 장려한다. 미국, 영국, 호주, 터키에서 시작된 이 글로벌 캠페인은 매년 수백만 갤런의 물을 절약할 수 있게 해준다.

레킷과 덴마크 인권 연구소의 파트너십을 통해, 파트너들은 고무 농장 노동자와 그들의 지역사회에 대한 위험을 확인하고 있다. 결과적으로, 레킷은 노동 기준과 인권에 대한 정책이 충족되도록 농장 회사들과 협력한다. 레킷은 또한 말레이시아와 태국의 농장 노동자와 농부들을 지원하기 위해 페어 루버 어소시에이션Fair Rubber Association과 파트너십을 맺었으며, 더 강한 생계 유지와 향상된 생활 수준을 가능하게 하는 프리미엄을 지불했다. 이 프로그램은 또한 레킷이 글로벌 콘돔 브랜드인 듀렉스Durex에서 사용하는 천연 라텍스의 공급을 지원하고 있기도 한다.

마지막으로, 레킷은 플라스틱에 관한 엘렌 맥아더 재단Ellen MacArthur Foundation, 노동 기준 및 인권에 관한 AIM-Progress, 소비재 포럼을 포함한 파트너십을 통해 많은 고객과 협력한다.

레킷의 대외 협력 책임자이자 최고 지속가능성 담당 임원인 미구엘 베이가-페스타나Miguel Veiga-Pestana는 다음과 같이 말한다.

"레킷은 더 깨끗하고 건강한 세상을 끊임없이 추구하며 보호하고, 치유하고, 양육하기 위해 존재한다. 우리는 최고 품질의 위생, 웰빙 및 영양에 대한 접근이 특권이 아니라 권리라고 믿는다. 우리는 목적 주도 브랜드, 더 건강한 지구, 더 공정한 사회에 대한 야망을 충족시키기 위해 집단적 에너지를 활용한다. 파트너십은 우리의 접근 방식의 핵심이다. 우리는 가치 사슬과 그 너머에서 다른 사람들과 함께 일해야만 성공할 수 있다는 것을 알고 있다. 파트너십은 사회에 영향을 미치고, 20억 명의 사람들을 참여시키고, 더 깨끗하고 건강한 세상을 가능하게 하려는 우리의 야망을 여는 열쇠이다."[20]

요약

비즈니스가 파트너십의 가치에 대한 자신감이 커지고 파트너십에 더 능숙해짐에 따라, 더 두드러진 리더십 직책을 맡거나 적극적인 지속가능성 파트너십 포트폴리오를 확장할 수 있다. 기업이 직면한 글로벌 도전의 복잡성은 높은 거래 비용에도 불구하고 다른 기업 및 사회의 다른 부분과의 파트너십이 점점 더 중요하고 보편화될 것이라는 것을 의미한다.

실행을 위한 주요 점검 사항

1. 파트너십이 해결하는 데 도움이 될 수 있는 격차/수요를 파악한다.
2. 이러한 격차/필요를 메울 수 있는 사업이 관련된 기존 파트너십이 있는지 명확히 한다.
3. 그렇지 않다면, 필요를 충족시키고 사업이 참여할 수 있는 다른 파트너십이 있는지 살펴본다.
4. 이러한 기존 파트너십의 현재 구성원들과 야망/문화적 적합성이 있는지 알아본다.
5. 상당한 격차가 남아 있거나 충족되어야 한다면, 다른 기업들이 새로운 파트너십을 구축하는 데 필요한 굶주림과 헌신뿐만 아니라 비슷한 요구를 가지고 있는지 살펴본다.
6. 회사 대표에게 필요한 파트너십 마인드와 기술을 고려한다.
7. 특정 파트너십에서 비즈니스를 대표할 관련 사람들을 식별하

고 파트너십을 위해 가질 수 있는 교육 격차와 이러한 격차를
어떻게 메울 수 있는지 평가한다.

8. 사업이 관련된 다양한 파트너십의 성과를 정기적으로 검토한다.

9. 지속가능성 파트너십에 대한 참여를 추적하고 비즈니스가 파
트너십 참여를 계속 배우고 최적화할 수 있도록 비례적이고
강력한 측정, 평가, 학습 및 보고 시스템을 구축한다.

파트너링 이니셔티브(The Partnering Initiative, 2003년 설립)의 웹사이트에는 다음 과 같은 많은 가이드와 자료가 있다.

- BSR / Rockefeller Foundation (2018) How Businesses Must Lead to Achieve Sustainable Development, BSR / Rockefeller Foundation
- Grayson, D and Nelson, J (2013) Corporate Responsibility Coalitions: The past, present & future of alliances for sustainable capitalism, Stanford University Press and Green-leaf Publishing
- Nelson, J (2017) Partnerships for Sustainable Development: Collective action by business, governments and civil society to achieve scale and transform markets, Business and Sustainable Development Commission
- Stibbe, D and Prescott, D (2020) The SDG Partnership Guidebook, The Partnering Initiative and UN DESA
- The CR Initiative in the Kennedy School of Government, Harvard, has a rich back catalogue of reports and case studies on collaboration
- The SustainAbility Institute by ERM (2020) Leveraging the Power of Collaborations, The SustainAbility Institute by ERM
- Watson, R, Wilson, H N and Macdonald, E K (2020) Busi-ness-nonprofit engagement in sustainability-oriented innovation: What works for whom and why?, Journal of Business Research, Vol. 119, 87-98
- World Resources Institute (2020) A Time For Transformative Partnerships: How multistakeholder partnership can accelerate the UN sustainable development goals, World Resources Institute

참고 문헌

1   Nelson, J (2002) Building Partnerships: Cooperation between the United Nations system and the private sector, United Nations, Department of Public Information, quoted in Nelson, J (2017) Partnerships for Sustainable Development: Collective action by business, governments and civil society to achieve scale and transform markets, Business and Sustainable Development Commission
2   Resonance Global, www.resonanceglobal.com/(archived at https:// perma.cc/ V2UZ-CV3])
3   To be clear, we don't think it is sufficient for a business to be a member of

a coalition; they have to be collaborating through the coalition for it to be partnering

4   www.csreurope.org/newsbundle-articles/new-common-strategy-for-sustainable-automotive-value-chains (archived at https://perma.cc/NDD8-AS3E)

5   www.ellenmacarthurfoundation.org/explore (archived at https://perma.cc/GR7R-E9NF)

6   Since its inception in 1995, the NBI has made a distinct impact in, among others, the spheres of housing delivery, crime preven-tion, local economic development, public sector capacity building, further education and training, schooling, public, private partner-ships, energy efficiency and climate change, www.nbi.org.za/ (arch-ived at https://perma.cc/W8YH-ZVYH)

7   www.re-generate.org/ecosystem-map (archived at https://perma.cc/M7R4-VVEK)

8   www.bsr.org/en/our-insights/report-view/private-sector-collaboration-for-sustainable-development (archived at https://perma.cc/5PIV-DGAF)

9   The SustainAbility Institute by ERM (2020) Leveraging the Power of Collaborations, www.sustainability.com/globalassets/sustainability.com/thinking/pdfs/report-leveraging-the-power-of-collaborations.pdf (archived at https://perma.cc/5PJV-DGAF)

10 www.bsr.org/en/our-insights/report-view/private-sector-collaboration-for-sustainable-development (archived at https://perma.cc/5PIV-DGAF)

11 ING, www.ing.com/Sustainability/The-world-around-us-1/Memb erships.htm (archived at https://perma.cc/UD9F-9X3W); Google, ≤ ustainability.google/for-partners/ (archived at https://perma.cc/ENT9-JCL9)

12 Adidas, www.adidas-group.com/en/sustainability/managing-sustainability/partnership-approach/#/collaboration-and-membershi ps (archived at https://perma.cc/6RA8-DEW5); Cargill, www.cargil1.com/sustainability/partners (archived at https://perma.cc/B6J7-M9V8)

13 www.nestle.com/csv/what-is-csv/partnerships-alliances(archived at https://perma.cc/L3S8-4XKJ)

14 www.shell.com/sustainability/our-approach/working-in-partnership.html (archived at https://perma.cc/2365-PBZD)

15 www.danone.com (archived at https://perma.cc/RN4Q-UL9M)

16 For example, B Lab UK, B Lab USA and Canada, B Lab Australia/New Zealand, B Lab Taiwan, B Lab East Africa, B Lab Europe, B Lab Asia or SYSTEMA for South America

17 MIT Sloan Management Review (2015) Joining Forces: Collaboration and leadership for sustainability, MIT Sloan Management Review in collaboration with The Boston Consulting Group and the United Nations Global Compact, January, sloanreview.mit.edu/proj ects/joining-forces (archived at https:/ /perma.cc/ Y6QD-HYG7)

18 There was an unfortunate example in 2021 where the EU Commission fined certain German automakers for colluding to not compete on above-legal standards technology for reducing fuel emissions

19 Sourced from: www.novartis.com/our-company (archived at http s://perma. cc/L46-DMF]); Novartis Annual Report 2020, www.nov artis.com/sites/www. novartis.com/files/novartis-annual-report-2020.pdf (archived at https://perma. cc/LDL6-U33K); Novartis in Society ESG Report 2020, www.novartis.com/ sites/www.novartis.c om/files/novartis-in-society-report-2020.pdf (archived at https://perma.cc/WYM7-GB4S); Novartis Q2 2021 ESG Update for investors and analysts, www.novartis.com/sites/www.novartis.com/files/en vironmental-social-and-governance-july-2021-update.pdf (arch-ived at https://perma. cc/U5KS-FNEW); 50climateleaders.com(archived at https://perma.cc/MB4Q-ZN6Y), Sustainability and Climate Leaders

20 Source from: www.reckitt.com/about-us/who-we-are/ (archived at https:// perma.cc/X474-YT4T); London Stock Exchange, www.lo ndonstockexchange. com/stock/RKT/reckitt-benckiser-group-plc/company-page (archived at https://perma.cc/ED65-W6E2); Reckitt Annual Report 2020, www.reckitt.com/ media/8728/reckitt_ar20. pdf (archived at https://perma.cc/R4WY-3VE]); www.reckitt.com/investors/annual-report-2020/ (archived at https://perma. cc/5C5M-RH72); Reckitt Sustainability Report 2020, www.reckitt.com/me dia/9261/reckitt-sustainability-insights-2020.pdf (archived at htt ps://perma.cc/ A6EZ-CYMS); authors' exchange with Miguel Veiga-Pestana, September 2021

제13장

지속가능성 지지와 옹호

개념의 이해

기업들은 탄소 배출량 측정과 함께 다른 기업들이 탄소 배출 감축에 대한 증거나 과학 기반 목표를 설정하는 데 있어 그들의 모범을 따르도록 요구하고 있다.[1] 어떤 기업들은 2020년 5월 조지 플로이드의 잔인한 살인 이후 '블랙 라이브스 매터' 운동을 지지하고 인종 정의의 긴급성에 대해 말하고 있다.[2] 반평등법으로 세계 일부 지역에서 LGBTQ 권리를 위한 '오픈 포 비즈니스Open for Business'[3] 캠페인을 공개적으로 지지하는 글로벌 기업도 있다. 이것들은 지속가능성에 대한 기업 옹호의 예이다. 다시 말해, 사회 및 환경 발전을 위해 목소리를 내고 목소리를 높이는 것이 지속가능성 옹호이다.

어떤 사람들은 이것을 단지 마케팅이나 홍보로 보고 무시하기도 한다. 만약 지속가능성 옹호와 지지가 홍보나 마케팅 목적이 전부라면, 기업은 위험에 빠질 수 있다. 지속가능한 개발에 대한 입장을 취하는 모든 기업은 자체 핵심 운영과 행동이 정밀 조사를 견디고 공개적으로 옹호하는 것과 일치한다는 것을 증명해야 한다. 그렇지 않으면, 대중은 빠르게 부정확하다는 냄새를 맡고 불일치를 발견할 것이다.[4]

대의명분을 위해 캠페인을 벌이는 브랜드와 기업은 기업과 비즈니스 리더가 지속가능성 문제에 대해 목소리를 내는 훨씬 더 넓은 발전의 일부이다. 이 새로운 옹호의 물결은 헤드라인을 잡을 수 있지만 지속가능한 사회와 경제로의 전환을 달성하는 데 필요한 더 넓은 체계적인 변화를 추진하는 데 전략적일 수도 있다. 뉴욕 타임즈 기자 데이비드 겔스는 '이 어려운 시기에 우리의 CEO들에게 필요한 도덕적 지도를 찾고 있다'고 말한다.

최근 몇 년 동안 비즈니스 옹호의 강력한 예는 세계 최대의 기관 투자자인 블랙록의 설립자이자 CEO인 래리 핑크가 CEO들에게 보내는 연례 편지이다. 이 편지들은 2012년부터 발송되었으며 기업이 존재 목적을 정의하고 ESG 요소를 사업에 통합하는 장기 전략을 수립해야 할 필요성에 대해 점점 더 시급하게 인식하게 하고 끈질기게 관리해야할 기본 요건으로 자리잡게 만들었다.[5]

우리가 이전 책『올인: 비즈니스 리더십의 미래』에서 보여주었듯이, 기업의 지속가능성 옹호와 지지는 새로운 것이 아니다. 19세기의 위대한 퀘이커 사업, 1950년대에 미국 남부의 공장을 분리하기 위한 레비 스트라우스의 선구적인 작업, 그리고 1980년대에 HIV/AIDS 연구를 위한 회사의 캠페인을 떠올려볼 수 있다. 또한 더 바디샵의 창립자인 고 아니타 로딕Anita Roddick이 자신의 글로벌 소매 네트워크를 통해 직접적으로 펼친 적극적인 캠페인도 생각해볼 수 있다.

2020년대에 다른 것은 기업 옹호를 위한 차량의 수와 기후 변화에 대한 행동에서 정신 건강 및 인력의 복지에 이르기까지 홍보되는 주제의 범위이다. 『New Power: How Power Works in Our Hyper-connected World - and How to Make It Work for You』 (2018)에서 제레미 헤이만스Jeremy Heimans와 헨리 팀스Henry Timms는 존중의 감소, 기존 기관에 대한 신뢰 상실, 글로벌 연결성 및 소셜 미디어의 조합이 결합되어 더 분산되고 상향식인 '뉴 파워New Power'를 만들었다고 주장한다.

우리는 새로운 권력의 시대에 그 과정에서 이해관계자를 참여시킬 수 있는 잠재력 때문에 기업 옹호에 대한 더 많은 가능성이 있다고 주장할 것이다. 동시에 뉴 파워는 위험 요소도 높인다. 회사의 행동이 회사가 옹호하는 것과 반대되는 것처럼 보인다면, 불만을 품은 현직 및 전직 직원을 포함한 모든 사업의 비평가들이 불일치 또는 더 나쁜 경우 위선을 발견하고 무자비하게 퍼트릴 것이다.

이코노미스트와 하버드 비즈니스 리뷰와 같은 출판물은 그들이 'CEO 활동주의'라고 부르는 것에 초점을 맞춘 기사를 게재했다. CEO 활동주의는 '회사의 수익과 직접적인 관련이 없지만 종종 긍정적인 대중, 직원 및 기타 이해관계자의 인상뿐만 아니라 기업 평판 관리의 일부인 사회적 문제에 대해 말하는 고위 임원'으로 정의되었다.[6] 그렇게 정의하면 옹호와 일치되고 연계된다.

어떤 경우에는 CEO가 기업의 입장을 명확하게 표현하기보다는 개인으로 말하고 있다는 것이 분명한다. 그러나 그들이 개별적으로 말하는 것은 최고 경영자로서 하는 일 때문에 주목을 받는다. 'CEO 활동주의'라고 불리는 것의 대부분은 옹호의 일부라고 생각한다.

영국에 본사를 둔 아이슬란드 푸드의 전무 이사인 리처드 워커는 지속가능성을 옹호한다. 2020년 팬데믹 봉쇄 기간 동안 그는 자신의 접근 방식에 대해 『녹색 식료품점The Green Grocer』이라는 책을 썼다. 여기에는 아이슬란드 2018 크리스마스 TV 광고 '랑탄Rang-tan'에 대한 설명이 포함된다. 이것은 허가를 받아 삼림 벌채에 대한 초기 그린피스 광고를 재사용했다. 아이슬란드 광고는 정치적이라는 이유로 TV에서 금지되었지만, 금지령 자체는 강렬한 홍보를 불러일으켰고 지속가능한 팜유에 대한 논쟁을 불러일으켰다.[7]

옹호는 전통적인 로비와 질적으로 그리고 실질적으로 다르다. 로비는 일반적으로 로비스트의 직접적인 이익을 위해 공공 정책의 변화(예: 세금 정책의 변화, 규제 해석, 보조금, 공공 부문 계약 또는 정부 보조금 수여 등)를 추구한다. 반면에 옹호는 회사의 즉각적이고 직접적인 이익이든 아니든 지속가능한 개발을 보다 체계적으로 발전시키는 것과 관련된 행동, 정책, 법률 등을 확인하고 대변하고 있다.

때때로 지속가능한 개발 옹호는 간접적으로 옹호자의 이익에만 부합하며, 심지어는 장기적으로는 더 많을 수도 있지만, 더 많은 기업들이 지속가능성 목표와 약속을 달성하기 위해 옹호를 사용함에 따라 변화하고 있다. 확실히, 로비의 목적은 정부 또는 선출된 정치인이 될 것이며, 공공 정책이 작용할 수 있지만, 옹호의 청중은 시민, 다른 기업 또는 NGO와 같은 다른 유형의 조직일 수도 있다. 왜냐하면 옹호 목표는 정책 변화에 국한되지 않고 다른 기업들이 더 높은 지속가능성 기준을 채택하고 소비자를 더 지속가능한 소비로 유도하도록 설득하는 것을 포함할 수 있기 때문이다.[8]

지속가능성 지지와 옹호가 중요한 이유

옹호와 지지가 기업 지속가능성 리더십의 전략적 부분인 데는 많은 이유가 있다.

- 사업에 대한 기대가 커지고 있다.
- 이제 세계의 많은 지역에서 일반 대중은 물론 '정보 대중'(더 나은 교육, 더 높은 소득, 더 많은 뉴스의 소비자 등)이라 불리우는 사람들의 기업에 대한 기대와 요구가 더 높아지고 있다는 점은 부인할 수 없다. 기업은 그들의 옹호와 지지 활동에 있어 지속가능성을 우선순위로 두어야만 한다는 점을 대중들은 강력하게 믿고 있다. 2021년 에델만 트러스트 바로미터Edelman Trust Barometer[9]는 다음과 같이 보고했다.
  - 조사 결과에 따르면 대중의 86%는 CEO들이 논란의 여지가 있는 사회적 문제에 대해 말할 것으로 기대한다.
  - 66%는 비즈니스 리더들이 정부가 행동하기를 기다리기보다는 앞장서야 한다고 말한다.
- 다른 최근 에델만 트러스트 바로미터스는 동등한 임금, 편견과 차별 제거, 그리고 내일의 직업에 대한 교육을 CEO들이 옹호해야 할 상위 3가지 문제로 확인했다.
- 옹호는 내부 및 외부 이해관계자를 위해 회사의 목적과 지속가능성 약속을 실현하는 데 도움이 될 수 있다.
  - 영국에 기반을 둔 비영리 인플루언스맵은 야심 찬 기후 정책을 옹호하는 것으로 알려진 다양한 분야와 지역에 걸쳐

20명의 기업 리더를 선정했으며, 이를 '기후 정책 참여 목록'이라고 불렀다.[10] 자격을 갖추려면, 회사는 부문 리더십, 야심 찬 기후 정책에 대한 충분한 지원, 전략적으로 활동적이어야 한다.

◆ 옹호는 조직과 사업이 지속가능성에 미칠 수 있는 긍정적인 영향을 증폭시킬 수 있다.

  – 심지어 가장 큰 회사들도 바늘을 미미하게만 밀 수 있다고 말하며, 이는 집단 행동의 필요성을 창출한다. 일부 지속가능성 지도자들은 다른 기업들이 참여하고 지속가능한 개발을 위한 글로벌 운동을 구축하는 데 도움을 주도록 영감을 주는 옹호의 목표에 대해 이야기한다. 우리는 사람들과 조직이 그들이 존경하고 존경하는 다른 사업을 포함하여 지도자를 따르는 경향이 있다는 것을 알고 있다.

◆ 긴급함은 더 많은 더 나은 옹호를 요구한다.

  – 세계가 직면한 기후, 생물 다양성, 건강 및 불평등 위기를 감안할 때, 지속가능한 개발을 위한 환경을 필요로 하는 체계적인 변화의 필요성에 대한 광범위한 인식이 있다. 어떤 사람들은 세계 여러 지역의 정치 구조의 현재 교착 상태를 감안할 때, 기업들이 입장을 취하는 것에 대한 대안이 더 적다고 주장한다. 또한 글로벌 연결성('새로운 힘' 논쟁)은 기업의 옹호를 더 영향력 있게 만든다.

옹호에 대한 비판은 그것이 진보적인 정책이라고 불릴 수 있는 것을 위한 것인지 아니면 그것이 안전하고 여론에 부합한다고 느낄 때만 수행되는 것인지를 포함한다. 예를 들어 많은 회사들이 유럽의 이주민과 난민이나 인신매매와 같은 다른 많은 인권 침해에 대해 목소리를 내지 않았다고 지적한다. 다른 사람들은 몇 가지 문제가 조직과 사업의 영역이 아니라 개인적인 양심의 문제라고 제안하며, 사업이 옹호자가 될 수 있는 합법성을 가지고 있는지 여부에 도전한다. 반대로, 입소스 모리 평판 위원회 Ipsos MORI Reputation Council 의 구성원들은 기업들이 '당시의 큰 사회-정치적, 문화적 문제에 대해 발언할 수 있는 면허, 심지어 의무가 있다'고 굳게 믿고 있다.[11]

실행 및 추진 방법

1단계: 사업과 조직이 지속가능성을 옹호할 권한이 있는지 확인

일반적으로 또는 특정 주제에 대한 회사의 옹호가 신뢰성을 가질 수 있을까? 이것은 예를 들어 지속가능성에 대한 명확한 공개 약속을 했는지 여부와 이것이 이행되고 있는지 여부와 같은 실적에 결정적으로 달려 있다.

또한 회사의 활동과 사업 성과(소싱 및 제품 개발에서 법인세 전략 및 제품 수명 종료에 따른 책임에 이르기까지)가 지속가능성 모범 사례를 적용하고 발전시켜 회사가 약속하고 선언한 것을 실천할 수 있도록 하는 것이 중요하다. 실제로, 지속가능성 옹호와 지지 활동을 시작하기 전에 '당신이 언급한 것을 실천하는 것'에 대해서 진단하고 평가하는 것은 분명 신중한 태도일 것이다. 사실, 이러한 단계는 현명한 PR이라고 할 수 있다. '우리는 x 라는 주제에 대해서 만족할만한 활동을 하고 있지 못한다. 여기에 우리가 언제까지 어떻게 그것을 개선해 나갈 것인지, 이것이 우리의 조작과 비즈니스에 중요한 이유는 무엇이며, 그래서 그것이 우리가 다른 사람들에게 x, y, z를 하도록 요구하는 이유이다'라고 말하는 것이 훨씬 더 효과적이라는 것이다.

관찰자들은 또한 최근 사업의 스캔들이나 실패 또는 신뢰성을 손상시키고 회사의 입장을 약화시킬 수 있는 심각한 행동이 있었는지에 대해서 주목할 것이다. 의심할 만한 사항이 있다면, 주요 내부 및 외부 이해관계자들과 함께 시험할 가치가 있을 것이다.

추가 고려 사항은 사업의 최근 운영 및 재무 성과가 어떤 옹호를 신뢰할 수 있게 만들기에 충분한지 여부이다. 시장 기대치를 능가하는 지속적으로 수익성 있는 사업은 왜 그들이 옹호에 시간을 보내고 있는지 의문을 제기하는 사람을 피할 수 있는 더 강한 위치에 있을 수 있도록 도와줄 것이다.

또한 본국 밖에서 운영되고 호스트 국가의 공공 정책 의제에 영향을 미치고자 하는 다국적 기업의 합법적인 경계에 관한 질문이 있다. 그러한 활동은 신제국주의에 대한 혐의를 불러일으킬 수도 있다. 예를 들어 이것은 그들의 사업이 지질학적으로 결정되기 때문에 투자 자금을 쉽게 받고 다른 곳으로 갈 수 없기 때문에 거버넌스와 서비스 제공(종종 로열티와 법인세로 크게 지원됨)이 개선되는 것을 보는 데 특히 강한 관심을 가지고 있는 많은 추출 관련 산업부문 회사들에게 중요한 문제이다.

이것은 추출 관련 산업 부문이 다중 이해관계자, 협력 옹호 이니셔티브의 클러스터를 본 이유를 부분적으로 설명하며, 그중 대부분은 투명성 개선에 초점을 맞추고 있다.

여기에는 추출 산업 투명성 이니셔티브EITI, Extractive Industries Transparency Initiative는 물론 기업이 지불하고 있는 것에 대한 정보 공개, 보안과 안전 그리고 인권에 관한 자발적인 원칙 등이 포함된다. 이것들은 모두 기업들이 모범 사례를 구성하는 것에 대해 호스트 정부의 시민 사회 및 개혁주의 요소와 일치하도록 돕고 그러한 동맹을 사용하여 기업 옹호/영향력의 사용에 대한 더 큰 합법성을 구축하는 것을 목표로 한다. 여전히 일부 국가에서는 기업들이 입장을 취하는 데 문화적 또는 실질적인 장벽이 있다. 특히 이것이 정부와 충돌할 수 있다면 더욱 그렇다. 어느 나라에서든 기업의 오너나 고위 경영진의 개인적인 이해관계를 회피하는 것은 중요하다.

2단계: 특정 주제에 대해 옹호하고 지지할지 여부를 결정하는 데 도움이 되는 프레임워크 또는 의사결정 도구 개발

다트머스 대학교Dartmouth College 턱 경영대학원Tuck School of Business 의 기업 커뮤니케이션 교수인 폴 A. 아르젠티Paul A. Argenti는 기업이 특정 문제에 대해 옹호해야 하는지에 대한 도움을 줄 수 있는 3가지 테스트를 제안한다.

- 그 문제는 당신 회사의 전략과 일치하는가?
- 그 문제에 의미 있게 영향을 미칠 수 있는가?
- 내부 및 외부 이해관계자들은 당신의 선언과 발언에 동의하는가?

아르젠티는 기업이 3가지 질문 모두에 대해 진정으로 '예'라고 대답할 수 있다면, 그 주제에 대해 옹호하는 것이 적절하다고 주장한다.

두 가지 질문에 '예'라고 대답한다면, 다른 사람들의 옹호를 지원하거나 파트너십 노력을 옹호하는 것이 더 나을 수 있다고 볼 수 있다. 그리고 '예'가 하나만 있거나 단 하나도 없다면, 아르젠티는 회사가 목소리를 내서는 안 된다고 결론지었다.[12]

논란의 여지가 있는 주제에 대해 옹호하거나 목소리를 높일 제안이나 준비를 하고 있는 기업들은 이사회와 계획을 논의하고, 어떤 경우에는 주요 투자자들과 계획을 논의하는 것이 특히 중요하다. 이사회와 투자자들은 제안된 옹호가 조직의 지속가능성 전략, 약속 및 성과와 분명히 관련이 있다는 증거를 확보할 수 있어야 한다.

지속가능성 지지와 옹호는 대기업만의 독점적인 영역이 아니다. 소기업들도 많이 관여하고 있다. 어떤 경우에는, 이것은 큰 고객이나 그 분야의 리더로부터 기존 캠페인을 지지하는 것을 포함하거나, 회사가 관여하는 무역협회, 상공회의소 또는 소기업 클럽의 옹호 캠페인을 지지하는 것을 의미할 수도 있다. 몇몇 작은 회사들은 또한 지지나 옹호의 형태로 직접적 목소리를 내는 것보다는 '다른 사람들에게 영감을 주는 것'을 더 선호하기도 한다.

예를 들어 많은 비콥 인증 기업들은 더 많은 목적주도 기업과 더 많은 인증된 비콥 기업들이 지속가능한 개발과 사회 정의를 발전시킬 수 있기를 바라며 다른 기업들이 스스로 비콥 인증에 관심을 가지도록 영감을 주고 장려하기 위해 그들 자신의 이야기를 하기도 한다. 초기 영국 비콥 인증 기업으로 허브 차 사업을 펼치고 있는

푸카 허브스Pukka Herbs는 많은 농부가 자신의 성공 사례, 열정적인 지속가능성 옹호 활동, 유기농으로 가기로 결정한 농부들에게 제공하는 실용적인 조언과 도움을 포함하여 유기농 농업으로 전환하도록 많은 영감과 도움을 주었다.

3단계: 지속가능성 옹호 및 지지 활동의 목표 정의

조직은 지속가능성 옹호와 지지에 대한 명확하고 투명한 목표가 필요하다. 목표는 지속가능한 개발 의제에 대한 인식을 높이고, 지속가능성에 대한 대중의 행동을 자극하고, 집단적 지속가능성 목표를 위해 더 많은 기업을 모집하거나 정부 정책을 바꾸는 등 중요한 역할을 한다.

다음을 구별하는 것이 도움이 될 수도 있다.

◆ 단기 목표: 위기 관리를 목적으로 한 외부 사건에 대한 반응/대응
◆ 중기 목표: 주요 이해관계자들과 사전에 소통하고 브리핑할 시간이 더 많은 다른 사업체와의 이니셔티브에 참여하라는 초대에 대한 응답
◆ 장기 목표: 회사 목적과 지속가능성 전략의 확장으로 옹호 캠페인을 적극적으로 시작하는 것. 이것은 장기적인 명성과 브랜드 구축과 더 유사할 것이다. 일반적으로, 이것은 회사가 다양한 지속가능성 포럼과 주제에서 점점 더 눈에 띄는 리더십 역할을 수행하는 것을 기반으로 할 수 있다.

캐나다의 지속가능성 전문가인 코로 스트랜드버그Coro Strandberg
는 지속가능성 옹호와 지지에 참여함으로써 회사에 많은 잠재적 이
점이 있음을 제안한다. 이러한 혜택 중 하나 이상을 달성하는 것으
로 옹호 캠페인의 추가적인 목표를 구성할 수 있다.

◆ 시장 신호를 자극하고 인센티브를 창출한다.
◆ 활동 레벨을 정하고 초기 지속가능성 투자를 활용한다.
◆ 미래의 정책 설계와 규제를 만들기 위한 테이블에 자리를 확
  보한다.
◆ 명성, 이해관계자 신뢰 및 사회적 운영 자격(당위성)을 구축한다.
◆ 공익을 위해 일하는 적극적인 기업으로 간주되어 시장 점유율
  을 확보하고 고객을 유치한다.
◆ 직원의 유치, 유지 및 동기 부여를 강화한다.
◆ 미디어를 운영을 활성화한다.[13]

  만약 그 기업이 투명하고 책임감 있는 조직문화를 가지고 있다면
(제6장 참조) 지속가능성 지지와 옹호에 있어서도 투명하고 책임감
이 있어야 한다. 개방성Openness은 옹호의 기본 원칙이 되어야 한다.
이것은 그 조직이 모든 입장 서류와 증언을 정부, 국회의원 및 규제
기관에 게시한다는 것을 의미한다. 그것은 권력 중개자와의 회의를
시기적절하고 포괄적인 방식으로 나열하는 것이다. 그리고 이는 그
조직이 취하고자 하는 옹호 입장에 어떻게 도달했는지 설명할 준비
가 되어 있다는 것이다.

4단계: 지속가능성 지지와 옹호를 위한 이해관계자 대상을 명확히 하고 옹호 도구의 적절한 조합 선택

어떤 이해관계자 그룹이 회사의 옹호에 가장 전략적인지 구체적으로 밝히는 것은 캠페인에 대한 내용과 접근 방식을 형성할 것이기 때문에 중요하다. 대상은 다른 회사, 선출된 정치인과 정부, 직원, 공급업체, 고객, 최종 소비자 및 일반 대중을 포함할 수 있다(사회적 태도와 행동을 바꾸거나 대중이 정부와 같은 사회의 다른 부분에 대한 옹호 캠페인에 참여하도록 설득하기 위함).

대상 이해관계자에 따라, 고려해야 할 다양한 옹호 및 지지 도구와 전술이 있다. 이것에는 다음의 내용을 포함한다.

◆ 회사 내에서 일어나는 잘못된 기업 행동과 관행을 바로잡는 것
◆ CEO 연설, 논평, 트윗 및 공개 성명
◆ 정부 및 정책에 대한 목소리
◆ 광고 및 캠페인
◆ 지속가능성 연합에 참여하기
◆ 정부 패널과 의회에 참여하는 것(또는 회사의 가치와 일치하지 않는 것으로 간주되는 정부 정책에 항의하여 그러한 기관 및 조직에서 철수하거나 지지를 철회하는 것)
◆ 청원서를 포함한 행동을 동원하거나 직원과 고객의 유권자 등록 장려 및 시민 행동을 촉진하는 등 조직의 입장과 일치하는 청원서에 서명하도록 장려하는 것
◆ 차별적인 법률/관행으로 특정 지역에서 사업을 철수하겠다고

위협하는 것

- ◆ 법률 케이스 지원을 포함한 법적 조치
- ◆ 선출직 공무원에 대한 입장 표명을 통해 입법 변화를 선동하는 것
- ◆ 새로운 법안의 상세한 초안 작성에서 정부 관리 및 국회의원과 협력하는 것
- ◆ 주요 지속가능성 이슈에 대한 연구를 의뢰 및 지원하거나 백서 발간을 지원하는 것
- ◆ 지속가능한 개발에 관한 NGO 캠페인을 지지하거나 또는 자금을 지원하는 것

기업들이 일반적으로 지속가능성 지지와 옹호를 위해 테이블에 가져올 수 있는 가장 중요한 것은 지식과 전문 지식, 돈(또는 광고 지출과 같은 돈을 보류하는 것), 권력의 소집, 그리고 종종 미디어, 규제 기관, 정치인 및 장관 등을 포함한 권력에 대한 추가적인 접근 등이 있을 수 있다.

최고의 옹호는 CEO가 말하는 것이나 회사가 공개적인 입장을 취하거나 서약하는 것을 훨씬 넘어서는 형태인 경우가 많다. 일부 회사는 정책 개입 네트워크, 정치, NGO 및 산업 부문 전반에 걸친 주요 권력 중개인 관계, 동맹, 공공 캠페인 등을 포함하는 매우 정교한 영향 전략을 사용한다. 이 접근 방식은 핵심 목표와 조치를 이행할 계획을 세우는 것을 기반으로 한다. 예를 들어 옹호 목표는 모든 회사가 먼저 산업 약속을 통해 생활 임금을 지불해야 하도록 공평한 경쟁의 장을 만드는 것일 수 있다. 그런 다음 NGO, 노동조합, 싱크

탱크, 통계 사무소 및 학계와 협력하여 합의된 정의가 없는 국가에서 생활 임금을 계산하고 사회화하기 위한 인프라를 구축한다. 그리고 나서야 생활 임금 상승을 시행하기 위한 법률을 만들 수 있다.

몇몇 회사들은 다른 회사들이 소송을 따르도록 장려하기 위해 의식적으로 기업 관행을 바꾸기도 한다. 예를 들어 페닌슐라 호텔(홍콩과 상하이 호텔 그룹의 일부)은 지속가능한 해산물과 메뉴에서 상어 지느러미를 빼는 데 전념하며, 이것이 다른 호텔 체인에 영향을 미칠 것이라는 것을 알고 있었다. 컨설턴트의 매우 대략적인 추정에 따르면, 전 세계 약 18,000개의 호텔이 페닌슐라 호텔의 선도적 노력을 따랐는데, 아마도 그들이 이 무역의 중심인 홍콩에 등재되어 있고, 상징적인 고급 호텔 브랜드였기에 가능했을 것이다.[14]

2018년에 전개된 나이키의 광고 캠페인은 많은 논란이 있었다. 미식축구 선수 콜린 캐퍼닉 Colin Kaepernick 이 '무언가를 믿으세요. 비록 그것이 모든 것을 희생하는 것을 의미하더라도 Believe in something. Even if it means sacrificing everything'라는 메시지를 전달하는 광고였다. 이는 인종 차별을 철폐하고 평등을 이루어내자는 나이키의 입장을 담은 대담한 지속가능성 옹호 캠페인이었다.

맥도날드는 지식 기반의 지속가능성 행동 변화를 통해 농업 분야가 더 광범위한 체계적 변화를 이끌 수 있다는 것을 보여준 또 다른 사례이다. 맥도날드는 2025년까지 모두 케이지 프리 계란cage free eggs(동물복지 계란)으로 바꾸어 나갈 것을 약속했다. 맥도널드의 이러한 노력과 지지는 더 광범위한 시장에 영향을 미쳐 변화를 만들어내고 결국 계란 산업 전반에 걸쳐 지속가능성 표준과 관행을 높일 것이라는 것을 알고 있었다[15]

활용된 도구와 기술이 무엇이든, 지속가능성 지지와 옹호는 다음과 같아야 한다.

◆ 균형잡힌 형태여야 하며 과장하지 않고 의도적으로 주의를 산만하게 하지 않아야 한다.
◆ 적절한 맥락과 인과관계를 수용하면서 추상적인 형태가 아니라 이용 가능한 최고의 과학적 지식에 뿌리를 두어야 한다.
◆ 회원으로 가입한 비즈니스 연합 및 파트너십 조직의 옹호 입장과 일치하는 입장을 지속적으로 유지해야 한다.
◆ 열린 시각과 자세로 대안적인 견해를 존중해야 한다.
◆ 특정 정당이나 정치 집단과 관련이 없어야 한다.

책임감 있는 비즈니스 관행에 전념하면서 지속가능성을 모든 기업 활동에 포함시키려고 노력하는 많은 회사들은 그들의 옹호를 확대하고 성공 전망을 개선하기 위해 다른 사업체나 조직과 기꺼이 협력한다. 2018년 발행된 SDGs를 위한 공동의 지지 보고서는 협력적 지속가능성 옹호와 지지의 형태를 잘 보여주고 있다.[16]

일부 기업 지속가능성 리더들은 그들이 활동하는 부문별 협회의 의제와 지식 기반에 영향을 미침으로써 해당 부문의 다른 기업을 참여시키려고 한다. 컨설팅 기관인 PwC와 기업 책임을 위한 연합인 CSR Europe은 유럽 부문 어소시에이션스Associations의 지속가능성 성숙도와 통합 정도를 평가하기 위해 2018년에 공동 연구를 진행했다. 이 연구는 제조에서 소매에 이르기까지 11개의 다른 산업 부문의 16개 부문 협회에 대한 설문 조사와 인터뷰를 포함하고 있다. 그것은 산업 부문별 협회가 협력 증가를 통해 지속가능성 영향을 높일 수 있는 잠재력을 가지고 있다고 결론지었다. 이것은 CSR Europe과 무디스Moody's가 지속가능한 산업의 유럽 바로미터에 따라 40개 산업 부문에서 1,600개의 유럽 기업들의 연구와 분석으로 이어졌다(2021년 10월).

유니레버와 같은 일부 회사는 그들이 회원으로 활동하고 있는 무역협회에 협회의 로비와 옹호가 파리 기후 협정에 부합하는 정책에 대한 유니레버의 약속과 일치한다는 것을 확인하도록 명시적으로 요청하고 있다. 또 다른 접근 방식은 회사의 입장이 그들이 속한 협회의 입장과 어떻게 다를 수 있는지에 대한 설명을 게시하는 것이다. 쉘과 같은 회사들이 그러한 접근 방식을 잘 보여주고 있다.[17] 마찬가지로, 기업이 정당과 개별 정치인의 선거 운동에 기부하는 것이 전통적인 국가에서 운영되는 기업은 기업이 옹호하는 것과 매우 다른 관점을 가진 정치인에게 자금을 지원하지 않도록 사전에 더 면밀히 조사해야 한다.

5단계: 지속가능성 지지와 옹호 활동을 지속적으로 검토 및 개선

지속가능성에 대한 성공적인 기업 옹호자들은 어느 정도의 겸손을 유지하고 비판과 반박을 주의 깊게 경청한 다음, 그에 따라 그들의 활동을 반영하고 수정한다. 이것은 비판이 있는 즉시 물러서는 것이 아니며, 모든 사람을 완벽하게 만족시킬 수는 없다.

옹호자들은 그들의 입장이 일부 이해관계자들을 화나게 할 수 있다는 현실에 대비해야 한다. 이것은 겸손하고 그 옹호가 옳은지, 그리고 그것이 기반을 둔 가정이 여전히 가치 있고 좋은지에 대해 끊임없이 반성할 수 있어야 한다.

사례 분석

나투라 앤 코 Natura &Co

브라질에 본사를 둔 나투라 앤 코는 1969년에 설립되었으며 오리지널 나투라 외에도 현재 에이본Avon, 더 바디샵 및 이숍Aesop 등의 뷰티 브랜드를 소유하고 있는 세계 최대의 비콥 인증 기업이다. 이 회사는 2023년에 70억 달러 이상의 매출을 올렸고 100개국 이상에서 사업을 전개하고 있다.

나투라와 그 그룹의 다른 회사들은 오랫동안 지속가능성의 선구자였다. 예를 들어 2000년에 나투라는 아마존 지역에 위치한 소규모 지역사회와 제품을 연결하는 아이디어로 새로운 비즈니스 모델인 에코스 라인을 만들었다. 그 이후로, 나투라는 '열대 우림 보호에 기여하는 방법에 대해 배우고 있으며, 이러한 지역 인구의 전통과 지식을 연결하고 향상시키는 것을 목표로 하며, 브라질 생물 다양성의 풍요로움을 브라질 시민뿐만 아니라 세계에 소개한다'는 목표를 가지고 사업 및 기업활동 전반에서 실천하려는 노력을 기울이고 있다.[18]

2020년에, 나투라 앤 코 그룹은 '생명에 대한 헌신'을 위한 10년 계획과 약속을 발표했다. '이 계획은 나투라 앤 코가 기후 위기와 아마존 보호, 인권 수호, 공급망과 커뮤니티를 포함한 네트워크 전반에 걸쳐 평등과 포용 보장, 2030년까지 순환 경제 체제를 구축하고 재생 시스템을 운영하는 등 세계에서 가장 시급한 지속가능성 문제를 해결하기 위한 조치를 강화할 31개의 목표를 제시했다.'[19]

오랜 유산과 장기적인 약속을 바탕으로, 그룹 내 회사들은 탄소 배출과 물 사용에 대해 이미 정의된 것과 일치하는 생물 다양성에 대한 과학 기반 목표를 창출하기 위해 세간의 이목을 끄는 강력한 지속가능성 옹호자가 되었다.

나투라는 여러 다국적 포럼을 통해 노력하고 있으며, 공급업체뿐만 아니라 특히 소비자에게 가시적 성과 데이터에 대한 접근을 제공함으로써 정보에 입각한 결정을 내리고 삼림 벌채 제로를 보장하는 제품을 선택할 수 있도록 권한을 부여하기 위해 노력하고 있다. "고객들이 행동을 바꾸면, 기업 또한 바뀔 것이다. 그것은 우리가 목표로하는 긍정적 변화와 영향 중 하나이다. 이는 단순히 지속가능성에 대한 지지와 옹호 뿐만 아니라 실질적 참여와 개선을 이끌어낸다."라고 나투라 앤 코의 지속가능성 담당 임원인 키반 마세도 Keyvan Macedo는 말한다.[20]

팀슨 Timpson

팀슨은 1865년 영국 맨체스터에서 설립된 소매업체로, 가족 경영 체제를 유지하고 있다. 오늘날 팀슨은 신발 수리, 열쇠 절단, 자물쇠 제조 서비스 및 드라이 클리닝 및 사진 인화 등을 전문으로 하는 다양한 사업을 펼치고 있다.

팀슨은 또한 휴대폰 수리, 보석 및 시계 수리 및 맞춤형 집 표지판을 제공하는 사업도 전개한다. 2023년 기준 연간 매출액은 3억 파운드가 조금 넘으며 자체 매장과 프랜차이즈를 통해 약 5,400명의 직원을 고용하고 있다.

거의 20년 동안, 팀슨은 범죄자의 재활을 지지하고 옹호해 왔다. 가디언 신문의 기사에 따르면, 회사가 리버풀 교도소에 신발 수리 작업장을 연 2008년부터 팀슨은 1,500명 이상의 전 수감자를 고용했다고 한다. 그중에서 지금까지 단 네 명만 감옥으로 돌아갔다고 한다. 마약과 알코올 문제가 있는 사람들을 포함하여 범죄에서 벗어나 새로운 기회를 얻은 많은 사람들이 현재 팀슨의 이사회를 포함하여 회사의 고위직으로 성장하기도 했다.[21]

팀슨은 영국 교도소와 70개의 개별 교도소와 긴밀히 협력하고 있다. 수용자들이 감옥에서 석방될 때 교도소 측과 팀슨은 함께 일할 수 있는 적절한 성격과 역량을 가진 죄수들을 식별한다. 그것은 '선정, 훈련, 멘토링에서 석방에 이르기까지 밀접하게 관리되는 과정이며, 문을 벗어나는 것에서 회사와 함께 고용을 확보할 수 있는 기회'이기도 한다. 팀슨 동료의 무려 10%는 교도소에서 직접 채용되었다.[22]

톰슨의 이러한 헌신과 실적은 CEO 제임스 팀슨James Timpson이 범죄자에게 또 다른 삶의 기회를 주는 효과적인 챔피언이 될 수 있도록 도움을 주었다. 제임스는 개인적으로 재범죄를 줄이기 위한 고용주 포럼의 의장을 맡았는데, 이는 형사 유죄 판결을 받은 사람들에게 두 번째 기회를 제공하는 같은 생각을 가진 고용주들의 연합이기도 한다. 더불어 그는 현재 교도소 개혁 신탁Prison Reform Trust의 의장을 맡고 있기도 한다. 제임스는 소셜 미디어에서 매우 활발하게 활동하고 있으며, 선데이 타임즈의 주간 칼럼을 통해 이들의 활동 근거와 명분을 홍보하고, 긍정적 행동 변화에 대한 기업 사례를 보여주고 있다.

2021년 8월 트윗에서 팀슨은 다음과 같이 강조했다. "많은 회사들이 채용에 관심을 기울이고 있고 훌륭한 인재를 찾기 위해 우리와 연계되어 있는 교도소를 적극적으로 찾는다는 소식을 듣게 되어 기쁘다. 우리는 채용을 원하는 기업이 거의 없을 때에도 몇 년 동안 이러한 노력을 끊임없이 해왔다. 왜냐하면 그것은 놀라운 사람들을 찾는 아주 좋은 방법이기 때문이다."[23]

요약

세계의 많은 곳에서 기업들이 목소리를 높여야 한다는 기대가 커지고 있다. 기업의 지속가능성에 대한 다양한 형태의 지지와 옹호 활동은 조직의 핵심 존재 목적, 지속가능성 전략 및 성과와 일치해야 한다.

지속가능성 지지와 옹호는 사업의 다른 부분과 마찬가지로 전략적이고 전문적으로 관리되어야 한다. 기업은 책임감 있는 지지와 옹호를 위해 다음의 4가지 원칙을 적용해 나가야 한다.

◆ 높은 수준의 개방성과 투명성을 유지할 것
◆ 말하고 약속한 것에 대해서 반드시 실천할 것
◆ 명확한 당위성을 확보할 것. 조직의 존재 목적과 지속가능성을 달성하는 데 직접적인 연관성을 보여줄 수 있는 곳만을 지

지하고 옹호할 것

◆ 겸손함을 유지하고, 항상 듣고 배울 것

회사, 주제 또는 지역에 따라, 옹호는 다른 사람들(다른 사업, NGO 등)과 협력하여 더 잘 처리될 수 있다는 것 또한 기억해야 한다. 궁극적으로 지속가능성 지지와 옹호 활동은 정말 잘해야 한다. 왜냐하면 옹호는 다른 사람들에게 영감을 줄 수 있으며 그럼으로서 그 영향력을 확대할 수 있기 때문이다.

실행을 위한 주요 점검 사항

1. 주어진 제한적 재정과 지속가능성 성과를 감안할 때 지속가능성에 대한 신뢰할 수 있는 옹호자가 될지 결정한다.
2. 옹호가 전반적인 지속가능성 전략과 목표에 어떻게 적합한지 그리고 그 전략과 목표를 어떻게 강화시킬 수 있는지 명확히 한다.
3. 전반적인 지속가능성 지지와 옹호 활동의 목표들을 명확히 한다.
4. 특정 주제-이슈-문제 등에 대해 목소리를 내거나 지지할지 여부를 결정하는 과정을 개발한다.
5. 특정 옹호 캠페인의 타겟 이해관계자와 목표를 정의하고 도구와 기술의 적절한 조합을 선택한다.
6. 회사의 자체 옹호 활동과 조직이 가입하고 있는 협회를 통해 수행된 활동 사이의 일관성을 확인하고 실제 또는 명백한 불

일치를 설명할 준비를 한다.

7. 조직이 자체 산업 부문과 무역협회 내에서 더 높은 지속가능
성 기준과 성과를 옹호하고 기여할 것인지에 대한 여부를 결
정한다.

더 알아보기

- ◆ Chouinard, Y (2005) Let My People Go Surfing: The education of a reluctant businessman, Penguin
- ◆ Grayson, D, Coulter, C and Lee, M (2018) All In: The future of business leadership, Routledge, 제7장
- ◆ Heimans, J and Timms, H (2018) New Power: How power works in our hyperconnected world – and how to make It work for you, Doubleday Books
- ◆ Patagonia (2021) Volunteer your skills for action, www.patagonia.com/activism
- ◆ The Ceres Policy Network, also known as Business for Innovative Climate and Energy Policy (BICEP), was founded in 2009 on the understanding that the climate crisis presents tremendous material risks but also offers economic and environmental opportunities for businesses, www.ce res.org/networks/ceres-policy-network
- ◆ The Valuable 500 is a global community of 500 business leaders committed to putting disability on their agenda and recognizing the value and worth of the 1.3 billion people globally living with a disability, www.thevaluable 500.com
- ◆ Triple Pundit (2021) Brands taking stands, www.triplepundit.com/category/brands-taking-stands/59911
- ◆ Walker, R (2021), The Green Grocer, Dorling Kindersley

참고 문헌

1   The Science Based Targets initiative, sciencebasedtargets.org/ (arch-ived at https://perma.cc/6A96-HGGP)
2   Hsu, T (2020) Corporate voices get behind 'Black Lives Matter' cause: Major companies are often wary of conflict, especially in a polarized time. But some are now taking a stand on racial injustice and police violence, New York Times, 31 May (updated 10 June).
3   open-for-business.org/ (archived at https://perma.cc/MP2K-7USE)
4   Grayson, D (March 2019) Brands and businesses taking stands, Im-pakter Magazine
5   GlobeScan publishes a very helpful textual analysis of the Fink let-ters: (February 2019) From good governance to purpose and profit – GlobeScan analysis of Larry Fink's annual letters to CEOs, http://medium.com/@GlobeScan/from-

good-governance-to-purpose-and-p rofit-457412450b5 (archived at https://
perma.cc/LP4H-TCRE); GlobeScan (February 2021) Accelerating the tectonic
shift to net zero: Analysis of Larry Fink's annual letter to CEOs, globescan.com/
analysis-larry-finks-annual-letter-ceos-2021/ (archived at https:// perma.
cc/6XEQ-QC5G)

6   Chatterji, A and Toffel, M W (2017) Assessing The Impact Of CEO Ac-tivism,
    Harvard Business School Technology & Operations Mgt. Unit Working Paper;
    Brien, D (24 November 2020) 10 lessons from CEOs on how to manage
    corporate reputation in a new era of activ-ism, Fast Company, www.fastcompany.
    com/90579293/10-lesson s-from-ceos-on-how-to-manage-corporate-
    reputation-in-a-new-er a-of-activism (archived at https:/ /perma.cc/SY6R-
    E42B)

7   Walker, R (2021) The Green Grocer: One man's manifesto for corporate activism,
    DK

8   Grayson, D, Coulter, C and Lee, M (2018) All In: The future of business
    leadership, Routledge, p. 105

9   The Edelman Trust Barometer 2021, www.edelman.com/trus t/2021-trust-
    barometer (archived at https://perma.cc/5DSK-Y44

10 InfluenceMap (April 2018) The A-list of climate policy engage-ment: An
    InfluenceMap report, influencemap.org/report/The-A-List-of-Climate-Policy-
    Engagement-ba3251ef6c09b397ddec7c79de2c8565 (archived at https://perma.
    cc/2KJJ-44KA)

11 Ipsos MORI Reputation Council (2017) Taking A Stand - Do The Rewards Of
    Corporate Activism Outweigh The Risks?, reputation.ipso s-mori.com/taking-a-
    stand/ (archived at https://perma.cc/DX57-UDVT)

12 Argenti, P (2020) When should your company speak up about a social issue?,
    HBR [blog], 16 October, https://hbr.org/2020/10/wh en-should-your-
    company-speak-up-about-a-social-issue (archived at https://perma.cc/
    DFU4-3VJD)

13 Strandberg, C (2020) Advocacy for Good: Corporate public policy advocacy for a
    sustainable future, Conference Board of Canada

14 Shark fin goes off the menu at Peninsula hotels, The Guardian, 24 November
    2011; globescan.com/recognizing-leaders-janice-lao-hsh/ (archived at https://

perma.cc/8BN7-ZYFR)

15 Kelso, A (12 April 2019) McDonald's cage-free egg progress signals an industry sea change, Restaurant Dive, www.restaurantdive.co m/news/mcdonalds-cage-free-egg-progress-signals-an-industry-s ea-change/552588/ (archived at https://perma.cc/C7AL-T8LD)

16 businessfightspoverty.org/joint-civil-society-business-advocacy-i s-emerging-as-a-powerful-tool-to-drive-policy-change-in-support-of-the-sdgs/ (archived at https://perma.cc/G6VG-Y3X6)

17 Shell press release (2 April 2019) Shell publishes reports on industry associations, sustainability and payments to governments, ww w.shell.com/media/news-and-media-releases/2019/shell-publishe s-reports-on-industry-associations-sustainability.html (archived at https://perma.cc/F3JY-V788)

18 Payne, J and Sanchez, G (31 August 2021) Mobilising the Value Chain to Act on Nature: Natura's approach, Corporate Citizenship

19 Natura, 2021, Natura &Co gives first annual update on Commitment to Life 2030 Sustainability Vision, www.naturaeco.com/pres s-release/natura-co-gives-first-annual-update-on-commitment-to-life-2030-sustainability-vision/ (archived at https://perma.cc/GEG7-DC84)

20 Natura, 2021, Natura &Co gives first annual update on Commitment to Life 2030 Sustainability Vision, www.naturaeco.com/pres s-release/natura-co-gives-first-annual-update-on-commitment-to-life-2030-sustainability-vision/ (archived at https://perma.cc/GEG7-DC84)

21 Allison, E (2 August 2021) 'There is another way': Why Timpson boss hit out at PM's chain-gang plan, The Guardian

22 www.thersa.org/events/speakers/james-timpson-obe (archived at https://perma.cc/USL9-NMH9)

23 Timpson, J, Twitter: @JamesTCobbler, 22 August 2021

맺음말

◇◇◇◇◇◇◇

전 미국 부통령 앨 고어AI Gore와 그의 비즈니스 파트너인 데이비드 블러드David Blood가 설립한 지속가능성 투자 회사인 제너레이션 투자운용사Generation Investment Management의 연구 책임자인 콜린 르 둑Colin le Duc은 "우리는 그들이 수십억 달러 규모의 아프리카 성공 스토리가 될 잠재력을 가지고 있다고 생각한다."라고 말한다.[1] 여기서 얘기하는 '그들'은 바로 M-KOPA를 지칭한다. 2011년 케냐에서 설립된 M-KOPA의 투자자들은 제너레이션Generation, CDC 그룹CDC Group, 트리오도스 뱅크Triodos Bank, LGT 벤처 자산과 게이츠 재단 등을 포함한다.

M-KOPA(Kopa는 스와힐리어로 '빌리는 것'을 의미함)는 스스로를 '은행이 부족한 수백만 명의 고객에게 삶을 향상시키는 제품과 서비스에 대한 접근을 제공하는 연결된 자산 금융 플랫폼'이라고 정의한다. Pay-As-You-GoPAYG 플랫폼은 고객에게 태양 에너지에서 조명 솔루션, 가전 제품, 휴대폰에 이르기까지 모든 것을 제공한다.

M-KOPA의 선구적인 시스템은 태양 에너지를 사용하여 조명, 손전등, 라디오, TV, 냉장고 등에 전력을 공급하고 휴대폰 충전을

지원한다. 회사 고객의 80%는 하루에 2달러 미만으로 사는 사람들이다. 그리고 고객의 4분의 3은 수입을 얻기 위해 소규모 농업에 의존하며 나머지는 소기업을 운영한다. 따라서 에너지는 지출의 상당 부분을 차지하게 된다.

M-KOPA의 기본 전력 시스템은 200달러이다. 그것은 태양 전지판, 두 개의 LED 전구, LED 손전등, 충전식 라디오 및 휴대폰 충전용 어댑터를 포함한다. 이 키트는 2년 보증이 제공되며, 배터리는 최소 4년 동안 지속되도록 설계되었다.[2] M-KOPA의 자금 조달 덕분에 고객들은 이러한 상품에 접근할 수 있으며, 그 제품들은 그들의 삶을 변화시키고 있다.

M-KOPA의 설립자 중 한 명인 닉 휴즈Nick Hughes는 "우리가 무엇인지 요약하자면, 우리는 금융 회사이다"라고 말한다. 그리고 "우리가 한 일은 고객에게 담보와 신용 한도를 제공하는 것이다."라고 강조한다.[3]

지금까지 M-KOPA는 100만 개 이상의 PAYG 태양광 시스템을 판매했으며 수백만 명의 고객에게 4억 달러의 자금 조달을 제공했으며 1억 8천만 달러 이상의 자본과 부채를 축적했다.

우리는 유니파트 그룹, 하비 그리고 마스의 사례로 이 책을 시작하기로 결정했다. 이 기업들의 지속가능성은 잘 정립되었지만 널리 알려지지 않았다. 이들 기업은 특히 고객의 요구에 대응하여 지속가능성을 사업의 일부로 만들어가고 있다.

우리는 그들이 지속가능성 여정을 시작하거나 가속화하는 노력이 글로벌 가치 사슬의 모든 부분에서 기업 활동 변화의 큰 물결을 대표한다고 믿는다. 가장 큰 사회적, 환경적, 경제적 문제를 해결하는 데 기업의 광범위한 참여는 필수적이며, 이 책은 그것을 더 일반적이고 접근하기 쉽게 만들고자 했다.

기후와 불평등에서 세계화와 전염병 회복에 이르기까지 이 책의 시작점에서 논의된 문제의 규모와 중대성은 비즈니스 모델과 관행의 변화가 보편화되거나 때때로 극적이고 파괴적인 혁신을 수용할 수 없다면 빠른 해결은 불가능할 것이다.

유니레버, 파타고니아, 나투라 앤 코, 이케아, 인터페이스와 같은 기업을 포함하여, 유니파트, 하비, 마스도 이미 글로브스캔과 지속가능성연구소가 함께 진행하는 리더스 서베이Leaders Survey와 같은 순위에서 리더로 인정받고 있다. 그러나 앞으로는 수천, 수만 개의 다른 회사와 가치 사슬에 속한 기업들도 여기에 포함되어야 한다.

우리가 이전에 발간한 책을 통해서 기업들에게 지속가능성 리더십에 대해 '올인All In'을 요청한 바와 같이, 이 책을 통해 우리는 더 지속가능하고 공평한 미래로 전환하는 것을 돕기 위해 '에브리 인Everyone In'을 요청하는 바이다.

변화는 또한 M-KOPA와 같이 기존 가치 사슬 외부의 혁신적인 스타트업에서도 만들어낼 것이다. 우리는 몇 년 동안 M-KOPA에 대해 알고 있었다. 그들의 핵심 비즈니스 모델은 지속가능한 개발에 관한 것이기 때문에 흥미롭다. 그들의 비즈니스 모델은 사람들의 건강을 개선하고, 빈곤을 해결하고, 청정 에너지에 대한 접근성을 개선하고, 기후 변화를 해결하고, 지속가능한 성장과 일자리를 자극하는 역할을 하고 있다. 이는 UN 지속가능발전목표를 해결하는 데에도 도움이 된다. 태양 에너지에 대한 접근이 삶과 운명을 바꿀 수 있는 아프리카에서 일어나고 있기 때문에 그 또한 흥미롭다.

이 책을 마무리하면서, 이 책을 읽는 독자들에게 몇 가지 조언과 격려를 남기고 싶다.

◆ 야망을 가져야 한다. 대담해져야 한다. 지속가능성의 가능성을 보아야 한다.
◆ 동료들을 참여시키고 힘을 실어주어야 한다.
◆ 다른 사람들로부터 배워야 한다. 장기 경영 전문가인 톰 피터스Tom Peters 가 '창의적 스와이핑 creative swiping'이라고 부르는 것에 심취해 볼 수 있다!
◆ 위험을 줄이고 사업의 변화를 가속화하기 위해 협력하도록 한다.
◆ 지속가능성 여정에 함께 발맞춰나가야 한다. 우리의 경험과 지속가능성에 대해 수년 동안 함께 일한 모든 사람들의 경험은 지속가능성을 구현하는 것이 보람이 있다는 것을 말해준다. 그리고 감히 말하자면, 재미있다!
◆ 마지막으로, 목소리를 내야 한다. 자신의 실수와 경험을 공유해야 한다. 다른 회사와 기업가들이 지속가능한 비즈니스의 글로벌 무브먼트에 참여하도록 영감을 주어야 한다.

물론 도전은 늘 쉽지 않다. 세상은 엄청난 변화와 혼란을 겪고 있다. 그러나 이러한 도전에 직면하면 엄청난 기회가 있을 수 있다. 우리는 완고한 낙관주의자가 되어야 하며 기업과 비즈니스의 영향력과 독창성을 더 나은 미래와 선을 위한 힘으로 활용해야 한다.

참고 문헌

1   Quoted in Grayson, D, Coulter, C and Lee, M (2018) All In: The future of business
    leadership, Routledge
2   Bloomberg (2 December 2015) The Solar Company Making a Profit on Poor
    Africans, www.bloomberg.com/features/2015-mkopa-solar-in-africa/
    (archived at https://perma.cc/G9GQ-RYIQ)
3   Bloomberg (2 December 2015) The Solar Company Making a Profit on Poor
    Africans, www.bloomberg.com/features/2015-mkopa-solar-in-africa/
    (archived at https://perma.cc/G9GQ-RYIQ)

실행을 위한 주요 점검 사항

◇◇◇◇◇◇◇◇◇◇◇◇◇◇◇◇◇◇◇◇◇◇◇◇◇◇◇◇◇◇◇◇

지속가능성을 통합하고 실천하기 위한 확인해야 할 40가지 질문

이 책은 조직의 리더와 오너 그리고 지속가능성 담당자들이 현재 조직이 얼마나 지속가능한지, 그리고 미래에 더 높은 성과를 내고 더 회복탄력성이 높은 조직으로 만들기 위해 어떤 조치를 취해야 하는지 평가할 수 있도록 돕기 위해 고안된 요약 체크리스트로 마무리하고자 한다.

1. 지속가능성을 담은 조직의 존재 목적

a. 당신의 조직은 경제적 가치뿐만 아니라 사회적, 환경적 가치를 창출하는 방법을 정의하는 명확한 존재 목적과 목적 선언서를 가지고 있는가?

b. 그 목적은 이해관계자들의 눈에 진실하고, 고무적이며, 실용적인가?

c. 회사는 그 목적을 위해 내부적으로나 외부적으로 이해관계자들과 소통하고 적극적으로 참여시키고 있는가?

2. 지속가능성 ESG 중대성 평가

a. 당신의 조직은 가장 큰 영향을 미치는 중대한 지속가능성 이슈나 ESG 문제를 식별하기 위해 정기적인 중대성 평가를 수행하는가?

b. 그이해관계자들은 중대성 평가 과정에 관여, 소통 및 참여하고 있는가?

c. 기업은 기후, 생물 다양성 및 불평등뿐만 아니라 기술, 시장 및 인구 통계학적 변화와 혼란을 포함한 글로벌 메가트렌드의 결과로 인해 시간이 지남에 따라 중대성 이슈가 어떻게 변할 수 있는지 고려하는가?

3. 지속가능성을 고려한 비즈니스 모델 개발과 운영

a. 회사 특유의 지속가능성을 위한 비즈니스 모델과 사례를 개발하고 정기적으로 업데이트하기 위한 강력한 프로세스가 있는가?

b. 그지속가능성을 고려한 비즈니스 모델과 사례가 회사의 존재 목적과 전략을 명확하게 뒷받침하는가?

c. 전반적인 비즈니스 모델과 사례는 지속가능성 이니셔티브와 투자에 대한 특정 비즈니스 모델이나 사례를 지원하는 데 사용되는가?

4. 지속가능성 전략의 수립

a. 명확한 비즈니스 모델과 사례로 뒷받침되는 지속가능성을 위한 야심차고 포괄적인 전략이 있는가?

b. 그 전략은 회사의 모든 중대성 이슈들을 해결하고 이해관계자의 기대를 충족시키는가?

c. 지속가능성 전략은 전반적인 기업/비즈니스 전략과 일치하는가?

5. 지속가능성을 위한 운영 체계와 프로세스의 구축

a. 지속가능성 전략은 사업의 모든 부분에서 완전하고 효과적으로 운영되고 있는가?

b. 그 전략은 회사 정책과 프로세스에 반영되고 있는가?

c. 지속가능성 성과는 보상과 인정 체계에서 고려되는가?

d. 지속가능성 전략의 운영은 새로운 제품/서비스 디자인을 포함한 제품/서비스 포트폴리오에 영향을 미치는가?

6. 지속가능성을 위한 조직문화 구축

a. 이사회와 고위 경영진은 조직의 원하는 문화와 그것이 지속가능한 비즈니스와 어떻게 일치하는지 정의하고 있는가? 원하는 조직문화와 실제 문화가 일치하고 격차를 좁히기 위해 적절하게 행동하는지 주기적으로 확인하고 있는가?

b. 그원하는 문화가 조직 전반에 걸쳐 지속가능성의 통합을 강화하는가?

c. 조직문화가 지속가능성 솔루션을 향한 혁신을 촉진하는가?

7. 지속가능성을 위한 리더십 강화

a. 당신의 조직은 조직 전체에 지속가능성을 통합하는 데 필요한 리더십 역량을 구축하고 있는가?

b. 그회사 리더십 개발 프로그램에 필요한 지속가능성 관련 기술과 역량이 포함되어 있는가?

c. 당신의 조직은 지속가능성을 위한 사회적 사내 기업가들을 장려하고 지원하는가?

8. 지속가능성 보고와 커뮤니케이션

a. 당신의 조직은 가장 중대한 ESG 문제와 문제에 대한 성과를 정직하고 투명하게 정기적으로 보고하는가?

b. 그당신의 조직은 보고서 작성시 인정된 지속가능성 보고 지침이나 프레임워크 중 하나 이상을 채택하고 있는가?

c. 당신의 조직은 적절한 대외 지속가능성 평가 등급과 지수에 참여하고 그 결과를 사용하여 성과를 벤치마킹하는가?

9. 지속가능성을 위한 거버넌스의 구축

a. 이사회는 지속가능성 전략의 개발과 승인에 참여하는가?

b. 그지속가능성 역량과 성과는 이사회 기술 매트릭스에 포함되어 있으며 개별 이사 평가와 이사회 운영 성과에 대한 전반적인 평가에서 고려되는가?

c. 조직의 지속가능성 약속과 성과에 대한 강력한 이사회 운영 기준 및 의사결정 기준과 감독 기능이 있는가?

10. 지속가능성을 위한 이해관계자 소통과 참여

a. 당신의 조직은 이해관계자들을 매핑했고 이 모델을 최신 상태로 유지하고 있는가?

b. 그 조직은 이해관계자의 우려에 반응하고 있으며, 이해관계자 대화의 결과로 무엇을 하고 있는지, 어떻게 하는지, 그리고 누구와 함께했는지에 대한 구체적 성과를 제시할 수 있는가?

c. 조직은 이해관계자 소통과 참여의 결과로 발생하는 새로운 사업 기회를 추적하는가?

11. 지속가능성 커뮤니케이션 강화

a. 당신의 조직은 지속가능성에 대해 정기적이고 효과적으로 소통하는가?

b. 그 회사의 지속가능성 관련 커뮤니케이션은 구체적 하드 데이터와 정보와 설득력 있는 스토리텔링을 모두 사용하는가?

c. 모든 수준의 비즈니스 리더들은 회사의 지속가능성 관련 커뮤니케이션 노력을 지원할 수 있는 능력에 대한 확신을 가지고 전념하고 있는가?

12. 지속가능성을 위한 파트너십 구축과 활성화

a. 당신의 조직은 ESG 성과를 발전시키기 위해 다른 조직 또는 사람들과 협력하는 전략적 접근 방식을 취하고 있는가?

b. 그 조직이 파트너십을 통해 해결할 수 있는 지속가능성 약속의 이행에 영향을 미치는 격차와 장애물을 확인했는가?

c. 회사 내부에 다양한 파트너십에 대한 참여를 통해 학습을 하고 전파할 수 있는 역량이 있는가?

13. 지속가능성 지지와 옹호 활동

a. 당신의 조직은 지속가능한 발전을 위한 신뢰할 수 있는 옹호자로 인정받고 있는가?

b. 그 당신의 조직은 특정 지속가능성 이슈나 문제에 대해 목소리를 높이거나 지지하는 것이 적절한지의 여부를 결정하기 위한 프로토콜을 수립했는가?

c. 이사회 구성원, CEO 및 기타 고위 경영진이 효과적으로 지속가능성을 지지하고 옹호할 준비가 되어 있는가?

용어

◇◇◇◇◇

보증 Assurance: 사업 운영 및 보고 과정에 대한 내부 감사관의 내부적이고 독립적인 관점 또는 더 일반적으로 회계 법인과 같은 외부 보증 제공자의 외부 관점에 의해 제공되는 진술의 정확성에 대한 비즈니스와 이해관계자의 신뢰

이사회 기술 매트릭스 Board skills matrix: 이사회 주변에 필요한 기술 테이블. 일반적인 기술은 모든 이사회 구성원에게 요구되는 기술임. 적어도 한 명의 이사회 구성원에게 특정 기술이 필요

순환 경제 Circular economy: 폐기물이 제거되고, 자원이 순환되고, 자연이 재생되는 순환 체계 – 선형 경제 '취하기, 만들기, 낭비하기' 접근 방식과는 대조되는 개념임

이중 중대성 평가 Double materiality: 사회적 영향뿐만 아니라 기업에 대한 각 문제의 재정적 영향을 보여주는 두 가지 측면의 중대성 평가 과정

다이나믹 중대성 평가 Dynamic materiality: 다이나믹 중대성 평가의 기본 아이디어는 투자자들이 중대한 환경, 사회 및 거버넌스 이슈로 간주하는 것이 시간이 지남에 따라 변한다는 것임. 이는 기후 변화와 성별 다양성과 같이 천천히 일어날 수 있으며, 바다의 플라스틱과 같이 더 빨리 일어날 수 있음.[1] 여기에는 조직이 위험을 관리하고 목표 달성과 관련된 기회를 포착하는 데 사용하는 방법과 프로세스가 포함됨

ESG Environmental, Social and Governance: ESG는 회사나 사업에 대한 투자의 지속가능성과 사회적 영향을 측정하는 데 사용되는 3가지 중심 요소(환경, 사회, 거버넌스)를 말함

GRI Global Reporting Initiative(글로벌 보고 이니셔티브): GRI는 기업, 정부 및 기타 조직이 기후 변화, 인권 및 부패와 같은 문제에 대한 영향을 이해하고 보고 및 전달할 수 있도록 돕는 국제 독립 표준 조직임

그린워싱 Greenwashing [2]: 과대 광고 또는 과장된 주장. 기업들이 실제로 환경 또는

사회적 이니셔티브를 위해 일하는 것보다 마케팅에 더 많은 시간을 투자하는

경우. 이 용어는 원래 1986년 환경 운동가 제이 웨스터필드가 일반적인

비즈니스 관행에서 지속가능성을 무시하면서 손님들이 수건을 재사용하도록

장려하는 광고를 운영하는 호텔을 비판했을 때 처음 사용함

그린허싱 Greenhushing: 기업들이 그린워싱으로 비난받는 것을 너무 두려워하여

실제 지속가능성 영향과 성과를 전달하지 않는 것을 뜻함

하이 플라이어 High-flyer: 조직에서 매우 성공적이거나 가능성이 있고 그렇게

확인되었을 수 있는 사람

통합 보고 Integrated reporting: 조직의 전략, 거버넌스, 성과 및 전망에 대한

중대한 정보를 재무적, 사회적, 환경적 맥락을 반영하는 방식으로 제공하는 것[3]

국제 통합 보고 위원회 International Integrated Reporting Council: IIRC는 보고 표준이

아니라 시간이 지남에 따라 가치 창출에 대한 조직의 커뮤니케이션을 촉진하는

프로세스 프레임워크임

중대성 평가 Materiality: 조직의 중대한 ESG 및 지속가능성 이슈와 문제를 식별,

정의 및 순위를 매기는 과정. 종종 중대성 매트릭스를 활용함

사전 경쟁 협력 Pre-competitive collaboration: 일반적으로 같은 산업 내의 두 개

이상의 회사가 직접적인 비즈니스 경쟁에 영향을 미치지 않고 종종 공동의

사회적 또는 환경적 영향에 초점을 맞춰 공유된 공동의 이슈나 문제점을

해결하기 위해 함께 모이는 것을 포함함[4]

목적 세탁 Purpose washing: 조직이 비즈니스 관행을 변경 및 개선함으로써

실질적이고 의미 있는 기여를 하지 않고 마케팅에 목적이 있는 경우

리스크 식별 목록 Risk register: 조직의 이사회/경영진이 식별한 위험 목록,

일반적으로 위험을 완화하기 위해 취한 조치의 요약과 함께 위험을 식별, 분석

및 관리하는 데 도움이 되는 위험 관리 프로세스의 일부로 사용되는 도구임

SASB Sustainability Accounting Standards Board: 지속가능성 회계 기준 위원회는

투자자, 대출 기관, 보험사 및 기타 금융 자본 제공자가 ESG 요인이 회사의 재무

성과에 미치는 영향을 더 잘 이해할 수 있도록 지속가능성 회계 기준을 개발하기

위해 2011년에 설립된 비영리 단체임. SASB는 이제 IIRC와 함께 가치 보고

재단의 일부임

사회적 가치를 추구하는 사내 기업가 Social intrapreneur: 사회와 회사를 위한

가치를 창출하는 수익성 있는 신제품, 서비스 또는 비즈니스 모델을 개발하는

기업가 직원. 사회적 사내 기업가들은 고용주가 지속가능성 약속을 이행하고

지속되도록 만들어진 방식으로 고객과 지역사회를 위한 가치를 창출할 수

있도록 돕는 역할을 함[5]

이해관계자 Stakeholder: 조직의 활동에 영향을 미치거나 영향을 받을 수 있는

모든 그룹이나 개인

계층 1 및 계층 2 공급업체 Tier 1 and Tier 2 suppliers: 계층 1 공급업체는 계약된

제조 시설 또는 생산 파트너를 포함하여 사업체가 직접 사업을 수행하는

파트너임.[6] 계층 1 공급자는 종종 중요한 비용 센터이며 계층 2 공급업체는 계층

1에 공급하는 업체임

참고 문헌

1   Eccles, R (2020) Dynamic materiality in the time of COVID-19, Forbes, 19 April;
    www.sasb.org/blog/double-and-dynamic-underst anding-the-changing-
    perspectives-on-materiality (archived at httpS://perma.cc/5MPE-76P7)

2   See also Watson, B (2016) The troubling evolution of corporate greenwashing,
    The Guardian, 20 August, www.the guardian.com/sustainable-business/2016/
    aug/20/greenwashing-e nvironmentalism-lies-companies (archived at https://
    perma.cc/GG4L-5URB)

3   Deloitte UK

4   www.resonanceglobal.com/blog/best-practices-to-harness-the-po wer-of-
    pre-competitive-collaboration-for-sustainable-supply-chai ns (archived at
    https://perma.cc/43M7-M93V)

5   ssir.org/articles/entry/cultivating_the_social intrapreneur (arch-ived at https://
    perma.cc/K7ZK-JBS8)

6   Source: Sustain.Life, www.sustain.life/post/계층-suppliers (archived at https://
    perma.cc/6NM7-2GH4)

약어 목록

◇◇◇◇◇◇◇◇◇◇

B2B   Business to Business

B2C   Business to Consumers

BITC   Business in the Community: UK-headquartered responsible business coalition

BSR   International business coalition and sustainability consultancy originally known as Business for Social Responsibility - now just BSR

CDP   Formerly known as Climate Disclosure Project but now just CDP as extended to water and forestry

CDSB   The Climate Disclosure Standards Board - working to provide material information for investors and financial markets through the integration of climate change-related information into mainstream financial reporting. Linked to CDP

CEO   Chief Executive Officer

CFO   Chief Finance Officer

CR&S   Corporate Responsibility and Sustainability

CSO   Chief Sustainability Officer - most senior executive in the business responsible directly for sustainability

CSRD Corporate Sustainability Reporting Directive - proposed EU replacement for NFRD

DE&I Diversity, Equity and Inclusion

EPR Extended Producer Responsibility

ESG Environmental, Social and Corporate Governance

FASB Financial Accounting Standards Board - sets US financial standards

GRI Global Reporting Initiative

GSSB Global Sustainability Standards Board - responsible for the development of the GRI standards

IASB International Accounting Standards Board

IBE Institute of Business Ethics

IFRS International Financial Reporting Standards

IIRC International Integrated Reporting Council

IPCC Inter-Governmental Panel on Climate Change

ISSB International Sustainability Standards Board - proposed new body under IFRS

NFRD Non-financial reporting directive of European Union

NGOs Non-governmental organizations

SASB Sustainability Accounting Standards Board - financial focused standards based on a sector approach

SDGs Sustainable Development Goals of the United Nations

CSR Corporate Social Responsibility

TCFD Taskforce Climate Financial Disclosures – how companies should report on their climate impacts

TNFD Taskforce on Nature–related Financial Disclosures – how companies should report on their nature impacts

UNGC United Nations Global Compact

VRF Value Reporting Foundation – merger of SASB and IIRC

지속가능한 비즈니스를 위한 최신 정보 유지하기

지속가능성 주제에 관한 그 어떤 책도 최신 정보를 계속 유지해 주기를 바랄 수는 없다. 작가로서, 우리는 중요한 새로운 모델, 사례나 자료를 이 책에 포함시키기 위해 가능한 마지막 순간까지 편집자들을 괴롭히고 있었다.

지속가능한 비즈니스 노력을 최신 상태를 유지하고 싶다면, 자신의 정보 소스와 사용 가능한 모든 자료와 통찰력을 분석하고 이해할 수 있는 역량을 구축한 다음 비즈니스에 가장 시급하고 중요한 것을 우선시해야 한다. 그것은 어려운 것처럼 들릴지 모르지만, 우리는 그것을 더 쉽게 하기 위한 몇 가지 실용적인 팁을 제시하고자 한다.

1. 저자 및 출판사와 계속 연락한다.

우리 각자와 우리가 몸담고 있는 조직은 정기적으로 블로그, 보고서 또는 뉴스를 게시하고 있다.

 ◆ 마크: The SustainAbility institute by ERM, www.

sustainability.com

- ◆ 크리스: GlobeScan, globescan.com
- ◆ 데이비드: Cranfield School of Management Sustainability Group, www.cranfield.ac.uk/som/expertise/sustainability, and the Institute of Business Ethics, www.ibe.org.uk
- ◆ 데이비드는 개인 웹사이트도 운영하고 있다. www.DavidGrayson.net
- ◆ 유명훈: KoreaCSR 대표 www.koreacsr.com / ceo@koreacsr. com

우리 각자와 우리가 몸담고 있는 각각의 조직은 또한 소셜 미디어에서 활발하게 활동하고 있으며, 지속가능한 비즈니스에 대한 뉴스와 견해를 정기적으로 게시한다. 우리는 또한 이 분야의 주요 인물들을 인터뷰하는 팟캐스트인 '올인: 서스테이너블 비즈니스 팟캐스트All In: Sustainable Business Podcast'를 운영하고 있다.

또한 글로브스캔과 ERM 지속가능성연구소는 진화하는 지속가능한 발전과 경영 의제에 대한 연 2회 전문가 조사를 실시하고 있다.

2. 당신의 지속가능한 비즈니스를 도와줄 수 있는 파트너를 찾는다.

지역 기반이든 글로벌 기반이든, 가치를 극대화하기 위해 귀하의 조직이 적절한 지속가능한 비즈니스 연합이나 협업 체계에 가입하도록 설득하는 것이 좋다. 그러한 연합은 많은 관련 지식과 더불어 최신의 동향과 통찰력을 얻을 수 있는 기회를 제공해 줄 수 있다(예:

뉴스레터와 라운드 테이블, 전문가와의 워크숍 및 대규모 컨퍼런스와 같은 이벤트 프로그램 등. 자세한 내용은 제12장 참조).

3. 자유롭게 이용할 수 있는 것(무료 자료 포함)을 최대한 활용한다.

ERM 및 글로브스캔과 같은 많은 지속가능성 전문 컨설팅 연합과 액센츄어, 딜로이트, EY, KPMG, 맥킨지 앤 컴퍼니, PWC와 같은 컨설팅 조직 내의 지속가능성 서비스는 기업 지속가능성에 대한 다양한 측면과 관련된 정기적인 보고서들을 생성한다. 예를 들어 딜로이트의 연례 회복탄력성 보고서 및 밀레니얼 설문 조사 그리고 세계 최대 기업의 기업 지속가능성 보고에 대한 KPMG의 연례 검토 보고서와 같은 것이 여기에 해당할 것이다.

이러한 보고서의 대부분은 UN 글로벌 콤팩트와 같은 조직과 협력하여 출판된다. 3년마다 진행되는 UNGC-액센츄어 CEO 설문 조사와 마쉬 맥레넌Marsh McLennan과 세계 경제 포럼WEF의 연례 글로벌 위험 조사Global Risks Survey 등이 그러한 예이다.

4. 저자의 저자들을 참고하고 학습해 본다.

우리는 각각의 책장에 지속가능성에 관한 수백 권의 책을 가지고 있다. 우리는 몇몇 작가들의 새 책을 적극적으로 찾아보고 있다. 여러분들이 참고할 만한 작가에는 존 엘킹턴John Elkington, 커크 핸슨Kirk Hanson, 피터 레이시Peter Lacy, 주디 사무엘슨Judy Samuelson, 솔리테어 타운센드Solitaire Townsend, 앤드류 윈스턴Andrew Winston 등이 포함된다.

우리의 관심을 끌었던 최근 비즈니스 및 지속가능성 관련 서적은
다음과 같다.

- Paul Polman and Andrew Winston (2021)『넷 포지티브: 용감
  한 회사들이 그들이 얻는 것보다 더 많은 것을 줌으로써 성장하
  는 방법 Net Positive: How courageous companies thrive by giving more than
  they take』, Harvard Business Review Press

- John Elkington (2020)『그린 스완: 재생 자본주의의 시대
  가 온다(Green Swans: The coming boom in regenerative capitalism』, Fast
  Company Press

- Rebecca Henderson (2020)『불타는 세상에서 자본주의 다시
  상상하기 (Reimagining Capitalism in a World on Fire』, Portfolio Penguin

- Christiana Figures and Tom Rivett-Carnac (2020)『우리가
  선택하는 미래: 기후 위기에 대한 완고한 낙관주의자의 가이
  드 The Future We Choose: The stubborn optimist's guide to the climate crisis』,
  Manila Press

- C B Bhattacharya (2019)『작은 행동, 큰 차이: 비즈니스와 사
  회적 가치를 창출하기 위해 기업의 지속가능성 활용하기 Small
  Actions, Big Difference: Leveraging corporate sustainability to drive business and
  societal value』, 1st edition, Routledge

- Bob Willard (2013)『지속가능성의 새로운 가치 The New
  Sustainability Advantage』, New Society Publishers

5. 온라인에 접속하고 활용한다.

코로나19 팬데믹 이후 나타난 새로운 변화 중 하나는 더 많은 조직이 웨비나와 가상 회의 또는 온라인 컨퍼런스 등을 주최하고 있으며, 그중 다수는 무료라는 점이다. 다시 말하지만, 우리 저자들이 몸담고 있는 각 조직들은 이러한 온라인 컨퍼런스나 웨비나를 진행하고 있다. 그리고 블룸버그Bloomberg, BSR, CSR 유럽, 그린비즈 GreenBiz, 혁신 포럼Innovation Forum, 지속가능한 브랜드Sustainable Brands, 이코노미스트The Economist, 유엔 글로벌 콤팩트UN Global Compact 및 WBCSD와 같은 다른 많은 조직들도 이를 실행한다.

6. 당신이 가장 좋아하는 지속가능성 컨퍼런스를 찾아본다.

코로나19 이전에는 매년 수백 개 이상의 대면 지속가능성 세미나나 컨퍼런스가 열렸었다. 팬데믹 이후에 많은 사람들이 이러한 활동을 재개했고, 어떤 사람들은 온라인을 적극 활용하고 있으며, 또 어떤 사람들은 하이브리드로 가게 되었다. 몇몇 지속가능성 컨퍼런스는 최신 뉴스와 견해를 얻고, 다양한 친구 및 동료들과 연결하고, 새로운 사람들을 만날 수 있는 좋은 장이 되었다. 아래에 몇몇 사례를 소개한다.

◆ 기업과 사회에 관한 아시아 포럼Asian Forum on Enterprise and Society : 아시아 포럼과 아시아 경영 연구소 주최
◆ CSR 아시아 써밋CSR Asia Summits : 아시아 전역의 지속가능한 사

업에 대한 실무자와 이해 관계자의 연례 모임

◆ BSR 연례 회의 BSR's annual conference : 미국의 동해안과 서해안을 번갈아 가며 열리는 지속사능성 연례 컨퍼런스

◆ CSR Europe: 최근 몇 년 동안 연례 비즈니스 서밋을 위해 다른 유럽 비즈니스 기관과 합류하여 더 큰 행사 내에서 자체 세션 운영

◆ 3BL 포럼

◆ 로이터 지속가능한 비즈니스의 서밋 Reuters Sustainable Business's annual Responsible Business Europe Summit

◆ 지속가능한 브랜드 연례 컨퍼런스 Sustainable Brands annual conference 및 위성 SB 컨퍼런스: 부에노스 아이레스, 마드리드, 파리, 상파울루, 서울, 도쿄와 같은 주요 센터에서 열리는 연례 지속가능성 회의

◆ 그린비즈 연례 컨퍼런스와 VERGE 시리즈

7. 팟캐스트를 듣는 습관을 기른다.

점점 더 많은 사람들이 팟캐스트를 듣고 있다. 전 세계의 지속가능성에 대한 관심의 증가를 감안할 때, 지속가능성 관련 팟캐스트가 폭발적으로 증가했다는 것은 놀라운 일이 아니다.

예를 들어 그린비즈에는 두 개의 주간 팟캐스트가 있다. 지속가능한 비즈니스 및 청정 기술의 주역들과 회사들에 대해 다루는 주간 팟캐스트 그린비즈 350, 그리고 그린비즈 및 VERGE 컨퍼런스 무대에서 진행된 최고의 라이브 인터뷰를 제공하는 센터 스테이지

등이 좋은 사례이다.

그린비즈 웹사이트에서, 홀리 세콘Holly Secon은 다음과 같은 팟캐스트 추천한다.

- ◆ 지속가능성 정의 Sustainability Defined
- ◆ 생각: 지속가능성 Think: Sustainability
- ◆ 소싱 문제 Sourcing Matters
- ◆ 기후 이슈 Climate One
- ◆ 스탠포드 사회 혁신 리뷰 Stanford Social Innovation Review

8. 지속가능성 챔피언과 소통하고 적극적인 참여 기회를 만든다.

귀사가 지속가능성 챔피언 네트워크를 가지고 있다면, 온라인 채팅 플랫폼이나 포럼 등을 설정하고 흥미로운 지속가능성 비즈니스 뉴스 항목을 공유하도록 장려해본다.

당신이 최고 지속가능성 담당 임원이거나, 지속가능성 책임자 또는 지속가능성 관련 업무 담당자인 경우, 이사회와 경영진을 위한 정기적인 뉴스를 제공함으로써 이해와 참여를 높이는 데 도움을 줄 수 있다.

관심 있는 직원들이 지속가능한 비즈니스 북 클럽을 설립하거나 싱크탱크이자 컨설팅 회사인 볼란스가 주최하는 그린 스완 북 클럽 Green Swans Book Club과 같은 외부의 온라인 커뮤니티에 가입하고 활동하는 것을 장려하는 것도 도움이 될 수 있다.

9. 뉴스를 팔로우한다.

일반적으로, 당신은 뉴스에 주의를 기울이고 지속가능성, 지속가능한 개발, 지속가능한 사업 및 당신의 사업을 위한 지속가능성이라는 측면의 렌즈를 통해 뉴스를 흡수/분석할 수 있어야 한다. 파이낸셜 타임즈, 가디언, 뉴욕 타임즈와 같은 글로벌 비즈니스 뉴스 아울렛은 요즘 지속가능한 비즈니스에 대한 광범위한 보도를 제공한다. 또한 주요 미디어에는 블룸버그 그린Bloomberg Green과 같이 더 많은 전문 뉴스 섹션이 있으니 적극 활용할 가치가 있다.

10. 당신의 지속가능성 네트워크를 구축한다.

당신은 사업 안팎에서 지속가능성에 관심이 있는 실무자들의 네트워크를 구축하고 싶을 것이다. 계속 연락을 취하고, 비공식화하고, 상호 도움을 주고 받고, 서로의 신뢰를 구축할 시간을 충분히 가지는 것이 중요하다.

만약 네트워크를 구축하는 데 영감과 통찰이 필요하다면, 사업가이자 네트워크 전문가인 올리 바렛Oli Barrett이 제작한 온라인 과정인 '더 나은 네트워크 구축'을 추천한다.

ESG 비즈니스 가이드북

초판 1쇄 인쇄 2025년 1월 15일
초판 1쇄 발행 2025년 1월 23일

지은이 데이비드 그레이슨·크리스 콜터·마크 리
옮긴이 유명훈
펴낸이 하인숙

기획총괄 김현종
책임편집 유경숙
마케팅 김미숙
디자인 표지 studio forb **본문** 노유진

펴낸곳 더블북
출판등록 2009년 4월 13일 제2022-000052호
주소 서울시 양천구 목동서로 77 현대월드타워 1713호
전화 02-2061-0765 **팩스** 02-2061-0766
블로그 https://blog.naver.com/doublebook
인스타그램 @doublebook_pub
포스트 post.naver.com/doublebook
페이스북 www.facebook.com/doublebook1
이메일 doublebook@naver.com